CW00821926

Historia general de las civilizaciones
El siglo XVIII*

Historia general de las civilizaciones

publicada bajo la dirección de

Maurice Crouzet

Inspector general de Instrucción Pública en Francia

El siglo XVIII*

Revolución intelectual, técnica
y política (1715-1815)

por Roland Mousnier
Profesor de la Universidad de Estrasburgo

y Ernest Labrousse
Profesor de La Sorbona

con la colaboración de
Marc Bouloiseau
Doctor en Letras

Ediciones Destino
Colección
Destinolibro
Volumen 114

Título de la edición original:
*Le xviiiᵉ siècle. Révolution intellectuelle, technique
et politique (1715-1815)*
© Presses Universitaires de France. París
Versión española de David Romano
Revisión y adaptación de Juan Reglá
© Ediciones Destino, S.L.
Consejo de Ciento, 425. Barcelona-9
Primera edición española: septiembre 1958
Primera edición en Destinolibro: septiembre 1981
ISBN: 84-233-1061-2
Depósito legal: B. 39410-1980
Compuesto, impreso y encuadernado por
Printer industria gráfica sa   Provenza, 388   Barcelona-25
Sant Vicenç dels Horts   1981
Impreso en España — Printed in Spain

INTRODUCCIÓN

Michelet, con su tono profético, denominaba al siglo XVIII «el Gran Siglo». En cambio, Renan trataba con cierta negligencia una época «en la que si bien existía libertad de pensamiento, se pensaba tan poco que era escaso el provecho obtenido».

A decir verdad, Michelet exageraba la capacidad creadora del siglo XVIII. Paul Hazard cree que sus principales ideas ya estaban formadas en el siglo XVII, entre 1670 y 1700; pero aún se habría podido remontar más. El mérito del siglo XVIII es el haber desarrollado y transmitido algunos logros anteriores, como Renan captó perfectamente.

Pero, al proseguir ciertas empresas iniciadas en el siglo anterior, según principios ya establecidos y caminos insinuados, el siglo XVIII prepara y anuncia la llegada del mundo contemporáneo. Son muchos los rasgos propios de épocas posteriores que empiezan a dibujarse. Las ciencias se desarrollan de un modo extraordinario, forman un edificio completo, rematado por las ciencias sociales. El hombre aprende día a día, comprende, ve y le parece que las tinieblas retroceden: es el «siglo de las luces». El progreso de los conocimientos aumenta la fe en el continuado progreso de la humanidad hacia un estado superior. Este progreso acrece en muchos individuos el desprecio hacia el pasado, desprecio que les impulsa a arrumbar las viejas creencias, los textos pretéritos y, al mismo tiempo, las verdades en ellos contenidas, expresadas simplemente, con distinto lenguaje y diferente retórica. De ahí cierto desdén hacia la Antigüedad y cierta hostilidad contra el Catolicismo, considerados ambos como conjunto de supersticiones nocivas que deben ser rechazadas. Provisionalmente, la Iglesia pierde influencia, el Catolicismo retrocede en todas partes, y como consecuencia de ello se elaboran nuevas concepciones del mundo, sean racionalistas, deístas o bien materialistas. Algunos individuos van más lejos aún: ven cuán difícil le es al hombre comprender el Universo, notan la impotencia del espíritu humano cuando quiere ir más allá de los límites de la experiencia y del cálculo, más allá del conocimiento de los fenómenos, y enemigos al mismo tiempo de las antiguas explicaciones cosmológicas, anuncian la llegada del positivismo y del idealismo contemporáneo. Otros, en cambio, hartos ya de la aridez de la ciencia y de la razón, se dejan llevar por los impulsos del corazón: son ya románticos.

Las técnicas se perfeccionan hasta tal punto que se produce una revolución militar, casi una revolución naval y, en Inglaterra concretamente, una revolución industrial que se extiende al continente. La era de la técnica, nuestra era, con todas sus consecuencias sociales, se ha iniciado ya.

Los descubrimientos y los adelantos se realizan en Europa, sobre todo en Francia. Europa, conducida por Francia, se pone al frente del mundo.[1] Rivalizando política y económicamente con Inglaterra, Francia domina gracias a su espíritu y ostenta una supremacía intelectual tan manifiesta que las personas cultas de la época hablan de «la Europa francesa». Los europeos salen vencedores, gracias no sólo a los conocimientos racionales y a su habilidad, a la ciencia y a la técnica, sino también al perfeccionamiento en la organización de los principales países (que, al fin y al cabo, es una técnica más) en los que, en general, tiene una tendencia cada vez mayor a desarrollarse el Estado omnipotente que se vale en provecho propio, merced a una administración cada vez más centralista, de las fuerzas de los ciudadanos, a menudo desordenadas. Pese a una serie de rasgos semejantes (religión cristiana, creciente racionalismo, estética común, internacionalidad del idioma francés), estos Estados no se hallan unidos, sino que compiten armas en mano: no existe una Europa política.

Y, sin embargo, Europa logra tal adelanto científico y técnico que por su capacidad de acción, si no por su

1. En realidad, las causas de esa superioridad, científica y material, de Europa nos son poco conocidas. (Véase los vol. 98 y 99 de esta misma colección).

moral y su ética, deja muy atrás incluso a esas antiguas civilizaciones asiáticas, sobre las que durante largo tiempo no había tenido una superioridad evidente. Europa prosigue la conquista, la ocupación, la transformación del mundo; pero los Estados europeos, desunidos, se lo disputan. Las principales potencias europeas luchan entre sí en todos los océanos, en todos los continentes: existe ya una política mundial. Ciertas comunidades europeas se desarrollan incluso fuera de Europa; algunas acaban su evolución y una, a la que le espera un brillante porvenir, toma conciencia de su individualidad, se desliga de la metrópoli y constituye una nueva nación que habrá de competir con la vieja Europa: los Estados Unidos de América.

La evolución de todo el siglo culmina en una revolución. El aumento de la circulación del oro y de la plata, el incremento del número de seres humanos, la intensificación de los intercambios con los países de ultramar, producen un alza de los precios reales, abren nuevos mercados, multiplican los beneficios. Las ciudades crecen, el número y el poder de la burguesía va en aumento; pero, excepto en la oligárquica Inglaterra, en la que la situación civil y política de los burgueses va mejorando regularmente, en todas las demás naciones la clase burguesa choca con la aristocracia y con el absolutismo.

Esta evolución es mucho más acentuada en Francia, donde la burguesía se convierte en la clase esencial que domina a campesinos y obreros; azuza a éstos contra la nobleza y el clero, los grandes beneficiados del Antiguo Régimen, que defienden su posición excluyendo a los burgueses de los cargos y de los honores; y también los azuza contra la realeza, que es incapaz de llevar a cabo las transformaciones necesarias.

A esta crisis política viene a añadirse, en 1789, una crisis económica y una crisis financiera, de las que todos hacen responsables al gobierno y a las instituciones. La burguesía toma el mando del movimiento revolucionario, en el que las masas son las fuerzas de choque. La burguesía destruye la «feudalidad» y libera al individuo burgués. Gracias a la igualdad civil, a la propiedad sagrada e inviolable, a la soberanía de la nación, se atribuye la dirección, la administración y los beneficios de la nueva sociedad.

La guerra social entre la sociedad moderna y la tradicional, produce, entre 1792 y 1795, la aparición de inquietantes novedades: las nuevas unidades de cálculo del mundo moderno: el millón de hombres, los mil millones de francos; las nuevas formas políticas y sociales: la dictadura democrática, el terror, el sufragio universal, la República, un «socialismo» cuyo recuerdo persiste como el de una leyenda o profecía.

La burguesía, temerosa, recurre al ejército. Napoleón Bonaparte, su encargado de negocios, da estabilidad a la Revolución al garantizar a la burguesía sus principales conquistas.

La burguesa Declaración de los Derechos del Hombre y del Ciudadano se convierte en nuevo evangelio para el mundo de civilización europea. Los pueblos se agitan, estallan revoluciones; pero soberanos y aristócratas se oponen mediante un terror blanco. Desde 1792 a 1815, Francia y Europa libran una guerra social internacional, una guerra de propaganda y de expansión revolucionaria, guerra en defensa de la «civilización». La asimilación de los territorios conquistados y la creación de países satélites propagan por doquier las estructuras sociales y las instituciones francesas. Para vencer a Francia, los soberanos no tienen más solución que adoptar sus mismos procedimientos y métodos. Y pese a la derrota de Francia y a la reacción de 1815, la faz del mundo queda cambiada. «Somos los descendientes directos del siglo XVIII.»

PRIMERA PARTE

EL ÚLTIMO SIGLO
DEL ANTIGUO RÉGIMEN

Libro Primero

LOS PROGRESOS DE LA REVOLUCIÓN INTELECTUAL

CAPÍTULO PRIMERO

EL ESPÍRITU DEL SIGLO

I. EL MÉTODO

Descartes, Locke, Newton

En la Europa de esta época, el espíritu de Descartes es el inspirador de quienes piensan. El siglo es cartesiano; continúa la magna evolución intelectual del maestro y saca las consecuencias de los principios por él establecidos, deformando a veces su pensamiento, cuyo conjunto no capta. El siglo conserva, sobre todo, lo que Descartes tenía en común con los mecanicistas de su época. Algunos han pretendido que el reinado de Descartes termina en este momento y que es sustituido por Locke y por Newton: Voltaire llega incluso a fijar la fecha en que Descartes debe considerarse vencido en la misma Francia, su feudo. Esta fecha es el año 1730.

Pero, entendámonos. Es cierto que la física de Newton, basada en la experimentación y el cálculo, ha vencido a la de Descartes, excesivamente teórica. Newton aplicó con gran exactitud las matemáticas a los fenómenos naturales y extrajo las causas de dichos fenómenos de los fenómenos mismos, mientras que Descartes, a quien se le había ocurrido la idea, no logró hacerlo, por lo cual se vio obligado a imaginar para cada fenómeno una estructura mecánica, cuyo resultado es el siguiente: mediante diversos mecanismos muy diferentes, tan sólo puede obtenerse un resultado determinado. Por otra parte, es también cierto que el sensualismo de Locke, la teoría que afirma que todas nuestras ideas proceden de las sensaciones, ha puesto en ridículo el sistema cartesiano, según el cual al nacer tenemos ya todas las ideas formadas, las ideas innatas. Y, asimismo, es verdad que muchos han tratado a Descartes, por su concepto del Universo, de soñador y de quimerista; que Voltaire habla desdeñosamente de sus «novelas», que D'Alembert atribuye a la invención de la metafísica a Locke y de la física a Newton. Aunque todo esto es cierto, no lo es menos que los principios generales del método, los grandes movimientos del espíritu, los procedimientos intelectuales fundamentales, han seguido siendo, tanto en Newton como en los demás, los de Descartes. Descartes es el gran maestro del pensar en el siglo XVIII, y sus mismos contemporáneos no se han equivocado acerca de ello.

Dejemos de lado a Fontenelle, excesivamente apegado al maestro. En 1751, D'Alembert, en su *Discurso preliminar de la Enciclopedia*, escribe:

«Al menos, Descartes se ha atrevido a enseñar a los espíritus sanos a sacudir el yugo de la escolástica, de la opinión, de la autoridad, en una palabra: de los prejuicios y de la barbarie. Gracias a esta revolución, cuyos frutos cosechamos hoy, le ha hecho a la filosofía un favor más esencial quizá que todos los que debe a sus ilustres sucesores... Si acabó por creerse capaz de explicarlo todo, al menos empezó por dudar de todo; y las armas mismas de que nos valemos para combatirle, no le pertenecen menos por el hecho de que las dirijamos contra él...»

En la *Enciclopedia*, Turgot señalaba: «Newton ha descrito el país que descubrió Descartes». Locke, Berkeley, Condillac «todos ellos son hijos de Descartes». En 1765, Thomas obtuvo el premio de la Academia francesa por un elogio de Descartes, en el que indicaba que, a pesar de haberse abandonado muchas ideas que él había emitido, lo que constituía la esencia misma de su espíritu había sido fielmente seguida. El mismo Condorcet, adepto de Locke y Newton, en su célebre *Esbozo de un cuadro de los progresos de la mente humana* desde los orígenes de la humanidad, ensayo acabado en 1794, da a la novena época el siguiente título, harto significativo:

«Desde Descartes hasta la formación de la República Francesa». Admira la época que se extiende «desde el momento en que el genio de Descartes imprimió en las mentes este impulso general, primer principio de una revolución en los destinos de la especie humana». En Londres y en Berlín, en Leipzig y en Florencia, en San Petersburgo, Descartes es celebrado, honrado, utilizado. Es, pues, evidente que Descartes abre una era de la humanidad, en la que queda incluido el siglo XVIII.

El cartesianismo del siglo XVIII

El siglo XVIII conservó de Descartes la duda metódica, la negación a creer; y no sólo la voluntad, una vez en su vida, en su edad madura, de hacer tabla rasa, de ponerlo todo en duda para alcanzar verdades incontestables para luego partir de éstas y edificar un conjunto de conocimientos ciertos, no sólo eso, sino, además, una tendencia general, una costumbre propia de cualquier edad, de dudar de todas las afirmaciones, de no inclinarse ante ninguna autoridad, sea cual fuere, de examinarlo todo y de aceptar únicamente aquello que cada uno ha podido ver que es completamente cierto después de haberlo comprendido perfectamente. De este modo, el siglo estuvo en permanente estado de insurrección intelectual.

El siglo XVIII conservó la necesidad «de la evidencia», la preocupación de admitir tan sólo las verdades «claras» y «evidentes», alcanzadas, tras examinar un elevado número de hechos, por una «intuición» que capta la verdad con una sola mirada, sin razonamiento, verdad que se impone irresistiblemente al espíritu. A continuación, la mente puede deducir de esta verdad otros conocimientos mediante aplicación de la lógica de los escolásticos, fundados en los principios de la razón, que son: no contradecirse, todo tiene su razón de ser, causas iguales producen idénticos efectos, el todo es mayor que la parte, etc. De este modo, se parte de principios captados perfectamente, a plena luz; todos los elementos de la demostración son aprehendidos plenamente por el espíritu, el proceso del razonamiento es claro, el paso de una proposición a otra es necesario, obligado. La conclusión, clara, inexorable, no deja ningún cabo suelto.

Las matemáticas siguieron siendo para el siglo XVIII la principal herramienta y el mejor ejercicio intelectual. Ellas precisamente proporcionan el tipo de las ideas claras y evidentes, porque son creación de la mente: en la naturaleza no existen ni líneas rectas ni circunferencias. El espíritu concibe perfectamente y maneja con holgura lo que ha creado. Pero las matemáticas imaginan cuerpos y pueden dedicarse a medirlos, porque son sugeridas a la mente por cuerpos: las líneas materiales imperfectas, el hilo tenso, el rayo luminoso, son los que hacen surgir en el espíritu, mediante retoques, la idea de la rectitud absoluta, uniforme, sin espesor, la idea de la recta pura. Las matemáticas sirven para redactar el inventario del mundo físico, pues nos enseñan el aspecto más claro y evidente, bajo el cual podemos estudiar los fenómenos físicos: el aspecto cuantitativo. Mientras puede, el siglo XVIII sigue buscando los aspectos cuantitativos, método cuya verdad y fecundidad quedaba demostrada por los resultados alcanzados por los sabios.

El siglo XVIII conservó de Descartes el concepto mecanicista del mundo. Aquellas medidas sacaban a luz relaciones constantes entre las cosas, exacta y precisamente determinadas. Suponían un determinismo absoluto, una materia inerte, pasiva, cuya única propiedad era el ser extensa. El mundo es materia en movimiento, átomos que se empujan unos a otros; y dado que la materia es inerte, es imposible concebir de dónde procede el movimiento y cómo logra formar un Universo ordenado, en vez de un caos. Descartes pensó que para lograr este movimiento, este orden, se necesitaba una causa todopoderosa y omniinteligente: Dios. Dios fue quien dio el empuje inicial a un átomo; éste empujó a sus vecinos, y el movimiento se propagó de átomo en átomo, según un orden establecido por Dios, y sigue realizándose siguiendo este orden inmutable que denominamos leyes naturales. Así, pues, el mundo es una inmensa máquina construida por Dios, cuyo funcionamiento sigue Dios atentamente. Este concepto del Universo-máquina, este mecanismo universal, fue el concepto de todos los individuos del siglo XVIII. La mayoría conservó a Dios; algunos creyeron que el movimiento y sus leyes eran inherentes a la materia, por lo cual, considerando a Dios inútil, lo suprimieron de sus mentes; pero todos ellos fueron mecanicistas.

Y así se llegó a una ruptura con el pasado. Para ponerlo todo en claro, hacerlo distinguible, mensurable, el siglo establecía en principio la unidad fundamental de la naturaleza: todo debía reducirse a movimientos, quizá demasiado complejos para ser medidos, pero que en principio eran conmensurables. Por consiguiente rechazaba las cualidades ocultas, las esencias, quididades y otras «virtudes dormitivas» que los escolásticos habían asignado a cada fenómeno físico para explicarlo mediante un esfuerzo verbal. En el mundo sólo reconocían dos pensamientos: el del hombre y el de Dios, y como quiera que, según ellos, la voluntad de Dios sólo se manifiesta mediante leyes invariables, quedaba destruida la creencia en los espíritus, en los ángeles, en los milagros, en la providencia, en las creencias populares y en el cristianismo.

Reproches a los «filósofos»

Para muchos, esta actitud debía tener sus limitaciones. Un discípulo de Descartes, Tyssot de Patot, escribe en 1727, en sus *Cartas escogidas*:[1] «hace ya tantos años que me paseo por los caminos amplios y claros de la geometría, que sólo con gran esfuerzo puedo soportar los senderos estrechos y tenebrosos de la religión... Quiero en todas partes o evidencia o posibilidad». Algunos contemporáneos juzgaron que este espíritu, fuente de grandes progresos, ocasionaba daños, creyeron que había sido llevado a un exceso: para ellos, posible es solamente aquello que de alguna manera hemos visto o sabido; lo

1. Carta 67.

imposible, lo inverosímil, es lo que jamás hemos hallado. Un filósofo cuenta de un rey de Siam que nunca quiso creer en la existencia del hielo: no podía concebir que el agua llegara a ser tan sólida que fuera capaz de sostener a un elefante. Tyssot de Patot, Voltaire, todos los «filósofos», fueron acusados de parecerse a menudo al rey de Siam, de rechazar por falso lo que para ellos era desacostumbrado o lo que muy raramente ocurre. En cuanto a la evidencia, decían que no siempre era signo de verdad. Algunas proposiciones pueden parecer evidentes y ser totalmente falsas; otras, en cambio, muy oscuras, muy vagas, pueden ser completamente exactas. A menudo lo oscuro es lo que no comprendemos y lo que con un esfuerzo mayor podríamos comprender. Los «filósofos» eran acusados de negarse muchas veces a realizar este esfuerzo, de rechazar, con demasiada rapidez, por falso aquello que les era difícil: Voltaire menospreciaba a Platón.

Algunos autores creían que estudiar el mundo bajo el aspecto cuantitativo daba, como es lógico, su resultado; pero que la cualidad existe. Al pasarla por alto, los hombres descuidaban un aspecto de las cosas, sólo conseguían un conocimiento parcial, y por mucho que insistieran en él, seguía siendo parcial. Para concebir el Universo, en cuanto le es dado al hombre hacerlo, es imprescindible examinarlo bajo todos sus aspectos y no puede negarse todo lo que resulta imposible reducir a simples desplazamientos de materia. Los «filósofos», decían, trinchaban a veces la realidad en lugar de estudiarla.

Quizá, pensaban otros, llevaban demasiado lejos el espíritu de duda, quizá conocían mal las advertencias de Descartes: no todos los individuos tienen capacidad para practicar la duda metódica; se necesita mucha circunspección, un gran dominio de sí mismo para admitir únicamente lo que no deja ni asomo de duda, para proceder ordenadamente. Muy pocos son los que pueden hacerlo, e incluso a éstos les había advertido Descartes que no se dedicaran a ello antes de llegar a la madurez de razón, antes de haber adquirido un buen bagaje de conocimientos merced a los medios ordinarios que implican confianza. La duda, la negativa precipitada a creer, ¿no pueden llevarnos demasiado lejos por el camino del error?; lo que es evidente para una mente poderosa, ¿no será, por ello mismo, dudoso y oscuro para un espíritu menos desarrollado, e ininteligible para una medianía? Mas, pese a todo, el pensamiento de los «filósofos» no cesó de ganar adeptos y acabó por triunfar.

II. LAS CONDICIONES DE TRABAJO

La afición del público

Cuando el cartesianismo ya ha obtenido sus resultados, la curiosidad se dirige principalmente hacia las ciencias y existe un verdadero frenesí por todas las ciencias de la naturaleza, es decir, por la «física»: individuos de las más variadas clases sociales se dedican a ella en todos los países, sobre todo en Francia. Los medios de aprender se multiplican. Las colecciones zoológicas, botánicas y mineralógicas así como los «gabinetes» de física abundan cada día más: duques y magistrados, eclesiásticos y médicos, damas, congregaciones religiosas, todos los poseen. Luis XV tuvo sus propias colecciones y, además, Buffon amplió el Gabinete del Rey y el Jardín del Rey, fundados por Luis XIII: duplicó el número de jardines, construyó invernaderos y un auditorio para poder enseñar; cedió las colecciones que le había regalado Catalina II y estimuló la actividad general: las damas de la corte hacían donativos por el afán de verse citadas en la *Historia Natural*; y los intendentes y funcionarios que coleccionaban para él en las colonias, eran recompensados con diplomas de «corresponsal del Gabinete del Rey». Todas estas colecciones, tanto públicas como privadas, estaban abiertas a los aficionados.

Una serie de cursos públicos difundían las aficiones científicas. Desde 1734, el abate Nollet daba en París un curso de física, limitado a la física experimental; ni se dedicaba a especular ni se valía de las matemáticas: exhibía sus máquinas y no lanzaba ninguna afirmación que no pudiera comprobarse inmediatamente. Aunque, al actuar de este modo, daba una idea incompleta de la ciencia –pues la ciencia es ante todo una serie de razonamientos que vienen determinados mediante el cálculo y son confirmados por la experiencia–, sus oyentes le comprendían enseguida, tenía gran éxito y conseguía adeptos para la ciencia. Ante su casa se apretujaban las carrozas de las duquesas que querían ser electrizadas. Cuando, en 1753, el rey fundó para él un curso de física experimental en el Colegio de Navarra, éste tuvo que permitir la entrada a los aficionados: a las clases de Nollet asistían 600 oyentes. En el Jardín del Rey, el químico Rouelle empezaba su curso público con peluca y puños de encaje; pero, mediada la explicación, se enardecía, se quitaba los puños y la peluca, luego la chaqueta y acababa por despojarse también de su chaleco, y finalizaba la clase en mangas de camisa, tras haber comunicado su pasión a los asistentes. Estos cursos eran imitados en los colegios de provincias, en numerosas ciudades, tanto en Francia como en Holanda y en Alemania. Algunos individuos ganaban su sustento enseñando de plaza en plaza experimentos físicos: en especial les atraía y apasionaba la electricidad. Los libros de divulgación se multiplicaban, y algunos de ellos tenían gran valor, como: el *Espectáculo de la Naturaleza*, del abate Pluche; las *Lecciones de física experimental*, del abate Nollet (1748); la *Historia natural*, de Buffon; la *Historia de la electricidad*, de Priestley (1775). Eran numerosos los compendios, diccionarios, manuales, continuamente puestos al día y reeditados. Los diarios dedicaban largas columnas a las obras científicas; incluso algunos se especializaron en publicaciones científicas.

En todas partes reina un «furor de aprender» y una «fiebre de inteligencia» que no son nuevos, pero sí más frecuentes. Genoveva de Malboissière, perteneciente a una rica familia de financieros, domina el latín y el griego, el alemán, el inglés, el italiano y el español, y, además, escribe tragedias y comedias, tiene profesores de matemáticas, Valmont de Bomare le da lecciones de física y de historia natural, lee las obras de Buffon. La futura señora Roland, hija de un grabador, estudia matemáticas y física, lee las obras del abate Nollet, del físico y naturalista Réaumur, del matemático y astrónomo Clairaut. Voltaire se dedica a estudiar matemáticas, divulga los trabajos de Newton. Diderot asiste durante tres años a cursos de anatomía y de fisiología, a las lecciones de química de Rouelle y deja importantes estudios de fisiología. Juan Jacobo Rousseau aprende matemáticas, astronomía y medicina, y redacta largas *Instituciones de química*. Franklin hace experimentos eléctricos; Goethe prosigue sus investigaciones de óptica y de botánica. El Delfín de Francia toma lecciones de física; el rey Jorge III de Inglaterra se dedica a la botánica y Víctor Amadeo III de Saboya repite los experimentos del abate Nollet.

Si hubieran vivido a mediados del siglo anterior, la mayor parte de ellos habrían dedicado mucho más tiempo a discernir los más sutiles matices de los sentimientos humanos, a buscar las palabras y los giros más adecuados para expresar esos sentimientos con exactitud, fuerza, elegancia y penetración. Cada día habrían meditado más y más las obras de los clásicos para hallar en ellas alusiones a sentimientos no percibidos o mal comprendidos, o modelos de dicción. Habrían practicado el examen de conciencia, y acudido a los confesionarios; se habrían preocupado del camino hacia la perfección cristiana mediante una atenta vigilancia de los sentimientos y de las pasiones, para dirigirlos hacia la propia salvación. Pero en el siglo XVIII, la religión ya no es un hecho tan importante, pues aunque son muchos los individuos que siguen acudiendo a los oficios y al confesionario, en general, el impulso del corazón es menor; ya no creen como antes, y a menudo la religión se siente y se vive menos. A pesar de seguir sintiendo afición por la literatura, la amplitud de la curiosidad no deja ya tiempo para saborearla y penetrar en ella. El gusto se corrompe. Montesquieu y Voltaire son inferiores a Boileau, a veces de una manera desoladora. Voltaire no está lejos de preferir «todas las baratijas de Tasso al oro de Virgilio». Además todos tienen prisa por remontar de las apariencias a los principios, para relacionarlos con la filosofía general de la época, para construir, como diría D'Alembert, una «metafísica del corazón». Desdeñan examinar la realidad; la psicología resulta a menudo rudimentaria, la expresión es fría y abstracta. Si las Ciencias progresan, las Letras retroceden y, bajo este punto de vista, el siglo XVIII parece tener menos importancia que el XVII y el XIX.

El apoyo de la opinión pública y de los gobiernos

Pero esta pasión por las ciencias favorece la labor de los sabios, que están bien considerados y hallan ocasiones y medios materiales para proseguir sus trabajos. Buffon ve convertir sus tierras en condado por el rey de Francia; diez poetas cantan su grandeza; le es erigida una estatua en vida; su residencia de Montbard se convierte en lugar de peregrinación. A su muerte, se instala una capilla ardiente, que dura todo un año, en la colina que se alza frente a su castillo. La gente se acerca a su gabinete como si se acercara a «un templo cuyo guardián es su anciano criado, y su hijo el pontífice». Jorge I de Inglaterra y Pedro el Grande de Rusia visitan los laboratorios de los «físicos». Federico II invita a su mesa a sabios y filósofos; Catalina II los acoge en sus salones para mantener conversaciones íntimas.

A los estudiosos no se les escatima el dinero. Evidentemente, en una época en que muchas ciencias estaban todavía en sus inicios, se podía hacer mucho con reducidos materiales. El químico Scheele utilizaba simples vasos como campanas, y para recoger los gases colocaba una vejiga al cuello de una botella; cuando la vejiga se había llenado, la ataba con un cordel; Franklin empezó sus trabajos sobre la electricidad con un tubo de vidrio y una piel de gato. Pero la astronomía y la geografía no podían conformarse con materiales rudimentarios. Muy pronto ocurrió lo mismo con la química: el laboratorio de Lavoisier estaba dotado de aparatos de precisión de gran tamaño y de difícil fabricación; sus experimentos exigían gran consumo de combustible. Por suerte, los reyes actuaron por medio de las academias, que proporcionaban a sus miembros pensiones y ayudas especiales; provocaban la emulación y recompensaban los esfuerzos mediante premios, organizaban misiones científicas subvencionadas por el Estado. Este ejemplo, nacido en Francia (por obra de Luis XIV y continuado por sus sucesores, Luis XV y Luis XVI), fue imitado en todos los países. Luis XV tuvo especial empeño en que los grandes trabajos geodésicos fueran dirigidos por miembros de la Academia de Ciencias de París: medición del meridiano, medida de la transversal de Brest a Estrasburgo, mapa general de Francia de Cassini; patrocinó grandes misiones científicas en el Perú, en Laponia y en el cabo de Buena Esperanza, para medir los grados del meridiano, para determinar la distancia de la Tierra a la Luna, y otras empresas semejantes.

Los demás gobiernos siguieron el ejemplo. En Rusia, Pedro el Grande fundó, en 1724, la Academia de San Petersburgo y envió a Bering a que reconociera el estrecho que separa Asia de América, y que aún lleva su nombre. Las zarinas Ana y Catalina II patrocinaron viajes científicos a Siberia, y la segunda de ellas llamó a San Petersburgo al filósofo francés Diderot y al matemático suizo Euler. Este último escribió sus *Cartas a una princesa de Alemania*, que tratan de filosofía y de ciencias, para la princesa de Anhalt-Dessau. La Real Academia de Estocolmo fue fundada en 1739 y la Sociedad Real de Copenhague en 1745. Federico II de Prusia invita a la Academia de Ciencias de Berlín, fundada en 1710 por su abuelo, a los matemáticos franceses Maupertuis, D'Alembert y Lagrange, y al suizo Bernoulli. Incluso Jorge III de Inglaterra, que tan avaro era, dotó espléndidamente al astrónomo Herschel: le asignó una pensión de treinta guineas y le concedió un edificio junto al castillo real de Slough, en el que pudo instalar su observatorio y hacer sus descubrimientos.

Este afán científico llega hasta el extremo de que los gobiernos europeos estipulan un acuerdo para poder observar los pasos de Venus ante el Sol en 1761 y en 1769, para determinar así la distancia de la Tierra al Sol. Era preciso aprovechar la ocasión, ya que el paso de Venus ante el Sol dos veces en un período de ocho años, es algo que sólo ocurre aproximadamente cada ciento veinte años. Los ingleses hicieron observaciones en Tahití, en la bahía de Hudson y en Madrás; los daneses cerca del cabo Norte, los suecos en Finlandia, los rusos en Laponia y en Siberia y los franceses en California y en Pondichery. Europa se unía para aumentar los conocimientos de la humanidad. Los progresos realizados mediante verdades grandes, hermosas y útiles, costaban a los gobiernos muy poco en comparación con los gastos de la diplomacia y de las guerras: Lacaille, enviado por el gobierno francés al cabo de Buena Esperanza, en 1751, para observar la Luna y determinar a qué distancia se hallaba de la Tierra, después de una estancia de cuatro años, durante la cual, además del trabajo encargado, pudo establecer con maravillosa exactitud la posición de más de diez mil estrellas del hemisferio austral, gastó, incluyendo el precio de la construcción de sus aparatos, la reducida cantidad de 9.144 libras y 5 chelines.

La universalidad de los sabios

Las ciencias progresan y los sabios gozan de influencia, en parte porque si bien la especialización aumenta, es mucho menos avanzada que hoy día. En el siglo XVIII, el conocimiento de la naturaleza siempre recibe el nombre de filosofía, y quienes estudian sus leyes son llamados «filósofos». Todos ellos conocen las obras de los filósofos propiamente dichos, que de los descubrimientos científicos deducían principios, un espíritu, y señalan las consecuencias que tienen para nuestras ideas acerca del universo y del hombre. Gracias precisamente a esta difusión, las ciencias gozan de mayor influencia. Buffon debe sus principios rectores a Leibniz; Montesquieu a Malebranche, y todos a Aristóteles y a Descartes. Además, cultivan varias ciencias: el matemático y astrónomo Laplace asiste a los experimentos de Lavoisier sobre el calor animal y la respiración; el matemático Euler se preocupa tanto de la teoría del silogismo como de las hipótesis físicas de la emisión y de la ondulación; el médico La Mettrie aplica al mundo moral la doctrina mecanicista. Esto resulta ventajoso, pues a menudo el progreso procede de la aplicación del método y de los resultados de determinada ciencia a otra. Además, gracias a su formación clásica, la mayoría de los sabios adquieren o completan su formación científica recurriendo a los tratados originales. Muchos matemáticos podían traducir del griego los *Elementos* de Euclides, del latín la *Geometría* de Descartes y los *Principios* de Newton. A la gran ventaja de captar directamente el pensamiento del maestro, unían la de poder apreciar el desarrollo real, histórico, de la ciencia a que se dedicaban: conocer cómo se habían planteado realmente los problemas, y cómo se habían hallado las soluciones, de las cuales habían surgido nuevos problemas. Así, poseían una idea muy clara y precisa de su ciencia: del espíritu, del método, del desarrollo, del porvenir de dicha ciencia.

En cambio, tropiezan con una dificultad nueva: siguiendo el ejemplo de los franceses, los sabios ya no suelen escribir en latín, sino en su lengua materna, aunque todavía haya muchas obras científicas redactadas en latín. Ya a mediados del siglo, D'Alembert indica los inconvenientes de la nueva costumbre: «el filósofo que quiera conocer a fondo los descubrimientos de sus predecesores se verá obligado a sobrecargar la memoria con siete u ocho lenguas diferentes; y, después de haber dedicado el tiempo más precioso de su vida a conocerlas, morirá antes de empezar a instruirse». Lavoisier quedó muy desconcertado cuando quiso consultar las memorias del químico inglés Priestley: afortunadamente, su esposa pudo traducírselas. Sin embargo, la mayoría de los sabios cuando ya no escriben en latín, suelen hacerlo en francés, lengua universal de Europa; así lo hacen los sabios procedentes de Basilea: los matemáticos de la familia Bernoulli y el gran Euler; así, los sabios de la Academia de Berlín y de la Academia de San Petersburgo.

En resumen, los sabios hallaron condiciones de trabajo bastante satisfactorias.

CAPÍTULO II

LAS MATEMÁTICAS

El análisis infinitesimal

Aunque se publicaron muchos y buenos trabajos, no se halló ningún principio nuevo y esencial. Los matemáticos desarrollaron el análisis infinitesimal, descubierto en el siglo XVII por Newton y Leibniz, quienes se habían valido de los trabajos de Descartes y de Fermat. El nuevo cálculo, que expresa al mismo tiempo el estado de una variable en un momento determinado y cómo varía en dicho instante en intensidad y en dirección, daba a los astrónomos y a los físicos la posibilidad de estudiar los movimientos continuos. Tanto la tercera edición, que se publicó en 1726, de los *Principios matemáticos de filosofía natural* de Newton como su *Cálculo diferencial*, compuesto en 1671, traducido por su discípulo Colson y publicado en 1736, fueron estudiados; pero Newton y Leibniz habían dejado el cálculo infinitesimal en un estado muy imperfecto: habían dejado ciertas proposiciones sin demostrar, numerosos problemas sin solución, muchas sugestiones. Sus sucesores se encargaron de completar, aclarar y demostrar.

Los matemáticos del siglo XVIII se dedicaron esencialmente a trabajos prácticos: procedimientos para resolver problemas planteados por la mecánica y por la astronomía, para explicar los hechos revelados por la observación de los cuerpos terrestres o celestes. Los problemas que tratan son: forma de una vela rectangular hinchada por el viento, «línea de bajada más rápida» (línea de máxima pendiente) entre dos verticales sucesivas, trayectoria de un rayo luminoso a través de «estratos de diferente densidad», causa de los vientos, movimientos de los fluidos, cuerdas vibrantes, forma de la Tierra, movimiento de la Luna, cálculo de probabilidades. Gracias a ello, perfeccionaron de un modo insospechado el instrumento matemático. En 1735, Euler resolvió en tres días, con métodos propios, un problema astronómico que varios matemáticos célebres, con métodos más anticuados, habían tardado varios meses en resolver (en el siglo XIX, con métodos aún más perfectos, Gauss resolvió el mismo problema en una hora). Los matemáticos establecieron completa separación entre el análisis y la geometría. En el período anterior resolvían los problemas planteándolos geométricamente y reducían los resultados del cálculo en forma geométrica. En el siglo XVIII convirtieron el análisis en ciencia independiente, y, finalmente, Lagrange tuvo la vanidad de no poner ni una sola figura, ni un solo diagrama, en su *Mecánica analítica*.

La preponderancia continental y francesa

En el último tercio del siglo XVII, los grandes matemáticos habían sido o ingleses, como Newton, o alemanes, como Leibniz. En el siglo XVIII son suizos y franceses. Los suizos: la familia Bernoulli, y Euler (1707-1783), de Basilea, son más aficionados a problemas particulares, grandes descubridores de verdades parciales. Euler, inventor infatigable, sugirió casi todas las grandes ideas desarrolladas por sus sucesores. En cambio, los franceses: Clairaut (1713-1765), D'Alembert, Lagrange (1736-1813), Laplace (1747-1827), tienen una mente más sintética: hallan métodos abstractos, resumen en resultados generales la infinita variedad de casos particulares. Por otra parte, desarrollan y difunden la doctrina de Newton acerca del sistema del mundo, aplican el nuevo cálculo a la mecánica y a la astronomía, construyen la mecánica celeste. Francia ejerce algo así como una realeza matemática. Las causas de este cambio son bastante oscuras, como todo lo que se refiere a las causas de la creación intelectual.

El aislamiento inglés

La decadencia relativa de los ingleses quizá proceda, en parte, del hecho de que Newton había dejado su método de cálculo más imperfecto que el de Leibniz, y en parte de la controversia que se suscitó entre ingleses, alemanes y suizos, acerca de una cuestión importante e inútil: ¿quién fue el verdadero creador del cálculo infinitesimal, Leibniz o Newton? La disputa enrareció el intercambio de ideas entre los matemáticos del continente y los ingleses. Los ingleses se refugiaron en los métodos de Newton, y hasta el año 1820 desconocieron los brillantes descubrimientos logrados en el continente. Incluso más: sufrieron un retroceso. Mientras que, en 1717, Brook Taylor había aplicado el cálculo de las diferencias finitas al movimiento de las cuerdas vibrantes y enunciado su célebre teorema, Mac Laurin, en 1731, en un *Cálculo diferencial,* es decir, de las cantidades que se incrementan mediante una progresión continua, utilizó demostraciones geométricas para ser más exacto, y luego enunció en forma geométrica la teoría de que una masa líquida que gira alrededor de un eje adopta por influjo de la gravedad, la forma de un elipsoide de revolución. Por influencia suya la atención de sus compatriotas se centró de nuevo en la geometría y no cultivaron el análisis. De este modo los ingleses, trabajando, por decirlo así, en su torre de marfil, se anquilosaron poco a poco.

El universalismo francés

Por el contrario, en el continente, los franceses se hallaron en buena situación geográfica para aceptar a la vez el cálculo leibniziano y el cálculo newtoniano; las matemáticas florecían bastante, gracias a los trabajos de Descartes, a la Academia de Ciencias de París, al Colegio de Francia, para que hubiera mentes bien preparadas para asimilarlas y sacar de ellas lo que contenían. Pero no debemos exagerar el valor de esta explicación, ya que Holanda estaba aún mejor situada que Francia. Las causas de la superioridad intelectual de determinado país en un momento dado, probablemente nunca llegarán a ser determinadas con exactitud.

La «descriptiva»

Aunque el análisis estaba en primer lugar, se descubrió una nueva rama de la geometría: la geometría descriptiva, cuyo autor fue el francés Gaspar Monge (1746-1818). Como no podía ingresar en el Colegio de Ingenieros de Mézières, a causa de su origen plebeyo, estudió en la escuela anexa, en la que enseñaban dibujo y trazado de planos. Observó que las operaciones para dibujar los planos de fortificaciones se hacían mediante procedimientos aritméticos complejos e interminables, y se le ocurrió sustituirlos por un método geométrico, muchísimo más sencillo y rápido, del cual procede su geometría descriptiva. El director de la escuela adoptó entusiasmado el método de Monge, y, en 1768, le nombró profesor de matemáticas, pero no le permitió divulgar su descubrimiento, a consecuencia de la rivalidad entre las escuelas militares. Sin embargo, los oficiales salidos de la escuela le dieron cierta difusión, aunque hasta 1795 no fue publicado por vez primera.

La mecánica racional

Los analistas perfeccionaron la mecánica racional. Lo esencial se había descubierto a fines del siglo XVII, como consecuencia de los trabajos de Huyghens, que estableció los fundamentos de esta ciencia, y de Newton, quien, en sus *Principios,* redactó un conjunto de proposiciones y determinó la forma según la cual se edificó la mecánica racional. Pero desde esta época hasta el año 1900 no se establece ningún principio esencialmente nuevo; el trabajo que a partir de entonces se realizó no fue más que el desarrollo deductivo, formal y matemático de los principios de Newton, labor en la que los franceses desempeñaron el papel más importante.

D'Alembert, en su *Tratado de dinámica* (1743), resumió y relacionó los descubrimientos, los redujo a unos principios sencillos, entre ellos el teorema que lleva su nombre, con lo cual suministró los medios prácticos de utilizar los experimentos ya conocidos y estudiados: ahorró el esfuerzo de reflexionar acerca de cada nuevo caso particular. Maupertuis, en 1747, enunció el principio de la menor acción, forma simbólica que permite agrupar varios casos particulares conocidos. En 1788,

Lagrange publicó la *Mecánica analítica* sin figuras geométricas. «El lector no hallará figuras en esta obra», dice en el prólogo. Con gran rigor y una elegancia perfecta dedujo toda la mecánica del principio de las velocidades virtuales. Eso es construir por completo una ciencia física partiendo de un solo principio abstracto, con fórmulas que se suceden «como los versos de un poema científico». Es un magnífico alarde, magistral, de grandísima importancia teórica, que coordina y resume el trabajo de un siglo entero, pero que la carencia de figuras hace difícil de utilizar, a pesar de lo que creía Lagrange.

El «geómetra»

Así, pues, las matemáticas, ciencia en su género perfecta, constituyen el modelo de las ciencias, y el matemático o «geómetra», como entonces se le denominaba, era el verdadero tipo del científico. El astrónomo Bailly nos da a conocer la imagen que el siglo se forjaba de ellos:

Geómetra es el individuo que intenta hallar la verdad; esta búsqueda siempre resulta penosa, tanto en las ciencias como en la moral. Visión profunda, exactitud de juicio, imaginación viva, son las cualidades que debe poseer el geómetra: visión profunda para captar todas las consecuencias de un principio; ...exactitud de juicio... para remontar desde estas consecuencias aisladas al principio del que dependen. Pero lo que proporciona esta profundidad, lo que forma este juicio, es la imaginación... que actúa en el interior de los cuerpos. La imaginación se representa la constitución íntima de los cuerpos; ...hace, por decirlo así, la disección de la cosa... Cuando la imaginación nos ha indicado todo, tanto las dificultades como los medios, el geómetra puede seguir adelante; y si partió de un principio incontestable, que garantiza la certeza de su conclusión, se reconoce que tiene una mente juiciosa; si dicho principio es el más sencillo, y nos descubre el camino más corto, su arte es elegante; y, finalmente, se le considera un genio en su arte si llega a una verdad grande, útil y que durante tiempo no formaba parte de las verdades conocidas...

La «geometría» era la preparación mental adecuada de quienes querían ser «filósofos». El espíritu geométrico es el que predomina en este siglo deductivo y generalizador.

CAPÍTULO III

LA ASTRONOMÍA

En astronomía, los franceses completaron los trabajos de Newton. Elaboraron la mecánica celeste y transformaron la astronomía en una ciencia perfecta, el modelo de las ciencias de la naturaleza. El desarrollo de la astronomía señaló el camino que han de seguir todas las ciencias. Los astrónomos dieron los mejores ejemplos de razonamiento experimental; la astronomía fue una escuela para todos los casos en que interviene la observación, la experimentación y el razonamiento experimental. Por consiguiente, vamos a detenernos en ella.

Al igual que todas las demás ciencias, la astronomía pasó primeramente, antes del siglo xvi, por un largo período durante el cual se observan los fenómenos y se crean hipótesis para explicarlos y para poderlos someter al cálculo. Más tarde, en los siglos xvi y xvii, llegó la época del descubrimiento de las leyes que rigen los fenómenos. Copérnico indujo de las apariencias el movimiento de rotación y de traslación de la Tierra; Kepler descubrió las leyes del movimiento de los planetas. Finalmente, en la segunda mitad del siglo xvii, empezó la última fase: partiendo de estas leyes se llegó al principio que explica todas las leyes, y esto precisamente es lo que hizo Newton merced al principio de la gravitación universal.

El problema de la gravitación

Al iniciarse el siglo xviii, las ideas de Newton aún no estaban confirmadas. Newton empezó por resolver el siguiente problema: si los planetas siguen las leyes de Kepler, ¿qué fuerza motriz debemos suponer actúa sobre ellos? Respondió que esta fuerza debe estar, para cada planeta, orientada hacia el Sol; debe ser proporcional a la masa del planeta y debe variar en razón inversa del cuadrado de la distancia. Prosiguiendo sus meditaciones, se le ocurrió que esta atracción no sólo la ejerce el Sol sobre los planetas, sino que la misma fuerza es la causa de que la Luna gire alrededor de la Tierra, de que los cuerpos pesados caigan sobre la superficie del globo, e incluso que esta atracción tiene lugar desde cada molécula material a las demás, y que es recíproca, en todo el Universo. Es el principio de la gravitación universal.

Ahora bien, era preciso comprobar la teoría, ver si todos los hechos conocidos se ajustaban verdaderamente a este principio, si los nuevos conocimientos que pudieran obtenerse acerca del sistema solar encajarían en él. En efecto, el principio de Newton tropezaba con graves objeciones teóricas. La gravitación parecía suponer una acción a distancia que nadie podía concebir claramente. Los cartesianos acusaban a Newton de resucitar las cualidades ocultas, aunque Newton declaraba que no hacía más que dar cuenta de los fenómenos, calcularlos, enunciar sus leyes, y que no pretendía afirmar nada ni acerca de la naturaleza ni de las causas de la gravitación. Pero sus discípulos, esos sí que afirmaron que era debida a una verdadera acción a distancia y que era una propiedad esencial de la materia. Parecía que querían retroceder hacia la escolástica. En 1715, Leibniz afirmaba rotundamente:

…un cuerpo sólo puede ser movido naturalmente por medio de otro cuerpo que le empuja al tocarle; después, sigue en movimiento hasta que tropieza con otro cuerpo que le toca. Todas las demás operaciones sobre el cuerpo son milagrosas o imaginarias… Por eso precisamente no valen las atracciones propiamente dichas y otras operaciones inexplicables mediante la naturaleza de las criaturas, que debemos realizar milagrosamente o recurriendo a absurdos, es decir, a las cualidades ocultas de los escolásticos, que intentan justificarnos bajo el falaz nombre de fuerzas, pero que nos conducen de nuevo al reino de las tinieblas…

Por otra parte, en la práctica, muchos fenómenos quedaban mal explicados, como, por ejemplo, las mareas: Newton las había atribuido a la atracción de la Luna y del Sol, pero ni había calculado exactamente la fuerza ni había seguido detalladamente los efectos del Sol y de la Luna; había supuesto un astro sin movimiento, que elevaba y bajaba las aguas sobre un globo inmóvil. Esto explica que se le tachara de arbitrario, que se le acusara de apartarse de las realidades y de rellenar las lagunas del conocimiento con meras palabras. La gravitación aún no se había impuesto.

Las pruebas de la gravitación

La labor de demostrar la teoría se realizó mediante dos procedimientos: buscar nuevos hechos que confirmaran o invalidaran la hipótesis (en especial antes de 1750); explicar detalladamente los hechos mediante el cálculo, partiendo de la hipótesis (sobre todo en la segunda mitad del siglo).

Newton y Huyghens habían sostenido que todos los astros eran capaces de atracción. ¿Acaso también la Tierra ejercía sobre los cuerpos una atracción proporcional a la masa de éstos, que para los seres humanos era la gravedad de su propio cuerpo? Esta gravedad debía variar según el lugar de la superficie terrestre en que se hallara: dado que la Tierra giraba alrededor de un eje imaginario que pasaba por los polos, la fuerza centrífuga, que tiende a alejar los objetos, era mayor en el Ecuador y decrecía al acercarse a los polos; los objetos debían ser atraídos con menor fuerza en el Ecuador; luego, la Tierra debía haberse elevado más en el Ecuador que en los polos; no debía ser una esfera perfecta, sino algo achatada por los polos. En esto, tanto Newton como Huyghens, estaban de acuerdo, pero en lo demás disentían: Newton concedía a todas las partes de la materia esta atracción que para él era verdaderamente universal; e incluso llegó a calcular que el achatamiento de los polos debió ser 1/230 de la circunferencia. En cambio, Huyghens creía que la gravedad era una fuerza debida al globo considerado en conjunto, y negaba la universalidad de la atracción; además, según él, el achatamiento debía ser menor, exactamente 1/578. Para saber si esta fuerza de atracción, que Newton atribuía a los astros, existía, era preciso, ante todo, averiguar si la Tierra estaba achatada por los polos; para demostrar que esta fuerza de atracción era una propiedad de todas las partículas materiales, era preciso también averiguar exactamente en qué proporción lo era.

Mediciones de Maupertuis y La Condamine

Para ello, era necesario medir, mediante triangulación, un grado de meridiano lo más cerca posible del polo y del Ecuador. Tomemos el cuadrante de la circunferencia, del Ecuador al polo: si la circunferencia no es perfecta, si está achatada por los polos, el arco de un grado será menor en el Ecuador que en el polo. La Academia de Ciencias de París tomó la iniciativa de comprobarlo. En 1735, partieron dos expediciones: una hacia el Perú, bajo la dirección de La Condamine y Bouguer; la otra, hacia el fondo del golfo de Botnia, en Laponia, dirigida por Maupertuis y Clairaut. Estos últimos midieron el 76° de latitud norte y, en 1736, hallaron que tenía una longitud de 57.438 toesas.[1] Es decir, excedía en 378 toesas al que Picart había determinado entre París y Amiens, en el 50° de latitud norte. Por consiguiente, la Tierra, tal como habían anunciado Newton y Huyghens, era achatada por los polos. Pero algunos centenares de toesas en algunas decenas de millares, era una diferencia muy pequeña; ¿no había peligro de error? Maupertuis ya lo había pensado: había supuesto que en sus triángulos había cometido siempre un error de 20 segundos al medir los dos primeros ángulos, y de 40 segundos al medir el tercero; había supuesto que estos errores iban siempre en el mismo sentido y que tendían a disminuir la longitud del arco: en estas condiciones extremas, el error sólo habría sido de 54 toesas y media. Así, ya no quedaba ninguna duda. Los cálculos de Maupertuis y de Clairaut fueron confirmados ocho años más tarde por los que La Condamine y Bouguer habían realizado en Quito. Necesitaron más tiempo, porque la vegetación tropical retrasaba el trabajo. Midieron el 3° de latitud norte, con las máximas precauciones para eliminar los posibles errores motivados por el cansancio o la distracción del

1. Antigua medida francesa de unos dos metros.

observador, o bien por las malas condiciones atmosféricas. La base del primer triángulo, de la cual dependen los demás cálculos, fue medida por separado por dos grupos; las mediciones astronómicas fueron repetidas varias veces por cada uno de los académicos por separado. Es «una de las más exactas determinaciones que pueden legarse a la posteridad». Hallaron el siguiente resultado: el grado tenía 56.775 toesas; pero como habían operado en un terreno elevado, era como si hubieran medido una circunferencia mayor: fue preciso reducir la medida al nivel del mar y así obtuvieron definitivamente que el grado tenía 56.753 toesas. Newton y Huyghens estaban en lo cierto acerca del primer punto: la Tierra era achatada por los polos, la fuerza centrífuga disminuía la gravedad en el Ecuador; la gravedad no era una propiedad de los cuerpos, sino efecto de la atracción terrestre.

Pero las mediciones realizadas dieron un achatamiento de 1/178 al polo, lo cual quedó confirmado por las mediciones que se hicieron en Francia, a partir de 1740, en el meridiano entre Dunquerque y Perpiñán, para ver el alargamiento progresivo de los grados hacia el norte. La fuerza necesaria para producir tal achatamiento sólo podía proceder de la atracción de todas las partes de la Tierra; la atracción era universal: Newton tenía razón en contra de Huyghens.

Observaciones de Bouguer y de Maskeline

El astrónomo Bouguer lo confirmó mediante experimentos acerca de la atracción en las montañas. Se sintió inclinado a considerarla aparte al comprobar que la atracción se ejerce en razón inversa del cuadrado de las distancias. Ya se había notado que, en el Ecuador, los relojes de péndulo se retrasaban: siendo menor la gravedad el péndulo se sentía «atraído» por una fuerza mayor, y por ello su movimiento era menos rápido. Para conseguir que el reloj señalara bien el tiempo debía reducirse la longitud del péndulo, lo cual aumenta sus oscilaciones. En Quito, a 1.466 toesas sobre el nivel del mar, Bouguer halló que, además, era preciso reducir en 33 centésimas de línea la longitud que el péndulo tenía al nivel del mar; supuso que esto era debido a que se acercaba al Sol, cuya atracción aumentaba. Para comprobarlo, transportó el péndulo a la cima del monte Pichincha, que está a 968 toesas de altura respecto a Quito: allí fue preciso reducir el péndulo en 19 centésimas de línea. Estas disminuciones de la gravedad se verificaban aproximadamente en razón inversa del cuadrado de las distancias, según la ley de Newton. Mas, ¿por qué sólo aproximadamente? Y se le ocurrió a Bouguer que si la gravedad disminuía con la altitud, es decir, al aproximarse al Sol, aumentaba a causa de la montaña, o sea, por el incremento de la masa de la Tierra que aumenta su atracción: sobre las montañas es como si nos halláramos en un globo mayor, de radio mayor. Las montañas son causa de un incremento de la atracción.

Pero, tal como estaba, la idea de Bouguer era una hipótesis y no la expresión de un hecho. Era preciso comprobarla experimentalmente. Pero, ¿cómo podían realizarse experimentos en astronomía, ciencia en la que generalmente no se pueden abordar, en la que nunca pueden tocarse los objetos del conocimiento? Es preciso aislar los fenómenos mentalmente, y son precisamente los astrónomos quienes han realizado los tipos más perfectos de razonamiento experimental. Bouguer se propuso aislar la acción de la montaña, para lo cual utilizó las plomadas de los cuadrantes empleados para calcular en grados la elevación de los astros por encima del horizonte. La plomada señala la vertical que une el centro de la Tierra a determinado punto del cielo, el cenit; el hilo se mantiene vertical porque la pequeña masa de metal es atraída por el centro de la Tierra. Si el instrumento se coloca junto a una montaña grande y alta, ésta debe atraer el hilo y apartarlo de la vertical. Pero, ¿cómo darse cuenta de ello?

Bouguer y la desviación de las montañas

Si observamos un astro a través del anteojo montado sobre un cuadrante, el ángulo formado por la dirección del anteojo y la vertical determina la distancia del astro al cenit en grados. Ahora bien, si la montaña atrae a la plomada, para el observador el cenit se desplaza. Observaciones realizadas sobre el mismo astro, en la misma latitud y lejos de la montaña, darán ángulos diferentes. Bouguer eligió el Chimborazo: notó que el cenit se desplazaba, es decir, el hilo, y acabó por creer en la atracción de las montañas. Sin embargo, subsistía una duda: el desplazamiento había sido muy pequeño, y en las dos observaciones reinaba un viento muy fuerte, que bien pudiera ser el responsable del desplazamiento de la plomada. Y fue el escocés Maskeline quien, gracias a las 337 observaciones que realizó, puso fuera de duda la atracción de las montañas.

Dado que las montañas son capaces de atraer, pese a ser tan pequeñas en relación con el globo terrestre, no hay ninguna razón que se oponga a que las más minúsculas partes de la materia puedan también hacerlo. Las personas inteligentes consideraron que Newton había acertado. Estaban convencidos de que la atracción era incomprensible, pero que no podía dudarse de ella: era preciso aceptarla sin comprenderla. Todos esos trabajos los utilizó Clairaut para demostrar que la Tierra tiene aproximadamente la forma de un elipsoide.

Observaciones de Le Monnier

La gravitación universal quedó confirmada por las observaciones de Le Monnier (1746). Ya se había notado que cuando Saturno y Júpiter se hallan próximos, lo cual ocurre cada veinte años, el movimiento de Saturno se perturba. De ser cierta la teoría de Newton, estas perturbaciones eran debidas a la atracción de Júpiter; pero, ¿cómo se podía aislar esta atracción de la del Sol? Le Monnier lo logró del siguiente modo: de todas las observaciones antiguas estudió únicamente aquellas en que Saturno, situado en el mismo punto de su órbita y a la misma distancia del Sol, debía experimentar exactamente la misma atracción del Sol; solamente Júpiter ocupaba distinta posición y estaba a desigual distancia. Le Monnier observó personalmente en las mismas condiciones y halló diferencias correspondientes en el movimiento retardado de Saturno, acción que únicamente podía ser debida a la masa de Júpiter. En cambio, el movimiento de este último era acelerado. Por consiguiente, la realidad de la atracción quedaba puesta de manifiesto en otra parte del sistema solar, con lo cual los motivos de duda se reducían. Finalmente, se descubrió que los satélites de Júpiter describían a su alrededor elipses, según las leyes de Kepler. Luego, resultaba que estas leyes eran válidas para todo el sistema solar, y como quiera que la gravitación es el principio de dichas leyes, quedaba confirmada indirectamente.

En todos estos trabajos, aunque no podamos afirmar que haya experimentación, puesto que el observador no modifica, no hace variar por sí mismo los fenómenos naturales, sin embargo, el método experimental se aplica de una manera perfecta: al igual que en la experimentación, las consecuencias deducidas de las observaciones vienen demostradas por otras observaciones sobre hechos aislados artificialmente.

La gravitación comprobada por el cálculo

Así pues, nuevos hechos particulares confirmaban la teoría de Newton. Los matemáticos aportaron otra clase de pruebas valiéndose del análisis infinitesimal. Tomando como punto de partida el principio enunciado, volvieron a sacar mediante deducción, todas las consecuencias, todas las observaciones realizadas, pusieron de manifiesto el encadenamiento de los hechos y predijeron otros hechos que más tarde quedaron comprobados.

Sus procedimientos pueden expresarse del siguiente modo: si tomamos un astro lanzado al espacio con un impulso uniforme y constante, cuya velocidad es conocida y cuya dirección ha sido determinada: ¿cuál será su trayectoria, qué curva describirá, si, en verdad, tal como dice Newton, es atraído continuamente hacia el centro de otro astro, colocado a una distancia dada, con una fuerza inversamente proporcional al cuadrado de las distancias? Éste es el problema de los dos cuerpos. En un tiempo infinitamente pequeño la «fuerza de impulsión» le obliga a describir una corta línea recta; la fuerza de atracción le impele a describir otra pequeña línea recta, pero en diferente dirección. Estas dos líneas forman un ángulo y constituyen dos de los lados de un paralelogramo: el cuerpo seguirá la diagonal para responder a la vez a las dos fuerzas; la diagonal es el camino que recorre durante este lapso de tiempo y una parte de la curva que ha de describir. De un modo semejante puede averiguarse cuál será su camino en el siguiente instante, y así sucesivamente. La diagonal es una diferencial y, mediante el cálculo integral, se puede llegar a determinar su valor exacto, que es la ecuación de la curva. Esta curva sólo puede ser: una elipse, un círculo, una parábola o una hipérbola.

Pero el problema de tres cuerpos es más complicado. Si tomamos tres astros, cuyas posiciones, masas y velocidades conocemos, hemos de hallar las curvas que deberán describir teniendo en cuenta que la atracción es directamente proporcional a sus masas e inversamente al cuadrado de las distancias. Ejemplo de este problema es el que ocurre con la Luna, atraída por la Tierra pero desviada por el Sol, y que a cada instante se aparta de la elipse que describe. Debemos hacer una serie de aproximaciones: calcular la elipse que describe la Luna como si el Sol no influyera sobre ella: calcular luego la acción del Sol, teniendo en cuenta su posición a cada instante; de este modo se logró mediante cálculos largos y complicados, determinar la posición de la Luna en el cielo a cada instante.

Todo ello confirmó plenamente la teoría de Newton. El cálculo coincidía con la observación. El cálculo, por sí solo, colocaba los astros en el lugar en que la observación los había ido hallando en el transcurso del tiempo, e indicaba el lugar en que la observación habría de hallarlos en el futuro; daba a conocer todos los movimientos, incluso los más pequeños, y señalaba que estos movimientos eran consecuencia de la posición de los cuerpos en el instante precedente; lo explicaba todo. Así, Euler, Mac Laurin, Daniel Bernoulli, en 1740, explicaron el movimiento de las mareas –tema propuesto por la Academia de Ciencias de París– mediante el principio de la gravitación; consideraron la marcha de la Luna y del Sol, la Tierra que gira alrededor de sí misma; tuvieron en cuenta la causa que separa las moléculas de agua, la acción que las eleva, el roce del agua contra el fondo del mar y contra las costas. Todo quedó explicado.

Teoría de los planetas y de los satélites. La estabilidad del sistema solar

En 1752, Clairaut ganó el premio de la Academia de San Petersburgo por una memoria acerca de *La teoría de la Luna,* problema abandonado por Newton y del que dio una solución casi completa. En 1764, Lagrange logró explicar por qué la Luna muestra siempre la misma cara frente a la Tierra, y luego, al plantear la teoría de los satélites de Júpiter, resolvió el problema de seis cuerpos. Euler, en 1748 y 1752 ganó el premio de la Academia de Ciencias de París al confirmar, mediante cálculo, los trabajos de Le Monnier, y al demostrar que las irregularidades de Saturno y de Júpiter proceden de su mutua atracción; demostró, también, una suposición de Cassini: las irregularidades están relacionadas con la posición respectiva de las órbitas y, al cabo de unos años, los fenómenos serán contrarios.

De este modo, estaba a punto de demostrar la estabilidad del sistema solar, pero le dejó este honor a Laplace. Newton, y el mismo Euler, dudaban de que las fuerzas del sistema solar –tan numerosas, cuya posición es tan variable y que son tan diferentes en intensidad– pudieran mantenerse permanentemente en equilibrio. Newton creía que de vez en cuando una mano poderosa debía intervenir para colocar en su sitio los cuerpos que se habían desviado por su mutua acción, y esto era para él una confirmación de la necesidad de Dios. Ahora bien, la observación revelaba que las velocidades medias de la Luna y de Júpiter aumentaban mientras que la de Saturno disminuía: parecía que Saturno iba a abandonar el sistema solar, que Júpiter caería sobre el Sol y la Luna sobre la

Tierra. En 1773, Laplace logró demostrar que los movimientos y las distancias medias de los planetas son invariables o que únicamente están sujetos a pequeños cambios periódicos. Más tarde, entre 1784 y 1787, demostró que estas variaciones eran perturbaciones periódicas que dependían de la ley de atracción. El sistema solar era estable y todo él estaba sujeto al principio de la gravitación universal. Dios volvía a ser inútil: Laplace ya no necesitaba esta hipótesis.

Los cometas

Pero la confirmación más impresionante del principio y del valor de cálculo la dio Clairaut en 1759, con motivo del gran cometa de Halley. A pesar de los trabajos de Halley y de Newton, todavía se dudaba de que los cometas aparecieran realmente a intervalos regulares, de que su movimiento fuera periódico alrededor del Sol, y de que fuera tan constante y regular como el de los planetas. En 1729, 1742, 1744, 1747 y 1748 habían aparecido cometas. Basándose en la velocidad y en la dirección que llevaban mientras eran visibles, los matemáticos habían calculado sus órbitas y habían hallado que eran parabólicas. Si los cometas volvían a aparecer, era indicio de que esta parábola era una parte de una grandísima elipse; y Halley había vaticinado que el cometa de 1682 regresaría setenta y seis años más tarde. (Anteriormente había aparecido a intervalos de 76 años y 62 días, y de 76 años y 42 días.) Partiendo de las observaciones de este cometa hechas en 1531, 1607 y 1682, Clairaut calculó la fecha de su regreso, teniendo en cuenta las perturbaciones de Júpiter y de Saturno, y predijo que pasaría por el perihelio al cabo de 76 años y 211 días, es decir, el 13 de abril de 1759. De todos modos, añadió que podía haber cometido un error de un mes. En realidad, el cometa, visible desde fines de diciembre de 1758, observable en París a partir del 21 de enero de 1759, llegó al punto más cercano al Sol el 13 de marzo de 1759. La exactitud y la seguridad del cálculo llenaron al mundo de asombro y de confianza. Todos los astrónomos observaron el cometa, estudiaron sus características y vieron que eran semejantes a las que había tenido en sus anteriores apariciones. Con ello, quedó demostrado que los cometas, al igual que los planetas, describen elipses, uno de cuyos focos es el Sol, según decían las leyes de Kepler. Por lo tanto, los cometas siguen el principio de la gravitación universal. Clairaut ganó un nuevo premio de la Academia Imperial de San Petersburgo, el de 1762, por un trabajo acerca de la teoría de los cometas.

Sin embargo, los cometas aún no habían dejado de conmover a las masas. En 1773, Lalande, en la Academia de Ciencias, habló de la posibilidad de una gran marea cuya causa sería el paso de un cometa muy cerca de la Tierra, marea que inundaría los continentes. La hipótesis de Lalande recorrió todo París y, deformada al pasar de boca en boca, se convirtió en la predicción de un choque con un cometa, choque del que incluso se llegó a fijar la fecha en que ocurriría. Du Séjour señaló cuán improbable era este choque, ya que el cometa que más se había acercado a la Tierra había llegado a 750.000 leguas de ella; y también que la marea era imposible, ya que un cometa, incluso si se aproximara hasta 13.000 leguas, sólo podría permanecer durante dos horas y media lo suficientemente cerca para ejercer influencia sobre los mares, y que para que la Tierra se cubriera por completo por las aguas, serían necesarias diez horas y cincuenta y dos minutos. La demostración era concluyente: los cometas no representaban ningún peligro.

De este modo, el cálculo, la «geometría», como entonces se decía, había aportado impresionantes confirmaciones a las ideas de Newton. Desde luego, hubiera sido posible prescindir del análisis: miles y miles de observaciones habrían acabado por demostrar que las leyes de Newton se cumplían siempre. Pero la astronomía se iba convirtiendo en una ciencia deductiva; alcanzaba su perfección y, a fines de siglo, el astrónomo Bailly, podía escribir: «hoy día, estas dos ciencias (geometría y astronomía) están tan próximas que parecen confundirse».

Nuevos medios de observación

Mientras experimentadores y «geómetras» verificaban las hipótesis, los simples observadores proseguían sus trabajos de descripción y el Universo se ampliaba de un modo prodigioso. Las observaciones fueron facilitadas por una serie de progresos técnicos nacidos de las necesidades de los observadores. Bouguer y Lacaille determinaron la refracción del aire para todas las alturas, presiones y temperaturas, y gracias a ello se pudo tener en cuenta la desviación de los rayos luminosos, procedentes de los astros, al atravesar la atmósfera, que es la causa de que veamos los astros en distinta posición de la que en realidad ocupan. En 1749, Passemant adaptó a las lentes un mecanismo de relojería que daba la posibilidad de seguir los astros a medida que se iban desplazando. Pero los perfeccionamientos más importantes fueron los aportados a las lentes mismas y a los telescopios. En las lentes, en las que los rayos luminosos atraviesan lentes de cristal para llegar al ojo del observador, los cristales gruesos producen efectos de prisma, las imágenes se colorean, resultan confusas, y precisamente por esto Gregory y Newton habían inventado el telescopio, en el que un espejo esférico refleja los rayos luminosos. En 1747, se le ocurrió a Euler fabricar objetivos formados por dos lentes de tres pies que obraban como las de quince pies construidas según los antiguos principios. Durante algún refracción, que descomponían los rayos y separaban los colores de distinta manera; de este modo fue posible oponer estos efectos, anularlos el uno con el otro, dar a los rayos de color la mezcla exacta que es causa de que la luz sea blanca. Pero utilizar el agua no era cosa cómoda.

En 1758, el óptico inglés Dollond halló por tanteo cristales de distinta refracción y pudo fabricar lentes acromáticas de cinco pies que tenían el mismo poder que las lentes ordinarias de quince pies, y su hijo construyó lentes de 3 pies que obraban como las de 15 pies construidas según los antiguos principios. Durante algún tiempo las lentes se adelantaron a los telescopios; pero se precisaba un cristal en cuya composición entraba plomo y que sólo por casualidad se lograba que fuera perfecto. Por otra parte, el inglés William Herschel volvió a poner de moda los telescopios, que en su tiempo daban imágenes confusas a causa de desigualdades de curvatura. Esta aberración de esfericidad la corrigió dando forma parabólica e hiperbólica a los espejos reflectores. En 1789, poseía ya un telescopio de 12 metros de longitud y de 1,47 metros de diámetro, logrando con él importantes descubrimientos.

Descubrimientos

El perfeccionamiento de los instrumentos contribuyó a que se prosiguiera la exploración del cielo. En 1751, Lacaille, en el cabo de Buena Esperanza, determinó la posición de todas las estrellas visibles entre el polo austral y el trópico de Capricornio, y catalogó 10.000 estrellas. En 1781, Herschel descubrió el planeta Urano; en 1789, el sexto y el séptimo satélite de Saturno; y se dio cuenta de que muchas nebulosas tenían núcleos brillantes y que varias estaban constituidas por grupos de numerosas estrellas.

Con ello surgía la posibilidad de que existieran otros mundos habitados. Los observatorios de Londres y de París creyeron descubrir una atmósfera alrededor de la Luna. El eclipse del 1 de abril de 1764 pareció indicar una inflexión de los rayos solares, inflexión que sólo podía ser debida a una atmósfera, ya que el rayo llegaba del Sol con tal rapidez que, a causa de su velocidad, escapaba a la «atracción» *(sic)* de la Luna. La desviación era pequeña; luego, la atmósfera era poco densa. Otras observaciones hacían sospechar la existencia de atmósfera alrededor de los planetas Marte, Venus y Mercurio.

Planetas y estrellas retrocedían vertiginosamente en un Universo que cada vez resultaba mayor. En 1751, Lacaille situó la Luna a una distancia de 85.464 leguas. Observaciones internacionales, realizadas en 1761 y 1769, permitían colocar el Sol a 35 millones de leguas de la Tierra, con un error de un millón de leguas, y le atribuían un tamaño 1.400.000 veces mayor que la Tierra. Bradley observó que el ángulo formado por la recta que va del ojo del observador a determinada estrella con la recta que va del centro de la Tierra a dicha estrella, no tenía ni siquiera un segundo de arco. La Luna no tardaba ni un segundo en eclipsar las estrellas que encontraba en su recorrido. Por consiguiente, el diámetro de estas estrellas no llegaba a ocupar en el cielo ni el espacio de medio segundo. Esto significaba que las estrellas se hallaban en el cielo a una distancia 206.000 veces mayor que el Sol; luego, si hiciéramos retroceder el Sol a una distancia 206.000 veces mayor de la que ocupa, tendría una superficie 206.000 veces menor, es decir, un diámetro igual a 1/107 de segundo. De todo lo cual se deducía que las estrellas eran mucho mayores que el Sol y que estaban situadas fuera del sistema solar.

La síntesis de Laplace

De este modo, a pesar de cuanto se ignoraba y de muchos errores, ya se habían reunido las condiciones necesarias para intentar concebir cuál era la disposición del Universo, y esto es precisamente lo que Laplace intentó hacer en su *Exposición del sistema del mundo*, cuya primera edición apareció en 1796. Es un libro importante, que reunió, condensó, relacionó y coordinó con inimitable rigor todos los conocimientos obtenidos, y que se adelantó a esos conocimientos gracias al impulso de una imaginación de demiurgo; es un poema que transporta y que comunica el sagrado entusiasmo de los grandes profetas. Mucho es lo que le debe Auguste Comte: buena parte de la *Filosofía positivista* se halla ya en Laplace.

En los cinco libros de que se compone la obra, se estudian sucesivamente: los movimientos aparentes de los cuerpos celestes, los movimientos reales de dichos cuerpos, las leyes del movimiento, la teoría de la gravitación universal, y la historia de la astronomía. En realidad, su objetivo es filosófico, y va mucho más allá de una simple exposición de los conocimientos adquiridos.

Intenta señalar la trayectoria de la astronomía, «...el camino que esta ciencia ha seguido en su desarrollo, cuyo ejemplo deben seguir las demás ciencias naturales...»: en primer lugar, descripción de los fenómenos; a continuación, reconstitución de lo que realmente ocurre; después, descubrimiento de las relaciones universales y necesarias entre los fenómenos, o sea, las leyes; finalmente, imaginar el principio general al que la mente puede reducir todas las leyes y que puede tomar como punto de partida para reconstruirlas deductivamente.

Insiste en la solidez de sus resultados:

De este modo, la Astronomía se ha convertido en la solución de un gran problema de mecánica... Posee la certeza que procede del grandísimo número y de la variedad de los fenómenos rigurosamente explicados, así como de la sencillez del principio que por sí solo nos sirve para explicarlo todo. En vez de temer que un nuevo astro pueda desmentir este principio, desde ahora podemos afirmar que el movimiento de dicho astro se someterá a él.

Nos da a conocer el estado actual de las cosas:

Ésta es, sin duda alguna, la constitución del sistema solar. La inmensa esfera del Sol, fuente principal de los diversos movimientos de este sistema, gira alrededor de sí misma en veinticinco días y medio; su superficie está recubierta por un océano de materia luminosa; más allá, los planetas, junto con sus satélites, se mueven en órbitas casi circulares y en planos poco inclinados en relación con el ecuador solar. Un gran número de cometas, después de haberse acercado al Sol, se alejan hasta distancias tan grandes que demuestran que su poder llega mucho más allá de los límites conocidos del sistema planetario. Este astro, no sólo actúa, gracias a su atracción, sobre todas estas esferas, obligándolas a desplazarse alrededor de él, sino que incluso difunde sobre ellas su luz y su calor. Su acción bienhechora es causa de la eclosión de los animales y de las plantas que cubren la Tierra, y por analogía creemos que produce efectos semejantes sobre los demás planetas, puesto que resulta lógico creer que la materia, cuya fecundidad se manifiesta de tantas maneras distintas, no es estéril en un planeta tan grande como Júpiter que, al igual que el globo terrestre, tiene sus días, sus noches y sus años, y acerca del cual las observaciones indican cambios que suponen fuerzas muy activas. El hombre, adaptado a la temperatura de que disfruta sobre la Tierra, no podría, al parecer, vivir en otros planetas; pero, ¿no debe existir una infinidad de constituciones adecuadas a las diversas temperaturas de las esferas de este Universo? Si la simple diferencia de elementos y climas es causa de tanta variedad en las producciones terrestres, ¡cuánto más deben diferir las de los distintos planetas y sus satélites! La imaginación más fecunda no puede llegar a forjarse idea de ello; pero, al menos, su existencia es muy verosímil...

A continuación nos da a conocer la inmensidad y la unidad de composición del Universo, y de ahí se eleva a la idea de evolución. Más allá del sistema solar existen innumerables soles: las estrellas. Muchas sufren cambios periódicos de color y de claridad según indican, al igual que el Sol, las grandes manchas que aparecen en su superficie y que desaparecen con los movimientos de rotación. Otras estrellas han aparecido y desaparecido después de haber brillado con gran esplendor, hasta el extremo de que ha sido posible observarlas en pleno día: al principio tenían color blanco brillante, como Júpiter; luego han tomado, sucesivamente, color amarillo rojizo, blanco plúmbeo, como Saturno, y finalmente se han hecho invisibles, a pesar de que siguen existiendo.

Estas estrellas están agrupadas. Nuestro Sol y las estrellas más brillantes parecen estar reunidos en uno de estos grupos que aparentemente cubren el ciclo. Es lo que llamamos Vía Láctea. Ahora bien, para el observador que se alejara indefinidamente de ella, la Vía Láctea aparecería como una luz blanquecina y continua, de escaso diámetro, ya que la irradiación, que no puede eliminarse ni siquiera en los mejores telescopios, llenaría los espacios entre las estrellas. Es probable, pues, que muchas nebulosas sean grupos formados por un gran número de estrellas, grupos que, vistos desde su interior, parecerían semejantes a la Vía Láctea.

Y ahora, si reflexionamos acerca de esta profusión de estrellas, acerca de las nebulosas desparramadas en el espacio celeste y acerca de los enormes espacios que las separan, la imaginación, asombrada ante el gran tamaño del Universo, difícilmente podría suponerle límites.

La materia nebulosa parece condensarse. El célebre Herschel observó la condensación de nebulosa en nebulosa «del mismo modo que en un gran bosque se sigue el crecimiento de los árboles examinando los ejemplares de edades distintas que contiene». Algunas son sólo materia nebulosa; otras presentan una débil condensación alrededor de núcleos poco brillantes; en otras, los núcleos son ya más brillantes; algunas nebulosas son múltiples, están formadas por núcleos brillantes muy próximos entre sí, cada uno de los cuales está rodeado por una atmósfera de materia nebulosa; y, finalmente, llegamos a los grupos de estrellas.

De este modo, mediante el incremento de la condensación de la materia nebulosa, llegamos al Sol, que en otros tiempos estuvo rodeado por una vasta atmósfera,

consideración a la que llegué después de examinar los fenómenos del sistema solar... Un hallazgo tan notable, hallado siguiendo caminos opuestos, confiere gran probabilidad a la existencia de este estado anterior del Sol.

Y, en una nota, Laplace presenta «con la desconfianza que debe inspirar todo aquello que no es resultado de observación y de cálculo», su célebre hipótesis acerca del origen y de la evolución del sistema solar, que procedería de una nebulosa primitiva que poco a poco se fue condensando. La materia nebulosa debió de condensarse en el centro, formando así un núcleo; a medida que aumentaba la condensación, el movimiento de rotación se iba acelerando; esto explicaría que las desigualdades de condensación y de velocidad hayan separado del núcleo central diversos anillos concéntricos. La condensación habría proseguido de una manera desigual en cada uno de estos anillos, que se habrían fragmentado en astros: los planetas. Esta hipótesis implica la sustitución de la idea de una situación fija de los astros por la idea de un cambio en el tiempo, de una modificación de un ser en otro, e introduce una especie de transformismo en la astronomía.

Laplace concluye con el siguiente himno:

La Astronomía, por la importancia de su fin y por la perfección de sus teorías, es el más bello monumento del espíritu humano, el título más noble de su inteligencia. Seducido por las ilusiones de los sentidos y del amor propio, durante largo tiempo el hombre se ha considerado a sí mismo como el centro del movimiento de los astros y su vano orgullo ha

49

quedado castigado por los temores que los astros le han inspirado. Al fin, varios siglos de trabajo han sido causa de que cayera el velo que ocultaba a sus ojos el sistema del mundo. En este momento, el hombre se ha visto situado sobre un planeta casi imperceptible en el sistema solar, a pesar de que la enorme extensión del sistema solar es tan sólo un punto insignificante en la inmensidad del espacio. Pero los sublimes resultados a los que le ha llevado este descubrimiento, son los más apropiados para consolarle acerca de la posición que este descubrimiento asigna a la Tierra, mostrándole su propia magnitud frente a la extremada pequeñez de la base que le ha servido para medir los cielos. Conservemos, pues, con diligencia, aumentemos el depósito de estos elevados conocimientos, noble disfrute de los seres que piensan. Estos conocimientos han sido de gran utilidad a la navegación y a la geografía; pero su mayor beneficio consiste en haber disipado los temores que le producían los fenómenos celestes y haber destruido los errores fruto de la ignorancia de nuestras verdaderas relaciones con la naturaleza, errores y temores que muy pronto renacerían si la antorcha de las ciencias llegara a apagarse.

LA FÍSICA

Los progresos de la física habían sido enormes durante los ochenta primeros años del siglo XVII. En el XVIII los resultados fueron menos brillantes, aunque se realizaron interesantes descubrimientos acerca del calor y de la electricidad; en general, la época se perdió un poco en especulaciones acerca de la naturaleza de los fenómenos.

Al intentar conocer la naturaleza de la luz, Descartes adoptó la teoría ondulatoria; supuso que los cuerpos luminosos comunicaban las oscilaciones de sus partículas a un fluido elástico, infinitamente sutil, esparcido por el espacio; este fluido se ponía a vibrar y el resultado era la luz. Al igual que el sonido procede de las vibraciones del aire, la luz era la impresión que producía en nuestros sentidos un movimiento de la materia, es decir, un caso particular de movimiento. En cambio, después de haber dudado mucho, Newton creyó que los hechos más bien indicaban un sistema de emisión: la luz estaba formada por partículas luminosas emitidas desde los cuerpos que nos alumbran hasta nuestros ojos: no era una forma de movimiento, sino un cuerpo. Esta teoría fue aceptada por todos los científicos del siglo XVIII excepto por Euler, que siguió explicando las diferencias de color por diferencias de duración de las vibraciones. Y fue causa de que, por analogía, los contemporáneos consideraran el calor y la electricidad como cuerpos, y no como distintos movimientos de una misma materia extensa. Es decir: hubo un retroceso en relación con el siglo XVII.

El termómetro

El estudio del calor pudo progresar gracias a la invención de un instrumento de medida, preciso, constante, sensible, del que hasta entonces se había carecido: el termómetro, que fue resultado de los esfuerzos desplegados por hombres de ciencia de todas las naciones, que aportaron sucesivos perfeccionamientos.

El principio fue hallado por Fahrenheit, de Danzig, fabricante de instrumentos meteorológicos. En 1724 descubrió que cada líquido tenía su punto fijo de ebullición, punto que varía con la presión atmosférica. Gracias a este hallazgo podía utilizar para sus mediciones un líquido cuyo punto de ebullición fuera superior al del agua, tomando como temperatura base la del vapor de agua a la presión barométrica considerada normal al nivel del mar, es decir, a 76 cm. de mercurio. Quedaba por averiguar qué cuerpo daba siempre la misma temperatura inferior y por comprobar que entre los dos puntos correspondientes a las dos temperaturas extremas el líquido elegido se dilatara o se contrajera de un modo continuo, aproximadamente proporcional a la variación de la temperatura. Después de varios ensayos, Fahrenheit utilizó como líquidos el mercurio y el alcohol, estableció el cero a la temperatura de una mezcla de amoníaco, hielo y agua, y el grado 212 en el vapor del agua hirviendo. Tanto la mezcla como la escala eran difíciles de conseguir; además, la escala, era de uso poco cómodo.

En 1730, el físico francés Réaumur aprovechó como cero el hielo que se fundía; como líquido utilizó alcohol mezclado con un tercio de agua, que se dilata más y que proporciona indicaciones más legibles; y adoptó una escala de 80 grados, porque el líquido que utilizaba se dilataba de 1.000 a 1.080 volúmenes entre la temperatura del hielo y la del vapor de agua, escala que, por ser más breve, era más fácil de señalar en un tubo. Pero la construcción seguía siendo complicada y el mismo Réaumur sólo obtuvo unos pocos instrumentos con indicaciones comparables.

El ginebrino Du Crest, en 1740, inventó la escala centesimal, tan práctica; pero cometió el error de tomar como cero la temperatura de los sótanos del Observatorio de París, con lo cual la fabricación resultaba imposible en otras localidades, a menos de que se hicieran cálculos para comparar las observaciones.

En 1742, Celsius, profesor de astronomía en Upsala,

reunió los procedimientos más cómodos: hielo que se está fundiendo y división en 100 grados; pero colocó el cero a la temperatura del vapor de agua y el grado 100 a la del hielo: la lectura resultaba incómoda. En 1750, su colega Strömer invirtió la escala, y así ha llegado el termómetro hasta nuestros días.

Este termómetro de Celsius, que conocemos con el nombre de termómetro centígrado, era el más práctico de todos, y muy pronto fue adoptado en Francia. Y sin embargo, en 1780, todavía se utilizaban 19 escalas distintas; la de Fahrenheit era la más usada en Holanda, Inglaterra y América; la de Réaumur, en Alemania, y durante mucho tiempo ambas siguieron utilizándose.

La calorimetría

Conociendo ya el termómetro, el escocés Joseph Black, químico y médico, profesor en Glasgow y en Edimburgo, pudo comprobar las ideas que le habían sugerido sus observaciones, y fundó la calorimetría. Desde 1756, meditaba acerca de la extraordinaria lentitud con que se fundía el hielo, de la persistencia en pleno verano sobre las montañas de masas de nieve transformadas en hielo y del mucho tiempo que necesitaba el agua hirviente para convertirse en vapor. Dedujo que se necesitaba gran cantidad de calor para provocar estos cambios de estado: del hielo en agua, del agua en vapor, sin que variara la temperatura de los cuerpos. Por consiguiente, llegó a la conclusión de que una gran cantidad de este fluido sutil denominado calor debía combinarse con las partículas de la sustancia; debía desaparecer aunque siguiera existiendo; debía hacerse latente: era el *calórico latente*.

Quiso entonces comprobar su idea y precisarla mediante cifras. Intentó averiguar cuánto calor debía proporcionar al agua para transformarla en vapor, es decir: cuál era su calor latente de vaporización. Empezó por descubrir que era preciso proporcionar una cantidad constante de calor para elevar en un grado la temperatura de cierta cantidad de agua: era la capacidad del agua para el calor, su calor específico. Con ello, poseía ya una unidad de medida del calor. Entonces pudo establecer qué cantidad de calor cedía el vapor para volver al estado líquido a la misma temperatura, y asimismo, cuánto calor debía proporcionar al agua a 100 grados centígrados para transformarla en vapor. Descubrió, también, cuánto calor debía suministrar al hielo en el punto de fusión para transformarlo en agua a 0 grados centígrados. Tanto para el calor de vaporización como para la temperatura de fusión halló cifras que difieren muy poco de las actuales. A lo largo de sus trabajos pudo comprobar que al añadir cantidades iguales de calor se producían las mismas variaciones de nivel en el líquido de sus termómetros, merced a lo cual quedaba fuera de duda el valor de las indicaciones de éstos. Notó que no todos los cuerpos tenían la misma capacidad calorífica; que a masas iguales de distintos cuerpos no era preciso aportar la misma cantidad de calor para elevarlos a idéntica temperatura. Sus descubrimientos los fue exponiendo en sus cursos a partir de 1761. Dos de sus discípulos franceses, el químico Lavoisier y el geómetra Laplace, construyeron un calorímetro de hielo y determinaron, hacia 1783, el calor específico de un gran número de cuerpos.

Y así, el hombre podía medir el calor y la influencia que ejercía sobre los cambios de estado de los cuerpos; dominaba ya la fusión de los cuerpos y la producción del vapor. En el peor de los casos, sabría ya cuánto combustible y cuánto tiempo necesitaría para conseguir determinada fuerza o determinada transformación. Los trabajos de Black le brindaron a Watt la posibilidad de perfeccionar su máquina de vapor, a la que había de convertir en el poderoso y flexible instrumento que habría de revolucionar al mundo.

Pero estos resultados no modificaron en nada las ideas acerca del calor. Todos siguieron considerándole un fluido sutil, una materia muy elástica cuyas partes se repelen, que está distribuido en los cuerpos en proporción a la posible atracción que estos cuerpos y dicho fluido sienten entre sí, es decir, la capacidad para el calor.

54

La electricidad

La electricidad fue la rama cultivada con mayor éxito o, al menos, aquella cuyos resultados, completamente nuevos, causaron mayor asombro en la imaginación. Hasta 1790, las investigaciones se limitaron a la electricidad estática; sólo a partir de esta fecha comenzó el estudio de la corriente eléctrica.

A principios del siglo XVIII era muy poco lo conocido, pues aún se creía que la conductividad dependía del color de los objetos; sin embargo, se sabía producir electricidad, ya sea por frotamiento de un tubo de cristal ya sea con la máquina formada por una esfera de vidrio movida por una manivela, esfera que se frotaba con la mano desnuda. Poco a poco, la máquina de frotación se fue perfeccionando: primero el cilindro y luego el disco de vidrio sustituyeron a la esfera; la mano fue reemplazada por cojinetes, y en 1762 quedó definitivamente adoptado el cojinete de cuero recubierto con amalgama de estaño. Tan sólo el abate Nollet, poseedor de manos muy grandes y muy secas, siguió fiel a la frotación a mano.

Primeros descubrimientos

Los progresos fueron rápidos en un terreno en el que todo estaba por descubrir. En 1729, el inglés Grey, trabajando con un simple tubo de cristal descubrió que la conductividad dependía de las materias que componían los cuerpos, y estableció la primera clasificación de cuerpos buenos conductores (metales) y malos conductores (seda). Fue él quien, por vez primera, demostró que el cuerpo humano puede electrizarse, que es conductor de la electricidad, y fue también el primero que logró que la cabeza y los pies de un sujeto electrizado y aislado pudieran atraer cuerpos ligeros (diversos trocitos de papel), sensacional experimento destinado a tener un gran éxito.

Asimismo, fue el primero que descubrió el transporte a distancia, e hizo recorrer a la electricidad 765 pies.

El francés Du Fay prosiguió los experimentos hasta 1739. Demostró que todos los cuerpos podían electrizarse, e invalidó la clasificación de Gilbert en cuerpos eléctricos y no eléctricos. Señaló las analogías entre la electricidad y el rayo: cuando él mismo estaba electrificado, colgado mediante cordones de seda, es decir, bien aislado, y otra persona pasaba junto a él, parecía como si de su cuerpo salieran relámpagos con un ruido seco. En la oscuridad se veían como chispas de fuego, y su cuerpo emitía una luz. Se dice que el abate Nollet emitió chispas de varios centímetros. Nollet opinaba que el relámpago y las chispas eléctricas son una misma cosa. Du Fay descubrió la electrización por contacto, halló que los cuerpos eléctricos atraen a los que todavía no lo son y los repelen apenas han quedado electrizados; descubrió dos clases de electricidad: la vítrea (positiva) y la resinosa (negativa), la atracción que cada una siente hacia la opuesta y la repulsión hacia la de su misma clase. Aunque intentó explicar estos fenómenos, lo único que imaginó fue suponer la existencia de fluidos.

La botella de Leyden

Estos descubrimientos produjeron grandísima sensación. Muchos individuos se ganaban el sustento haciendo experimentos por las vías y plazas públicas. Todos querían ser electrizados, atraer plumas con su cabeza, o bien encender alcohol con la chispa producida por la punta de una espada empuñada por el sujeto electrizado. Los profesores de universidad multiplicaban los experimentos públicos. En 1745, en Leyden, Musschenbroek intentó electrizar el agua contenida en una botella. Un amigo suyo, que sostenía la botella con una mano, intentó con la otra retirar el hilo que unía el agua al conductor: recibió una fuerte sacudida en los brazos y en el pecho; Musschenbroek escribió inmediatamente a Réaumur. Todos querían recibir la sacudida eléctrica: la botella de Leyden aumentó el poder de los experimentadores. El abate Nollet hizo pasar la descarga a través de una compañía de 180 guardias franceses, y luego a través de 300 monjes colocados en fila y unidos entre sí por barras de hierro. A consecuencia de la sacudida de la botella todos los sujetos daban un salto en el aire; con la botella se podían matar pájaros, se lograba que la electricidad vadeara ríos y lagos, se imantaban agujas. Con todo ello quedó probada la propagación instantánea del fluido.

La electricidad atmosférica y el pararrayos

Hasta entonces la electricidad había sido principalmente objeto de curiosidad; pero muy pronto se lograría demostrar su presencia universal, y explicar gracias a ella algunos de los fenómenos naturales más impresionantes.

En 1747, el inglés Collinson, miembro de la Real Sociedad de Londres, envió a su amigo el americano Benjamín Franklin un tubo de cristal e instrucciones para realizar experimentos. Franklin se dedicó a ellos con entusiasmo y notó el poder que tenían las puntas de «emitir y lanzar fuego eléctrico». Por aquel entonces creía aún que el rayo era debido «a la exhalación inflamable de las piritas, que es un sulfuro sutil, que se inflama por sí solo»; pero, en 1749 se dio cuenta de que tanto el relámpago como la chispa eléctrica eran luminosos, que ofrecían idéntico color, producían el mismo olor sulfuroso y tenían ambos forma de zigzag; su velocidad era igual, producían el mismo ruido, tanto el uno como la otra eran conducidos por los metales, tenían el mismo poder de fundirlos, de matar animales y de encender sustancias inflamables. Y pensó si el relámpago no sería atraído por las puntas, al igual que ocurría con la electricidad. Como resultado de sus observaciones propuso que, sobre una altura, se instalase una garita coronada con un mástil de hierro de 10 metros, acabado en punta; en la garita, si las nubes pasaban a poca altura, un hombre aislado por una masa de resina podría quedar electrizado. Sugería que así se podría «sustraer la electricidad de las nubes», con lo cual se protegerían las casas, las iglesias y los barcos de los efectos del rayo. Expuso sus ideas en una carta dirigida a Collinson en julio de 1750; Collinson la presentó a la Real Sociedad de

Londres, que se rió desdeñosamente de las visiones de Franklin. Entonces, Collinson publicó las cartas de su amigo en un volumen que fue traducido a todos los idiomas.

En Francia, estos problemas interesaban muchísimo. Después del abate Nollet, Romas, asesor en el Tribunal Civil de Nerac, miembro de la Academia de Burdeos señaló también, en 1750, la semejanza del rayo y de la electricidad. Asimismo, se conocían los experimentos de Jallabert, quien, en Ginebra, en 1748, también había descubierto el poder de las puntas. Un amigo de Buffon, Dalibard, tradujo la obra de Franklin, y Buffon se apresuró a colocar una barra de hierro en lo alto de su castillo de Montbard, y animó a Dalibard a que realizara el experimento de Franklin. Así lo hizo, en Marly, el 10 de mayo de 1752 bajo los auspicios del rey de Francia, y con éxito completo y una semana más tarde se repitió en París con una barra de 32 metros de longitud.

Sin embargo, Franklin no estaba completamente seguro de que los experimentadores hubieran «sustraído» la electricidad de las nubes tormentosas; porque las barras no llegaban hasta ellas. Este fue el motivo de que decidiera soltar hasta las nubes una cometa para conducir la electricidad a lo largo de la cuerda. Así lo hizo en septiembre de 1752: logró «extraer» la electricidad de una nube, recibir una chispa y cargar una botella de Leyden; su experimento fue conocido en París en enero de 1753. Lo mismo hizo Romas en el mes de junio, en Nerac, y de este modo logró que abortara una violenta tormenta. Franklin mandó colocar una barra de hierro en el tejado de su casa, y un accidente fortuito permitió perfeccionar el aparato: Franklin había creído necesario aislar el pie de la barra; pero, en 1753, en San Petersburgo, Richmann, que durante una fuerte tormenta se hallaba al pie de una barra bien aislada, fue muerto por el rayo, el cual, no pudiéndose abrir camino, cayó sobre su cabeza. Entonces se vio la necesidad de facilitar el escape de la electricidad y, a partir de 1754, el uso del pararrayos se difundió.

Merced a esas observaciones y experimentos, el hombre había dado con la explicación natural de un fenómeno que se consideraba como manifestación de la ira divina: Boileau todavía creía que era Dios quien tronaba. El hombre se libraba de sus terrores, comprendía mejor la naturaleza y se protegía de los peligros.

Electricidad orgánica y pila eléctrica

Quedó confirmada la presencia universal de la electricidad. En 1773, en La Rochelle, Walsh demostró que las sacudidas que lanzan ciertos peces son eléctricas; enlazó el dorso y el vientre de un pez torpedo mediante un conductor y logró una descarga. El italiano Galvani, médico y profesor de anatomía en Bolonia, operando sobre muslos de rana, demostró, entre 1780 y 1791, la presencia de electricidad en los músculos de los animales, y escribió su famosa fórmula: «el cuerpo de los animales es una botella de Leyden orgánica». Su compatriota Volta, profesor de física, primero en Como y luego en Pavía, prosiguiendo los experimentos de Galvani, descubrió que la electricidad afectaba a los nervios de la visión y del gusto. Prosiguió por este camino, y el 20 de marzo de 1800, en una carta dirigida al presidente de la Real Sociedad de Londres, describía su pila «órgano eléctrico artificial». Se trataba de la superposición de series de tres arandelas: una arandela de cobre y otra de cinc en contacto se cubren con una arandela de papel húmedo. El día 2 de mayo de 1800, y gracias a la pila eléctrica, se logró descomponer el agua: se había descubierto un instrumento esencial para la investigación.

El ingeniero francés Coulomb, que ejercía en París, inventor en 1784 de la balanza de torsión –con la que, basándose en la reacción de un hilo retorcido, se pueden medir fuerzas muy pequeñas–, expuso, de 1785 a 1789, que la ley de Newton, según la cual la atracción varía en razón directa de las masas e inversa del cuadrado de las distancias, también es válida para las atracciones y repulsiones eléctricas y magnéticas. Con ello, sugirió la idea de que algún día todos los fenómenos naturales podrían explicarse a base únicamente del principio de la gravitación.

El londinense Cavendish había realizado desde 1773 investigaciones completas acerca de la electroestática; pero sus escritos no se publicaron hasta 1879.

Naturaleza de la electricidad

Las ideas acerca de la naturaleza de la electricidad siguieron siendo totalmente materialistas: la electricidad era considerada un «elemento común» que se da en todos los cuerpos; si un cuerpo adquiría cantidad mayor que la normal, la electricidad era positiva; si tenía menos, la electricidad era negativa. Esta teoría, cuyo autor era Franklin, fue aceptada hasta Faraday. Otros, Coulomb, por ejemplo, creían en la existencia de los dos fluidos de Du Fay, y el mismo Coulomb suponía que, al igual que sucedía con los astros, la atracción y la repulsión tenían efecto mediante una «acción a distancia». Todos se inclinaban por el fluido imponderable.

De este modo, todos los fenómenos naturales, incluso los de los seres vivos, parecía que se iban reduciendo cada vez más a movimientos de algunas sustancias materiales. Esto significaba un progreso relativo; así, la mutua atracción de los cuerpos y del fluido, el calor y la acción a distancia de los fluidos eléctricos, ¿eran acaso algo distinto de las cualidades ocultas?[1] Los hombres del siglo XVIII menospreciaban el pensamiento de la Edad Media y sus «prejuicios»: pero resultaba que hacían algo parecido sin darse buena cuenta de ello. La mente humana, al hallarse ante un considerable número de

1. De todos modos en la mente de los hombres de aquella época, los fluidos tenían un poder de acción que les era inherente, inherencia que el mecanismo trataba de destruir. En todas partes intentaba desmontar lo particular, lo específico, es decir, lo oscuro, lo oculto, lo implícito, para reducirlo a unos cuantos elementos comunes: extensión y movimiento, es decir, a lo claro, lo evidente, lo explícito. Los fluidos hacían retroceder al pensamiento a una fase anterior a Descartes; pero Descartes se inspiraba en ciencias mucho más avanzadas que estas ramas de la física.

hechos nuevos, se sentía desamparada; al intentar comprenderlos, retrocedía y, en virtud de un movimiento natural, aceptaba de nuevo antiguos sistemas de explicación.

CAPÍTULO V

LA QUÍMICA

La química acabó de convertirse en ciencia. Los químicos pasaron de la descripción de las apariencias al descubrimiento de la realidad, al aislar numerosos cuerpos que hasta entonces se suponían simples; más tarde, el genio de Lavoisier perfeccionó el método y descubrió las leyes de los principales fenómenos, acabando la formación de esta ciencia.

El flogisto

En 1715, la química todavía estaba dominada por las ideas del alemán Stahl, primer médico del rey de Prusia desde 1716, fallecido en 1734. Stahl explicaba todos los fenómenos químicos mediante la intervención de un fluido no captable, el flogisto. Al contrario de lo que ocurre en realidad, creyó que los óxidos eran cuerpos simples y que los metales eran cuerpos compuestos. Según él, las tierras (óxidos) no podían descomponerse; al unírseles el flogisto, se formaban los metales. Tanto los metales como el carbón, y en general todos los cuerpos que podían arder, estaban cargados de flogisto: las sustancias ardían porque se desprendía el flogisto. El óxido de plomo, al calentarlo con carbón, pasaba al estado metálico porque el carbón, al quemar, dejaba libre su flogisto del que se apoderaba el óxido.

La teoría era falsa: era exactamente lo contrario de la realidad. Pero no debemos menospreciarla, pues aportaba una gran simplificación, eliminaba de la química residuos aristotélicos, daba perfecta cuenta de los hechos conocidos. El error procedía de un descuido: Stahl sólo se había preocupado de los cambios de forma y de aspecto de los cuerpos quemados, pero no se había interesado por los cambios de peso. Había tenido en cuenta lo que la vista, el tacto, el gusto, en una palabra, las cualidades sensibles, podían revelar; no había intenta-

62

do medir: su ciencia era cualitativa, pero no cuantitativa; por consiguiente, era imperfecta. Si hubiera concedido mayor atención a las indicaciones de la balanza, no habría dejado de notar que el óxido de plomo reducido por el carbón disminuía de peso, mientras que si, como él suponía, incorporaba el flogisto, habría tenido que aumentar; habría notado que el plomo que se oxida aumenta de peso, cuando debiera perderlo puesto que perdía el flogisto. Pero Stahl no pensó en este aspecto de la realidad que destruía su teoría.

Por este motivo, los principales químicos fueron flogistas y, exceptuando a Lavoisier, hicieron progresar su ciencia en la segunda mitad del siglo mediante el análisis cualitativo, después de que el perfeccionamiento del método experimental les permitió seguir adelante. Ya se conocía muy bien cuál era el papel que desempeñaban los hechos, los experimentos y las hipótesis en la ciencia, gracias a Bacon, a Newton y a los trabajos de los astrónomos y de los físicos. En 1736, Deslandes, adaptando un discurso del holandés Musschenbroek, proponía en su tratado *Acerca de la mejor manera de realizar los experimentos* unas reglas casi tan exactas como lo fueron más tarde las reglas clásicas de Stuart Mill. En 1750 casi son triviales.

Scheele

El farmacéutico sueco Scheele, nacido en Stralsund en 1742, desconocido en su país pero admirado en toda Europa –gracias a su amigo Bergmann, profesor de química en Upsala– por sus memorias traducidas al alemán y al francés, muerto en 1786 a la temprana edad de 44 años, consagró todos sus ratos de ocio a la investigación. Dotado de una extraordinaria habilidad y perseverancia, es el maestro del análisis cualitativo por vía húmeda. Nadie como él fue capaz de reconocer en una reacción la existencia de un nuevo cuerpo, nadie como él supo aislar un cuerpo nuevo. Descubrió numerosos cuerpos simples, como el cloro, el oxígeno y el manganeso: permitió conocer la existencia de otros muchos al estudiar sus compuestos: sus trabajos sobre el fluoruro cálcico y el ácido fluosilícico le llevaron a admitir la existencia de un radical conocido bajo el nombre de flúor; anunció el molibdeno y el volframio. Descubrió gran número de ácidos orgánicos y minerales: tartárico, arsénico, láctico, prúsico, cítrico, gálico, múcico, etc. Describió la preparación y las propiedades de la glicerina. Estableció la verdadera composición del aire en dos elementos: uno de ellos, el «aire del fuego» (oxígeno), puede ser absorbido por los sulfuros alcalinos y otros cuerpos, mientras que el otro, «el aire corrompido» (nitrógeno), permanece intacto. Obtuvo el oxígeno descomponiendo mediante fuego el nitro, el peróxido de manganeso, los óxidos de mercurio y de plata, e indicó con acierto todas sus propiedades.

Al describir con exactitud numerosos hechos particulares, prestó grandes servicios; mas cuando quiso averiguar las relaciones entre estos hechos y reducir estas relaciones a un principio general, para que el hombre pudiera dominar los fenómenos, se equivocó por completo. Según él, el calor y la luz están compuestos de flogisto y de «aire del fuego». ¡El flogisto y el «aire del fuego» son pesados; pero cuando se combinan pueden dar un cuerpo sin peso! ¡Este cuerpo llega a ser tan sutil que puede atravesar el vidrio y luego desvanecerse, primeramente en forma de calor, y luego de luz! Eran palabrerías, y Scheele nada habría podido reprochar a los más obtusos descendientes de los escolásticos.

¿De dónde procede esta impotencia de Scheele para concluir su trabajo? Del hecho de que, en el fondo, Scheele no es más que un artesano, sin cultura general, que se deja engañar fácilmente por sus propias palabras. Su educación primaria había sido muy descuidada; se educó por la experiencia, y como tenía facultades, estimuladas por el afán de saber, realizó una obra útil. Pero siempre le faltó, para sacar completo provecho de sus excepcionales cualidades, una buena filosofía de la naturaleza y preparación matemática.

El inglés Priestley, nacido el 30 de marzo de 1733, cerca de Leeds, hijo de un fabricante de tejidos, fue pastor protestante y profesor. La moda de la electricidad atrajo su atención: escribió en 1775 la primera historia de la electricidad, realizó algunos experimentos y fue elegido miembro de la Real Sociedad de Londres; pero ya desde 1767, por residir cerca de una fábrica de cerveza, había empezado a realizar algunos experimentos sobre el gas carbónico. En sus ratos de ocio prosiguió sus experimentos sobre los gases e inventó una serie de aparatos para producir, manejar y estudiar los gases. Fue el único en su época que comprendió cuán frecuente es la formación de gases, cuán variable es su composición. Dominó en alto grado el arte de relacionar un gas con todas las demás sustancias y legó al siglo xix casi todos los métodos utilizados en el manejo de los gases.

Cuando empezó sus trabajos sólo se conocían dos gases: el ácido carbónico o aire fijo, y el hidrógeno o aire inflamable. Priestley descubrió el nitrógeno, el dióxido de nitrógeno, el gas clorhídrico, el amoniaco, el protóxido de nitrógeno y el anhídrido sulfuroso. Descubrió el oxígeno, que separó del óxido de mercurio el 1 de agosto de 1774, y al que denominó «aire desflogisticado», y reconoció su propiedad de favorecer la respiración y de actuar sobre la sangre venosa; halló más tarde el gas fluosilícico y el óxido de carbono. Había descubierto los nuevos gases más importantes, los que nos dan razón del aire, de la respiración, de la combustión y de la calcinación, es decir, las operaciones fundamentales del globo terrestre.

Y, sin embargo, tampoco él formó la ciencia química, no supo ir más allá de la determinación de hechos particulares. Aún más, él mismo solía decir: «Cuanto más descubro, menos comprendo y menos sé; cuanto más examino, más dudo». Mas para él no puede alegarse —como para Scheele— la carencia de cultura general: en el colegio le enseñaron el griego, el hebreo y el latín; para distraerse se dedicó a estudiar matemáticas, así como francés, alemán e italiano; para profundizar en la Sagrada Escritura, aprendió el arameo, el siríaco y el árabe; era un especialista en filosofía y en teología, materias a las que dedicó ochenta obras.

Pero cometió un error metodológico: operó al azar, sin «idea preconcebida», sin hipótesis para verificar, sin un plan de investigación. Se valió de sus manos más que de su cerebro. Realizó los mismos experimentos que sus predecesores, en los que podían observarse efervescencia, destilación, «calor rojo», que hacían suponer que se formaba un cuerpo gaseoso, y como casi todos los gases eran desconocidos, descubrió algunos. Realizó «experimentos para ver»: el óxido rojo de mercurio le da un gas, y lo confunde con el peróxido de nitrógeno; experimenta con dióxido de nitrógeno y queda sorprendido al ver que la mezcla toma color rojo, y entonces lo confunde con el aire; por casualidad, introduce una vela en el residuo y, con gran sorpresa, ve que arde: «...si no hubiera tenido ante mí una vela encendida no habría hecho esta prueba, y mis demás experimentos sobre esta especie de aire habrían quedado en la nada...». Yendo de sorpresa en sorpresa, de casualidad en casualidad, estableció que este gas era un producto nuevo, homogéneo, era la parte respirable y comburente del aire: el oxígeno. Pero la consecuencia de esta ausencia de método es que los resultados no llegan jamás a agruparse en su mente, y que no es capaz de juzgarlos en conjunto. A pesar de haber observado una extensa serie de hechos que se oponían a la teoría del flogisto, sigue siendo flogista, y a su muerte, acaecida en 1804, es el único flogista que queda en el mundo. Quizá haya que tener en cuenta que este pastor estaba absorto por las discusiones teológicas: sus experimentos eran sólo un descanso, y la ciencia le exige al hombre la entrega total. Quizá este creyente quiso dejarse conducir demasiado por el aliento del espíritu; quizá fue víctima de una tendencia, frecuente entre sus compatriotas, a yuxtaponerse los hechos sin intentar conocer sus relaciones ni su jerarquía, tendencia que a veces conduce a una total impotencia para reformar las ideas, sean científicas o políticas, cuya falsedad radical o su irremediable envejecimiento ha demostrado la experiencia.

Lavoisier

¡Y al fin llegó Lavoisier! Nacido el 16 de agosto de 1743, pertenecía a una familia de burgueses acomodados. Hizo brillantes estudios en el Colegio Mazarino, donde estudió latín, retórica y lógica. A continuación, su padre le dejó en libertad, y se dedicó a estudiar matemáticas y astronomía con Lacaille, botánica con Jussieu, y asistió a los cursos de química de Rouelle. Así consiguió lo que le había faltado a Scheele, es decir, formación literaria y matemática: las letras, que nos acostumbran a apreciar los más finos matices, las más débiles relaciones de las ideas, a conocer el valor exacto de las palabras y a manejar estas herramientas de la mente; las matemáticas, instrumento de la hipótesis precisa, del camino seguro y del resultado cierto. Lavoisier poseía aquello de lo que carecían a la vez Scheele y Priestley: visión de conjunto de la ciencia, de su desarrollo, de sus métodos y de sus finalidades; una noción general del mundo, clara y precisa, que le llevó de resultado en resultado. Elegido en 1768, cuando sólo contaba 25 años, miembro de la Academia de Ciencias, mantenía cordiales relaciones con el mundo culto y gozaba de una magnífica posición para conocer todos los descubrimientos que pudieran ayudarle; asentista general, director de la Administración de las Salinas, agregado a la Caja de Descuentos en 1788, rico y teniendo posibilidad de dedicar 10.000 libras anuales a su laboratorio, poseyó los medios necesarios para fecundar su genio.

Desde el principio le guía una hipótesis: la totalidad de los fenómenos químicos es debida a desplazamientos de materia. Ahora bien, en el Universo, tomado en conjunto, la cantidad de materia es siempre la misma; puede cambiar de forma, pero nunca aumentar ni disminuir; nada se pierde, nada se crea. Si esto es cierto, el aspecto exterior puede modíficarse, pero el peso de ningún modo puede alterarse; en todas las reacciones químicas los productos resultantes han de pesar lo mismo que los productos utilizados. El instrumento básico de la investigación es la balanza, que nos enseña si debemos buscar algún producto, si debemos identificar un nuevo cuerpo, cuyo origen es preciso averiguar; es el método de las pesadas. La química, hasta entonces cualitativa, se convierte ahora en cuantitativa, es decir, en una verdadera ciencia.

Esta diferencia queda de manifiesto en el experimento que realizó en 1770 y que le sirvió para demostrar que el agua no puede transformarse en tierra. Lavoisier mandó fabricar una balanza de precisión, estudió su comportamiento, reconoció la necesidad de la doble pesada. Pesó un vaso a distintas temperaturas, se aseguró de que perdía parte de su peso cuando estaba caliente a causa de la evaporación de la humedad que le cubría cuando estaba frío, y de ello dedujo la necesidad de hacer las pesadas que quería comparar a una misma temperatura. Para demostrar que el agua no se transforma en tierra utilizó un vaso en el que el vapor de agua, al llegar a la parte alta, se condensaba, para volver a bajar y entrar de nuevo en ebullición. Tomó determinada cantidad de agua, la pesó, la introdujo en el vaso que previamente había pesado, para mayor seguridad volvió a pesarlos juntos, cerró el vaso con cuidado, y destiló el agua durante ciento un días. Al cabo de ellos, el peso del conjunto no había variado; el vaso había perdido 17 gramos de su peso, el agua se había enturbiado y su densidad había aumentado. Sometida a evaporación, dejó un residuo de 20 gramos, de los cuales 17 procedían del vaso. Había, pues, 3 gramos de origen desconocido; pero Lavoisier dedujo acertadamente que esta pequeñísima cantidad procedía de algún accidente acaecido durante el experimento, y que el agua no se convertía en tierra. Scheele hizo el mismo experimento; pero mientras Lavoisier había pesado, Scheele analizó, y reconoció que el residuo era sílice, el agua se había alcalinizado, cargándose de elementos solubles; luego, la conclusión de Scheele fue la misma. Pero Scheele se había basado en la vista, en el gusto y en el tacto, en la sensibilidad de los sentidos y en la seguridad de su memoria, es decir, en una serie de pequeños juicios personales implícitos. En cambio, Lavoisier se basaba en la balanza, utilizada con lógica y precisión, en cifras válidas para todos. Scheele no estaba seguro de haberlo visto todo, de no haber descuidado algún aspecto de los fenómenos; Lavoisier estaba seguro de que ningún cuerpo, ninguna reacción se le había podido escapar. Esto no significa que el análisis cualitativo debiera excluirse; no puede ser excluido. Pero debía ceder la primacía al método de las pesadas.

Muy pronto la balanza le proporcionó a Lavoisier las ideas directrices, totalmente opuestas al flogisto. En una comunicación, leída el 1 de noviembre de 1772 en la Academia de Ciencias, decía:

Desde hace unos días, he descubierto que, al arder, el azufre da origen a un ácido con aumento de peso, y exactamente lo mismo ocurre con el fósforo. Este aumento de peso procede de la fijación de una gran cantidad de aire. Asimismo, como quiera que los metales calcinados también aumentan de peso, esto significa que también hay fijación de aire...

A partir de este momento, el flogisto quedaba condenado en su mente; pero era preciso demostrar la falsedad de la teoría de Stahl, y sustituirla por otra que estuviera más de acuerdo con los hechos. Lavoisier se trazó un plan de investigaciones metódicas y, con gran paciencia e incansable energía, lo siguió durante más de diez años. Instalado en su laboratorio a las seis de la mañana, dedicaba varias horas a la química, y, al acabar su trabajo de financiero, proseguía la investigación por la noche. Los domingos solía reunir alrededor de sus hornillos a hombres de ciencia, a los artesanos que construían su material, a jóvenes. Entre 1772 y 1786 redactó 40 memorias que fueron publicadas en los volúmenes de la Academia de Ciencias; en 1781 y 1782 envió tantas memorias que resultó imposible publicarlas todas. Todas estas memorias estaban relacionadas entre sí; los hechos le llevaban a nuevas ideas, las nuevas ideas a estudiar los hechos pasados por alto o bien a descubrir otros hechos desconocidos. Nada quedaba en manos del azar; el pensamiento guía constantemente la investigación.

No nos es posible dar cuenta detallada de estos experimentos. Los más importantes son los siguientes: en 1777, el análisis del aire, que le condujo al descubrimiento del nitrógeno y del oxígeno, de sus proporciones en el aire, de sus propiedades, del papel que desempeñan en la respiración y en la combustión, y, finalmente, a realizar la síntesis del aire; en 1783, el análisis y la síntesis del agua. Al fin, llegó a la conclusión de que el flogisto no existía; que el aire desflogisticado era un cuerpo simple, el oxígeno; que el oxígeno se combina con los metales cuando éstos se calcinan; que transforma en ácidos el azufre, el fósforo y el carbón; que constituye la parte activa del aire y que alimenta la llama y la combustión; que, en la respiración de los animales, transforma la sangre venosa en arterial y engendra el calor animal; que constituye la parte esencial de la corteza terrestre, del agua, de las plantas y de los animales; que es una sustancia eterna, imperecedera, que cambia de lugar, pero que no puede ni ganar ni perder nada, imagen de la materia en general. En 1783, después de redactar una memoria en la que acabó para siempre con el flogisto de Stahl, escribió su *Tratado de química* en dos volúmenes de pequeño formato, con un estilo tan puro y tan diáfano, con un rigor tan geométrico, en los cuales cada capítulo brillaba con tal claridad y el conjunto mostraba una relación tan perfecta y tan lógica, que hizo que Europa, llena de admiración, menospreciara los demás libros.

Los químicos fueron quienes tardaron más en unirse a Lavoisier. Al fin, en 1785, Berthollet y Guyton de Morveau adoptaron su teoría, algo más tarde Chaptal, y, en 1787, Fourcroy enseñó las dos teorías y las comparó en sus cursos.

La nomenclatura química

La última aportación que Lavoisier hizo a la química fue contribuir a dotarla de lenguaje propio. La química estaba más que llena de nombres extraños: algaroth, sal alembroth, agua fajadénica, aceite de tártaro por defecto, manteca de arsénico, flores de cinc. Todos los químicos europeos compartían la opinión de Lavoisier expuesta en el discurso preliminar de su *Tratado elemental de Química:* «...Se necesita mucha práctica y una gran memoria para recordar las sustancias que [los nombres] indican, y sobre todo para saber a qué clase de combinación pertenecen... dan pie a ideas muy falsas». Lavoisier, como buen discípulo de Condillac y sobre todo como científico, demostraba que era imposible separar la nomenclatura de la ciencia y la ciencia de la nomenclatura, ya que toda ciencia está formada por la serie de hechos que la integran, por las ideas que resumen esos hechos y por las palabras que los expresan. La palabra debe sugerir la idea, y ésta debe descubrir el hecho:

Se trata de tres improntas de un mismo sello... Dado que son las palabras las que conservan las ideas y las transmiten, resulta imposible perfeccionar el lenguaje sin perfeccionar la ciencia, y viceversa, y que por muy ciertos que fueran los hechos, por muy exactas que fuesen las ideas originadas por los hechos, a pesar de todo sólo transmitirían expresiones falsas si careciéramos de expresiones exactas para exponerlas.

Los químicos solicitaron a Guyton de Morveau que elaborara una nomenclatura. Guyton, junto con Lavoisier, Fourcroy y Berthollet, empezaron a hacerlo en 1787. Acordaron designar las sustancias simples con palabras simples que indicaran su propiedad más general, la más característica de la sustancia: oxígeno (engendrador de la acidez) por el papel que desempeñaba en la formación de los ácidos. Crearon clases, géneros y especies para los cuerpos formados por la unión de diversas sustancias simples. Por ejemplo: las sustancias metálicas expuestas a la acción conjunta del aire y del fuego pierden su brillo metálico, aumentan de peso, toman un aspecto terroso; están formadas por un principio común a todas ellas y por un principio particular de cada una; el nombre del género deriva del principio común: óxido, y a éste se le añade el nombre particular del metal. Otro ejemplo: los ácidos son compuestos de dos sustancias, «de la categoría de las que consideramos simples»; una sustancia es común a todos: es la que produce la acidez y de ella precisamente deriva el nombre del género; la otra, propia de cada ácido, es la que da el nombre específico. En la mayoría de los ácidos, los dos principios, el acidificante y el acidificado, pueden darse en distintas proporciones, todas las cuales son puntos de equilibrio: esos dos estados de un mismo ácido se expresan variando la terminación del nombre específico: ácido sulfúrico y ácido sulfuroso.

De este modo, gracias a Lavoisier, la química tuvo ya su método, su idioma, constituyó una serie de hechos relacionados mediante leyes. Quedaba creada esta joven ciencia que tan prodigioso desarrollo habría de alcanzar en el futuro.

CAPÍTULO VI

LAS CIENCIAS NATURALES

El conocimiento de la naturaleza prosigue a pasos agigantados. En general, sigue siendo una mera descripción, una «historia natural», primer paso necesario; pero al intentar establecer relaciones ante los hechos, se plantean grandes problemas, se formulan amplias hipótesis, se recurre a menudo a la ayuda del método experimental que poco a poco se va adaptando a la mayor complejidad de los fenómenos vitales, se insinúa una nueva visión de conjunto: toda la labor del siglo XVIII puede considerarse como preparación al transformismo contemporáneo.

Buffon

Buffon (1707-1781) fue uno de los agentes más activos de este progreso. Leclerc, conde de Buffon al ser ennoblecido, era hijo de un consejero del Parlamento de Dijon. Joven aún se dedicó a conocer las matemáticas y la física; estudió a Aristóteles, Descartes y Leibniz; redactó memorias científicas y publicó traducciones de otras obras científicas. Nombrado más tarde intendente de los Jardines del Rey (el actual Jardín de Plantas), concibió la idea de una amplia *Historia natural*, a la cual, a partir de entonces, consagró su vida. Entre 1749 y 1789 aparecieron 32 volúmenes en cuarto acerca de *La tierra*, *El hombre*, *Los cuadrúpedos*, *Los pájaros*, *Los minerales*. Basándose en notas del propio Buffon, Lacépède acabó la *Historia de las serpientes* (1789). Naturalmente, Buffon tuvo numerosos colaboradores: el principal para los cuadrúpedos fue Daubenton. Pero, por sí solo, redactó las partes que más le interesaban: *La teoría de la Tierra*, *La historia natural del hombre* (1749), *Las épocas de la naturaleza* (1778), *La mineralogía*. Era, ante todo, un geólogo y un antropólogo.

Buffon ha sido muy criticado, como lo han sido todos

los autores de obras de conjunto, de grandes teorías, de atrevidas hipótesis, y como todos los sabios que al mismo tiempo son escritores. Se le ha reprochado el ser afectado, enfático; pero los textos que se suelen aducir para fundamentar este juicio son debidos a algunos de sus colaboradores. Cuando es él mismo quien escribe, su estilo es sencillo y lleno de verdadera grandeza: «...en ciertas partes, como *Las épocas de la naturaleza,* el movimiento tranquilo y poderoso, el amplio y magnífico desarrollo de los cuadros, hacen de este libro científico un poema imponente y majestuoso». Se cuenta que incluso le ocurrió pasarse una mañana entera construyendo una frase, y que podía explicar la razón por la cual había elegido cada palabra. Deberíamos felicitarle por tal poder. El lenguaje de Buffon es grande, amplio y noble, lo cual se explica por el hecho de que desarrollaba grandes temas cuya grandeza sentía profundamente.

De él se ha dicho, y esto es más grave –el reproche procede a veces de hombres de ciencia tan importantes como Réaumur–, que era un falso sabio, un fabricante de sistemas que se dejaba llevar por su imaginación, y casi se ha llegado a afirmar que era un malhechor intelectual. Pero la verdad es que observó e hizo experimentos durante toda su vida, tuvo un grandísimo respeto hacia los hechos, y la mejor prueba de ello es que fue modificando constantemente su modo de pensar: como el desarrollo de sus estudios le hizo ver claramente cuáles eran las deficiencias y errores que contenía su *Teoría de la Tierra,* volvió a redactarla por completo, veintinueve años más tarde, con el título de *Las épocas de la Naturaleza.* Pero no se conformó, como hicieron mentes más endebles y corazones menos ardientes, con verdades parciales: trataba de comprender y apreciar el conjunto de los hechos, de captar los lazos que unían estos hechos. Fue como un sacerdote de la Ciencia, preocupado ante todo por la verdad, sometido a una especie de regla monástica. Aunque era rico, abandonó por su propia voluntad todo lo que amaba. Se levantaba a las seis de la mañana y trabajaba, él solo, diez horas al día, en su torreón situado en lo alto de una colina, y únicamente lo abandonaba para ir a París a enriquecer, en beneficio del público, las colecciones del Rey. Enemigo de polémicas, persiguió incansablemente los hechos y, olvidando una excepcional cualidad de la mente, pudo decir que el genio no era más que una gran aptitud para la paciencia y que su mérito consistía en haberse pasado cincuenta años en su despacho. La pasión que sentía por la ciencia animó sus libros con gran calor, con una elocuencia que los convirtió en una de las obras más leídas, más difundidas en las bibliotecas, quizá la que más contribuyó a propagar entre el público la afición hacia las ciencias naturales y el espíritu científico, al mismo tiempo que, gracias al método que sostenía, a la agrupación de los hechos, a las ideas que sugiere, a las teorías que desarrolla, hizo florecer gran número de trabajos y dio origen a nuevas ramas de la ciencia: la geografía zoológica, la antropología, la etnografía y la paleontología.

Buffon contribuyó a liberar la historia natural de la influencia convencional de cualquier mente y, además, a encaminarla de nuevo hacia el estudio de los desplazamientos de materia. Fue acérrimo enemigo de las causas finales, que el abate Pluche trataba ampliamente y con complacencia en el *Espectáculo de la Naturaleza* (1732-1740), obra muy leída:

«Dios ha hecho salado el mar porque, si hubiera carecido de sal, habría sido perjudicial para nosotros...
...las mareas fueron creadas para que los barcos pudieran entrar en los puertos con mayor facilidad... El rojo o el blanco hubieran cansado la vista, el negro la hubiera entristecido; el verde se da en la naturaleza para ayudar a la vista y los diversos matices de verde sirven para alegrarla».

«Decir que la luz existe porque tenemos ojos, que hay sonidos porque poseemos oídos, o bien, decir que tenemos oídos y ojos porque existen la luz y los sonidos, ¿no es decir exactamente lo mismo o, en todo caso, qué se quiere decir con ello?» Veía además que la mayoría de animales tienen «partes indiferentes, inútiles o superfluas» que destruyen la idea de una organización de los animales creados por una inteligencia perfecta y todopoderosa. Luchaba contra la manía de querer reducirlo todo a cierto fin, de no contentarse «con conocer el cómo de las cosas, la manera de actuar de la naturaleza» y contra el deseo de sustituir «este objetivo real por una idea irreal intentando adivinar el porqué de los hechos, el fin que se propone la naturaleza al actuar». Y concluía:

No podemos juzgar las obras de la naturaleza mediante causas finales; no debemos atribuirle miras tan estrechas, hacerla obrar por conveniencias morales, sino examinar cómo obra en realidad y utilizar, para conocerla, todas las *relaciones físicas* que nos señala la inmensa variedad de sus producciones.

Limitarse a conocer las *relaciones físicas* sin plantearse más cuestiones, significaba aligerar la mente y fundar una ciencia positiva. Pero Buffon fue abandonando muy lentamente las ideas antiguas: sustituyó Dios y la teología por la noción metafísica de *Naturaleza*. «Cuando citamos a la Naturaleza lisa y llanamente la convertimos en una especie de ser ideal, al que tenemos la costumbre de reducir, como causa, todos los hechos constantes, todos los fenómenos del Universo.» Le atribuyó puntos de vista y proyectos, errores y caprichos; según él, la Naturaleza ensaya, insinúa, intenta. Sin embargo, poco a poco fue depurando este concepto. Notó que la Naturaleza no podía ser una cosa, pues en tal caso lo sería todo; tampoco podía ser un ente, pues sería Dios. «La Naturaleza es el *sistema de las leyes* establecidas por el Creador.» El imaginar un sistema de leyes, un sistema de relaciones universales y necesarias entre los hechos, era adoptar un punto de vista completamente positivo.

Con anterioridad a Buffon, Réaumur, en su *Historia de los insectos* (1734-1742), en sus memorias y en su correspondencia, había aconsejado que se estudiara directamente la naturaleza, que se comprobara todo lo que referían los autores, incluso Aristóteles y Plinio. Siguiendo este camino, Buffon sólo quiso preocuparse de los hechos, y así defendió el respeto ante el hecho:

Resulta mucho más sencillo imaginar un sistema que emitir una teoría...; el historiador debe referir, no inventar...; no debe permitirse ninguna suposición...; sólo puede utilizar su imaginación para relacionar las observaciones, para generalizar los hechos, y para constituir con ellos un conjunto que ofrezca a la mente un orden metódico de ideas claras y de relaciones sucesivas.

La geología

De un modo semejante, en el terreno de la geología se inclinó a rechazar todas las explicaciones que no venían confirmadas por los hechos: ausencia de la Luna, realidad de un planeta desaparecido, diluvio universal; «todo ello son suposiciones acerca de las cuales resulta fácil dar libre curso a la imaginación; tales causas producen todo lo que se quiere». Sólo quiso «efectos que ocurren diariamente, movimientos que se suceden sin interrupción, operaciones constantes y siempre reiteradas». Es la teoría de las *causas actuales*, que venció a la de las catástrofes.

Cuando comenzó a dedicarse a la geología, a pesar del elevado número y del interés que tenían los trabajos monográficos realizados por distinguidos naturalistas, la visión de conjunto era la del Génesis en su sentido más literal: Dios creó el mundo en seis días, creó de una sola vez los continentes y los animales, tal como podían verlos los individuos del siglo XVIII, tal como siempre habían sido, excepto insignificantes variaciones de detalle debidas en su mayor parte al hombre. Es la teoría que más tarde se denominó fijismo. Aunque ya se conocían numerosos fósiles, los sabios se libraban de ellos atribuyéndolos al alegre humor de la Naturaleza que se había divertido en dar a simples guijarros un parecido con conchas, hojas o peces, o bien los consideraban como vestigios del diluvio. Quienes no estaban convencidos, no se atrevían a contradecir esta interpretación tradicional, y callaban.

Buffon sólo temía el error: deseaba llegar a la verdad, pero nada quería conocer fuera de los hechos. A partir de 1749, en su *Teoría de la Tierra*, sabía ya cuál era el verdadero origen de los fósiles, daba a nuestro globo una edad de 74.000 años en vez de los 6.000 que le atribuían los teólogos, y señalaba una evolución. En 1778, en sus *Épocas de la Naturaleza*, se basa en cinco «hechos» y en tres «monumentos».

Sus cinco hechos son los siguientes:

La Tierra está ensanchada en el Ecuador y rebajada en los polos en la proporción que exigen las leyes de la gravedad y de la fuerza centrífuga.

El globo terrestre tiene su propio calor interior, independiente del que pueden comunicarle los rayos del Sol.

El calor que el Sol envía a la Tierra es muy poca cosa en comparación con el calor propio de la esfera terrestre y…, por sí solo, este calor solar no bastaría para mantener en vida a la naturaleza.

Las materias de que se compone la esfera terrestre, tienen, por lo general, composición cristalina y todas pueden reducirse a cristal.

En toda la superficie de la Tierra, incluso sobre las montañas, hasta una altura de 1.500 y 2.000 toesas, se halla gran cantidad de conchas y otros restos de productos del mar.

Describe los monumentos del pasado de esta manera:

Si examinamos las conchas y demás productos marinos que se encuentran en la Tierra, tanto en Francia como en Inglaterra, en Alemania y en el resto de Europa, se reconoce que muchas de las especies animales a las que pertenecieron tales restos sólo se hallan en los mares contiguos y que estas especies o ya no existen o sólo se encuentran en los mares meridionales.

En Siberia y en las demás regiones septentrionales de Europa y de Asia, se hallan esqueletos, colmillos, huesos de elefante, de hipopótamo, de rinoceronte, en cantidad bastante numerosa para poder asegurar que estas especies animales, que sólo pueden vivir en regiones cálidas, en tiempos pretéritos vivían y se propagaban en los países del norte.

Defensas y huesos de elefante, así como dientes de hipopótamo, no sólo aparecen en las regiones del norte de nuestro continente, sino también en las del norte de América, a pesar de que ni el elefante ni el hipopótamo viven en este continente del Nuevo Mundo.

Estos hechos actuales y estos restos del pasado le sugerían la idea de una evolución en el tiempo, evolución que trazaba a grandes rasgos. En la historia de la Tierra hubo siete épocas. La primera fue un período de fluidez e incandescencia: «cuando la Tierra y los planetas adoptaron su forma»; la segunda de enfriamiento: «durante la cual, después de haberse condensado, la materia formó la roca interior del globo, así como las grandes masas vitrificables que se observan en la superficie»; en la tercera época: «las aguas cubrieron nuestros continentes»; en la cuarta: «las aguas se retiraron y los volcanes empezaron a entrar en actividad»; en la quinta: «los elefantes y demás animales meridionales habitaban en las regiones del norte»; en la sexta: «tuvo efecto la separación de los continentes»; y en la séptima: «el poder del hombre ha secundado el de la naturaleza».

Y así, tomando como método el estudio de los desplazamientos de materia; como postulado, la persistencia de las leyes físicas gracias a lo cual fenómenos de épocas pasadas han sido semejantes a los que ocurren hoy; como visión de conjunto, la evolución perpetua, la lenta transformación en el tiempo, de este modo, decimos, quedaba fundada la geología moderna.

Esta idea de evolución, que hoy nos resulta familiar, alteraba profundamente el pensamiento de la época y tropezó con muchas resistencias. La Iglesia se conmovió: se dijo que Buffon defendía la opinión contraria a la expuesta en el Génesis. El 16 de enero de 1751, la Facultad de Teología condenó 16 proposiciones y exigió una retractación.

Entonces, Buffon declaró creer «muy firmemente todo lo que la historia cuenta de la Creación», aseguró que abandonaba «todo lo que podía ser contrario al relato de Moisés», y prosiguió sus estudios. Pero incluso hombres tan inteligentes como Voltaire no fueron capaces de comprender a Buffon: suponiendo la existencia de causas permanentes que han producido los mismos efectos en todas las épocas, sin que haya habido influencia alguna del estado de una época sobre el de la época sucesiva, Voltaire se obstinó en creer que los fósiles eran conchas que los peregrinos de las Cruzadas habían traído de Siria o bien peces rechazados de la mesa de los romanos por no ser frescos; aunque en este último caso, no podía explicar por qué los fósiles se encontraban en bancos de más de cien leguas de longitud.

Las clasificaciones botánicas y zoológicas

A lo largo del siglo XVIII se realizó una gran obra de clasificación de los seres vivos en géneros y especies. La clasificación era necesaria para poder identificar rápidamente las plantas (a fines del siglo anterior, se conocían ya 18.000) y los animales, cuyo número crecía de día en día; pero los naturalistas dedicaron a ello sus esfuerzos porque estaban convencidos de que de este modo lograrían descubrir el plan de Dios.

A principios de siglo, los naturalistas seguían la clasificación botánica del francés Tournefort, y la zoológica de Aristóteles. El sueco Linneo (1707-1780), hijo de un pastor luterano, las perfeccionó. Su *Systema Naturae*, publicado en 1735, se reeditó, siempre con nuevas adiciones, trece veces entre aquella fecha y el año 1788, y fue acompañado de otras numerosas obras. En el campo de la botánica, clasificó 7.000 plantas en 24 clases, teniendo en cuenta el número, la posición, la proporción y el modo de agruparse los estambres; simplificó bastante la nomenclatura botánica. Los naturalistas solían incorporar las características esenciales de la descripción en el nombre de la especie: el lúpulo era conocido por *Convolvulus heteroclitus perennis floribus foliaceis strobili instar*. Para recordar estas frases era necesario poseer una memoria prodigiosa, ya que la clasificación cargaba la mente en vez de aligerarla. Linneo adoptó la nomenclatura binaria: un nombre cualquiera para el género, otro nombre para la especie. El sistema resulta cómodo, y aún hoy sigue siendo la base de la nomenclatura botánica y gracias a él fue posible la gran labor descriptiva de sus continuadores. En zoología, perfeccionó, sin cambiarla por completo, la clasificación de Aristóteles; indicó que debían tenerse en cuenta los órganos internos, y fue el primero que caracterizó los vivíparos por poseer mamas y que clasificó entre los mamíferos a los cetáceos, hasta entonces considerados peces.

Tenía un gran concepto de su obra. Para él las especies eran entidades reales, que se distinguían por características bien diferenciadas y constantes, los caracteres específicos. Cada especie correspondía a un acto del Creador, que le había concedido todos los atributos necesarios y la había hecho inalterable, inmutable. La verdadera labor del naturalista consistía en hacer el inventario de las especies, ya que de esta manera describía la admirable obra de Dios: la sistemática es la ciencia suprema. Linneo es el teórico por excelencia del fijismo.

Pero su trabajo no fue perfecto, por haber tomado como principio de clasificación los estambres, convencido de que los caracteres que mediante ellos podían definirse tenían un valor superior; pensaba así llegar a una clasificación natural. En realidad, su elección fue arbitraria, sus órdenes fueron artificiales; clasificó los rosales en tres órdenes distintos y colocó la higuera en el mismo orden que las ortigas. En zoología, incluyó en el orden de las *Ferae* o bestias feroces, animales tan distintos como el tigre y el león, la nutria y la foca, el perro y el erizo, el topo y el murciélago. En el orden de los *Jumenta* tuvieron cabida el caballo, el elefante, el hipopótamo, la musaraña y el cerdo. Su sistema no satisfizo a todos: aparecieron veinte más. Esta proliferación de sistemas trajo como consecuencia un profundo estudio de los caracteres, un grandísimo progreso en la descripción de las formas y, gracias a ello, poco a poco, los naturalistas se fueron acercando al método natural. Por otra parte, ciertos descubrimientos parecía como si contribuyeran a borrar las separaciones que existían entre los reinos. Por ejemplo: siempre se había creído que los corales eran plantas marinas; pero en 1727, Peyssonel, un médico marsellés, señaló que estas plantas eran «insectos que producían el coral». El inglés Trembley, en 1740, estudió una planta acuática que poco a poco resultó ser un animal: la hidra verde, con la cual logró las primeras regeneraciones animales conocidas: si cortaba la hidra, cada fragmento regeneraba una hidra completa; incluso pudo hacer injertos animales, obtener hidras de dos o más cabezas. La repercusión fue enorme y la atención se concentró en estos animales tan difíciles de clasificar.

Con ello surgía la idea de la continuidad de la naturaleza.

Quizá Buffon fue el primero en darse buena cuenta de la artificialidad de las clasificaciones, y atacó violentamente a Linneo; y si acabó también él por clasificar, lo hizo para descargar la mente, pero jamás se dejó llamar a engaño:

Suele decirse que el lince no es sino una especie de gato, que el zorro y el lobo son una especie de perro, que el gato de algalia es una especie de tejón, el cobayo una especie de liebre, la rata una especie de castor, el rinoceronte una especie de elefante, el asno una especie de caballo, y todo porque se dan algunas pequeñas relaciones entre el número de mamas y de dientes de estos animales, o algún ligero parecido en la forma de sus cuerpos... ¿No sería mucho más sencillo, más natural y más exacto decir que un asno es un asno y un gato un gato que pretender... que un asno sea un caballo o un gato un lince?

El francés Adanson (1727-1806), fue el inventor de la clasificación natural, con lo cual destruyó la creencia en la realidad de la especie. En su *Historia Natural del Senegal* (1757) y en su obra fundamental, *Familias de las plantas* (1763), insiste en la continuidad de las formas organizadas. Nadie ha podido «demostrar que existen en la naturaleza» clases, géneros y especies, pues hay «tan sólo individuos que se suceden, fundiéndose por decirlo así unos en otros, por medio de variedades». Si examináramos con cuidado las diferencias acabaríamos por notar ciertas «líneas de separación». Algunas, muy acusadas, «huecos entre los seres», quizá no sean indicio de una diferencia de especie, sino que simplemente «tienen por causa nuestro desconocimiento de los seres que establecen la unión, sea por la desaparición de estos individuos con el correr del tiempo o sea como consecuencia de las revoluciones del globo terrestre». Pero, como por razones prácticas, nos vemos obligados a clasificar, al menos debemos respetar «el orden que guardan entre sí estas líneas de separación», seguir «el método de la naturaleza o... método natural... Aunque en la naturaleza no existieran ni clases, ni géneros, ni especies en el sentido en que los conciben los metodizadores actuales... sería posible, basándose en la amplitud de los huecos, reconocer otras divisiones semejantes, que, en un método natural, podrían tomar el nombre de ellas». Rompiendo con las costumbres establecidas, Adanson se dedicó a examinar los conjuntos: el conjunto es la realidad. «Yo empezaba por hacer la descripción completa de las plantas clasificando cada una de sus partes con todos sus detalles, en otras tantas casillas independientes, y a medida que se me presentaban nuevas especies relacionadas con las estudiadas anteriormente, las describía al lado, suprimiendo todas las semejanzas y anotando únicamente las diferencias. Al examinar el conjunto de estas descripciones comparadas me di cuenta de que las plantas se clasificaban naturalmente, por sí mismas, en clases o familias que no podían ser ni sistemáticas ni arbitrarias, ya que no se basaban en la comparación de una o varias partes... sino de todas sus partes.»

Estas observaciones acerca del paso insensible de un grupo a otro constituían un notable camino hacia el transformismo y no eran pocas las consecuencias filosóficas que podía aportar esta evidencia de una realidad continua, que nuestra mente separa en estratos para mayor comodidad y como si fuera una necesidad de su constitución.

La generación espontánea

El siglo XVIII intentó penetrar el secreto de estos organismos, cuyo aspecto externo le era descrito. Y, ante todo, quiso saber cuál era su origen. El siglo anterior había destruido la creencia en la generación espontánea de los gusanos, de las moscas, de todos los insectos: los experimentos habían demostrado que todos nacían del acoplamiento de un macho y de una hembra; gracias al microscopio se habían descubierto los microbios. En 1748, y para explicar su origen, Buffon volvió a poner de moda la teoría de la generación espontánea, que le resultaba muy cómoda para su idea de la evolución. Consiguió que el abate Needham realizara experimentos: introdujo salsa de carne asada, «muy caliente», en unas botellas en las que había vertido agua hirviendo; luego las cerró herméticamente y las colocó entre cenizas «muy calientes». A los cuatro días aparecieron sucesivamente filamentos de moho, esporas, levaduras, bacterias e infusorios. Needham habló de una «fuerza vegetativa» de la materia, causa de que pasara primero al estado vegetal y luego al animal.

Entonces el naturalista italiano Spallanzani (1729-1799), empezó una serie de experimentos dignos de Pasteur. Sospechó que Needham no había «expuesto los recipientes a la temperatura necesaria para lograr que las semillas encerradas en ellos perecieran». Además, por haber tapado las botellas únicamente con corcho, «que es muy poroso», no pudo impedir que ciertas semillas penetraran en sus infusiones. En 1765, Spallanzani introdujo infusiones en botellas cuya boca selló con fuego, y luego las mantuvo en agua hirviendo durante una hora: no apareció ningún «animálculo»; en cambio, si las botellas se dejaban destapadas o si se calentaban durante poco tiempo los animálculos pululaban en ellas.

Mas Needham objetó: «¡Spallanzani ha debilitado la fuerza vegetativa al calentar demasiado!». Y, entonces, el italiano calentó las botellas durante dos horas en agua hirviendo, pero las tapó mal: los animálculos aparecieron. De ello se desprendía que el calor no debilitaba ninguna fuerza y que el primer experimento era válido.

Pero Needham insistió arguyendo que la primera vez Spallanzani había enrarecido el aire de las botellas al sellarlas con fuego, y ésta era la causa de que no hubieran aparecido animálculos. Entonces, Spanllanzani experimentó con botellas que acababan en un tubo capilar, las selló con fuego y cortó inmediatamente el tubo: la presión del aire en las botellas no se había alterado. Con estas botellas repitió su primer experimento, y el resultado fue exactamente el mismo.

Y Spallanzani pudo afirmar que: «la fuerza vegetativa no era sino pura imaginación». Los «animálculos» son producidos por «gérmenes» que resisten cierto tiempo a la fuerza del fuego, pero que acaban por sucumbir a ella. Mas la idea de evolución y el materialismo debían engendrar de nuevo la creencia en la generación espontánea. Pasteur y Pouchet habrían de proseguir años más tarde la controversia de Needham y de Spallanzani.

Nutrición

¿Cómo funcionan todos estos organismos? En 1727, el inglés Hales expuso, en su *Estática de los Vegetales,* los experimentos que le permitían afirmar que la causa de la ascensión de la savia era la transpiración, y que esta transpiración se efectúa en las hojas por la influencia de la luz solar. A fines de siglo el progreso de la química hizo posible descubrir la manera en que las plantas se fabrican por sí mismas su sustancia. En 1771, Priestley vio que un tallo de menta colocado en una campana herméticamente cerrada purificaba el aire. Después de los trabajos de Lavoisier se comprendió que durante el día las plantas absorben anhídrido carbónico, retienen el carbono y eliminan el oxígeno: el carbono queda fijado en la planta.

En cuanto a los animales, durante mucho tiempo el siglo XVIII siguió aferrado a las ideas de Descartes: el cuerpo es una máquina, un conjunto de tubos, de palancas, de sopletes, de bombas y de cribas. No se tenía ninguna noción de los fenómenos químicos. Para ellos, tanto la bilis como la orina y la leche se formaban en la sangre; la sangre penetraba en las glándulas, que no eran sino filtros para separar estos humores. Como quiera que todo era mecánico, todo podía someterse a cálculo. Por deducción, el inglés Keill estableció que un hombre de 160 libras de peso contiene 100 libras de sangre, 10 de huesos y 17 de grasa. Era una consecuencia del error, tan frecuente, de aplicar deductivamente los procedimientos de una ciencia más sencilla y más avanzada a una ciencia más reciente y compleja, teniendo en cuenta sólo lo que es común a ambas ciencias y despreciando lo específico de la más complicada. Más tarde se llegaría incluso a aplicar la biología al estudio de las sociedades humanas como resultados francamente sorprendentes.

Stahl, el inventor del flogisto, reaccionó; pero se perdió en una maraña de palabras. Aunque acertó al señalar que esa teoría no paraba mientes en la vida, sin embargo explicó el funcionamiento de los órganos por la acción del alma; es decir: el animismo, combatido a continuación por el vitalismo de Barthez: el «principio vital» es la causa de todos los fenómenos de la vida. Seguían sin quitarse la venda de los ojos.

Los resultados fueron conseguidos por los experimentadores. Réaumur, en 1752, y Spallanzani, en 1780, señalaron que en los animales que tienen estómago membranoso la digestión es química. La mayoría opinaba que era debida a la trituración por los músculos del estómago; pero ellos, para comprobarlo, protegieron los alimentos contra la trituración mediante un pequeño tubo de hojalata agujereado y hallaron que la carne había sido digerida; introdujeron una esponja en el tubo y recogieron el jugo gástrico. Spallanzani colocó este jugo en tubos llenos de carne, los selló, los llevó debajo de la axila durante tres días, al cabo de los cuales vio que la carne había sido digerida: fue la primera digestión artificial.

Hasta el año 1775, se creía que el aire penetraba en la sangre o para refrescarla o para proporcionarle un principio vivificador. Pero en aquella fecha Priestley demostró que la respiración era debida a un intercambio de gases. Algo más tarde, en 1777, Lavoisier, con algunos experimentos, resolvió el problema en el que se concentraban desde hacía siglos médicos y naturalistas: demostró que, en el pulmón, la sangre absorbe oxígeno y elimina anhídrido carbónico. Entre 1780 y 1790, primero con Laplace y luego con Séguin, Lavoisier utilizó el calorímetro de hielo para estudiar el calor animal, y pudo afirmar que la respiración era la principal causa de la conservación del calor del cuerpo, que la transpiración refrescaba el cuerpo cuando era preciso, y que la digestión devolvía a la sangre lo que ésta perdía a consecuencia de la respiración y de la transpiración.

Fecundación

¿Cómo se reproducen los seres vivos? Numerosos experimentos trajeron como consecuencia que se descubriera la sexualidad de las plantas: la fecundación era realizada por el polen de la flor masculina al caer sobre las flores femeninas, resultado que ya se había alcanzado en el año 1750. Pero los sabios fracasaron por completo al querer penetrar los misterios de la reproducción animal. Se observaron muchísimos hechos curiosos, como, por ejemplo, el de la partenogénesis de los pulgones, la reproducción mediante vírgenes fecundas, sobre las cuales llamó la atención Réaumur. Se hicieron experimentos, pero de ellos no se dedujo nada concluyente.

Una atracción ciega y uniforme, esparcida en toda la materia, no bastaría para explicar cómo se las arreglan estas partes para formar el cuerpo, incluso el de estructura más sencilla. Si todas las partes tienen una misma tendencia, si todas poseen la misma fuerza para unirse unas a otras, ¿por qué unas forman un ojo y otras, en cambio, una oreja? ¿A qué se debe esta maravillosa disposición? ¿Por qué no se unen todas de cualquier manera...?

Al no comprender nada, los sabios se adhirieron a la teoría de la preformación y del acoplamiento de los gérmenes, teoría que escamoteaba los problemas: tanto el primer hombre como los primeros animales encerraban en sí, completamente formadas y encajadas las unas en las otras, todas las generaciones que les habían de seguir. ¡Un sabio llegó a calcular que de este modo quedaban encajadas 200 generaciones que representaban 200 mil millones de seres humanos! Buffon hizo una durísima crítica de este concepto; pero, ¡los sabios se justificaron con la «incomprensible sabiduría del Altísimo»!

A pesar de este fracaso, la idea de la continuidad de la naturaleza seguía avanzando. Los métodos de observación y de experimentación que tan buen resultado habían dado al estudiar los cuerpos inorgánicos, eran también los únicos que podrían aplicarse con eficacia al estudio de los cuerpos organizados. Numerosos fenómenos vitales eran reducidos a fenómenos físicos y químicos, a movimientos de la materia. Algunos autores llegaron incluso a creer que habría de llegar el día en que se redujera a ello todo lo que hasta entonces era inexplicable, es decir, fueron materialistas por completo.

El transformismo

Y sin embargo, la idea de evolución, de cambios lentos, progresivos y continuos, de la variabilidad sin límites de los seres, seguía prosperando y se encaminaba hacia el transformismo. Eran legión los hechos que daban pie a este concepto: los animales fósiles que hoy ya no viven; la artificialidad de la especie y los numerosos intermediarios que existen entre especies próximas; los progresos de la anatomía comparada, obra de los franceses Daubenton (quien, entre 1749 y 1767, disecó para Buffon 183 especies de mamíferos) y Vicq d'Azyr, médico de María Antonieta (que comparó el esqueleto, el corazón y el estómago de los pájaros y de los peces). Ambos reconocieron la unidad de composición: en estos animales el plan general de la organización es idéntico; en todos ellos los mismos órganos ocupan igual posición relativa y están formados por las mismas partes dispuestas en el mismo orden, como si todos ellos procedieran de un antecesor común; apreciaron la correspondencia entre la estructura y el tipo de vida, lo cual parecía indicar una adaptación al medio ambiente. La geografía zoológica de Buffon iba por el mismo camino: las diferencias entre los mismos animales según fuera el clima, la vegetación y el relieve en que vivían, sólo podían tener por causa variaciones debidas a influencia de los agentes físicos; los progresos de la fisiología daban a conocer la importancia que tanto los factores físicos como los químicos tenían en la vida de los organismos; algunos hechos curiosos parecían indicar que en la naturaleza hay poderes desconocidos y extraordinarios: Trembley había visto cómo se regeneraban hidras cortadas en pedazos, había injertado cabezas sobre hidras en las más inverosímiles posiciones. En 1746, Duhamel-Dumonceau injertó espolones de gallo en la cabeza del animal; Réaumur había observado, en 1712, cómo se regeneraba la pata cortada de una langosta; Spallanzani, en 1768, la cabeza de un caracol decapitado; Bonet, en 1780, la regeneración del ojo de un tritón.

Con ello, la hipótesis transformista surgió muy pronto en la mente de los franceses. El matemático y astrónomo Maupertuis, convencido por numerosos experimentos de cruces, se expresaba ya como transformista en su *Venus física* (1745), en su *Sistema de la Naturaleza* (1751) y en su *Cosmología* (1756). Señala ciertas variaciones ocurridas por influencia del clima y de los alimentos, variaciones que son transmisibles ya desde la primera generación: *¿no se podría explicar del mismo modo cómo de dos únicos individuos podría proceder la multiplicación de las especies más diferentes?* Posee ya la idea de adaptación al medio ambiente y la de selección natural; la combinación de estas influencias físicas ha producido multitud de individuos, de los cuales los que estaban mal constituidos para subvenir a sus necesidades han perecido, mientras que los demás han subsistido gracias a *ciertas relaciones de correspondencia.*

Adanson está convencido de la variabilidad de las especies. Ha observado la aparición de nuevas especies de plantas, sea por la fecundación de dos individuos distintos pero pertenecientes a la misma especie, sea por influencia del cultivo, del terreno, del clima, de la sequedad o de la humedad, de la sombra o del sol. Estas variaciones pueden desaparecer en la siguiente generación, pero también pueden transmitirse hereditariamente: en tal caso, se ha formado una nueva especie.

Buffon llegó a la conclusión de que el asno no era sino un caballo que había degenerado por influencias climáticas y de la alimentación; que el hombre y el mono tienen un origen común al igual que el caballo y el asno; «que cada familia, tanto animal como vegetal, tiene una sola cepa e *incluso que todos los animales proceden de un animal único, que, con el correr del tiempo, ha producido, al perfeccionarse y al degenerar, todas las razas de los demás animales...»* por influencia de las condiciones externas que son causa de variaciones progresivas transmitidas a su descendencia.

Mas todo ello está todavía desparramado por las obras; son hechos secundarios, reflexiones incidentales, observaciones fugaces. Pero la idea nace ya, aunque le estaba reservado a Lamarck, preceptor del hijo de Buffon, elaborar una teoría completa, a principios del siglo xix.

CAPÍTULO VII

LAS CIENCIAS HUMANAS

Aunque continúan siendo muy imperfectas, las ciencias humanas realizan grandes progresos. Y en ellas se observa el mismo espíritu e igual orientación que en la «física». En cuanto al espíritu, se eliminan las causas finales, se descarta la Providencia, se admite el postulado del determinismo; el hombre sólo quiere tener en cuenta causas eficientes naturales: medio físico, necesidades humanas, sentimientos, pasiones, ideas; los procedimientos que se adoptan son: la observación de los hechos, sea directamente o por medio de testigos, y el razonamiento experimental. La marcha seguida es: minuciosa descripción de las apariencias, esfuerzos para lograr en este conjunto simultaneidades o sucesiones constantes, discernir el encadenamiento y elevarse hasta las leyes, tendencia a reducir estas leyes al menor número posible de principios generales. Pero la dificultad de aplicar el instrumento matemático a los más complejos, más inestables y más embrollados hechos, de los cuales muchas veces el sabio sólo puede captar indicios insuficientes, retrasa el perfeccionamiento de estas ciencias, que permanecen largo tiempo en el estado descriptivo, en el estado histórico.

La antropología

Buffon funda la antropología y la geografía humana; el hombre, que hasta entonces sólo había estudiado como individuo, se estudia como especie. En su *Historia Natural del Hombre* (1749), afirma la plena unidad de la especie humana. Dos especies distintas engendran descendientes estériles; ahora bien, toda la progenie humana es fecunda. Por consiguiente, el hombre constituye una especie que tiene variedades: las razas, que difieren a causa del clima, de la alimentación, del modo de vida. «El hombre blanco en Europa, el negro en África, el amarillo en Asia y el rojo en América no son sino el mismo hombre teñido según el color del clima.» La humanidad es una, y cada vez se distingue más de la animalidad por el pensamiento, por la razón. El pensamiento es el fin del hombre y, al mismo tiempo, su felicidad. El sabio antirreligioso llegaba a las conclusiones de un espiritualista.

La erudición

La ciencia de las sociedades humanas formadas en el seno de la especie y que Augusto Comte habría de llamar sociología, queda constituida. El método crítico de la historia del que debía valerse, ya que las observaciones directas son siempre insuficientes por lo cual es preciso recurrir a los testimonios sobre el pasado más lejano o bien sobre este pasado tan próximo que denominamos presente, era ya muy conocido gracias a una labor de más de dos siglos. El francés Luis de Beaufort, en su *Disertación acerca de la incertidumbre de los cinco primeros siglos de la historia romana* (1738), da hermosos ejemplos de ello, con los cuales se podría fácilmente deducir un tratado metódico. Beaufort se halla en el estado de duda cartesiano, consecuencia de un ardiente amor hacia la verdad; por ello, escudriña las afirmaciones de los historiadores antiguos, descubre algunos que incurren en contradicciones, y quiere comprobarlas. Para lograrlo es preciso reunir los documentos originales, ya que la obra de un historiador es función del valor de sus fuentes. Pero debemos estar seguros de tener en nuestras manos los documentos originales, en su estado primitivo; examinar cómo y por medio de quién han sido transmitidos, y seguir sus andanzas hasta nuestros días. Una vez reunidos los documentos es necesario comprenderlos: deben leerse sin «preocupación», no exigirle al texto que nos diga lo que queremos, tomar las frases en el sentido que naturalmente encierran, deducir únicamente aquellas consecuencias que se desprenden por sí mismas. Debemos prestar gran atención a las palabras y, en caso de que dejen la más mínima duda, buscar otros pasajes en que se usen, para determinar de este modo y con ayuda del contexto el sentido exacto de dichas palabras.

Sabemos lo que nos dicen esos textos; pero, ¿nos cuentan la verdad? En este terreno debemos basarnos firmemente en el principio de no contradicción, parte esencial de la razón. Debemos rechazar todo lo que supone contradicción: todo aquello que va contra las leyes de la naturaleza o de la verosimilitud es nulo, sea cual sea el número o la fama de los autores. Si varios textos se contradicen, y esas contradicciones no repugnan a la razón, entonces debemos distinguir. Siempre hemos de preferir la afirmación contenida en un documento original a la que hace un historiador; de las afirmaciones de los historiadores debemos dar preferencia a la que concuerda con los hechos de la historia de otros países relacionados con la del país que nos ocupa; debemos preferir la afirmación de quien escribe contra su propio interés después de un prolongado estudio del tema; la afirmación del historiador que no intenta ni embellecer ni desacreditar; no debemos fiarnos de la acumulación de detalles, que exigiría la existencia de un escrupuloso testigo presencial: esto supone contradicción, pues son raras las ocasiones que tenemos de observar minuciosamente y de indicar con precisión. Debemos averiguar la intención del autor, los orígenes de éste, su carácter, sus costumbres de trabajo, las circunstancias en que redactó su obra.

Finalmente, debemos, mediante citas y referencias, capacitar al lector –que debe dudar, examinar y decidirse, armado del principio de no-contradicción– para que juzgue los resultados por sí mismo. Este método es uno de los más bellos frutos del racionalismo.

Beaufort lo practicó muy bien. Pero se trataba de un bien común que todos los eruditos, con mayor o menor suerte, todos los historiadores, al menos en sus mejores momentos, siguieron. Muchas veces se precipitaron en creer en la contradicción, se fiaron demasiado de su insuficiente conocimiento de las leyes naturales, respetaron con exceso la verosimilitud: «lo verdadero puede alguna vez no ser verosímil»; siempre nos parece inverosímil lo que se sale de lo corriente. De este modo cayeron, como Voltaire, en una crítica excesiva, en la hipercrítica, fuente de graves errores. Pero, en conjunto, realizaron una obra muy importante.

El siglo XVIII prosiguió el esfuerzo erudito del siglo anterior. Se descubrieron, copiaron y editaron numerosísimos textos. Se compilaron gigantescas bibliografías; se recogieron datos acerca de la transmisión de los documentos, acerca de los autores y acerca de las costumbres, la geografía y la cronología de la época en que florecieron, es decir, todo aquello que pudiera servir para distinguir lo verdadero de lo falso. En todos los países se realizó un enorme trabajo, pero especialmente en Francia, por obra de los benedictinos y de la «Académie des Inscriptions et Belles-Lettres». Lamentamos no poder citar los nombres de tantos hábiles investigadores entregados hasta el sacrificio, los nombres de tantas obras importantes e indispensables. La renovación de la historia antigua, el descubrimiento de la Edad Media, de las civilizaciones de Asia, cuyo mérito corresponde al siglo XIX, fueron posibles gracias a los esfuerzos de los hombres del siglo XVIII. El gramático Prémare, y Gaubil, el traductor del *Chu-King*, abren la historia de la antigua China. En 1762, el francés Anquetil-Duperron trae a París 180 manuscritos zendos, pehlevíes, persas y sánscritos, y en 1771 publica su traducción del *Zend-Avesta*. En 1793, Sylvestre de Sacy, con la ayuda de su glosario pehleví, descifra las inscripciones de los reyes sasánidas. El inglés Jones, presidente de la Sociedad Asiática de Calcuta —fundada el 15 de enero de 1784—, publica en 1789 la traducción del drama indio *Sakuntala* y, en 1794, empieza a publicar las leyes de Manú. El Oriente salía de las fábulas; pero Egipto, y la antigua Mesopotamia, seguían desconocidos.

La sociología

Una vez reunidos los textos, criticados y comprendidos; establecidos los hechos, localizados en el espacio y situados en el tiempo, sólo faltaba clasificarlos por afinidades, determinar las relaciones y el encadenamiento que hubiera entre ellos, deducir las leyes, y reducir estas leyes a unos pocos principios generales que dependieran de un primer principio. Este proceder lógico e ideal no es, en realidad, el del siglo XVIII, ya que la labor de los eruditos y de los historiadores que les habían precedido, hizo posible que ya desde la primera mitad del siglo algunas mentes vigorosas intentaran realizar las últimas operaciones.

El italiano Vico (1668-1744), que publicó sus *Principios de una nueva ciencia* en 1725, puede ser considerado el fundador de la sociología. Admite el concepto cristiano de una historia dirigida por Dios hacia el triunfo de su Iglesia; pero, aunque existe Dios como causa primera, también hay causas secundarias, naturales. Vico se limita a estudiar las leyes naturales de la historia, que son independientes de cualquier intervención milagrosa. Existe un orden eterno de las cosas, una ley ideal de la evolución de cada país, lo cual evidentemente es platónico, pero también newtoniano: una multitud de fenómenos diferentes se producen siguiendo una ley única. El sabio podrá hallar esta ley observando las huellas que ha dejado la humanidad: lenguas y obras de las naciones antiguas, mitologías, antiguos poemas, leyes primitivas, que son reflejos de nuestros estados psicológicos anteriores y de nuestros antiguos estados sociales. Ya no se trata de leer para conocer el juego de las pasiones comunes a la humanidad, de seguir una historia emocionante, de saborear expresiones armoniosas o pintorescas, sino de captar las palabras, los giros que indican una manera especial de pensar o de sentir, una costumbre, una organización específica, y reconstruir con todo ello el estado antiguo de la humanidad. Es la «ciencia nueva».

Vico afirma la unidad de la especie humana. En el hombre se da un sentido general, un juicio sin reflexión, común a todo el género humano, a una nación entera, a toda una clase, «ciertas ideas uniformes nacieron simultáneamente en pueblos enteros que no se conocían entre sí». Eso explica que todas las naciones tengan ciertas instituciones comunes y una evolución semejante. En determinada nación, todo depende de la situación espiritual: la religión y las clases sociales, el derecho, el gobierno y el modo de vida, derivan de ella y están unidos entre sí por relaciones de correspondencia. Si uno existe, los demás también. De esta manera describe Vico las condiciones de vida de una sociedad en determinado momento, su estática social. Pero el espíritu humano varía; evoluciona y pasa por una sucesión de etapas que es siempre la misma; y trae como consecuencia una transformación de las sociedades, que pasan por una serie de estados correspondientes, serie que siempre es la misma. Las ideas dirigen el mundo. Con ello, Vico establece la ley de la evolución de las sociedades, crea la dinámica social, cuyas sucesivas etapas son: barbarie, estado teocrático familiar y estado aristocrático de las ciudades, los tres dominados, pero cada vez menos, por la imaginación; estado monárquico, en el que predomina la razón; viene luego un retroceso, disgregación y vuelta a empezar. La evolución no es indefinida, sino cíclica; forma un todo que se repite en cada nación. Es un eterno retorno.

Vico, cuyas obras eran muy confusas y oscuras, fue poco conocido en su época; y, sin embargo, ejerció cierta influencia. Montesquieu le había leído y en sus notas íntimas expone hasta qué punto le impresionaron las teorías de Vico, cuyas ideas fundamentales (equilibrio y evolución) pasaron por mediación de Montesquieu a todo el siglo; pero Vico estaba llamado a ejercer una influencia mucho más profunda en el siglo xix, en especial sobre Fustel de Coulanges. Sus ideas directrices eran acertadas, y si no alcanzó su objetivo, fue por carecer del material necesario; pero hoy, después de dos siglos de fructífera labor histórica, el intento merecería ser continuado.

Con singular acierto Montesquieu (1689-1755) abordó la dinámica social en sus *Consideraciones acerca de las causas de la grandeza de los romanos y de su decadencia* (1734) e intentó precisar la estática social en su *Espíritu de las leyes* (1748). Acaudalado noble parlamentario, fue durante algún tiempo presidente del Parlamento de Burdeos; pero muy pronto se consagró por entero a su obra, en la que trabajó durante treinta años. Es un cartesiano con fuerza deductiva; pero por ser físico y naturalista, viajero perspicaz, infatigable lector, su método principal se basa en la observación y en la inducción: describir, comprobar, remontarse de los hechos a sus leyes correspondientes, de estas leyes a los principios, tal es su procedimiento, aunque en su obra queda en parte oculto a causa del orden en que lo expone, orden que generalmente suele ser distinto del seguido en el descubrimiento. Él mismo nos lo ha explicado con gran claridad en la introducción al *Espíritu de las leyes*. Empezó observando por curiosidad, para ver: «en primer lugar he examinado los hombres», y surgió la primera idea de la obra: «y he creído que en esta infinita variedad de leyes y de costumbres, los hombres no se guiaban únicamente por su fantasía». Prosiguió luego sus investigaciones y sus intentos: «numerosas veces he empezado y otras tantas he abandonado esta obra... iba en pos de mi objetivo, sin formarme un proyecto; ni conocía las reglas ni las excepciones, y cuando había dado con la verdad al poco la volvía a perder». Al fin, su idea general quedó precisada y ya pudo formular sus hipótesis: «pero cuando logré descubrir mis principios, todo lo que buscaba vino a mí... establecí los principios»; a partir de entonces se dedica a verificar las hipótesis y las transforma en leyes: «y vi cómo los casos particulares se iban sometiendo por sí mismos [a los principios], que la historia de todas las naciones era consecuencia de dichos principios y que cada ley particular, relacionada con otra ley, dependía de otra mucho más general aún».

Toda la naturaleza está reglamentada por leyes naturales, como si se tratara de un maravilloso «mecanismo»: «las leyes, en la más amplia acepción de la palabra, son las *relaciones necesarias que derivan de la naturaleza de las cosas*, y en este sentido todos los seres tienen sus leyes». Pero las sociedades humanas son también seres naturales, por lo cual también están sometidas a leyes naturales. Las leyes que establecen los hombres, las leyes positivas, deben guardar relación de conveniencia tanto con las leyes naturales como con las demás leyes positivas. Pero como el hombre es libre, algunas veces su ley viola las «relaciones necesarias»: de ello, sólo puede resultar mal. Las leyes humanas «han de ser características del pueblo para el cual han sido establecidas, y es verdadera casualidad que las de determinada nación puedan convenir a otra. Deben estar relacionadas con la naturaleza y con el principio del gobierno ya establecido o que se quiere establecer... Deben tener en cuenta el aspecto físico del país, el clima helado, ardiente o templado; la calidad del terreno, su situación, su extensión, el tipo de vida de los pueblos agricultores, cazadores o pastores; han de ser proporcionadas al grado de libertad que la constitución permite; con la religión de los habitantes, con sus tendencias, sus riquezas y su número; al comercio, a las costumbres y a sus modos de ser. Finalmente, tienen relación entre ellas, y, además, con su origen, con el orden de las cosas sobre la cuales se basan, con el objetivo del legislador. Éstos son todos los puntos de vista bajo los cuales deben ser consideradas». Siguiendo este cuestionario, determina a lo largo de su obra estas relaciones necesarias y son ellas las que fundamentan el plan de dicha obra, oculto en parte por un excesivo desmenuzamiento cuyo fin es facilitar la lectura, pero que nos lleva a perder el hilo de las ideas.

Los principios esenciales son: determinismo y relatividad. Tal situación supone tal ley y excluye tal otra ley. Este determinismo garantiza la libertad del individuo, que de no ser así estaría desarmado en un mundo en el que, como todo acto podría conducir a los resultados más caprichosos, resultaría imposible prever, ordenar y actuar; mundo en el cual el hombre sería esclavo de fuerzas ciegas. Al igual que se vale de las leyes del mundo físico, también puede utilizar las del mundo social, sobre todo para alcanzar este bien supremo, conforme con su naturaleza humana, es decir: la libertad. Transformándose a cada paso en ingeniero social, Montesquieu nos enseña cómo debemos proceder para lograr en cada caso la máxima libertad y humanidad posibles. Por ejemplo: en un estado hay tres poderes: el legislativo, el ejecutivo y el judicial. En la Europa occidental deben estar separados y han de confiarse a distintos individuos para que cada uno de estos poderes venga limitado y vigilado por los otros y, además, para evitar el despotismo que podría resultar de la concentración de los tres, sea en manos de un rey, de una aristocracia o del pueblo.

El libro, escrito con un lenguaje nervioso, tenso y vibrante, a veces límpido y denso, como cristal o bien brillante y cortante como una espada de acero, el libro, decimos, tuvo un gran éxito, fue traducido a todas las lenguas e inspiró a los reyes, a los políticos, a los juristas y a los historiadores de todas las naciones; inspiró también la Constitución americana de 1787, las Constituciones francesas de 1791 y del año III, el Código Prusiano de 1792 y la mayoría de las Constituciones del siglo XIX. Incluso Marx debe algo a Montesquieu. Pero resultando difícil captar el conjunto de sus ideas, Montesquieu fue poco comprendido: la mayoría acudió a su obra para buscar aquellos fragmentos que, tomados aisladamente, adquirían otro sentido que les halagaba.

La economía política

Montesquieu no tuvo sucesores directos. El espíritu de su libro y la masa de problemas que planteaba con sus afirmaciones, fueron fuente de inspiración de numerosos trabajos parciales. En realidad, quienes estaban más cerca de él por preocuparse de las leyes naturales sin aceptar su principio de relatividad, fueron los economistas fisiócratas.

Quesnay (1694-1774), médico de Luis XV, biólogo, gran propietario, valiéndose de una masa ingente de observaciones, expuso sus ideas en los artículos *Colonos y Granos* de la *Enciclopedia* (1756-1757), en su *Cuadro económico* (1758) y en su *Derecho natural* (1765). Sus discípulos encauzaron la «ciencia nueva», que ya al nacer había sido llevada «al último grado de evidencia» y Dupont de Nemours dio con el nombre: «Fisiocracia» o gobierno de la naturaleza.

Los fenómenos económicos constituyen un orden de hechos que obedece a determinadas leyes derivadas de la naturaleza de las cosas. Estas leyes forman un sistema, una ciencia. El autor de ellas es el Ser Supremo, Dios; constituyen parte de las leyes de la naturaleza; son las mejores posibles.

El dinero es tan sólo un intermediario estéril. La verdadera riqueza es un producto fungible que no ocasiona disminución de la materia que se utilizó para crearla. Sólo la agricultura produce dicho producto, *un producto neto*. La industria no nos da ningún producto neto; modifica la forma de las materias existentes y, al hacerlo, crea ciertas formas útiles, pero destruye la materia sin sustituirla. El comercio se limita a transmitir y a cambiar productos. Así, pues, solamente el agricultor crea nueva materia, la reproduce, la multiplica. Por consiguiente, la clase esencial es la clase de los propietarios rurales que ha puesto en valor el terreno; a continuación viene la clase de los cultivadores y luego, los demás, la «clase estéril». Todo debe subordinarse a la producción agrícola, lo cual significa que debe multiplicarse la propiedad individual mediante supresión de la comunal, librar el cultivo de las servidumbres colectivas y de los derechos feudales, favorecer la gran propiedad (única capaz de grandes adelantos y de un cultivo inteligente), asegurar una amplia venta por medio de una política de salarios elevados, los precios elevados o *buenos precios* mediante libertad de comercio, multiplicar más la riqueza que la población.

Dado que la ley natural exige la propiedad, ésta es de derecho natural. Lo mismo ocurre con la libertad, única que permite el libre ejercicio del derecho de propiedad; y con la seguridad, la desigualdad y el despotismo, ya que el gobierno, en sus leyes positivas se limita a traducir al lenguaje humano las leyes naturales indiscutibles. El déspota recauda los impuestos necesarios únicamente de los propietarios, los únicos que obtienen un producto neto; por consiguiente, sus intereses coinciden con los de éstos, al igual que ellos debe ser hereditario, y sólo habrá de dar cuenta a dichos propietarios o a sus delegados y a la conciencia que tiene de las leyes naturales.

El éxito fue asombroso. Mirabeau llegó a declarar que el *Cuadro económico* era, junto con la invención de la escritura y de la moneda, el tercer invento capital de la humanidad. En Francia la fisiocracia se convirtió en religión. La Constituyente de 1789 estuvo fuertemente influida por ella; Marx consideraba que Quesnay era el creador de la economía moderna.

Entre los discípulos libres de Quesnay, y contra el pensamiento del maestro, Turgot, que más tarde fue ministro de Luis XVI, insistió en el hecho de que en definitiva el obrero no recibe más que lo estrictamente necesario para subvenir a sus necesidades; es la *ley de bronce de los salarios*, que permite reducir los precios de coste pero que le arrebata al obrero la esperanza de salirse de su clase y crea una casta de ricos. Al igual que el intendente de comercio Gournay, Turgot consideraba necesario dejar en libertad al individuo, porque éste conocía mejor que nadie cuáles son sus intereses: *laisser faire, laisser passer*.

Pero el verdadero fundador del liberalismo del siglo XIX es el fisiócrata escocés Adam Smith (1723-1790). En su *Ensayo acerca de la riqueza de las naciones* (1776), habla de un orden natural que se da en todos los lugares en los que se deja libre campo a la naturaleza, orden que es el mejor. El hombre tiende a mejorar su suerte y está perfectamente capacitado para discernir cuál es su interés personal: debemos, pues, dejarle libre. El Estado sólo debe intervenir cuando los individuos no son capaces de crear las instituciones útiles a la sociedad. Este mundo es una vasta república de productores y consumidores, unos dependientes de otros, y la paz debe surgir de la conciencia de esta dependencia.

Por otra parte, el análisis que Smith hizo del valor le convierte también en precursor de los socialistas y de los comunistas. La medida real del valor de las mercancías es el trabajo, y él es el que establece el precio. Al principio, todo este precio pertenecía al obrero; pero cuando un individuo ha amasado un capital (tierra, materia prima, utensilios) y lo hace actuar por medio del obrero, el capitalista se queda con una parte del precio, y el resto o salario se lo entrega al obrero. Como cada uno de los dos quiere obtener la mayor parte posible del precio, la estipulación del salario es el resultado de una discusión entre el capitalista y el obrero, discusión que conduce a la *lucha de las clases* rivales. «Los patronos forman, siempre y en todas partes, una especie de liga tácita pero constante y uniforme para impedir que los salarios suban.» Smith se muestra frío con quienes no producen y «el soberano... y todos los ministros de la Justicia y todos los militares... son obreros que no producen... Los sacerdotes, los abogados, los médicos, son intelectuales... pueden ser clasificados en la misma clase». Se expresa severamente contra los mercaderes cuyo interés es contrario al interés social. Todas estas ideas han inspirado a Carlos Marx.

La historia

Otros escritores se dedicaron principalmente, sea para determinado país o época o sea para toda la humanidad, a realizar las operaciones preliminares de la historia: clasificar y relacionar los hechos, es decir, lo que a menudo se considera como la historia propiamente dicha.

Se publican una serie de historias particulares: *El siglo de Luis XIV*, de Voltaire (1751); la *Historia de la Gran Bretaña*, de David Hume (1754); la *Historia de Escocia*, de Robertson (1759); la *Historia de Osnabrück*, de Justus Moser (1768). El espíritu de esta historia ha cambiado desde Montesquieu. Para Beaufort y los historiadores precedentes, todo lo que nos informa acerca de los gobiernos y de las costumbres es inútil; debemos limitarnos a «desenmarañar los acontecimientos y fijar sus fechas, *que es lo esencial de la historia*». Para los nuevos historiadores lo esencial es la historia de la civilización. Voltaire es el iniciador.

El lector no debe creer que hallará en esta obra... numerosos detalles de las guerras, de los ataques, de las ciudades conquistadas y reconquistadas por las armas, cedidas y devueltas por tratados... En esta historia nos limitaremos a estudiar aquello que merece la atención de todas las épocas, lo que puede delinear el carácter y las costumbres de los hombres, lo que puede ser materia de enseñanza y puede engendrar amor hacia la virtud, hacia las artes y hacia la patria.

Costumbres y usos, creencias y supersticiones, manías e inventos, todo esto es lo esencial.[1] El hombre es el sujeto de esta historia y este modo de ver las cosas nos lleva a considerar en conjunto la historia de la humanidad. Esto es lo que hizo Voltaire en su *Ensayo acerca de las costumbres y el espíritu de las naciones* (1756). Como de costumbre se contradice demasiadas veces y sobre todo llega, en ésta como en otras obras, a un «caos de ideas claras», quizá porque, poseyendo una inteligencia superior, no se dejaba ofuscar por un solo aspecto de las cosas. La historia es absurda: depende de la casualidad, de un vaso de agua que se derramó sobre un vestido, de una nariz demasiado corta, pero también de los grandes príncipes que la construyen según planes razonados, pequeñas providencias que sustituyen a la grande. La historia tiene cuatro grandes siglos que son ejemplos para la posteridad: el siglo de Pericles, el de Augusto, el de los Médicis y el de Luis XIV; pero los jóvenes sólo deben aprender la historia moderna, la única que puede serles útil. La historia depende de las pasiones humanas, que son siempre las mismas; cada época constituye un todo, poco solidaria con el pasado, con escasísima influencia sobre el futuro, y, sin embargo, la humanidad progresa como si siguiera una ley. A pesar de todo, consiguió ser leído, proporcionó la idea y la afición hacia la verdadera historia, aclaró numerosos hechos, planteó infinidad de cuestiones, y logró que todos los historiadores estuvieran en deuda con él.

Poco a poco, estos historiadores se iban apartando de

1. Bolingbroke, 1752: «La historia y la filosofía nos enseñan, mediante ejemplos, cómo debemos portarnos en todas las circunstancias de la vida pública y privada».

la simple sucesión temporal de hechos, y, gracias al progreso de sus estudios, por influencia de las ciencias naturales, llegaron al concepto de las transformaciones, de la evolución. Winckelmann, con su *Historia del arte en la antigüedad* (1764), nos demuestra que el arte participa en la evolución general de las criaturas, que nace, se desarrolla, envejece y muere: es un fenómeno vivo. Otros autores suponen un progreso de la humanidad que de la barbarie se dirige hacia la perfección de la razón. Después de Turgot y de la *Enciclopedia*, que habían sugerido la idea,[1] el alemán Lessing escribió *La educación del género humano* (1780); su compatriota Herder, las *Ideas acerca de la filosofía de la historia de la humanidad* (1784-1791); pero invocan a un Dios impreciso o la misteriosa vida del Universo, y en realidad lo que hacen es más metafísica que ciencia.

Mucho más positivo es el francés Condorcet, quien, en su *Esbozo de un cuadro histórico de los progresos del espíritu humano* (1794), siguió las huellas del Buffon de *Las épocas de la Naturaleza*, y enunció la ley del progreso: «la capacidad de perfeccionamiento del hombre es realmente infinita»; no tiene «más límite que la duración del globo en el que la naturaleza nos ha situado» (su marcha) «nunca será retrógrada» mientras no varíen las condiciones físicas del globo. La evolución es continua: «el resultado de cada momento presente depende del que le ofrecían los instantes anteriores, y él, a su vez, influye en el de los tiempos venideros». La evolución deriva de causas claras y precisas: el hombre va forjando sin cesar nuevas ideas, combinando las que ha obtenido por medio de sus sentidos o por comunicación con los demás seres humanos o gracias a medios artificiales (lenguaje, escritura, álgebra) que inventa constantemente. El cuadro se forma merced a la «*sucesiva observación* de las sociedades humanas en las diferentes épocas por las que han pasado»; llevará al hombre «a los medios de

---

1. En su *Discurso acerca de los progresos del espíritu humano*, Turgot formula la famosa ley de los tres estados: teológico, metafísico y positivo, de Augusto Comte.

asegurar y de acelerar los nuevos progresos que su naturaleza le permite aún esperar». Diez son las «épocas» que se han sucedido, a saber: 1.ª Los hombres se reúnen formando pueblos; 2.ª, los pueblos pastores, paso de este estado al de pueblos agricultores; 3.ª, progresos de los pueblos agricultores hasta la invención de la escritura alfabética; 4.ª, progreso del espíritu humano en Grecia hasta la época de la división de las ciencias, hacia el siglo de Alejandro; 5.ª, progreso de las ciencias desde su división hasta su decadencia, cuya causa es el cristianismo; 6.ª, época de decadencia hasta la restauración, que tiene lugar aproximadamente en tiempo de las Cruzadas; 7.ª, desde los primeros progresos de las ciencias, restauradas en Occidente, hasta la invención de la imprenta; 8.ª, desde la invención de la imprenta hasta el momento en que las ciencias y la filosofía sacuden el yugo de la autoridad; 9.ª, desde Descartes hasta la formación de la República Francesa; y 10.ª, futuros progresos del espíritu humano. Instruidos por la historia, sabremos evitar los «prejuicios» de nuestros antepasados y asegurar el triunfo de la razón, de la verdad, y de la humanidad; «el grito de guerra será: razón, tolerancia, humanidad». En el siglo XIX, Augusto Comte utilizó ampliamente, para elaborar su sociología, las ideas de Condorcet, que aparentemente procedía con rigor científico; adoptó un camino que más tarde prolongó ampliamente.

En realidad, Condorcet ya no hacía ciencia, sino que predicaba un evangelio. Voltaire había intentado describir y explicar lo que había pasado, sin intentar confirmar ninguna tesis, sin filosofía de la historia. En cambio, Condorcet nos quiso demostrar que la humanidad se dirigía constantemente hacia el aumento de la razón, con tal de que evitara el cristianismo; exponía un concepto optimista de la evolución que era un acto de fe, maravilloso en un hombre que escribía su libro estando proscrito y perseguido; imaginaba que la historia de la humanidad estaba destinada a producir lo que él más tarde amaba. Era el desquite del sentimiento. Por otra parte, Condorcet abría camino a la imaginación y a los impulsos sentimentales de los historiadores románticos como, por ejemplo, Thierry, y de los poetas, como el Víctor Hugo de *La leyenda de los siglos*. La idea de ciencia social iba degenerando.

La «metafísica»

El siglo XVIII es enemigo de los grandes sistemas metafísicos del siglo anterior. Siguiendo a Locke, denomina «metafísica» al estudio del entendimiento humano. Se trata de analizar el espíritu para pensar en todas las cosas con la mayor exactitud y precisión posibles, para saber cómo debe proceder la mente humana y hasta dónde puede llegar. Este estudio se basaba en la observación y en la inducción desde que Descartes había demostrado que sólo un acto puede inteligiblemente atribuírsele al alma, el acto de pensar: sentir, querer, percibir, concebir. De esta manera eliminó del alma las imprecisas funciones vegetativas, nutritivas, plásticas y medicinales de los escolásticos. Para conocer el alma bastaba con observar los estados de nuestro pensamiento. Este estudio es una ciencia natural, que también se inspira en la física de Newton, ya que utiliza la observación y la inducción. El paso de los hechos particulares a leyes y de éstas a sus principios. Nos permite juzgar lo que corrientemente se suele entender por metafísica: las ideas acerca de Dios, del Universo, la inmortalidad del alma, la libertad, el destino humano.

En el siglo XVIII predomina la doctrina de Locke. Todas nuestras ideas proceden de los sentidos, por consiguiente de la experiencia, que nos proporciona las simples nociones de frío, calor, amargor, extensión, figura, movimiento. Algunas de estas ideas simples, como las de extensión, figura, solidez, movimiento, existencia, duración y número, son «cualidades primarias» y representan las cosas tal como son; son representativas, son imágenes de las cosas. Las demás –colores, sonidos, sabores–, son «cualidades secundarias», resultados de la impresión que han dejado en nuestros sentidos movimientos imperceptibles de los cuerpos. Esta tesis es sensualista y mecanicista. Afirma el valor de la «física» ya que sabemos cuáles son sus elementos; las «cualidades primarias», tal como son en realidad. Acerca de este último punto, Locke dudaba; sus discípulos, no.

Pero el obispo anglicano Berkeley (1685-1753) atacó estas bases del mecanicismo. Sus principales obras fueron publicadas antes de 1715; pero hasta su muerte siguió lanzando nuevas ediciones corregidas y aumentadas, así como escritos complementarios. Meditó acerca de las indecisiones de Locke sobre el valor representativo de las «cualidades primarias» y sobre un problema que Molyneux le había planteado a Locke: un ciego de nacimiento, que fuera operado con éxito, ¿sabría distinguir inmediatamente con la vista una esfera de un cubo, tal como ya los distinguía mediante el tacto? Locke respondió negativamente: el ciego se vería obligado a realizar una serie de experimentos y de comparaciones para aprender que determinada sensación visual corresponde a tal tamaño o a tal distancia indicados por el tacto. Berkeley demostró que lo mismo nos ocurría a todos: no vemos las distancias, no vemos los tamaños, sino que los construimos; es la experiencia la que nos enseña que determinado cambio de matiz y de luz, que cierta sensación de adaptación del ojo, corresponden a determinada distancia, a determinado tamaño. Luego, utilizamos esta experiencia por medio de juicios informulados e inconscientes. En todo ello hay un trabajo propio de la mente, un movimiento sin conciencia. En 1728, el médico Cheselden publicó la observación de un muchacho al que había operado de cataratas: el sujeto decía que los objetos «tocaban» sus ojos; un objeto del tamaño de una pulgada colocado cerca de sus ojos, le parecía tan grande como la habitación entera. Más tarde se observaron otros casos semejantes. Por consiguiente, Berkeley tenía razón: la percepción visual de los tamaños y de las distancias es adquirida; tamaños y distancias son para la vista «cualidades secundarias». Creyó que únicamente el tacto las percibía directamente, como «cualidades primarias».

De estas observaciones definitivas, Berkeley sacó

consecuencias muy atrevidas: los aspectos visuales son signos, un lenguaje; pero son el signo, no de realidades exteriores, sino de cualidades táctiles. Las ideas de color son los signos de las ideas de forma, tamaño, solidez, proporcionadas por el tacto. Ahora bien, estas ideas no son propias del cuerpo, ya que el tamaño varía según la distancia y la estructura de los ojos, y la dureza y la blandura dependen de la fuerza que desarrollemos. Las ideas son el único objeto de conocimiento inmediato; sólo pertenecen a la mente. La naturaleza es un conjunto de ideas independientes de la voluntad y que se manifiestan en sucesiones fijas; los cuerpos son combinaciones regulares de ideas. La única realidad es el espíritu.

Pero el espíritu es libre: sabemos que somos agentes libres. Por consiguiente, la sucesión de ideas independientes de la voluntad proceden de un espíritu superior. Por otra parte, ya lo hemos dicho, los aspectos visuales son signos, un lenguaje; pero, todo lenguaje es obra de una mente. Los aspectos visuales constituyen un lenguaje universal; por consiguiente, son obra de un espíritu universal, Dios.

Luego, podemos considerar como muy probable la existencia de las mentes y de Dios, así como el lenguaje universal gracias al cual Dios nos habla, y la posibilidad racional de otra revelación en forma de palabras. En cambio, la física mecanicista es una ilusión y el cálculo infinitesimal un imposible, puesto que admitir la divisibilidad hasta el infinito es lo mismo que admitir que la extensión existe sin que la percibamos, siendo así que sólo existe lo que es idea. La física es el conocimiento de las sucesiones regulares de ciertas ideas.

Berkeley iba contra la mentalidad del siglo. El francés Condillac (1715-1780), perteneciente a una familia de parlamentarios, formado en el seminario de Saint-Sulpice, quiso salvar el mecanicismo. Por el hecho de ser un espíritu completamente cartesiano, no puede admitir la teoría de Berkeley, la cual supone juicios inconscientes, noción oscura e imprecisa. «Me basta con que quienes quieran abrir los ojos reconozcan que perciben luz, colores, extensión, tamaños, etc. Y no me remonto más porque precisamente aquí es donde empiezo a tener un *conocimiento evidente*.» Los sentidos nos transmiten ideas simples, a las que atribuimos determinados signos; comparamos, unimos, transponemos estos signos, el lenguaje, y de ellos sacamos ideas complejas. Todas nuestras ideas, incluso las de la imaginación, de la memoria, del juicio y del raciocinio, no son sino *sensaciones transformadas*, todas las facultades proceden de las sensaciones; aún más, podrían nacer incluso del más bajo de dichos sentidos: el olfato. Al intentar saber cómo el ser humano, en posesión de todas sus facultades, va a conocer el mundo interior, llega al problema de Berkeley: distingue, por una parte, la percepción visual primitiva, confusa, en la que los objetos carecen de límites precisos, y, por otra, la percepción actual de objetos claros, situados en determinado lugar. El resultado es consecuencia de un análisis realizado mediante el tacto. El tacto conoce las formas; la vista las percibe pero sin ningún detalle más de los que había en la sensación primitiva, sin la sugestión de las sensaciones táctiles de que pudo valerse. El ser humano ve desde un principio las cosas, pero no se da cuenta de ellas porque no las ha analizado. Y sin embargo, las cosas existen, exactamente como las ve después del análisis. Sabe que son exteriores gracias al movimiento de su propio cuerpo, que es detenido por la resistencia que le oponen los cuerpos sólidos. Si el cuerpo sólido es exterior al suyo, sólo es posible un contacto; si se toca a sí mismo, el contacto es doble. Y simultáneo: en la parte que toca y en la parte tocada. De este modo el ser humano conoce un cuerpo y lo distingue de los demás; se convence de la realidad del mundo exterior, de la extensión, del movimiento, del valor representativo de sus ideas originadas por las sensaciones. La «física» mecanicista queda asegurada.

Al mismo tiempo, el método de la ciencia queda aclarado. Como quiera que nuestras ideas complejas proceden de comparar los signos del lenguaje, debe haber una correspondencia perfecta entre las ideas y los signos, no debemos utilizar ninguna palabra cuyo sentido no esté bien elucidado, que no se refiera a una realidad clara y evidente. La ciencia es un *lenguaje bien formado*. Por otra parte, no debemos deducir sino analizar: los sentidos nos aportan un todo que percibimos simultánea y confusamente, cuyas partes percibimos sucesiva y separadamente, gracias a lo cual llegamos a la percepción simultánea y clara de un mismo todo, es decir, hay descomposición y recomposición, análisis y síntesis. Los más elevados métodos científicos no son sino formas del método sencillo y universal de la mente humana, es decir, que cualquier individuo puede pasar de un método a otro. La ciencia está al alcance de todos. Los conocimientos adquiridos han de formar sistemas no deductivos: «la disposición de las diferentes partes de determinado arte o ciencia en un orden en el que todas se sostengan mutuamente y en el que las últimas vengan explicadas por las primeras que son los principios». Estos principios han de ser fenómenos que conozcamos bien, como, por ejemplo, la gravitación universal. La física de Newton es el modelo perfecto de ciencia y de método.

Gracias a sus numerosas obras,[1] Condillac ejerció grandísima influencia en los sabios de su época, en el grupo de los ideólogos y en escritores como Stendhal.

Todo lo que Condillac había intentado asegurar –el valor de nuestros conocimientos científicos y de las pruebas de la existencia de Dios, supremo «relojero» de la mecánica universal– intentaba mirarlo el escocés Hume (1711-1776), con tanta más libertad cuanto en la práctica tenía fe ciega en las creencias naturales y espontáneas. Sus principales libros son: *Tratado de la naturaleza humana, un intento de introducir el método de razonamiento experimental en las ciencias morales* (1740), y los *Ensayos filosóficos acerca del entendimiento humano* (1748). Al igual que había hecho Condillac, quiso utilizar los procedimientos de Newton: partiendo de las apreacio-

---

1. Entre otras, señalemos las siguientes: *Ensayo acerca del origen de los conocimientos humanos* (1746), *Tratado de los sistemas* (1749), *Tratado de las sensaciones* (1754), *Lógica* (1780).

nes y creencias del hombre, averiguar, mediante análisis e inducción, los principios, «principios que para cada ciencia han de señalar el límite de toda curiosidad humana».

Pero él también es sensualista. Las impresiones de los sentidos son los originales, cuyas copias son las ideas. Idea válida es aquella que corresponde o puede corresponder a una impresión. Pero este analista sistemático se da cuenta de que ciertas ideas simples carecen de impresión correspondiente; si colocamos ante la vista una gama continua de matices en la que falte uno de ellos, el ojo percibirá el matiz omitido, como si la mente poseyera un movimiento propio hacia la sensación siguiendo determinadas leyes, como si se anticipara al conocimiento que nos llega a través de los sentidos, como si hubiera en el espíritu algo anterior a la experiencia.

Las impresiones dan origen a las ideas simples. Por asociación, siguiendo los principios universales de la imaginación, la mente pasa de las ideas simples a las complejas; las ideas se asocian por semejanza, por proximidad de las impresiones, porque una de ellas representa una causa cuyo efecto viene representado por la otra. Estas leyes son a las ideas lo que la ley newtoniana de la atracción es a los cuerpos: son originales y primitivas, y no es preciso remontarse más. Y sin embargo, el hombre sigue siendo libre; puede impedir la atracción de las ideas y unir arbitrariamente dos ideas entre sí; por otra parte, las ideas pueden atraerse indebidamente, por ejemplo, por similitud. En estos dos últimos casos, hay error.

Estas atracciones dan lugar a ideas complejas que quizá carezcan de realidad. Sea, por ejemplo, la relación causa-efecto: el examen de determinada causa (disminución de la temperatura del agua) nunca nos indicará que haya de producir necesariamente determinado efecto (la congelación). Hubo un rey de Siam que jamás quiso creer que existieran países en los que el agua llegaba a ser lo bastante sólida para soportar el peso de un elefante. Sólo la experiencia puede instruirnos; la experiencia, es decir, la sucesión constante de determinados hechos, la costumbre de ciertas repeticiones, que son unas determinadas pero que bien pudieran ser otras, y que, a lo mejor, un día son otras distintas.

Sólo llegamos a captar una sucesión de impresiones y de ideas. Una colección de ideas simples, reunidas por la imaginación siguiendo la ley de asociación por continuidad y a las que hemos dado un nombre raro, nos dan la idea de sustancia. Quizá sea un engaño fraguado por la costumbre o el lenguaje. ¿Qué son los cuerpos? Son conjuntos de impresiones intermitentes que unimos por semejanza, y a las que consideramos realidades permanentes. Y el alma, ¿qué es? ¿Inmaterial, sustancia espiritual? Acaso sea tan sólo una serie de impresiones y de ideas sucesivas evocadas en la memoria, con las que la imaginación crea la ficción de nuestra permanencia. Pero Hume confiesa ignorar cómo «se unen las percepciones sucesivas en nuestro pensamiento o en nuestra conciencia». ¿Dios? La crítica de las ideas de sustancia y de causa alcanza la causa primera y la sustancia infinita. La analogía que puede haber entre un mecanismo artificial y el Universo es un argumento de probabilidad de las ciencias experimentales; pero la analogía entre una parte finita y el todo inmenso es discutible.

El terrible Hume despertó a Kant de su «sueño dogmático». También influyó mucho en él Juan Jacobo Rousseau, al insistir sobre el juicio, sobre esta breve palabra «es», indicio de la actividad humana. Kant (1724-1804) era profesor de la Universidad de Königsberg, astrónomo, físico y filósofo. En 1781 publicó su *Crítica de la razón pura* y en 1788, la *Crítica de la razón práctica*, más otras muchas obras filosóficas, morales, históricas y religiosas.

Ambicionaba realizar en la ciencia del espíritu humano revolución semejante a la que Copérnico había hecho en la astronomía, y cambiar por completo el punto de vista. Quiso demostrar que nuestra mente no recibe una imagen de las cosas, sino que se vale de una realidad que desconocemos para formar las cosas. Él también adopta

112

como modelo del conocimiento la física de Newton: una serie de experimentos independientes, ciertas leyes que relacionan dichos experimentos y un principio del que dependen todas esas leyes. Está obsesionado por el ejemplo de las ciencias de la naturaleza.

El punto de partida de Kant es un análisis del juicio. Debemos distinguir las proposiciones *a priori*, anteriores a la experiencia; y las proposiciones *a posteriori*, basadas en la experiencia. Antes de Kant todas las proposiciones *a priori* eran consideradas analíticas: el atributo está implícito en el sujeto, y la mente lo abstrae mediante análisis. Esto es lo que ocurre con las proposiciones matemáticas, metafísicas y morales. Por otra parte, todas las proposiciones *a posteriori* se creía que eran sintéticas: el atributo no forma parte del sujeto, la experiencia nos lo indica, y la mente realiza la síntesis al relacionarlo con el sujeto, según ocurre en la siguiente proposición: el oro funde a mil grados, proposición sintética y *a posteriori*.

Ahora bien, una proposición analítica *a priori* no hace progresar nuestro conocimiento: lo hace explícito. Solamente las proposiciones sintéticas pueden enriquecerlo. Pero resulta que las matemáticas aumentan nuestro conocimiento. Contra D'Alembert, Kant sostenía que la proposición «2 y 2 son 4» aporta un nuevo conocimiento, distinto de la simple consideración de 2 y 2. Las matemáticas son *a priori;* luego existen proposiciones sintéticas *a priori*, por ejemplo: la línea recta es la distancia más corta entre dos puntos, el principio de causalidad, etc. Por consiguiente, con anterioridad a cualquier experiencia, existe un dato en la mente y un movimiento de ésta según ciertas leyes, trabajo que es inconsciente. Aquí, Kant hallaba de nuevo las intuiciones de Berkeley y de Hume: ni todas nuestras ideas ni todas nuestras facultades proceden de las sensaciones. La mente es una realidad viva, anterior a las sensaciones. Las ideas innatas volvían a aparecer.

Una vez conseguido este resultado, era preciso hallar de nuevo esta realidad de la mente. Para ello, Kant estudió nuestras impresiones sensibles. Nuestra sensibilidad tan sólo puede actuar en el espacio y en el tiempo; espacio y tiempo son proposiciones *a priori*, condiciones de la impresión sensible, formas de la sensibilidad anteriores a la experiencia. La sensibilidad sólo nos proporciona impresiones sensibles; para convertirlas en una sensación de dureza o blandura, de frío o de calor, es necesario que el entendimiento, o actividad espontánea de la mente, establezca relaciones entre las diversas impresiones sensibles, valiéndose de nociones que posee *a priori*, anteriores a toda experiencia: causalidad, cantidad, cualidad, etc. La existencia del entendimiento supone la del «yo», del «yo» de la persona, dada *a priori*, antes de cualquier experiencia, condición de la experiencia. De este modo quedaba resuelto el problema planteado por Hume: de qué manera una serie de impresiones puede ser reconocida como «yo».

Condición del pensamiento es una realidad exterior que proporciona impresiones sensibles. Pero la mente no capta esta realidad o «noúmeno» en sí misma. La mente sólo conoce de ella lo que le llega elaborado por el entendimiento, basándose en sus conceptos *a priori*, teniendo en cuenta lo que la sensibilidad ha aportado en sus formas *a priori*, o «fenómenos». Las cosas de las cuales tenemos conciencia son elaboraciones de nuestra mente partiendo de una realidad desconocida. De este modo, nuestras ideas carecen de valor representativo, no son imagen de las cosas; el sensualismo empírico se desmorona.

De todo lo cual resulta que no nos conocemos tal como somos. Nuestro yo es un fenómeno captado en la experiencia, mediante la forma *a priori* del tiempo, según las nociones del entendimiento.

Nos es imposible conocer el mundo tal cual es, como noúmeno; sólo podemos captarle como se nos aparece, como fenómeno. Éste es el motivo de que, acerca del mundo, lleguemos siempre a contradicciones o antinomias. Si nos dicen que el mundo es finito porque es necesario hallar un límite al espacio actual, podremos contestar que es infinito ya que la posición en que se halla determinado objeto es relativa al lugar que ocupa otro objeto; si nos dicen que es finito porque de un efecto no se puede ir remontando indefinidamente de una causa a otra, por lo cual es preciso hallar una primera causa libre, podemos responder que es infinito porque una causa libre rompe la serie de causas de no ser ella misma efecto de otra causa y que una causa libre contradice el principio de causalidad, y así indefinidamente.

Nos es imposible afirmar el valor absoluto del determinismo. Es una ley de nuestro conocimiento, nuestra experiencia sólo es posible en el tiempo, en el que hay sucesión necesaria de causas y efectos. Pero no es una ley del ser: fuera del tiempo, puede existir una causa libre.

No podemos afirmar la existencia de Dios. Es un producto necesario de la razón. Sólo podemos concebir las cosas en relación con un Ser que contiene toda la realidad posible, que es como el modelo perfecto de las cosas imperfectas. Pero este Ser, necesario para nosotros, ¿existe verdaderamente? ¿El Universo está dispuesto según un orden tan admirable que exija la existencia de un Ser omnisciente y todopoderoso? Un Ser muy inteligente y muy poderoso, de acuerdo; pero quizá limitado, finito. Sin embargo, todos los seres son contingentes, podrían no ser; la razón de su ser no reside en ellos mismos, dependen de otros. Es preciso un Ser necesario, que no pueda no ser, que explique todos los demás seres pero que Él no necesite ser explicado. Aunque aceptemos esto, no establecemos la existencia de un Dios personal y creador; el Ser necesario puede ser la materia, o bien un Dios que se confunde con las cosas y que se manifiesta en ellas. Pero el Ser más perfecto que pueda concebirse forzosamente debe existir: si le quitamos la existencia ya no es el más perfecto; el pensamiento más acertado es asegurar que existe. Pero para Kant, la existencia nada añade: cien táleros reales no tienen mayor perfección que cien táleros posibles.

Por consiguiente, toda metafísica es incierta, no es una ciencia. Todo lo que conocemos es real, pero no verdadero. Nuestra ciencia, formada a partir de realidades sensibles, es auténtica ya que no podemos obrar de distinta manera; además, da resultado, lo cual demuestra que existe cierta armonía entre nuestros conceptos y el mundo exterior. Pero sólo tiene utilidad práctica. En realidad, nada podemos saber del fondo de las cosas.

El pensamiento de Kant había de convertirse en punto de partida para casi todos los filósofos del siglo XIX. Durante largo tiempo su *Crítica* fue considerada como un descubrimiento definitivo que señalaba las condiciones permanentes de todo conocimiento real, y que limitaba a la mente humana el campo del saber.

La difusión de la ciencia

Por consiguiente, los hombres de aquella época realizaron un ingente esfuerzo científico. Intentaron establecer todos los conocimientos ajustándose al modelo de la «física»: derecho, moral, todo, incluso lo bello. El abate francés Du Bos crea la nueva ciencia de la belleza en sus *Reflexiones críticas acerca de la poesía y de la pintura* (1719), ciencia que en 1735, el alemán Baumgarten denominará «estética».

Aunque las ciencias y el espíritu científico estaban muy difundidos, aún seguían siendo propiedad de una minoría, e incluso entre ésta se daban numerosos errores causados por la ceguera de las pasiones. Existían todavía falsos sabios que creían en hombres peces y en sirenas, en grifos y dragones, en sátiros y unicornios, creencias que propagaban pseudocientíficos que pretendían haber hallado y dibujado hombres y animales que vivían en el interior de piedras, y aseguraban haber visto cómo ciertos moluscos nacían en tierra firme y allí se desarrollaban. Incluso Voltaire afirmó que había visto nacer moluscos en su comarca. Se trataba de profesores como aquel que, en 1768, en el Colegio de Montaigu, explicaba del siguiente modo la generación de los animales: «El espíritu de un animal macho (por ejemplo, un perro) emite un rayo espiritual encerrado en un extracto de su húmedo radical: ¡es la semilla del perro!». Era la masa de curiosos que se apretujaba alrededor de la cuba, llena de tubos y cadenas misteriosas, del charlatán Mesmer, que creía en la curación de casi todas las enfermedades, en la posibilidad de partos sin dolor, gracias a las desconocidas fuerzas del magnetismo animal. Eran los campesinos que reducían a pedazos los primeros globos; los artesanos que se amotinaban contra los primeros pararrayos; todos aquellos que creían en la magia y en los hechiceros, en duendes y en gnomos, es decir, un verdadero océano humano del que únicamente emergía un puñado de filósofos y de sabios.

Pero, en su terreno, la ciencia es reina. Se convierte en religión: ha surgido el cientifismo. Gracias a la ciencia, el hombre, dueño de los secretos de la naturaleza, capaz, según se creía, de curar por «franklinización» con ayuda de la máquina eléctrica del doctor Naisme (1774) todas las enfermedades incurables, de prolongar indefinidamente la vida humana merced al oxígeno, de organizar la mejor sociedad posible mediante la ciencia social, gracias a la ciencia, repetimos, el hombre iba a alcanzar su Edad de Oro.

CAPÍTULO VIII

LAS CONCEPCIONES DE CONJUNTO

La «Filosofía de las Luces»

Hacia 1760 parece ya asegurado el triunfo de la llamada «Filosofía de las Luces», obra de quienes se llamaban a sí mismos «Filósofos», que expusieron sus ideas en tragedias, poemas épicos, didácticos y satíricos; mediante novelas y libelos, cartas y diálogos, tratados sistemáticos y diccionarios. Su obra de conjunto por antonomasia, la *Suma filosófica del siglo xviii*, destinada a sustituir la *Suma teológica* de Santo Tomás de Aquino, era un diccionario, la *Enciclopedia francesa* de D'Alembert y Diderot, cuyo primer volumen apareció el 1 de julio de 1751, conteniendo un discurso preliminar debido a la pluma de D'Alembert, y que, a pesar de las numerosas trabas que le puso la autoridad, logró acabarse en 1764; consta de 17 volúmenes de texto y 11 de láminas. Esta Suma fue completada con un Breviario, *El diccionario filosófico* manual de Voltaire (1764). La *Enciclopedia*, en cuya redacción intervinieron 130 colaboradores, abogados, médicos, profesores, sacerdotes, académicos, industriales y fabricantes, la mayoría de los cuales gozaban de buena posición y disfrutaban de títulos oficiales, obra que por su precio iba dirigida a la gran burguesía ilustrada, es una obra burguesa. Los principales «Filósofos», polígrafos como Voltaire y Diderot, juristas como Montesquieu, matemáticos como D'Alembert, suelen ser individuos procedentes de distintos grados de la burguesía, o magistrados de la nobleza parlamentaria, más próximos a la burguesía que la nobleza de espada. El pensamiento de la época es mucho más burgués de lo que había sido en los siglos anteriores.

El espíritu de estos burgueses es racionalista, positivo y utilitario. Quieren en todo evidencia, claridad, conformidad con la razón, respeto a los principios de identidad, no contradicción, causalidad, legalidad. La razón tiene un valor sublime: todo lo puede, todo lo alcanza, lo juzga todo: es la última diosa. Quienes, como Voltaire, le asignan límites, siguen pensando que fuera de ella sólo hay noche y caos, que es el único medio válido que tenemos para conocer. La razón deduce a partir de verdades simples y evidentes; pero, sobre todo, observa los hechos y de ellos induce leyes. Debe limitarse a los conocimientos que pueden serle útiles al hombre: todo lo que no sirve es inútil. ¡Acabemos con la mera curiosidad! Esta mentalidad habría podido ser esterilizante; pero, afortunadamente, no fueron fieles a ella.

La mayoría de los «Filósofos» son deístas. La razón les indica que es necesaria una causa primera, pues, es imposible remontarse indefinidamente de causa en causa; por consiguiente, existe un Ser eterno del que depende todo y que, por lo tanto, es todopoderoso. Pero este Ser supremo es asimismo todo inteligencia, ya que el Universo es un mecanismo montado y ordenado maravillosamente bien: el orden supone una inteligencia ordenadora. Todopoderoso, omnisciente, el Ser Supremo es Dios. No podemos conocer a este Dios, saber lo que es, pero sí sabemos que existe: es el fondo común de todas las religiones, la religión universal.

Forzosamente Dios no ha hecho su obra perfecta: un mundo perfecto se confundiría con Dios, sería Dios; sólo Dios es perfecto. Pero Dios, todopoderoso, omnisciente, creador de un mundo tan armonioso, ha tenido que crear indefectiblemente el mejor de los mundos posibles. Si los males existen, existen en virtud de un bien mayor que no podemos comprender. En 1737, se dio nombre a esta doctrina, el optimismo. Voltaire, que al principio era un entusiasta partidario de él, se convirtió en encarnizado enemigo después del desastroso terremoto de Lisboa (1755) y escribió su incisiva obra *Cándido* (1759): «¿Qué es el optimismo?, preguntaba Cacambo. ¡Ay! —respondía Cándido—. Es la manía de opinar que todo está bien cuando todo está mal.» A partir de aquel momento, empezó la decadencia del optimismo.

Dios ha regulado el mundo mediante leyes eternas,

cuyo papel nunca varía. Es, pues, inútil rogarle; no hacen falta ni ritos ni sacramentos. Debemos limitarnos a estudiar la naturaleza con el fin de conocer sus leyes, y adaptarnos a ellas.

Algunos filósofos eran materialistas y ateos, como Maupertuis, el médico La Mettrie,[1] el asentista general Helvétius,[2] el barón de Holbach,[3] que reunía en su mesa a los principales ateos parisienses y dirigía un obrador de escritos de propaganda atea; y finalmente, a ratos, Diderot. Para éstos, todo quedaba explicado mediante la materia. La materia era eterna; de su naturaleza procedían el movimiento, sus leyes, el orden universal; el movimiento era el origen de todo, incluso del pensamiento. Dios era una hipótesis inútil. Los ateos eran tratados con indulgencia: en la más célebre novela del siglo, *La Nueva Eloísa*, de Juan Jacobo Rousseau, el personaje M. de Wolmar es un ateo simpático. Pero estos «Filósofos» eran sólo un puñado y sus doctrinas ejercieron escasa influencia.

Para casi todos los «Filósofos», la naturaleza, creada y regulada por Dios, es la que hace que los hombres vivan en sociedad. A la razón humana le está encomendado el descubrir las leyes naturales que regulan las sociedades, para adaptarse a ellas. Existe un derecho natural, formado por las leyes naturales, que el hombre tiene la obligación de traducir en leyes positivas. Hay una moral natural, conforme con las leyes naturales; le corresponde al hombre resumir esta moral en principios, y reunirlos formando un catecismo natural.

Nuestros sentidos nos dan a conocer que estamos en la tierra para la felicidad, es decir, para el placer: «debemos empezar por decirnos a nosotros mismos que lo único que debemos hacer en este mundo es conseguir sensaciones y sentimientos agradables». El placer es un derecho. «El amor hacia el bienestar, más fuerte que el que podamos sentir por la existencia misma, debería ser en la

1. *Historia natural del alma* (1745), *El hombre máquina* 1747.
2. *Acerca del espíritu* (1758).
3. *Sistema de la naturaleza* (1770).

moral lo que la gravedad representa en la mecánica.» El egoísmo es la base de la moral; pero debe ser un egoísmo bien comprendido. La razón le guía y le enseña «una sola verdad de hecho, pero incontestable... La mutua necesidad que sienten los hombres, los unos hacia los otros, y... los recíprocos deberes que les impone esta necesidad. Supuesta esta verdad, de ella derivan todas las reglas de la moral mediante un encadenamiento necesario... Quizá la moral sea la más completa de todas las ciencias». De todo lo cual proceden las reglas elementales: no quieras para tu prójimo lo que no quieras para ti; obra con el prójimo tal como quisieras que obraran contigo, de lo cual derivan las reglas de tolerancia, de beneficencia, humanidad, que, desde luego, se ajustan a la generosidad natural del hombre, pero que deben estar sometidas a un prudente cálculo para que todos, al cabo del día, puedan reconocer que fue mayor el placer que el dolor y que, al ser positivo el balance, la aritmética moral le demuestre al hombre que es feliz. De ello se desprende cierta indulgencia general: el hombre que obró mal es siempre un hombre que se equivocó; también implica la creencia en la inmortalidad del alma y en la sanción después de la muerte: hay individuos que yerran y que me hacen sufrir injustamente; sería contrario a la perfección del Ser Supremo no reparar este daño en el otro mundo mediante un sistema de recompensas y de castigos.

Las sociedades deben organizarse para lograr la felicidad de los individuos. Para asegurarse esa felicidad firmaron al principio un contrato y unieron sus fuerzas contra las plagas naturales y contra sus enemigos. Esta felicidad sólo puede ser resultado del cumplimiento de los derechos naturales, que, a su vez, son consecuencia de las leyes naturales. Por consiguiente, los hombres eligen un gobierno para que les garantice sus derechos, existe un verdadero contrato entre el gobernante y los gobernados; éstos, tienen derecho a cambiar al jefe que no respete el contrato y que viole o permita que sean violados sus derechos. Por lo tanto incluso rebelarse es un derecho. Pero el gobierno, para cumplir la misión que le ha sido encomendada debe tener en sus manos todos los poderes. En los Estados de cierta extensión el gobierno debe ser despótico y monárquico, ya que «en una República, necesariamente se formarían facciones que podrían desgarrarla y destruirla».[1] El gobierno monárquico «es el único que ha dado con los verdaderos medios de hacernos disfrutar de toda la felicidad y de la máxima libertad posible, así como de todas las ventajas que el hombre en sociedad puede gozar sobre la tierra.[2] El déspota sólo deberá aceptar las enseñanzas de los «Filósofos»: es la teoría del *despotismo ilustrado*. Otros individuos, siguiendo a Montesquieu, preferían una monarquía moderada por la división de poderes y por la influencia de grandes instituciones.

El príncipe garantizará los derechos del individuo. En primer lugar, la libertad personal: deberá suprimir la esclavitud y la servidumbre. Concederá libertad de movimientos, de comercio y de industria, de navegación; concederá libertad civil, pero no política o, a lo sumo, una libertad política limitada; ya que ésta es «un bien que no está hecho para el pueblo». No habrá ni libertad de pensamiento ni de religión, sino una tolerancia, hasta que todos los hombres se hayan ilustrado. Existirá la libertad de palabra para que los filósofos puedan expresar sus opiniones; para los demás, se recomienda prudencia: la libertad de poder atacar la libertad no puede ser una libertad. Diderot, que había sido nombrado censor por el jefe de policía Sartine, examinó el *Satírico,* una comedia de Palissot, y pidió que fuera prohibida porque se burlaba de los filósofos. Por su parte, estos últimos solían denunciar gustosos, por escrito, a sus contradictores ante el gobierno.

El príncipe deberá asegurar la igualdad ante la ley. Deberá suprimir los privilegios de nacimiento: tanto los eclesiásticos como los nobles habrán de pagar impuestos proporcionales, todos serán juzgados por los mismos

1. Diderot.
2. Artículo *Economía Política.*

tribunales, castigados con igual pena por las mismas faltas. Todos los talentos podrán acceder a todas las carreras, ya que la igualdad de derechos es natural, y, por otra parte, es de utilidad pública que los mejores ocupen los cargos más importantes; pero como la naturaleza ha concedido a los hombres desigual voluntad, inteligencia y aptitudes, de esta desigualdad de talentos, procede la desigualdad de fortunas, que, por consiguiente, es natural. La propiedad procedente del usufructo de la libertad, también es natural, es decir, sagrada. El príncipe debe mantener obstinadamente la inviolabilidad de la propiedad y la desigualdad de las fortunas, podrá conceder a los más ricos y a los propietarios rústicos un poder legislativo, es decir: habrá una aristocracia del dinero y otra de la inteligencia. Según dice la *Enciclopedia,* «los progresos de las luces son limitados; casi no alcanzan a los arrabales; en ellos, el pueblo es demasiado ignorante. La cantidad de populacho siempre es más o menos la misma... la muchedumbre es ignorante y necia». Y Voltaire, con mayor acritud, decía: «el pueblo necio y bárbaro, necesita un yugo, un aguijón y paja».

La justicia será más benigna. Nuestra libertad exterior es reducida. Somos víctimas de las ideas que se nos presentan, ideas que dependen de nuestras sensaciones, que, a su vez, dependen de nuestro medio y de nuestra herencia: por consiguiente, nuestra responsabilidad queda atenuada. La misión de la justicia estriba en provocar actos útiles a la sociedad e impedir los perjudiciales; todo lo que es peligroso o sencillamente inútil debe suprimirse, por ejemplo, la tortura, que permite al culpable fuerte y robusto burlar la justicia, pero que obliga al débil inocente a confesarse culpable de un crimen que no cometió; deben suprimirse las penas que dependen del arbitrio del juez o que son desproporcionadas en relación con el crimen, así como las sanciones por crimen de lesa majestad divina, falta que Dios castigará por sí mismo. La pena de muerte sólo debe admitirse cuando no haya ningún otro medio de salvar la vida de muchos. El acusado tiene derecho a ser tratado como si fuera inocente, y no como culpable; el culpable debe ser tratado con benevolencia y mucho mejor que castigar los crímenes es prevenirlos mediante educación. El milanés Beccaria, en su tratado *Acerca de los delitos y de las penas* (1764), desarrolló estas ideas, que le habían sugerido Montesquieu y la *Enciclopedia*.

La guerra, vergüenza y plaga de la humanidad, sólo puede admitirse cuando resulta imprescindible empuñar las armas para una legítima defensa. En tal caso, el soldado no tiene derecho a hacer lo que quiera, no debe hacer nada que vaya contra «las leyes eternas de la humanidad», y su mérito debe basarse en su «generosidad». Las naciones, formadas por individuos libres, deben considerarse como personas libres a las que se les imponen los deberes de los particulares. El abate de Saint-Pierre prosiguió hasta el año 1743 la propaganda que había iniciado durante el reinado de Luis XIV, propaganda encaminada a conseguir una paz perpetua mediante una unión perpetua de todos los soberanos de Europa: esta unión impediría que guerrearan entre sí; se limitarían los armamentos, ningún territorio podría ser desmembrado; la unión dispondría de un ejército formado por tropas de las diferentes naciones adheridas, gracias al cual obligaría a que se respetaran sus decisiones; su sede radicaría en la ciudad de la paz, libre y neutral, como, por ejemplo, Ginebra.

La humanidad va en progreso constante gracias a la difusión de las luces y el medio más eficaz del progreso es la educación. La educación debe ser dirigida por el Estado en beneficio del Estado, al que debe proporcionar ciudadanos unidos por el mismo espíritu, capacitados para desempeñar los diferentes cargos del Estado con miras a alcanzar el mismo ideal. Una oficina perpetua debe ocuparse de ello, oficina que estará bajo la dirección del Ministerio encargado de la organización general del Estado. La educación debe ser natural y sensualista; ha de empezar por lo sensible, por la descripción, para irse elevando progresivamente hacia lo que es intelectual; debe empezar por lo sencillo para llegar a lo complicado:

debe estar segura de los hechos antes de averiguar las causas. Debe ser física: formar cuerpos vigorosos mediante una vida ruda y ejercicios; y debe ser práctica: debe incluir el estudio de la lengua del país en que vivimos, historia moderna y geografía, ciencias naturales, matemáticas y física, y, además, el aprendizaje de un trabajo manual.

Entre otros autores, el magistrado francés La Chalotais, insistía en estos puntos en su *Ensayo de educación nacional* (1763). Desde luego, la instrucción debe estar abierta a todos: «la verdad es sencilla y siempre puede ser puesta al alcance de todos». Éstas eran las palabras de D'Alembert, en el artículo «Diferencial» de la *Enciclopedia*.

A los soberanos, que estaban luchando contra los privilegios de los nobles, de las Iglesias y de los cuerpos constituidos, les agradaron estas ideas. Se cartean con los filósofos y les reciben. Voltaire, Diderot, D'Alembert mantienen relaciones epistolares con Federico II de Prusia y con la zarina Catalina II. Voltaire residió en Berlín, Diderot en San Petersburgo.

La francmasonería

Pero el principal propagador de todas estas ideas fue la francmasonería, hasta el extremo de que Paul Hazard ha llegado a preguntarse si la *Enciclopedia* no fue obra de los francmasones. Los francmasones tenían como antecedente los gremios de albañiles de la Edad Media, que guardaban celosamente el secreto profesional, y que admitían como afiliados a grandes señores curiosos. Sus logias habían persistido en Inglaterra hasta principios del siglo XVIII, con todas sus tradiciones, sus pergaminos, sus ceremonias y su ritual; los miembros eran una mezcla de arquitectos profesionales, de intelectuales y de nobles. El día 24 de enero de 1717, cuatro logias de Londres se fundieron en una gran logia de Inglaterra y sustituyeron la antigua masonería profesional por una masonería filosófica. En 1723, por orden del gran maestre, el pastor francmasón Anderson redactó las *Constituciones de los francmasones*, que es el evangelio, la ley y el breviario de esta Iglesia intelectual y utilitaria.

De sus orígenes medievales conserva los símbolos y los ritos, procedentes, según se dice, de Oriente; la iniciación, las columnas y las telas pintadas que representan el templo de Salomón, la estrella llameante, la escuadra, el compás, el nivel (símbolo de la igualdad), el secreto absoluto «bajo pena de que se me corte el cuello, se me arranque la lengua, se me desgarre el corazón; todo ello para ser sepultado en los profundos abismos del mar, para que mi cuerpo sea quemado, reducido a cenizas y luego aventadas». De este modo forman una secta mística, lo cual contribuyó a su éxito.

La intención que les guía es restaurar el orden moral y social mediante un nuevo orden intelectual. Son racionalistas y anticristianos; pero deístas, adoradores del Gran Arquitecto del Universo; no deben ser ni «libertinos arreligiosos», ni «estúpidos ateos», sino que deben adherirse a «esta religión general acerca de la cual todos los hombres están de acuerdo». Partidarios de la libertad y de la igualdad, se adhirieron a la moral del placer.

Por camino cubierto de mil flores
el francmasón recorre la vida
en busca del placer...
Amigo, el grito de la Naturaleza es libertad...
Iguales sin anarquía, libres sin desenfreno,
nuestra independencia estriba en obedecer nuestras leyes.

Es una asociación internacional jerarquizada y disciplinada, cuya ley es la devoción de unos miembros hacia otros y la ayuda mutua.

Aunque el papa Clemente XII interdijo la francmasonería en 1738, interdicto renovado por Benedicto XIV en 1751, su difusión fue rápida y amplia. Muy pronto, gracias a los iniciados, mercaderes, diplomáticos, marinos y soldados, prisioneros de guerra, cómicos de la legua, se fundaron logias en numerosos países: en Mons (Bélgica) en 1721, en París en 1726, en Rusia (1731) y en Florencia (1733), en Roma y en Lisboa (1735), en

Polonia, en Copenhague en 1743, en Gibraltar, en América a partir de 1731, en la India, en Bengala. La francmasonería atrajo a los notables, a los burgueses acomodados, a los miembros de las profesiones liberales, a los filósofos Montesquieu, Helvetius, Benjamín Franklin, Lalande, Voltaire, que el 7 de abril de 1778 fue admitido en la logia de Neuf-Sœurs de París. La nobleza se adhirió en masa y dio un buen contingente de grandes-maestres: duques y condes ingleses; el príncipe de Borbón-Condé, los duques de Antin y Chartres y el conde de Clermont, en Francia; el marqués de Bellegarde, gentilhombre de cámara del rey Carlos Manuel III de Saboya, fundador de la primera logia en Chambéry, logia-madre de Saboya y del Piamonte; el príncipe de San Severo, gran maestre de la logia de Nápoles; Francisco de Lorena, esposo de María Teresa de Austria y emperador del Sacro Imperio Romano Germánico; Federico II de Prusia, quien a partir de 1744 fue gran maestre de la logia de los Tres Globos, de Berlín. Era un magnífico medio de vigilar estas sociedades secretas y de obtener su propaganda y su apoyo. La francmasonería es una potencia que difunde las ideas de los filósofos, que unifica clases y naciones y que contribuye a crear un espíritu común, origen de otros actos semejantes.

El cristianismo y las Iglesias

Pero los filósofos tenían poderosos enemigos. En primer lugar el cristianismo, su enemigo mortal, al que le reprochan que exige demasiado de la razón. ¿Cómo pudo Adán, un ser finito, hacer a Dios una injuria infinita? ¿Cómo podemos creer que todo el género humano sea culpable del pecado del primer hombre? ¿Cómo el niño nacido hoy puede ser responsable de un pecado cometido muchos miles de años antes? ¿Cómo podemos imaginar que un mismo Dios pueda ser tres personas, que un Dios se haya podido encarnar, que un hombre haya podido resucitar? ¡Se mofan de la Sagrada Escritura, de sus relatos extravagantes, chocantes, incomprensibles, inverosímiles! ¿No resulta evidente que no se trata de libros inspirados por Dios sino tan sólo de obras humanas llenas de los prejuicios de la época, obras retocadas mil veces, deformadas, estropeadas, según fueran las necesidades del momento o el grado de inteligencia y de atención de los copistas? Acusan al cristianismo de ser contrario a la naturaleza; le reprochan el que aconseja la pobreza, el esfuerzo, el sacrificio y el sufrimiento, la humildad y la sumisión; incluso llegan a atribuirle que da pie a la formación de sentimientos inhumanos: el cristiano se alegra con la muerte de su hijo que ha ganado la felicidad eterna; permite que su prójimo muera sin socorro con tal de no faltar a la misa.

Le acusan de ser perjudicial a la sociedad. Los monasterios son receptáculos de ociosos, privan al Estado de agricultores, de artesanos y de comerciantes. El celibato eclesiástico impide la multiplicación de los individuos, despoja a la sociedad de productores, de consumidores y de soldados. El envío de dinero al papa empobrece la nación. Los eclesiásticos están exentos del pago de impuestos a pesar de que poseen bienes sin cuento, y de este modo privan al Estado de abundantes recursos. Las ideas religiosas dividen a los ciudadanos: la historia de la Iglesia es una larga serie de desórdenes y de guerras. La Iglesia fomenta en los ciudadanos un espíritu de resistencia y de indisciplina: antes deben obedecer a Dios que a los hombres, deben observar los mandamientos de Dios en vez de cumplir las órdenes del gobierno. Los ciudadanos ya no le pertenecen por completo al Estado, y ¿qué puede hacerse contra ellos ya que creen que el momento de su muerte es el de su eterna felicidad?

Tales resultados demuestran que los eclesiásticos son todos impostores e hipócritas. Sólo buscan su propio interés, la riqueza, el poder. Especulan con la ignorancia, el temor y la debilidad de los hombres, les engañan con fábulas, viven a sus expensas y encima se burlan de ellos.

Y la ira empieza a desbordar. Voltaire es quien dirige el ataque contra la Iglesia: «Aplastemos al infame». Ésta fue la tendencia de toda su vida; pero, a partir de 1760, es la obsesión de este anciano. Se sirve de todo: simplificacio-

nes caricaturescas, omisiones, deformaciones. De la
«fábrica de Ferney» salen continuamente libelos irónicos
e hirientes, escritos para quienes se preocupan más de una
broma y de un cuodlibeto que de una razón. «Legaba esta
ironía a una raza poco hábil y vulgar que tomaría por
costumbre reírse ante aquello que no comprendía.»
Gracias, sobre todo, a él «nació en el siglo XVIII..., se
perpetuó más tarde una raza de hombres cuyo único
alimento espiritual es el anticlericalismo..., que creyó que
el anticlericalismo bastaría para reorganizar los gobiernos, para lograr que las sociedades fueran perfectas y para
conseguir la felicidad».

La incredulidad se propaga por doquier: una serie de
vendedores ambulantes proporcionan manuscritos y libros anticlericales a los nobles, a los burgueses y a los
eclesiásticos. Los espías de la policía oyen conversaciones
contra la Iglesia y contra la religión en los cafés y en los
jardines públicos, conversaciones en las que incluso
intervienen abates.

La Iglesia católica se debilita. Se hallaba en una
situación de mínima resistencia a causa de la intrusión del
Estado, de la penetración del espíritu de la época, de sus
divisiones internas. En todos los países y con el transcurso del tiempo, reyes, príncipes y nobles se habían
atribuido el derecho de nombrar los arzobispos, los
obispos, los abates y los principales párrocos. Muy a
menudo confiaban estos cargos a los segundones de las
familias nobles o a hijos de cortesanos, sin preocuparse
demasiado ni de su vocación ni de sus méritos. En
consecuencia, muchísimos prelados viven como si fueran
grandes señores laicos, dan fiestas, edifican, cazan,
intrigan, se dedican a la diplomacia, se ocupan de
agricultura, de fábricas, de caminos y puentes, pero
descuidan sus principales deberes: difundir la palabra
divina, formar y ordenar a sus sacerdotes. Los sacerdotes, que en general suelen ser plebeyos, están al frente de
las peores parroquias o, por un sueldo mísero, desempeñan importantes funciones en sustitución del obispo o del
alto clero ausente, y por ello a menudo están irritados,

desanimados, y, desde luego, poseen una formación escasa.

En efecto, los estudios eclesiásticos han perdido ya gran parte de su valor. Con razón escribía, el 29 de septiembre de 1750, el obispo de Soissons Fitz James a Montesquieu: «Debiéramos pensar seriamente en fortalecer los estudios teológicos, que han decaído por completo; debiéramos hacer lo posible para formar ministros de la religión, que la conozcan y que estén en condiciones de defenderla». Y, a continuación, añadía: «La religión cristiana es tan bella que no es posible conocerla y no amarla; quienes blasfeman contra ella lo hacen porque la desconocen». Además, un buen número de eclesiásticos se deja vencer por las nuevas ideas y son, más o menos abiertamente, deístas, a veces ateos. La fe de muchos se entibia; poco seguros de sí mismos, poco convencidos, los predicadores ya no hablan del dogma y se parapetan tras una moral muy vaga. Algunos apologistas son pesados, fastidiosos, a veces ridículos, como el abate Pellegrin, que adapta las verdades cristianas a la música de las canciones de moda: la explicación del Símbolo de los Apóstoles sobre la tonadilla de *Réveillez-vous, belle endormie;* la necesidad de hacer penitencia al aire de *Folies d'Espagne.* Finalmente, la Iglesia gozaba de poco predicamento a causa de la gran controversia que se debatía entre Jansenistas y Jesuitas: no siempre se habían dado suficientes muestras de caridad y las acusaciones mutuas debilitaban tanto a los unos como a los otros; los más delicados temas de la fe habían sido tratados públicamente; incluso el individuo más ignorante se había creído capaz de juzgarlos. Se había recurrido al poder civil para que interviniera en la religión.

En principio, en casi todos los países el Estado defendía a la Iglesia. La Inquisición seguía en vigor en España y en Portugal y los autos de fe no cesaban. En todas partes había censura, peligro de ser condenado por los obispos y por las asambleas del clero, y sanciones gubernativas. A veces se llegaba incluso a cierta rigidez, y así, María Teresa prohibió en Viena el catálogo del

Índice, porque la lectura de los títulos hubiera podido despertar la curiosidad de leer las obras, de las que era mucho mejor que ni siquiera se sospechara su existencia. Esto también ocurría entre los protestantes: Federico Guillermo I expulsó a Wolff de su cátedra de Halle. Eran frecuentes los encarcelamientos, las persecuciones y las expulsiones.

Pero a los reyes sólo les gustaba de la Iglesia aquello que pudiera serles útil. Tanto ellos como sus cortesanos, sus favoritas y sus ministros, se dejaban atraer por las nuevas ideas. La acción resultaba incoherente. En Francia, Luis XV nombró director de la Biblioteca a Malesherbes, partidario de la libertad de los intelectuales. Damilaville, primer encargado de la oficina de los «Vingtièmes», ponía en los paquetes de las obras antirreligiosas de Voltaire el sello del censor general. La piadosa María Teresa tenía como consejero favorito a un jansenista y estaba casada con un francmasón. La propaganda antirreligiosa no era combatida con acierto, la influencia de la Iglesia iba declinando, y buena prueba de ello era la sucesiva supresión de la milicia papal, la orden de los Jesuitas, ligada al pontífice por un voto especial de obediencia. La orden fue suprimida sucesivamente en Portugal (1759), en Francia (1764), en España (1767), en Nápoles y en Parma: los Jesuitas fueron expulsados de todos los países excepto de Francia. Finalmente, el 21 de julio de 1773, los monarcas católicos obligan al papa a decretar la abolición de la Compañía de Jesús. Voltaire podía exclamar: «Dentro de veinte años ya no existirá la Iglesia».

Pero la Iglesia persistió. Persistió, en primer lugar, gracias a esa masa de sacerdotes y de religiosas que sin pararse ante dificultades intelectuales y animados únicamente por este inmenso amor hacia el prójimo que es el amor de Dios, se consagraron plena y silenciosamente a los enfermos, a los ancianos, a los pobres y a los niños. Persistió gracias a los misioneros que al igual que habían hecho en el pasado fueron a sacrificar sus vidas para salvar a sus hermanos. Resistió merced a esos miles de laicos piadosos que, sin alharacas, se esforzaron por vivir su religión, por ser cada día más auténticos, más conscientes, más honrados, más devotos, más fieles. La Iglesia tuvo sus confesores, tuvo sus mártires, tuvo sus santos.

También persistió gracias a todas las personas, laicas o eclesiásticas que respondieron a los ataques. Demostraron que la fe en Jesucristo no va unida a determinada filosofía: san Agustín fue platónico, santo Tomás de Aquino prefirió a Aristóteles, Bossuet fue cartesiano. La doctrina cristiana se acomodaba perfectamente a la nueva filosofía, y muchas personas profundamente religiosas siguen y admiran a Descartes y a Locke; son cristianos «ilustrados» que asocian las verdades de la ciencia a las verdades cristianas. El jesuita Buffier, profesor en el Colegio Luis el Grande, enseña las doctrinas de Locke, los franciscanos y los filipenses intentan introducir en Portugal a Bacon y a Newton y procuran acostumbrar a sus alumnos a la crítica, al juicio personal; el padre Konarski reforma los programas de la Universidad polaca: los autores que aconseja son Bacon, Gassendi, Descartes y Locke.

Los apologistas luchan con las mismas armas que los filósofos. ¿La razón? La Iglesia siempre la ha amado: no debemos seguir a ciegas la palabra de los maestros; un examen racional debe ser condición previa de la creencia, que no puede proceder de una imposición; la única religión verdadera es la que es libre y voluntaria. Es, pues, necesario tener tolerancia, dulzura y persuasión. Es cierto que la razón es nuestra mejor herramienta, pero tiene sus límites: hay un terreno en el que no tiene eficacia, según han reconocido los mismos filósofos. Además, Dios nos ha revelado ciertas verdades que de otro modo nos habrían resultado inaccesibles. Por consiguiente creer en los misterios no va contra la razón sino que la misma razón lo aconseja. ¿Y la crítica histórica? Demuestra la veracidad de la Sagrada Escritura: los milagros, anunciados por testigos oculares o contemporáneos acerca de los cuales todo indica que eran sinceros y veraces, y que afectan a hechos justificados por otros posteriores y que incluso quienes están interesados en negar reconocen, tienen una realidad incontrovertible. Es cierto que contradicen las leyes de la naturaleza; pero esta contradicción solamente lo es para nuestras mentes, débiles, mas no para la inteligencia divina que es capaz de ver la relación que existe entre todas las cosas y que puede fundir en una sola unidad todo lo que para nosotros son discrepancias. ¿Y la igualdad de derechos? ¿Y la utilidad social? Es la doctrina misma de Jesucristo. Los hombres, hijos de Dios y hermanos de Cristo, tienen idéntica naturaleza: aunque sus cargos sean desiguales, ellos siguen siendo iguales. Sus príncipes sólo deben tomar en consideración el bienestar del Estado, atenerse en todo a la ley divina que prohíbe hacer el mal, ordena contribuir al bien de todos, incluso de los enemigos, de hacer por los demás hombres todo lo que quisiéramos que ellos hicieran por nosotros. El mejor remedio contra los sufrimientos sociales es el ardiente amor de los hombres, unos hacia otros: la caridad. La religión es amor y no beatería. El abate Genovesi, profesor de la Universidad de Nápoles, concluye: «Adoro el Evangelio, cuya sustancia es amor. ¡Cuán dulce es esta palabra: amor! ¡Qué feliz sería nuestra vida si fuera la única que reinara!». Así, el amor unió a millones de seres a la Iglesia mediante lazos que ningún intento fue capaz de destruir.

Las diversas Iglesias protestantes, en especial los anglicanos y luteranos (por ejemplo, en el norte de Alemania y en Suecia), se veían afligidas por males semejantes a los de la Iglesia católica: sojuzgamiento por el Estado, deficiente reclutamiento e incompleta formación del clero (excepto en algunas regiones calvinistas, como Escocia y Ginebra), tibieza de la fe, tendencia general al racionalismo, al deísmo, a la religión y a la moral «naturales». Pero entre los mismos protestantes surgieron movimientos de renovación más violentos o, al menos, más manifiestos que entre los católicos, a causa del germen de independencia que encierra el protestantismo: la Biblia es la única fuente de toda verdad; todos los individuos que la leen, iluminados por el Espíritu Santo, la comprenden perfectamente y pueden juzgar con acierto si Iglesia y Estado están de acuerdo con ella; ni la Iglesia ni el Estado pueden imponer nada que vaya contra la Escritura. De ello procede la cantidad y la actividad de los disidentes, que desean una «renovación» de la vida religiosa y un regreso a la esencia del protestantismo: la doctrina de la «salvación por la fe». El hombre, maculado por el pecado original, sólo puede salvarse mediante la fe en Cristo, cuyas consecuencias son: vida interior por amor hacia el Dios vivo, plegaria y meditación, conformidad con los actos del Evangelio. A esta categoría pertenecen los pietistas de Alemania, de Suecia y de Dinamarca; los Hermanos Moravos que, desde Bohemia, se habían esparcido por el centro de Europa e incluso habían llegado a los países anglosajones; los Evangelistas, que actúan en el seno de la Iglesia anglicana; los Metodistas ingleses, fundados en 1738 por Wesley, separados definitivamente de la Iglesia anglicana en 1791, y que desde entonces forman una Iglesia separada que recluta por sí misma sus miembros, teniendo únicamente en cuenta la vocación individual; los Puritanos de Inglaterra y de América, que llegan hasta la predestinación. En los países anglosajones, que se están industrializando, estos fervientes cristianos predican a los obreros la alegría de la vida interior y de la resignación, mientras que a los patronos les predican la fraternidad cristiana; son ellos quienes dan origen a un generoso movimiento filantrópico, que exige, por boca de Sharp y Wilberforce, la solución del problema obrero, la abolición de la trata de negros y de la esclavitud.

Los románticos

Hubo también otras formas de sentimiento que produjeron terribles enemigos de la Filosofía de las Luces. Gracias a su razón sin piedad y a su crítica destructiva, a su moral prudente y calculadora, fundada siempre en última instancia en un egoísmo bien entendido, esta Filosofía tenía algo de limitado, de estrecho, de seco, que en Condillac, Helvétius y D'Holbach, llegaba hasta lo descarnado y esquelético. Pocas satisfacciones daba a las necesidades del corazón, de la sensibilidad y de la imaginación, aunque, al mismo tiempo, las excitaba y les daba libre curso. Los filósofos sostenían que todas las pasiones eran buenas y que eran el motor de cualquier actividad; eran legítimas la satisfacción de la sensibilidad, la libertad de que cada cual juzgue por sí mismo y obre según sus juicios. Por otra parte, sus incoherencias eran como el aguijón que incitaba a rechazar su doctrina y a que cada uno siguiera su propio parecer. Hablaban de la naturaleza como si se tratara de una mujer, pero no estaban de acuerdo acerca de ella para unos era una madre dedicada a subvenir a las necesidades de sus hijos; otros la consideraban como una princesa lejana, que desdeña profundamente a los individuos y que sólo se preocupa de la especie, o bien como una esfinge enigmática que no se ocupa de nada y que seguía silenciosamente su vida inexorable. Desde luego, todo esto sólo eran metáforas, figuras estilísticas, que se tomaban como explicaciones primarias, una escolástica decadente. Pretendían atenerse a las leyes de la naturaleza, pero cada cual establecía sus propias leyes. Aunque todos estos filósofos tengan numerosos rasgos comunes, rasgos que constituyen la «Filosofía de las Luces», a pesar de ello resulta que todos se contradicen en numerosos puntos e incluso se contradicen a sí mismos: están emparentados, pero son diferentes. Esto explica que naciera un movimiento para arrumbar todas estas palabras, para poder seguir nuevos caminos, cada hombre guiado por su propio corazón.

Juan Jacobo Rousseau

Entre los numerosos escritores individualistas, apasionados y sentimentales, que sólo atienden a su propia sensibilidad pero que al mismo tiempo están enamorados de la razón, que parten de sus sentimientos para deducir, mediante una lógica implacable, todo un sistema y para imponer al mundo este producto de su Yo, el más célebre de todos estos románticos y maestro de sus sucesores, fue Juan Jacobo Rousseau (1712-1778). Natural de Ginebra e hijo de un relojero, siempre vagabundo y muy a menudo parásito de los grandes, tímido y, por consiguiente, orgulloso, dotado de una sensibilidad enfermiza hasta el extremo de que se deshacía en lágrimas ante cualquier impresión algo fuerte, asistido por una imaginación alocada, Rousseau sufrió tanto en sus relaciones con los hombres, en especial con los grandes, con las reglas, con las conveniencias y con las obligaciones que impone la sociedad, que se complacía, en plena naturaleza, en gozar de sí mismo, de sus sensaciones y de las novelas que sin cesar iba forjando en su cerebro, en las cuales construía a su antojo mundos especialmente hechos para él. Pero, en 1750, halló su camino: la Academia de Dijon abrió un concurso para premiar un trabajo sobre el tema «El restablecimiento de las ciencias y de las artes, ¿ha contribuido a depurar las costumbres?». Animado por la aprobación de Diderot, cuyas sugestiones le ayudaron, Rousseau desarrolló el tema y ganó el premio, el 23 de agosto de 1750. Adoptó la posición contraria a los filósofos: «Nuestras almas se han ido corrompiendo a medida que las artes y las ciencias avanzaban hacia la perfección». Él mismo se contradice: «Las ciencias y las artes deben su origen a nuestros vicios»; los verdaderos sabios son quienes deben dirigir el Estado. Pero esto no importa: las ciencias y las artes nos hacen perder el tiempo, nos debilitan mediante el lujo, corrompen el gusto, matan las virtudes militares; la imprenta es una plaga; los filósofos forman una pandilla de charlatanes. Este ataque contra los ídolos significó «una especie de terror». Voltaire, D'Alembert y el rey de Polonia Estanislao Leczinski hablaron de ello. Todo eso porque el tópico era tratado por un hombre que había profundizado en la Biblia, que estaba formado por los grandes lógicos del siglo XVII Descartes, Port-Royal y Malebranche, y animado por todos los sufrimientos que había soportado, por los odios acumulados. Esto explica que las frases fueran tensas, oratorias, vibrantes, fuertes y rítmicas, opuestas al estilo breve y fino de la época, y por ello, que las frases arraigaran y se impusieran. Rousseau fue reconocido como autor; a partir de entonces y cada vez más, se fue apartando de los filósofos.

En 1754 publicó su *Discurso acerca del origen y los fundamentos de la desigualdad entre los hombres*. En él, como era frecuente en su época, traza el retrato del buen salvaje en estado natural, en estado de gracia: robusto y ágil, solitario, instintivo, completamente feliz. «El estado de reflexión es un estado antinatural... el hombre que medita es un animal depravado.» Pero el hombre tiene la malhadada facultad de perfeccionarse. Desde luego, los años estériles, los inviernos largos y los veranos calurosos, las inundaciones y los terremotos le obligan a asociarse con otros individuos y a formar, primeramente, bandas de cazadores, y más tarde, de pastores. De estas agrupaciones nacen los celos, la discordia, la vanidad, el desdén. El azar hace que se descubra el hierro, condición indispensable de la agricultura. Los hombres, convertidos ya en cultivadores, deben repartirse las tierras e instituir la propiedad individual: a partir de entonces todo se ha perdido, el pecado original queda consumado, vamos «hacia la decadencia de la especie». La propiedad da origen a la desigualdad, a la competencia y a la rivalidad, al orgullo y a la avaricia, a la envidia, a la maldad, a las luchas de clases, a las guerras. Resulta imperioso elegir un jefe; el jefe se convierte en tirano. Todos estos males se ciernen sobre la humanidad. De este modo, el discurso es una solución para el problema del mal. «Los hombres son malos... a pesar de que el hombre es naturalmente bueno...; por consiguiente ¿qué puede haberlo depravado hasta este extremo si no son los cambios que han ocurrido en su constitución, los progresos que ha realizado, los conocimientos que ha adquirido?» Su *Discurso* fue, después de *La Nueva Eloísa,* la obra más leída de Rousseau. Abunda en las bibliotecas mucho más que el *Contrato social;* propagó más que cualquier otra obra el culto a la igualdad.

Entonces, Rousseau trata «de hallar de nuevo en la depravación social un estado de inocencia y de pureza».[1]

1. Bréhier.

A partir de entonces, el hombre ya no puede prescindir de la ayuda de sus congéneres. Pero el estado social no es natural, sino que se basa en acuerdos. Por consiguiente, es necesario establecer una forma de acuerdo en que las ventajas del estado social vayan unidas a las del estado natural. Éste es el objetivo del *Contrato social* (1762): hallar un tipo de asociación que les conserve a los individuos la igualdad y la libertad que por naturaleza tenían; y del *Emilio* (1762): hallar un sistema de educación que le permita al hombre guardar en la sociedad su bondad natural, la inocencia y las virtudes del estado natural.

El preceptor de Emilio le aísla de la sociedad para educarle mejor, para hacerle vivir según la naturaleza, para utilizar su inclinación a ir tras lo que nos es agradable y huir de lo demás. Luego, la educación será negativa. Al alumno no debe enseñársele nada, sino que debe ser sometido directamente a la lección de las cosas, para que aprenda por sí mismo qué debe buscar y qué debe evitar. Si rompió el cristal de su habitación, debería atenerse a las consecuencias: padecer frío. Que no quiere hacer nada, que no haga nada, pero se aburrirá. Claro está que las cosas podrían enseñarle lo que no queremos o podrían no proporcionarle las lecciones deseadas. Es preciso provocarlas o disfrazarlas: el preceptor finge perderse para que Emilio pueda captar cuál es la utilidad de la astronomía; fragua una conjuración con los habitantes de un pueblo próximo para que las insinuaciones malévolas le aparten de salir solo. En caso de que pudiera ofenderse debe decírsele «no», sin más explicaciones. De este modo, educado en un ambiente de sinceridad y de libertad, muy distinto del de la educación corriente, Emilio conservará las virtudes innatas del hombre.

Cuando Emilio alcance los veinte años de edad, su preceptor le revelará las verdades de la religión. Se trata de esa *Profesión de fe* que Rousseau, protestante convertido al catolicismo y luego relapso, confía a un sacerdote católico, a su *vicario saboyano*. Fluctuando entre las contradictorias opiniones de los filósofos, se decide a consultar su «luz interior», dispuesto a aceptar todas aquellas verdades «a las cuales, *en la sinceridad de mi corazón,* no podría negar mi consentimiento». Un corazón sincero y sentimientos puros son condición de lo verdadero, anteriores a la razón. Se da cuenta de que es un ser que piensa, con ideas que su mente elabora con *motivo* de las sensaciones, pero que no proceden de las sensaciones; posee una facultad de juicio que es anterior a las sensaciones; no es «un ser sensitivo y pasivo, sino un ser activo e inteligente», contra Locke y su escuela. A su alrededor todo es materia inerte, y, sin embargo, en ordenado movimiento. Ahora bien, «si la materia movida supone una voluntad, la materia movida según leyes determinadas me indica una inteligencia». Y así llega a la suprema inteligencia, Dios. El hombre, ser inteligente, que difiere profundamente de los animales, es el rey de la Tierra, a pesar de lo que digan los filósofos; pero el mal existe, aunque Dios nada tiene que ver con ello. Le ha dado al hombre superioridad y libertad. El hombre libre pone desorden en la naturaleza y crea el mal. Sea justo, y será feliz. La necesidad de reparar las injusticias demuestra la inmortalidad del alma, las sanciones y las recompensas que vienen después de la muerte. Las reglas de la moral están grabadas en el fondo del corazón: «Todo lo que yo veo que está bien, bien está; todo lo que siento que es malo, es malo; la conciencia es el mejor de todos los casuistas... La razón nos engaña demasiado a menudo... mas la conciencia nunca engaña... Por consiguiente, en el fondo de nuestras almas, hay un principio *innato* de justicia y de virtud».

Todo esto, carácter excepcional del hombre en la naturaleza, ideas innatas, repliegue sobre sí mismo para hallar en sí la verdad, en el silencio de las pasiones y apartado del mundo, se opone por completo a la Filosofía de las Luces, sería el desquite perfecto de Descartes sobre Locke, si verdaderamente todo estuviera fundado en la razón y no en el sentimiento.

Los hombres buenos y sensibles se asociarán, establecerán un «contrato social», con el fin de conservar la libertad. «El hombre nació libre, mas por todas partes está encadenado... Si renunciara a su libertad, esto significaría renunciar a su cualidad de hombre, a los derechos de la humanidad, incluso a sus deberes... Esta renuncia es incompatible con la naturaleza del hombre.» La mejor manera de conciliar la autoridad y la libertad, es «el total abandono, con todos sus derechos, de cada asociado a la comunidad. Cuando cada uno se entrega a todos no se entrega a nadie y al no adquirir de ningún asociado los mismos derechos que le cedemos sobre nosotros mismos, ganamos el equivalente de todo lo que perdemos, y adquirimos mayor fuerza para conservar lo que tenemos». La voluntad general crea la ley; esa voluntad general no es ni la voluntad de un solo individuo ni la de una asamblea de representantes, ni la suma de las voluntades particulares ni la decisión de la mayoría. Cada individuo tiene su voluntad particular, voluntad que está movida por los instintos y por las pasiones del momento; una voluntad profunda, «acto puro del entendimiento que razona, silentes las pasiones, acerca de lo que el hombre puede exigir a sus semejantes y acerca de lo que éstos pueden exigirle a él». Esta voluntad es igual en todos los individuos; es infalible: es la voluntad general que dimana de la conciencia individual pero que se ha separado de ella gracias a la serenidad y la reflexión solitaria, alejada de los partidos, de los grupos, de las juntas y de las facciones. No es necesaria ninguna asociación, ninguna corporación ni partido, sino tan sólo un montón de individuos, «pues de no ser así podría decirse que no hay tantos votantes como hombres, sino como asociaciones».

La ley, expresión de la voluntad general, es todopoderosa. «En relación con sus miembros, el Estado es dueño de sus bienes en virtud del contrato social... Los poseedores se consideran depositarios del bien público.» El Estado es quien debe decidir cuánta libertad debe darle a cada individuo; tiene derecho a imponer una religión civil, necesaria para la sociedad; puede desterrar a quienes no crean en ella, condenar a muerte a quienes, después de haberla aceptado, «se portan como si no creyeran en ella», lo cual es una puerta abierta a la arbitrariedad.

Pero, como a pesar de todo, en la práctica resultaría necesario decidirse por mayoría, el contrato social nos llevaría a un régimen en el que la mayoría oprimiría a la minoría.

El mismo Rousseau, en sus libros y en su correspondencia, señaló el escaso alcance práctico que podría tener su obra. A una señora le aconseja sin rodeos que interne a su hijo indisciplinable en un pensionado; a un abate le dice: «Si es cierto que ha adoptado usted el plan que intenté trazar en el *Emilio*, le confieso que admiro su valor». El contrato social «sólo puede ser útil para pequeños Estados, como Ginebra, Berna, Córcega»; «un gobierno tan perfecto no les conviene a los hombres». En una carta dirigida a Mirabeau, compara el problema social «al de la cuadratura del círculo en geometría».

Sin embargo, el público no prestó atención a sus reservas, la mayoría de las cuales desconocía. Rousseau se convirtió en dios. Cambió la moda y las costumbres. Las damas se hacían traer a sus hijos a los palcos de la Ópera para amamantarles ante los aplausos del público, y todo porque Rousseau aconsejaba la lactancia materna. Las jovencitas se dedicaron a herborizar porque Rousseau amaba la botánica.

Inspirado por el mismo sentimiento, Morelly, en su *Código de la naturaleza* (1755) postula un regreso a la naturaleza, la cual le enseña al hombre la comunidad de bienes. La propiedad es la madre de todos los crímenes. El comunismo será el regreso a la edad de oro. Un discípulo de Rousseau, el abate Mably, escribe en su *Legislación* (1773): «¿Sabéis cuál es la fuente principal de todas las desgracias que afligen a la humanidad? Es la propiedad». Y aconseja «esta feliz comunidad de bienes», un comunismo agrario que anularía las pasiones egoístas y haría florecer los instintos sociales. En su novela de los tiempos venideros, *París en el año 2440*, Mercier intenta reducir la desigualdad mediante casamientos forzosos entre ricos y pobres; y Brissot de Warville, futuro miembro de la Legislativa y de la Convención, lanza la fórmula de Proudhon: «La propiedad es un robo».

Kant

Pero el discípulo más destacado de Rousseau fue Kant. La *Profesión de fe del vicario saboyano* ha inspirado, casi tanto como Hume, su *Crítica de la razón pura*. También le ha sugerido su *Crítica de la razón práctica*, su moral, su religión, su política.

Al analizar las morales para, siguiendo el método de Newton, remontarse a sus principios, Kant descubre que todas conceden un valor absoluto a la «buena voluntad». La «buena voluntad» es la voluntad de cumplir con nuestro deber, que procede de lo más íntimo de nuestro ser, que es como una tendencia de nuestra naturaleza íntima, un principio innato, tal como opinaba Rousseau. Un deber queda cumplido cuando el acto ha sido realizado con la intención de cumplir con nuestro deber y cuando en nuestra conciencia consideramos haberlo hecho por deber. Poco importa la naturaleza del acto, quizá nos hayamos equivocado; el valor del acto no deriva del conocimiento sino del sentimiento que tenemos acerca de su valor y del juicio que acerca de él formulamos: matar por deber, afligidos por el dolor y la angustia, a nuestro anciano padre, para suprimir una boca inútil en época de carestía, es un error; pero el acto es moralmente bueno. Ayudar al hombre desafortunado para ganar su agradecimiento es un defecto del egoísmo: según la moral, tal acto no es moralmente bueno.

El deber es algo absoluto, independiente de las circunstancias: «Obra conforme a una regla tal que puedas querer al mismo tiempo que se convierta en ley universal». Es el imperativo categórico, la ley moral. La razón es la que descubre la ley moral, separando lo absoluto y lo universal de todos los motivos de la sensibilidad. El sentimiento nos da el impulso, crea la «buena voluntad»; pero es la razón la que nos indica el camino. La razón es la facultad que caracteriza al hombre. Por consiguiente, el individuo debe respetar la razón y la libertad tanto en él como en los demás seres: «Obra de tal modo que te valgas de la humanidad, tanto en tu persona como en la de otro, siempre como fin, pero nunca como un simple medio».

Pero el hombre posee sensibilidad, a la cual debe satisfacer; debe ser feliz. Ahora bien, cuando obedece a la ley moral muy a menudo es desgraciado. De donde se deduce que es probable la existencia de un alma inmortal y que puede existir un Dios que le otorgará la felicidad según sus méritos. Dios es el legislador al que debemos respetar; el acto moral es, al fin y al cabo, el acto agradable a Dios; la religión es la firme voluntad de cumplir con nuestros deberes para agradar a Dios. Dios es el postulado de la razón práctica. La Iglesia es el conjunto de hombres de buena voluntad. Las diferentes Iglesias son aproximaciones de esta Iglesia universal.

El derecho debe esforzarse en satisfacer las necesidades del hombre así como sus características de ser libre y razonable. Está obligado a respetar las máximas: «Obra de tal modo que tomes la humanidad como fin pero nunca como medio» y «Obra exteriormente de tal manera que el libre uso de tu voluntad pueda coexistir con la libertad de cada individuo según una ley general». Estas máximas garantizan la presión que el Estado, órgano del derecho, ejerce sobre el individuo; el derecho del individuo de resistirse al Estado; el derecho de propiedad que asigna a cada individuo la esfera en que puede ejercer su libertad. Todo esto supone el régimen republicano. Cuando todas las naciones hayan adoptado la constitución republicana, habrá llegado el momento de crear una Sociedad de Naciones, un derecho internacional, y de asegurar la paz perpetua.

De este modo, con su idea de los principios absolutos, independientes del tiempo, del lugar y de las circunstancias, Kant se oponía a Montesquieu y a los filósofos; y, además, se oponía a los filósofos con su moral derivada del corazón iluminado por la razón, y no de los sentidos guiados por la razón.

Al mismo tiempo, los exégetas bíblicos alemanes

habían empezado a estudiar de nuevo a Spinoza. Su panteísmo, su concepto de un Dios en perpetuo devenir que se manifiesta a través de toda la naturaleza, inspiró a Lessing y a Herder. Según Lessing, lo que los hombres denominan verdad no es sino la sucesión de formas pasajeras de una verdad que se descubre en su progreso. Según Herder, nuestra vida es una pulsación en la vida del gran Todo; la historia de la humanidad es la sucesión de intentos por medio de los cuales la naturaleza se va aproximando constantemente, mediante una transformación gradual, al tipo perfecto. La capacidad para realizar este trabajo no nos la proporciona la razón, sino una intuición inmediata. Los filósofos, que creían haber llegado a una verdad definitiva gracias a la razón, se veían, también en eso, atacados por un pensamiento que habría de ejercer gran influencia en la época siguiente.

Al mismo tiempo se formaba una francmasonería de iluminados y de místicos, hostil a los enciclopedistas, a los que cubrían de injurias. Una ola de misticismo, nacida en Alemania, Suiza y Suecia, llegó al este de Francia y a París. Estos francmasones místicos son de inspiración cristiana y, apartados de cualquier Iglesia, intentan regenerar sus almas mediante contacto con lo divino para vivir según el Evangelio; pero se dedican al espiritismo y al magnetismo, a la alquimia y a la magia, prácticas reprobadas por las Iglesias cristianas. Los profetas de este movimiento son el sueco Swedenborg, que mantiene conversación con los difuntos y descubre los «Arcanos celestes» y las «Maravillas del Cielo y del Infierno»; el suizo Lavater, que espera conseguir mediante la fe un poder sobrenatural y que cree que por mediación del magnetismo entrará en contacto con Dios; su casa de Zurich es, en 1789, un lugar de peregrinación europeo; el francés Saint-Martin, el «Filósofo desconocido», adversario de la ciencia porque el hombre es incapaz de inventar nada, únicamente volver a recordar, y tiene la obligación de apresurar el advenimiento de un reino de Cristo con meditación y plegarias (*Acerca de los errores y de la verdad*, 1775). En Alemania se fundan órdenes místicas: la Orden de la Observancia Estricta, que conquista príncipes, princesas y grandes señores; las Rosa-Cruz, a las que pertenece el nuevo rey de Prusia, Federico Guillermo II, y uno de cuyos sectarios, que era médico general del ejército prusiano, quiso capturar las estrellas fugaces para destilar la resina de esta materia elemental. En Lyon y en Chambéry, en Estrasburgo y en Grenoble, se fundan logias místicas. Todos estos místicos están relacionados entre sí.

Pero junto a los apóstoles hay también charlatanes que obtienen un gran éxito. Cagliostro, que evoca a los espíritus en París, y funda en Lyon la logia de la «Sabiduría triunfante», cuyos adeptos caen en éxtasis ante Moisés y Elías, que se les aparecen; el médico vienés Mesmer, que pretende curar todas las enfermedades con su «varita mágica». Pululan por doquier hipnotizadores, sonámbulos e iluminados. En medio de una densa niebla mental algunos individuos ceden a tendencias confusas; muchos creen hallarse ante una revolución que abre el dominio del más allá y que va a iniciar la regeneración de la humanidad.

De este modo, al acabar el siglo, la Filosofía de las Luces, combatida en todas partes, retrocedía progresivamente. Una nueva era iba a comenzar.

LIBRO II

LA REVOLUCIÓN TÉCNICA

En Europa, la técnica progresa con tal rapidez que puede hablarse de revolución. Europa se adelanta decididamente, gracias al material y a la organización, a las demás partes del mundo. La mayoría de los inventos son obra de hábiles obreros o de aficionados impulsados por necesidades sociales, desequilibrios económicos, crisis de distinto tipo. Pero poco a poco se van utilizando los datos científicos y los sabios estudian problemas de aplicación: durante la primera mitad del siglo, la marina primero y luego el ejército; en la segunda mitad, la industria, son los beneficiarios del movimiento científico. A fines de siglo, la técnica se ha convertido verdaderamente en el conjunto de aplicaciones de la ciencia a la práctica.

Sin embargo, la ciencia y el espíritu científico nunca estuvieron ausentes en los descubrimientos: el menos culto de los inventores de máquinas utiliza algunas nociones de aritmética y de geometría, los primeros elementos de mecánica, y en su trabajo adopta, de manera más o menos consciente, los métodos del juicio personal, de la observación y de la experiencia, así como la doctrina del mecanicismo universal. Como en todos los sectores del mundo ha habido crisis, la proliferación de inventos en Europa tiene por causa el espíritu del siglo, del cual forma parte el espíritu científico: creencia en la felicidad que es posible alcanzar en este mundo merced a la satisfacción de los sentidos, en el progreso material, causa de que muchas de las mejores mentes se aparten de las especulaciones teológicas y de las meditaciones religiosas y se inclinen hacia lo práctico y lo útil; persuasión cartesiana, que se difunde y anima los esfuerzos individuales, de que cada uno, valiéndose simplemente del sentido común, puede hallar lo que escapó a sus «bastos antepasados»; de que quien no se ha educado en los colegios ni en las universidades posee una mente mejor, porque no está dominada por los «prejuicios de la escuela», y de que el hombre es capaz de triunfar con sus propias fuerzas; desconfianza hacia los libros, en especial los antiguos, y un placer de examinar directamente las cosas; tendencia, incrementada por el cartesianismo y por los estudios clásicos, a remontar, en todos los terrenos, desde los hechos a principios evidentes y a sacar consecuencias rigurosas en un orden insobornable que se da en los hechos. La necesidad de claridad y de orden ha desempeñado un importante papel en ciertos progresos técnicos. ¡Con qué desdén el artillero Ducondray anatematiza la antigua anarquía del material de artillería, «este horrible abuso que sólo podía considerarse como continuación de la antigua barbarie de nuestros padres»!; ¡con qué desprecio sonriente trata Surlaville del antiguo desorden de la caballería; «tal confusión debe algo a los bárbaros»! El conjunto de los adelantos técnicos procede de la difusión de la nueva mentalidad.

CAPÍTULO PRIMERO

LA TÉCNICA MILITAR

En primer lugar estudiaremos la técnica militar, porque los contemporáneos le concedieron mucha mayor atención que a las demás. Es sabido que había en Europa noblezas, cuyo origen se remontaba a las noblezas militares de la Edad Media, y para quienes el ejercicio de las armas era la profesión noble por excelencia; pero la atención que le prestaban era también manifestación de una necesidad permanente: el Estado que no posee un ejército poderoso desaparece muy pronto; sólo el arte militar puede garantizar a los pueblos la existencia, la independencia y la seguridad, bienes fundamentales sin los cuales no pueden existir otros. La primera libertad es la libertad del Estado; cuando ésta se ve amenazada, la libertad de los ciudadanos es pura ilusión.

El fusil

La historia de la técnica militar durante el siglo XVIII consiste en el estudio de los «sucesivos adelantos realizados en el orden táctico para llegar a un mejor empleo del fusil y de la artillería de tiro rasante». El fusil había sido inventado en el siglo anterior. Utilizado a partir de 1689 en Alemania, y oficialmente en Francia desde 1699, destronó por completo al mosquete en 1715, y, gracias a la bayoneta adaptable, que lo completaba, fue causa de la desaparición de los piqueros. Su alcance no era mucho mayor que el del mosquete: 300 pasos a lo sumo, aunque el alcance útil era sólo de 180 pasos; pero era mucho más ligero y manejable, y gracias al sistema de disparo mediante un percutor provisto de sílex, no resultaba peligroso para quienes estaban cerca y permitía que los soldados dispararan estando muy próximos unos a otros. Finalmente, se cargaba con mucha mayor rapidez. En 1715 se podía ya hacer un disparo por minuto; pero en 1740, al adoptarse la baqueta de hierro, más sólida que

la antigua baqueta de madera, resultó posible introducir
la pólvora, la estopa y la bala en el cañón con menos
precauciones, con lo cual se ganaba tiempo; la velocidad
de disparo aumentó a dos o tres tiros por minuto, y,
finalmente, en 1744, al adoptarse el cartucho, el soldado
pudo casi siempre hacer tres disparos por minuto.

El cañón liso

La artillería estaba constituida por cañones de bronce,
de alma lisa, que se cargaban por la boca, de calibre 4, 8,
12, 16, 24 y 33,[1] para el tiro rasante; y de morteros y
obuses para el tiro indirecto, necesario para disparar
contra tropas atrincheradas tras un parapeto o en una
depresión. Las piezas de 4 solían hacer tres disparos por
minuto, y uno o dos las de otros calibres; los proyectiles
eran balas redondas o alargadas, macizas o huecas, y
cápsulas de hojalata que se abrían en el aire y que dejaban
caer sobre el enemigo la metralla que contenían. Con
balas el alcance era de 600 a 1.800 metros, según los
calibres; con metralla, de 150 a 600 metros. Una bala de 4
podía atravesar a seis u ocho hombres colocados a una
distancia de trescientos pasos. Los artilleros aumentaban
el efecto de la bala haciéndola rebotar contra el suelo, lo
cual se lograba dando a las piezas determinada inclinación; la bala podía rebotar cinco o seis veces a través de
las filas de la infantería y causar así grandes estragos. Pero
esta artillería era muy imprecisa: se apartaba del blanco
hasta un sexto del alcance; según los calibres y las
distancias, el proyectil podía caer de 50 a 150 metros o
delante o detrás del blanco; y sobre todo, era muy
pesada; el cañón de 4 pesaba 650 kilos; el de 33, 3.085
kilos, por lo cual se precisaban animales muy fuertes para
arrastrarlos. Una vez emplazada la artillería –las piezas
ligeras y las de mediano calibre se colocaban en fila en el
frente, y las de grueso calibre en batería en los flancos,
para poder cruzar el fuego en el frente–, ya no se movía,

1. No se trata del diámetro del cañón, sino del peso del proyectil: 4 libras, 33
libras.

salvo contadas excepciones. No podía acompañar a la infantería en sus avances y dejaba de apoyarla precisamente en el momento en que más necesario habría sido su fuego; en caso de retirada, no podía seguir y era capturada por el enemigo.

La guerra en 1715

A partir de entonces, el soldado de infantería es el dueño del campo de batalla: su bala atraviesa las armaduras y mantiene la caballería a bastante distancia para que las tropas tengan tiempo de hacer frente a un repentino ataque lateral; posee la movilidad de la cual carece una artillería sujeta al terreno a consecuencia de su peso; tanto la caballería como la artillería trabajan para la infantería, son auxiliares de ésta. La infantería es la reina de las batallas. Desde luego, a partir del año 1715, e incluso antes, la nueva arma, el fusil, habría podido revolucionar el arte bélico; pero fue preciso casi un siglo para sacar consecuencias del nuevo invento, y fue Napoleón Bonaparte quien puso fin a la evolución iniciada.

En 1715, el ejército se colocaba en el campo de batalla dispuesto a combatir a fuego. La rapidez del tiro con fusil había llamado la atención de los generales, cuyo objetivo consistía en colocar delante de la infantería una cortina de fuego con lo cual se conseguía detener al enemigo en la defensiva, o desbaratar un tiro y permitir el avance en la ofensiva. La infantería debe disparar por descargas, todos los soldados al mismo tiempo, a la voz de mando, casi sin apuntar; lo importante no era la precisión sino la rapidez del tiro, la cortina de fuego. Por consiguiente, los generales disponían la infantería en el campo de batalla en largas líneas paralelas frente al enemigo. Lo único que ocurre es que conservaron disposiciones que sólo tenían su razón de ser con otras armas. Al igual que se hacía en la época del mosquete, colocaban los hombres a cuatro o cinco pasos de distancia unos de otros, en seis filas de profundidad, para que cada fila pudiera ir cargando las armas mientras las demás disparaban sin interrupción;

pero todo esto ya no era necesario dada la seguridad y la rapidez de los disparos de fusil. Se empeñaron en mantener un ejército bien alineado, del mismo modo que en la época del arma blanca, en la que la eficacia del choque residía en que toda la línea cargara la línea enemiga al mismo tiempo. La inversión siguió proscrita: los soldados acostumbrados a estar a la derecha nunca debían colocarse a la izquierda, ni en primera línea quienes solían estar en la segunda, supervivencia de una época en que era necesario colocar delante los hombres más fuertes, para irrumpir en las líneas enemigas. Las consecuencias eran una gran lentitud para disponer el ejército y alinear los hombres a tanta distancia unos de otros; la necesidad de formar las tropas lejos del enemigo para aproximarse a él en disposición de batalla después de una marcha preestablecida a campo traviesa; la imposibilidad de constreñir al enemigo a luchar si éste quería huir, ya que, para conservar la formación soldados tan espaciados, era preciso andar muy lentamente, pararse a menudo y, entretanto, el enemigo podía marchar en columna a la velocidad normal en tropas de a pie; la imposibilidad de maniobrar en el campo de batalla y la imposibilidad de perseguir, es decir, la imposibilidad de destruir el ejército enemigo y, por consiguiente, el verse forzado a adoptar la *estrategia de los accesorios*, o sea: de atacar los almacenes, los arsenales, las vías de comunicación del adversario, las ciudades fortificadas, hasta que el enemigo no pudiera ya ni abastecerse ni desplazarse; una guerra lenta, interminable. La primera consecuencia del perfeccionamiento del material fue una exageración de los defectos de los ejércitos antiguos. Las extensas filas de principios del siglo XVIII maniobraban con mucha mayor dificultad que los ejércitos de Turena y de Condé.

El ejército prusiano

Los primeros perfeccionamientos fueron debidos a los prusianos. La guerra era la industria nacional de Prusia y los mejores talentos se dedicaban al arte militar. Los principales adelantos tuvieron efecto durante el reinado de Federico Guillermo I, el «rey-sargento» (1713-1740), y fueron, en su mayor parte, obra de un veterano de la guerra de Luis XIV, el príncipe de Anhalt-Dessau. A partir de 1720, el ejército prusiano adopta oficialmente ciertas prácticas espontáneas aplicadas por oficiales y soldados en el mismo campo de batalla durante los últimos años de la guerra de Sucesión española: el *orden abierto* y el *orden cerrado*. Los soldados se disponían sólo en tres filas: en la primera de rodillas, en la segunda en pie pero algo inclinados y en la tercera completamente derechos, y las tres filas disparaban sucesivamente. Esta disposición, que la reducción de los efectivos después de grandes pérdidas hizo preciso adoptar algunas veces con anterioridad al año 1715, resultó ser suficiente, a pesar de su poca densidad, gracias al fusil. Hacía posible defender con menor número de soldados un frente muy extenso sin ser desbordado. Las filas se fueron apretando, el intervalo se redujo al tacto de codos, a la distancia entre la rodilla de uno y la espalda del anterior, con lo cual se incrementaba la densidad de fuego. Gracias a ello, resultó más sencillo alinear las tropas y hacerlas pasar de columnas a filas.

La infantería prusiana llegaba en columna al campo de batalla y se extendía a lo largo de la línea, en la cual había de desplegarse paralelamente al frente del enemigo. En la columna, cada compañía, alineada previamente, estaba separada de la anterior por una distancia igual a su frente: era la columna a distancia completa. La columna se paraba, y cada compañía quedaba alineada frente al enemigo con sólo realizar un movimiento de rotación de noventa grados alrededor de un eje fijo, es decir: que un ala giraba mientras que el extremo de la otra estaba inmóvil. El movimiento venía facilitado por el paso cadenciado.

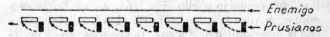

Paso de columna de marcha a línea de batalla

Una vez formada la línea de batalla, a cada coronel se le asignaba un *punto de mira*, hacia el cual enviaba la bandera, escoltada por un oficial. Las banderas y, por consiguiente, los regimientos mantenían una formación exacta. El ataque se realizaba a paso ordinario y no ligero, para no romper las filas, mientras los soldados iban haciendo descargas a intervalos regulares, la culata apoyada en la cadera para andar más de prisa y evitar, además, magulladuras en el hombro (tiro en jeringa). Al llegar a veinte pasos del enemigo la infantería disparaba la última descarga y luego le atacaba a la bayoneta, esto si no había huido. El efecto del fuego de la infantería venía corroborado por el empleo de cañones ligeros o cañones suecos, que los infantes podían arrastrar a fuerza de brazos, y que acompañaban a la infantería distribuidos en los intervalos de los batallones. Los cañones de 33, excesivamente pesados, cayeron en desuso. La artillería prusiana utilizaba el alza, el saquete o cartucho de cañón, y en ella se incluía una gran proporción de obuses. La caballería prusiana, formada en grandes escuadrones en dos filas, fue la primera en adoptar la carga al galope con lo que lograba permanecer durante menos tiempo bajo el fuego del enemigo y aumentar la fuerza del choque. Era lanzada contra los flancos del adversario cuando éste había quedado debilitado por el fuego. Es decir, que lo esencial del combate prusiano es un combate por medio de fuego. Su defensiva era un fuego inmóvil; su ofensiva, un fuego en marcha.

Federico II (1740-1786), que hubo de utilizar el ejército de su padre, cometió al principio el error de confiar únicamente en el arma blanca y de hacer que sus tropas atacaran sin disparar en marcha, para ir más de prisa. En todas las ocasiones sus tropas quedaron detenidas por el fuego del enemigo después de haber sido diezmadas y de haber perdido la mayoría de los oficiales. Por eso, renunció a ello. En 1768, en su *Testamento militar*, escribía la frase definitiva: «Las batallas se ganan con la superioridad del fuego». Tan convencido estaba de esa verdad que hacía avanzar la artillería, incluso las piezas grandes, de 16 y de 24, con la vanguardia. Sus tropas ya no quedaban detenidas por los pueblos fortificados, cuyas defensas podían destruir con ayuda del cañón mientras que las infanterías de los demás países se desgastaban contra los parapetos. Su principal contribución a la táctica militar fue un ensayo de sustituir el *orden paralelo* por el *orden oblicuo*. En casi todas las batallas que dio, intentó que sus regimientos marcharan escalonados, es decir: si quería concentrar el esfuerzo en el ala izquierda, colocaba el primer regimiento de la izquierda algo delante del segundo, el segundo del tercero y así sucesivamente, con lo cual cada regimiento quedaba detrás del anterior, de izquierda a derecha. Por estar las filas apretadas, desde lejos el enemigo no se da buena cuenta de las diferencias de profundidad y espera al ejército prusiano, como de costumbre, en un frente *paralelo* al suyo.

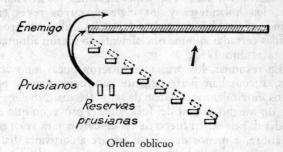

Orden oblicuo

De repente, los prusianos se paran y se alinean rápidamente en un frente *oblicuo* respecto al del adversario. Federico ha colocado previamente sus reservas detrás del ala que ha avanzado, con lo cual tiene mucha más fuerza que el enemigo en dicho punto, puede desbordarlo, envolverlo y revolcarlo, mientras que el adversario nada puede hacer contra el ala débil prusiana rechazada, y no tiene tiempo para cambiar su formación y hacer frente al ataque de flanco.

155

Los prusianos impresionaban por la regularidad de sus descargas y por la rapidez de movimientos. Incluso se llegó a ver columnas prusianas formar en línea sólo en diez minutos. Esta centelleante rapidez era consecuencia de la minuciosidad con que estaban previstos todos los movimientos, y de la paciencia (ayudada por el palo y los cintarazos) con la cual eran adiestrados los soldados. Los hombres se convertían en autómatas, aptos para realizar sus movimientos habituales a toda velocidad, en cualquier situación. Federico II comparaba los movimientos del ejército prusiano con el de las ruedecillas del reloj mejor montado. De este modo, los prusianos aventajaban al adversario en velocidad y conservaban un orden perfecto en las más críticas circunstancias. Federico II, el jefe genial, sacó el mejor partido de este instrumento.

Tanto el orden abierto como las filas cerradas y los fuegos de descargas fueron muy pronto imitados por los austríacos, por los príncipes alemanes, los de Hannover, los holandeses y los ingleses, cuyos reyes eran príncipes de Hannover. Los franceses utilizaron pronto la filas cerradas aunque oficialmente no fueron adoptadas hasta el año 1750.

En resumen, los prusianos hicieron pocas innovaciones. Ejecutaban perfectamente sus movimientos, pero 'estos movimientos distaban de ser perfectos. No llegaron ni con mucho a sacar del fusil todo el provecho que éste podía dar de sí. El fuego de las descargas rara vez resulta eficaz, a menos de que se dispare a cortísima distancia, porque los soldados se preocupan más de disparar al mismo tiempo que sus compañeros que de matar al enemigo, lo cual, sin embargo, es lo esencial. «Es imposible que el soldado afine la puntería si está distraído por la atención que debe prestar a la voz de mando» (Mauricio de Sajonia). La tercera fila de la línea era inútil, y también lo era la alineación rígida, que, además, era difícil de conservar, pues el humo de los cañones ocultaba las banderas. El orden abierto es muy útil cuando el terreno no es accidentado.

Los prusianos no perfeccionaron casi en nada la

156

artillería. Contra el parecer de Seydlitz, Federico II se empeñó en que la caballería cargara «en muralla», formación en la que los jinetes al principio estaban apretados, bota contra bota. Ahora bien, como consecuencia del balanceo del caballo cuando corre al galope, los jinetes necesitan mucho más espacio que cuando van al paso. Algunos jinetes, demasiado próximos y levantados de sus sillas, han de salirse de la línea ya sea adelantándose a los otros, ya sea reteniendo a sus monturas, con lo cual la línea pierde parte de su fuerza de choque.

Los adelantos austriacos y franceses

Los principales progresos fueron obra en parte de los austriacos, pero en su mayoría de los franceses. Los inconvenientes excitaron el ingenio de estos últimos. Los franceses no confiaban en lograr la perfección de disparos y de movimientos del ejército prusiano; creían que esos continuos y minuciosos ejercicios, el prever los más nimios detalles, toda esta paciencia y este mecanismo iban contra «el temperamento de la nación». Convencidos de que en este terreno siempre serían derrotados, procuraron compensar su inferioridad mediante innovaciones tácticas, y así forjaron el ejército de Napoleón.

La guerra de Sucesión de Austria (1740-1748) y la guerra de los Siete Años (1756-1763), fueron escuelas de observación y de reflexión de las que salieron numerosas memorias, libros, ordenanzas reales que regulaban los ejercicios de tiro, las maniobras y el combate. Las ordenanzas sólo muy lentamente incorporaron los descubrimientos, ya que los ministros, por estar muy alejados de los campos de batalla, no siempre fueron capaces de distinguir en la gran masa de proyectos presentados las ideas conformes con la realidad. Los principales inventores fueron: Mauricio de Sajonia, el vencedor de Fontenoy, que resumió su experiencia en sus *Rêveries;* el mariscal de Broglie, el primero de los jefes de esta guerra de los Siete Años que tan malos recuerdos ha dejado a Francia pero en la que los generales franceses hicieron gala de un espíritu inventivo y de una capacidad de innovación que fueron una de las causas de los fracasos, ya que tanto ellos como sus subordinados vacilaron demasiado en utilizar procedimientos nuevos que constituyen motivo de gloria; el hijo del mayor-general del mariscal de Broglie, el conde de Guibert, que había asistido a las últimas campañas de la guerra de los Siete Años, autor del célebre *Ensayo general de táctica* publicado en 1772, que tanta influencia ejerció en Napoleón; y, finalmente, los artilleros Vallière, Gribeauval y el caballero Du Teil. Los métodos elegidos por todos estos hombres eminentes fueron la observación y la experiencia. «La experiencia siempre consultada... incluso cuando parece que el razonamiento nos da a conocer las inducciones más seguras.» Todo lo que en la guerra no se había comprobado fue verificado cuidadosamente en las famosas maniobras del campo de Vaussieux (1778) para la infantería, en las pruebas de Estrasburgo (1764) y de Maubeuge (1766) para la artillería, y en los ejercicios de Metz (1788) para la caballería. Guibert realizó los primeros cronometrajes de los fuegos, y se le ocurrió estudiar los gestos y los ritmos para elegir los que habían de producir el mejor rendimiento.

El orden cerrado

Muy pronto se dieron cuenta de la dificultad que suponía desplegarse y atacar en línea, y surgió la idea de cargar contra el enemigo antes de que tuviera tiempo de disponerse en orden de batalla, o bien de cargar entre dos descargas, por consiguiente, a paso ligero y en columna, para evitar el despliegue e ir más de prisa. El movimiento habría de vencer al fuego. El caballero Folard, en sus *Nuevos descubrimientos acerca del arte de la guerra* (1724) aconsejaba la columna y el *orden cerrado*, pero en la mente de este buen soldado, que tan bien conocía la guerra, ocurrió un fenómeno cuya constante repetición después de los conflictos parece que casi ha de convertirse en ley: el olvido del fuego. Pretendía que las columnas tuvieran una profundidad de treinta a ciento ochenta filas, que los soldados estuvieran codo a codo y algunos armados de picas, para vencer al enemigo con la fuerza del choque. «La verdadera fuerza de un cuerpo radica tanto en su espesor y en la extensión de sus filas, en la unión de éstas, en su apretujamiento, como en el de las hileras.» A pesar de la experiencia de las guerras, tuvo discípulos fervorosos. El marqués de Silva se dedicó a un larguísimo y complicado cálculo, que ocupa seis páginas, para medir la fuerza viva del choque de una columna; y también a pesar de la experiencia que habían aportado las guerras, Mesnil-Durand, en 1755, volvía de nuevo a la idea de Folard en su *Proyecto de un orden táctico francés,* sobre el cual insistió de nuevo en 1777. En este momento, los seguidores de Folard seguían empeñados en considerar que la carga al arma blanca era la única que se adaptaba al temperamento francés, y acusaban a Guibert de imitar a los extranjeros, de estar prusianizado. La III República, antes de 1914, vio cómo renacían estos conflictos.

En realidad, aunque la idea de un ataque en columna y a la bayoneta era acertada, era imposible llevarla a la práctica con la forma de columna que proponían Folard y Mesnil-Durand. Las numerosas filas eran inútiles: solamente la primera producía el choque; los soldados de las demás filas no añadían ninguna fuerza, y en los combates el arma blanca sólo estaban ahí para sustituir a los que han quedado fuera de combate. Una muchedumbre tal quedaría diezmada por el fuego del adversario, los oficiales ya no podrían mandar sus unidades, las filas se confundirían muy pronto y la tropa quedaría convertida en un rebaño. Finalmente, una columna de este tipo sólo sirve para un movimiento hacia adelante: cualquier maniobra, cualquier retirada, resultan imposibles.

Guibert hizo una crítica definitiva:

Todas las leyes físicas acerca del movimiento y del choque de los cuerpos quedan reducidas a quimeras cuando queremos adaptarlas a la táctica, porque, en primer lugar, una tropa no puede compararse a una masa, pues no forma un cuerpo compacto y sin intersticios; en segundo lugar, cuando el ejército aborda al enemigo sólo los soldados de la primera fila que entran en contacto con él tienen fuerza de choque; los que se hallan detrás de esa fila, al no poderse apretar y unirse con la misma adherencia y presión que los cuerpos físicos, resultan inútiles y no hacen más que sembrar desorden y confusión. En tercer lugar, aunque este supuesto choque pudiera verificarse de manera que todas las filas participaran en él, en una tropa compuesta de individuos que, al menos maquinalmente, calculan y notan el peligro, hay una especie de debilidad y de desunión de voluntarios que necesariamente debe retardar la marcha y la medida del paso. Por consiguiente, es menor la cantidad entera de movimiento, menor el producto de masa y de velocidad, menor el choque porque el choque exige que una vez movido el cuerpo por la causa motriz, la velocidad se mantenga hasta el encuentro con el cuerpo con que se choca.

«Es raro, mejor dicho no ocurre nunca, que [los cuerpos de infantería] se esperen hasta el extremo de tropezar y de cruzarse las bayonetas.» Si el asaltante no es detenido por el fuego, el asaltado huye antes de verse abordado.

El fuego a discreción

La batalla de Dettingen (1743), en la que luchó el rey de Inglaterra Jorge II, al frente de contingentes de alemanes e ingleses, contra los franceses, recordó a todos, y con gran crueldad, la eficacia del fuego. Un oficial francés cuenta: «La infantería del enemigo estaba cerrada y formaba como una muralla de bronce de la cual salía un fuego tan intenso y tan continuo que los oficiales más antiguos confiesan que nunca habían visto nada semejante». Las pérdidas francesas fueron considerables y la desilusión resultó muy amarga para los partidarios del arma blanca. La batalla de Fontenoy (1745), confirmó esas observaciones: las tropas francesas que habían recibido a 30 pasos la descarga de los ingleses, emprendieron la huida; la brigada de Aubeterre, más valiente, quedó medio destruida. La conclusión era obvia: lo esencial es el fuego, que tiene mayor importancia que el movimiento. Las descargas mismas resultaban muy eficaces a corta distancia. Pero estas batallas revelaron algo, que otras operaciones confirmaron: cuando la infantería inglesa o la de Hannover, incluso la prusiana, veía que el enemigo se hallaba muy cerca, los oficiales eran incapaces de lograr que sus hombres esperaran la voz de mando para disparar. Las descargas perdían su hermosa regularidad y se convertían en un fuego a discreción. Pero este fuego resultó ser mucho más mortífero, mucho más eficaz que el fuego de descargas, porque a los soldados sólo les preocupaba apuntar bien para impedir que el enemigo les alcanzara: no tiraban ya a barrer, sino a matar. Los oficiales franceses empezaron espontáneamente a utilizar el fuego a discreción; Guibert lo aconsejaba con insistencia. Al fin, la ordenanza del año 1776 introdujo oficialmente el fuego a discreción después de la primera descarga.

Los cazadores

A lo largo de estas guerras, los combatientes se dieron cuenta de lo eficaces que resultaban los disparos de soldados armados ligeramente y desparramados delante de las tropas, es decir, los cazadores. La iniciativa partió de los austriacos, que inundaron los campos de batalla de tiradores croatas. Estos individuos, diseminados por el terreno, ocultos tras setos, riachuelos, árboles aislados y matorrales, o aprovechando las desigualdades del terreno, abrían fuego contra la infantería que avanzaba en línea, afinaban sus disparos, mataban gente, sembraban el desorden en las filas y destruían la moral del asaltante, mientras ellos, aprovechándose de las desigualdades del terreno, sufrían muy poco las consecuencias de la descargas de la infantería alineada, y cuando el enemigo llegaba a tiro de fusil de su propia infantería, se retiraban detrás de ésta. Los cazadores hacían fuego sobre los artilleros enemigos y desorganizaban los disparos de la artillería; diezmaban por el flanco la caballería del adversario que iba persiguiendo a la suya. Muy pronto, Mauricio de Sajonia vio que podía valerse de su puntería, de su *fuego de cazador*, para detener el avance de un cuerpo de ejército en línea de batalla, lo que hasta entonces sólo se creía posible lograr mediante otro cuerpo de ejército que hiciera descarga. En Fontenoy, los 1.200 hombres que formaban el regimiento de Grassin, diseminados en guerrilla por el bosque de Barry, fueron capaces por sí solos de detener el movimiento desbordante de la brigada Ingoldsby. Esto ocurría en un terreno accidentado. Pero en Raucoux (1746), Mauricio de Sajonia desparramó los regimientos de Grassin y de La Morlière en guerrilla por su flanco derecho en terreno llano; llegaron más allá del pueblo de Ans y facilitaron su ocupación. A partir de entonces, el ejército francés utilizó profusamente los cazadores lo cual se amoldaba a «la impetuosidad y a la petulancia» de los franceses.

Durante la guerra de los Siete Años, Broglie se valió constantemente de ellos para preparar los ataques al arma blanca, para evitar que sus alas fueran desbordadas, para cubrir el despliegue del ejército, para defender los bosques y los pueblos, los huertos y las casas aisladas. Al final, acabó por vencer la resistencia de los ministros y, en 1766, consiguió que fuera creada oficialmente una compañía de cazadores por regimiento, que en cada batallón se utilizaran de 50 a 60 hombres como tiradores, y, además, en 1784, la creación de batallones de cazadores de a pie: en 1788, el ejército francés contaba con 12 batallones de este tipo. Por esta fecha la guerra de América, el asunto de Lexington (en el que los rancheros americanos habían diezmado un destacamento inglés), el de Saratoga (en el que una columna inglesa se vio obligada a capitular), habían confirmado la utilidad del combate en guerrilla. Se había descubierto la mejor manera de utilizar el fusil.

La columna de ataque

Sin embargo, la eficacia del fuego obligó a recurrir a la columna de ataque. Para asaltar objetivos de frente limitado (la entrada de una ciudad, la de un camino forestal, un desfiladero, la brecha o el saliente de un parapeto) era preferible la columna porque presentaba menos hombres a la vez a los disparos de los defensores, y porque convenía mejor al avance hacia y en el interior del objetivo. Mauricio de Sajonia utilizó columnas para

162

atacar las localidades en Raucoux y Lawfeld; lo mismo hizo Broglie para los bosques y las trincheras. Al mismo tiempo, en lugar de formar una segunda línea con sus reservas las dejó a menudo formadas en columnas, porque la columna se desplaza con mayor rapidez que la línea, con lo cual podía rápidamente concentrar sus reservas en el punto en que había de utilizarlas; pero entonces surgían problemas acerca de qué forma había de darse a la columna, acerca del avance hacia el objetivo, acerca del despliegue en fila en las lindes de los bosques o en las llanuras después de haberse apoderado del objetivo, para impedir que el enemigo vuelva al ataque, ya que la línea es más adecuada que la columna para la defensiva.

La columna que, después de varios tanteos, se adoptó no fue la de Folard, que ningún oficial se atrevió a utilizar en el campo de batalla después del desastre de la columna inglesa en Fontenoy, y cuyo ensayo en las maniobras de Vassieux demostró su incapacidad maniobrera. Se adoptó la simple columna de camino; de tres a cuatro hombres de frente, dejando entre las compañías algunos pasos de distancia para evitar los tropezones debidos a la desigual marcha de la cabeza, como consecuencia del terreno o del fuego del adversario. De este modo, resultaba fácil mandar la columna, conservarla en orden y hacerla maniobrar: podía avanzar a paso rápido, incluso a paso ligero. Ante ella van los tiradores que han de tardar todo lo posible en desaparecer, y a ambos lados avanza, hasta llegar a tiro de fusil del enemigo, la infantería formada en líneas, cuya misión es apuntar a las troneras, a las ventanas, a los matorrales, es decir, a todos los puntos desde los que sale el fuego, para desviar los disparos del enemigo e impedirle que desbarate a la columna. El fuego prepara y acompaña el movimiento. Una vez ocupado el objetivo, los cazadores avanzan y forman una cortina. La columna se despliega en línea, se alinea en el frente que debe defender y se coloca frente al enemigo al hacer cada soldado un simple cuarto a la derecha (o a la izquierda), sin necesidad de conversión. Si luego la línea ha de formar de nuevo en columna, los soldados giran un cuarto a la izquierda (o a la derecha), la sección que debe ir en cabeza se pone en movimiento, cambia de dirección hacia el enemigo; las demás secciones se ponen en marcha sucesivamente y se colocan detrás de la precedente, a pocos pasos de distancia, por el trayecto más corto. A nadie le preocupa ya la inversión; hombres y unidades ocupan cualquier lugar, acomodándose a las circunstancias. De este modo, el paso de la columna a la línea o viceversa se realiza con la máxima simplicidad y rapidez.

Estos procedimientos fueron utilizados repetidas veces durante la guerra de los Siete Años, por el mariscal de Broglie y por su mayor-general, Guibert. A partir de 1766, estas columnas se designan con el nombre de «columna a la Guibert». El hijo de Guibert redactó, en 1772, una teoría completa acerca de dichas columnas. Aconsejó también, en terreno llano, el ataque en línea, corriendo, sin preocuparse de una alineación inútil; la conversión sobre eje móvil, es decir, aquella en que los soldados que forman el eje del movimiento siguen andando para ganar tiempo, pero a pasos más cortos; y reducir las líneas a dos filas tan sólo, ya que la tercera era completamente inútil. El reglamento de 1769 introdujo las «columnas a la Guibert». Después de una larga «discusión entre el orden abierto y el orden cerrado», las ideas de Guibert fueron adoptadas por la Instrucción provisional del 20 de mayo de 1788.

La división

Los procedimientos «a la Guibert» iban a facilitar evoluciones rápidas y sencillas; pero, al mismo tiempo, los generales habían pensado en otros medios para poder desplegar con gran rapidez el ejército frente al enemigo. Los prusianos lo conseguían gracias a su admirable entrenamiento; además, el ejército prusiano marchaba en una o dos columnas, tres a lo sumo. Los generales franceses intentaron formar un mayor número de columnas, que marcharan a la misma altura pero por caminos paralelos: de este modo se reducía la longitud de cada columna y se lograba mayor rapidez para formar a línea, formación exigida por el fusil; y lo consiguieron gracias a la organización en divisiones. Después de Fontenoy, Mauricio de Sajonia formó divisiones para marchar sobre Raucoux, y más tarde sobre Lawfeld; y Broglie volvió a adoptar el procedimiento en la campaña de 1760. Las dos líneas de infantería se dividieron en cuatro partes o *divisiones*; cada división ocupaba parte de la primera y parte de la segunda línea, en total, 16 batallones de infantería. Con cada grupo de infantería divisionaria marchaba una fracción de la caballería y otra de la artillería, que también habían sido divididas en cuatro. Al acercarse al enemigo, la división se desdoblaba en dos columnas. Así, la división se convertía en una porción completa del ejército, con su infantería, su artillería y su caballería, con todos los requisitos para reducir o detener al enemigo. Aunque había sido creada tan sólo para facilitar los desplazamientos, en el futuro habría de modificar las condiciones del combate y permitir que se hicieran nuevas maniobras contra los flancos o la retaguardia del enemigo; pero los generales franceses del siglo XVIII todavía no supieron sacar partido de las divisiones.

De este modo, ya habían aparecido buena parte de las consecuencias de la utilización del fusil. Todos los procedimientos –cuya invención se atribuye a veces a los soldados de la Revolución, para suplir, en parte, la deficiente instrucción de los voluntarios–: utilización de cazadores, ataque a la bayoneta en columna y a paso ligero y formación de divisiones, son medios de combate y estructuras creados a lo largo del siglo XVIII por el ejército monárquico, como consecuencia de un instrumento nuevo, el fusil.

La caballería

Aunque los progresos de la caballería francesa fueron considerables, eran simples imitaciones de los procedimientos prusianos y austriacos. Las ordenanzas de 1776 y 1777 preceptuaron los escuadrones grandes, y las cargas al galope, breves e impetuosas, pero a intervalos y no en muralla; y, asimismo, la utilización de la columna contra la infantería, para abrir un boquete en las líneas enemigas.

La artillería de Vallière

La artillería fue revolucionada por los franceses. La ordenanza del 7 de octubre de 1732 hizo obligatorio en Francia el sistema Vallière, que persistió hasta 1765. El gran mérito de Vallière consiste en haber puesto orden. Patrocinaba una sola artillería formada por piezas de 5 calibres, de 4 a 24 libras, «aptas todas para atacar y defender las plazas, mientras que las tres primeras, combinadas a tenor de las circunstancias, eran especialmente apropiadas para la guerra de campaña; de manera que, en caso necesario, las plazas podrían proveer a los ejércitos y los ejércitos a las plazas». Estas palabras del hijo de Vallière constituyen la mejor definición de la obra de su padre y, al mismo tiempo, incluyen la crítica de dicha obra. Con la intención de simplificar, Vallière quiso utilizar material que tuviera doble finalidad, aunque en la práctica no responde por completo a ninguna finalidad. A pesar de que sus cañones eran algo ligeros, sin embargo aún resultaban demasiado pesados para el campo de batalla (el cañón del 4 pesaba 575 kilos; el de 24, 2.700 kilos); por otra parte, su ordenación indicaba un espíritu retrógrado: no quiso obuses; mandó que se cargaran los cañones con la cuchara, chapa abarquillada con un mango largo de madera, en lugar del saquete, para ir más despacio y ahorrar municiones; suprimió el alza, de manera que casi siempre era preciso disparar a ojo; permitió que subsistieran variantes en la fabricación, de tal manera que las balas fundidas para determinado cañón no servían para otro del mismo calibre; las piezas de los distintos cañones y cureñas no eran intercambiables.

Bélidor

Vallière intentó remediar el exceso de peso con la adopción, en 1740, siguiendo el ejemplo de la mayoría de los Estados del centro de Europa, del cañón ligero a la sueca, una pieza de 4 muy corta, que pesaba 300 kilos, que podía ser arrastrada a brazo y estaba servida por soldados de infantería; pero se negó rotundamente a aligerar los demás cañones. El físico Bélidor, profesor de la escuela de artillería de La Fère, demostró, en 1739, que el alcance no era proporcional a la carga de pólvora, y que en lugar de una carga equivalente a los dos tercios del peso de la bala, bastaba con una carga de un tercio. Muy pronto, todos los artilleros disminuyeron la carga de pólvora. En aquel momento, incluso se habría podido reducir el espesor de las piezas y su peso; pero Vallière se opuso encarnizadamente, y Bélidor incluso fue destituido.

Sin embargo, las guerras demostraron la necesidad de aligerar la artillería. Durante la guerra de los Siete Años, los austriacos emplearon una pieza ligera del 3 para acompañar a la infantería. En 1753, Broglie mandó horadar de nuevo las piezas del 8 y del 12, y las transformó en piezas del 12 y del 16, disminuyendo el espesor de las paredes, con lo cual logró que fueran más ligeras y más móviles.

La artillería de Gribeauval

Las transformaciones decisivas fueron obra del francés Gribeauval. Oficial de artillería, había reunido un tesoro de observaciones durante la guerra de los Siete Años, al servicio de Austria, y luego, mientras era prisionero del rey de Prusia, en 1762. Llamado a Francia por el ministro Choiseul, supo sacar partido de lo que había observado y dotó al ejército francés del mejor material del mundo, el material que hizo todas las guerras de la Revolución y del Imperio.

Gribeauval se dio cuenta de que era necesario especializar a los cañones, introducir en la artillería el principio de división del trabajo. Dividía las piezas en piezas de sitio (24 y 16) y piezas de campaña (12, 8 y 4). Aligeró las piezas de campaña reduciendo la longitud y el espesor: el peso de la pieza de 4 bajó de 575 a 300 kilos; la de 8, de 1.050 a 600 kilos; la de 12, de 1.600 a 900; también acortó y aligeró las cureñas; prescribió el uso del tiro por lanza, en el que los caballos forman un frente de dos, en lugar del tiro mediante limonera, en el que están en fila, uno tras otro; gracias a esa tracción, más eficaz, fue posible trotar e incluso galopar. Al fin, su artillería pudo desplazarse en todos los terrenos gracias a la prolonga y a la sopanda. La prolonga es, esencialmente, una cuerda que une, a varios metros de distancia, la cureña con el avantrén. De este modo, se pueden salvar fosos, y fuertes desniveles y, además, disparar en retirada, para lo cual basta con parar los caballos, y el cañón queda ya en posición de tiro. La sopanda es, en sustancia, un sistema de tirantes que permite que los hombres puedan arrastrar las piezas en el campo de batalla: ocho hombres son suficientes para arrastrar las piezas de 4 y de 8; 15, para las piezas de 12.

A partir de entonces, la artillería, móvil ya, puede acompañar a la infantería y apoyar sus ataques, y, asimismo, puede seguirla cuando se bate en retirada y protegerla.

Gribeauval aumentó la eficacia de esta artillería al adoptar los obuses y al aumentar el número de cañones: 4 piezas por cada mil hombres, en lugar de una; cada batallón disponía de dos piezas de 4 o cañones de infantería. Gribeauval mejoró el alcance y la penetración del proyectil: mandó que las balas se adaptaran mejor al alma de la pieza para disminuir el viento de la bala y las pérdidas de gases. Por ello, los cañones ya no se fundieron alrededor de un núcleo, el cual se deformaba por acción del calor y producía desigualdades en el alma, sino que se fundían macizos y luego se horadaban. Medidas de cobre calibradas, lentes y cilindros, permitieron la exacta comprobación de las dimensiones del alma y de la bala, lo cual hasta entonces había sido imposible. Los cañones se moldeaban al torno, y la ornamentación desapareció. Los oficiales pudieron notar los defectos del metal y conseguir cañones de reducido espesor pero de muy buena calidad, que no hacían explosión en la cara de los servidores. Los disparos de la artillería fueron más precisos merced a la utilización de miras y alzas, que aumentaron el alcance útil de los cañones y ampliaron el campo de acción de la artillería. Los disparos fueron más rápidos al utilizarse saquetes.

Amén de todo esto, Gribeauval simplificó las reparaciones. Facilitó a los obreros una tabla exacta de medidas determinadas a las que debían atenerse: patrones, mandriles, reglas de hierro, matrices y calibres; unificó la construcción de furgones y carros de cureñas y de avantrenes. Fuera cual fuera la procedencia, todas las piezas eran intercambiables; los cambios fueron factibles incluso cerca del campo de batalla.

En 1776, tras largas luchas, Gribeauval fue nombrado inspector general de la artillería y su sistema quedó adoptado definitivamente.

El cañón rayado

El artillero inglés Robins, en un libro que no se tradujo hasta el año 1771 (*Matemáticas que contienen los nuevos principios de la artillería*), había propuesto rayar las almas de los cañones para aumentar la precisión; pero, por razones teóricas, fue combatido por Euler, cuya autoridad impidió que se hiciera caso a Robins, a pesar de que los experimentos de este último habían sido satisfactorios. Por ello, una revolución de consecuencias mucho mayores que la precedente quedó retrasada.

La guerra nueva

Como resultado de esta transformación de las diversas armas, las condiciones de la guerra quedaron cambiadas por completo. A partir de entonces, el general podía obligar al adversario a aceptar batalla: una nube de cazadores que obligaría al enemigo a reducir la velocidad de su retirada, luego a pararse para responder al fuego y que incluso podría cortarle el camino; la rapidez con que la columna podía transformarse en línea, la posibilidad de atacar a la bayoneta en columna, eran razones que impedían la huida del adversario, muy fácil anteriormente mientras el general disponía sus tropas en orden de batalla. Al general le sería posible tratar de desbordar al adversario o amenazarle en la retaguardia: la eficacia del fuego de los cazadores y la reunión de las distintas armas en la división, harían factible que parte del ejército, firmemente adherido a los accidentes del terreno o a posiciones fortificadas, detuviera durante largo tiempo los ataques de un enemigo superior en número, intervalo que podía aprovechar el general para realizar un movimiento envolvente[1] con el resto de sus tropas. Finalmente, el general podía romper el frente del enemigo, ya mediante una columna de caballería, ya, como aconsejaba Guibert, con ayuda de una gruesa batería de artillería; una vez abierta la brecha, la infantería penetraría por ella para desplegarse por detrás, para caer sobre el ala enemiga más comprometida y destruirla. Merced a las columnas «a la Guibert», el general podía modificar rápidamente su dispositivo en plena batalla, y sorprender al enemigo de cien maneras distintas. Todos estos cambios brindaban la posibilidad de sustituir la «estrategia de los accesorios» por la verdadera guerra, la guerra cuyo fin es destruir los ejércitos enemigos, la guerra breve y rápida de aniquilamiento.

Pero los generales aún no habían entrado en ello. Incluso durante la Legislativa guerrearon a la manera antigua, y fueron precisos muchos años de lucha, durante la Revolución, para pasar de la teoría a la práctica. Pero Guibert lo había comprendido todo, todo lo había presentido y anunciado, y afirmó:

Un ejército bien constituido y bien dirigido nunca deberá hallarse ante una posición que le pueda asombrar. El general capaz de librarse de los prejuicios establecidos pondrá en aprietos al enemigo, le cogerá desprevenido, no le dará respiro nunca, le obligará o a luchar o a retroceder sin descanso ante sus tropas. Me atrevo a suponer que existe una manera de dirigir los ejércitos que es más ventajosa, más decisiva y más adecuada para conseguir grandes éxitos que la que hemos utilizado hasta el presente… Un hombre surgirá, que quizá hasta entonces estuvo

1. Esto es precisamente lo que había hecho Federico II en la batalla de Zorndorf: el cuerpo de Ziethen detuvo el ejército enemigo, mientras Federico, con el grueso de los prusianos, le envolvía.

confundido entre la muchedumbre y en la oscuridad, un hombre que no se habrá formado un prestigio ni con sus palabras ni con sus escritos, un hombre en fin que quizá ignorará su talento y que sólo lo habrá notado al utilizarlo. Este hombre se adueñará de las opiniones, de las circunstancias y de la suerte, y, por encima de los grandes teóricos, dirá lo mismo que el arquitecto práctico decía del arquitecto orador ante los atenienses: todo lo que os acaba de decir mi contrincante, yo lo llevaré a cabo.

Napoleón Bonaparte iba a convertir en realidad el sueño de Guibert.

El dios de la guerra está a punto de revelarse, puesto que ya hemos oído la voz de su profeta.[1]

La expansión europea

En aquel entonces, los europeos eran muy superiores a los demás pueblos, no sólo por el material y por sus facultades maniobreras, sino también en virtud de la disciplina y del entrenamiento, que creaba la ilusión de que el europeo era un tipo especial de hombre, dotado de una sangre fría, de una energía, de una tenacidad y de un valor incomparables. En aquella India en la que los guerreros más valientes eran presa, por carecer de la disciplina necesaria, de los más lamentables pánicos, el Mahrata Sindhia les decía a los ingleses, en 1779:

¡Qué valientes son vuestros soldados! ¡La línea que forman es como una red de ladrillos¡ cuando un ladrillo cae, otro cierra la brecha: éstas son las tropas que quisiera mandar.

Esta superioridad no sólo les proporcionaba a los europeos la victoria y súbditos, sino también aliados y amigos. Fue uno de los principales medios de que dispusieron para penetrar en todas las partes del mundo y para encaminar sus pasos hacia la dominación universal.

1. J. Colin.

CAPÍTULO II

LA REVOLUCIÓN NAVAL

Los ingenieros

Los grandes principios de los barcos de vela habían sido establecidos a partir de los trabajos de Daniel Bernouilli, en 1738, y de Euler, en 1749. Las Academias de Ciencias y las de Marina siguieron durante todo el siglo proporcionando datos científicos para los planos de construcción naval, que una legión de hábiles constructores con profundos conocimientos matemáticos, mecánicos y físicos supieron llevar a la práctica. «A partir de entonces, el período empírico, el período de los carpinteros de ribera de Luis XIV, que trabajaban según métodos personales y según modelos que se transmitían de padres a hijos, quedaba definitivamente cerrado. El artesano es sustituido por el ingeniero... Entre las obras del siglo anterior y las del reinado de Luis XV media la misma distancia que separa la obra de un simple obrero, por muy hábil que sea, del resultado obtenido con la colaboración de matemáticos, de sabios y de ingenieros especializados.» Esta situación de hecho recibió su consagración oficial. En Francia, la ordenanza de 1765, asignó a los constructores el nombre de «ingenieros de la marina», que se formaban en la Escuela de Ingeniería marítima. El caballero de Borda, inspector desde 1784 de las construcciones navales, creador de nuevos métodos, dio impulso al movimiento científico.

Los barcos

La velocidad y la capacidad maniobrera aumentan. La eslora de los barcos varía entre los 40 metros, para los grandes barcos de comercio, y los 60 metros, para los grandes buques de guerra, mientras que la manga representa el tercio o el cuarto de la eslora. Los costados del barco de guerra retroceden hacia el interior desde la batería baja hasta el puente superior y el hecho de ampliarse la superficie a medida que se aproxima a la

172

quilla, aumenta la estabilidad. Las líneas son más primorosas y la ornamentación y las esculturas van desapareciendo poco a poco. La proa se eleva mientras que la altura de la popa se reduce: el castillo de popa queda sustituido por una toldilla que sobresale en el alcázar, y más tarde, en tiempos de Luis XVI, se suprime la toldilla. Con ello, disminuye la resistencia del aire. El casco de los barcos estaba recubierto, por debajo de la línea de flotación, de clavos de cabeza ancha, muy próximos unos a otros. El conjunto resultaba pesado, y pronto se hacía más pesado todavía al adherírsele algas y conchas. Los ingleses suprimieron los clavos y en su lugar colocaron delgadas plan-chas de cobre, más ligeras y que facilitaban el desliza-miento. Los franceses co-piaron un barco inglés que habían apresado. En julio de 1778, fue botada la fra-gata *Ifigenia*, el primer barco francés forrado de cobre; pero el precio del forro era muy elevado y, además, debía cambiarse con frecuencia.

Navegando de bolina

También se refuerza el aparejo; los mástiles y las vergas se conservan mejor y la superficie de velamen es aumentada. Las velas son más numerosas y se puede presentar a la fuerza de la brisa la superficie precisa. Un conjunto de cabos permite realizar las maniobras fácil-mente y con exactitud; los barcos viran y evolucionan en todos sentidos con seguridad; pueden navegar de bolina, es decir, navegar de modo que la dirección de la quilla forme con la del viento el menor ángulo posible.

«Estos buques tienen ya un aspecto moderno, y, bajo este punto de vista, están mucho más próximos a los barcos de vela del siglo XIX que a los de Luis XIV.»

Poco a poco los marinos pueden dirigir los barcos con mucha mayor seguridad. En Francia en 1720, en Inglaterra y en Holanda en 1740, los gobiernos crearon archivos de mapas y planos, así como diarios y memorias acerca de la navegación. La corredera, que sirve para medir la velocidad de los barcos, fue perfeccionada al añadírsele un peso que, en parte, la sustraía a la acción de las corrientes marinas. Los instrumentos de reflexión: el octante, formado por la octava parte del círculo o 45°, puesto en su punto por el inglés Hadley a partir de 1731, y luego el sextante, sexta parte del círculo o 60°, hacia 1750, permitieron seguir todos los movimientos del mar, tomar la altura del Sol al mediodía con un error de uno o dos minutos de arco, y calcular la latitud más exactamente; pero muchos marinos siguieron aferrados a la arbalestrilla, con la que se cometían errores de hasta 30 minutos.

El principal problema resuelto fue el de las longitudes. Los marinos hubieran podido determinarlas observando el momento en que ocurría un fenómeno celeste y calculando luego el momento en que dicho fenómeno podía ser observado desde un lugar conocido; también hubieran podido valerse de los eclipses de Sol y de Luna, poco frecuentes; del examen, difícil, de los satélites de Júpiter; de la distancia de las estrellas a la Luna; pero para todo ello es preciso hacer muchos cálculos. Todo esto era poco práctico y estaba por encima de las aptitudes de la mayoría de los capitanes. El método más sencillo era basarse en las diferencias de hora: cuando el Sol ocupaba el punto más elevado de su curva en el paraje en que se halla el barco, al mediodía, y teniendo en cuenta la hora del lugar del que se partió o de otro lugar tomado como origen, se obtiene fácilmente la longitud con sólo saber que una diferencia de cuatro minutos de tiempo representa una diferencia de un grado de arco.

Pero la dificultad estribaba en que los relojes no conservaban el horario del punto de partida, se desquiciaban por el camino a consecuencia del cambio de latitud y de los movimientos del mar. Esto explica que aunque era muy raro cometer error importante al medir latitudes, los marinos incurrían en errores de bulto al calcular las longitudes. En 1750 las cartas inglesas y holandesas colocaban la costa oriental de Terranova a 9° de su posición exacta. En 1765 se daban errores de varios grados al situar los cabos de Buena Esperanza y Hornos, a pesar de que se hallaban en rutas marítimas muy frecuentadas; en los mapas podían verse hasta tres archipiélagos Galápagos y varias islas de Santa Elena. Los marinos iban tras tierras huidizas. Se veían obligados a colocarse en la latitud del lugar al que querían llegar, y entonces ponían rumbo hacia el este o hacia el oeste hasta ver tierra. Pero, ¡cuántos errores y cuántos accidentes tenían origen en ello! Así, por ejemplo: en 1741, el capitán inglés Anson, a consecuencia de haberse desviado de su longitud, erró durante un mes entero por el sur del Pacífico en busca de la isla de Juan Fernández: 80 personas de la tripulación murieron de escorbuto. Otro caso: en 1763, el barco francés *Le Glorieux* se dirige hacia el cabo de Buena Esperanza; el capitán cree estar al este de las islas de Cabo de Verde, cuando en realidad se halla al oeste; pone, pues, rumbo al oeste y llega... al Brasil. Y aún otro: en 1775, el barco inglés *Union* se dirige a Gibraltar: cuando creía hallarse a 40 millas del cabo de Finisterre, embarranca en un banco de arena ante la isla francesa de Ré.

En 1714 el Parlamento de Inglaterra ofreció una recompensa de 20.000 libras a quien diera con un método para hallar la longitud en alta mar con un error de medio grado. Después de cuarenta años de trabajo, el carpintero inglés Harrison fabricó un cronómetro. Este cronómetro fue instalado en 1761 a bordo de un barco que se dirigía a Jamaica; al regresar a Inglaterra, al cabo de 147 días, sólo había variado en un minuto y cincuenta y cuatro segundos. El problema quedaba resuelto, ya que medio grado de arco corresponde a dos minutos de tiempo. Pero como la construcción del aparato de Harrison era muy complicada, el Parlamento le dio 10.000 libras y prometió entregarle la otra mitad para cuando hubiera logrado que la aplicación de su instrumento fuera lo bastante sencilla para ser fácilmente imitado. Dos franceses perfeccionaron el cronómetro: Le Roy, que en 1766 inventó el resorte espiral isócrono, el escape y el balancín compensador; y Berthoud, quien, entre 1767 y 1771, construyó numerosos cronómetros. Entre 1767 y 1772, varios barcos franceses fueron dotados de cronómetro con resultados satisfactorios, y en 1772, el cronómetro de Harrison hizo posible el segundo viaje de Cook. Pero el nuevo invento sólo muy poco a poco llegó a ser de uso corriente: incluso durante la guerra de América los almirantes cometieron grandes errores al calcular las longitudes.

Los buques de guerra

Poco a poco fue aumentando la potencia de la marina de guerra y, al mismo tiempo, disminuyó el número de tipos al eliminarse los más débiles. Las dimensiones alcanzadas por los grandes buques de guerra ya nunca fueron sobrepasadas en la navegación a vela.

Se establecía una distinción en buques de línea, para el combate; fragatas, para los reconocimientos y los combates rápidos; corbetas, para transmitir órdenes. Los buques de línea podían ser de uno, dos o tres puentes. El de un puente estaba armado con 50 cañones, de 12 y de 8, y poseía una dotación de 300 hombres; el de dos puentes llevaba 64 cañones de 24 y 12, o bien 80 de 36 y de 18, en dos baterías superpuestas, y una tripulación de 500 a 800 hombres; el de tres puentes, de 900 a 1.200 hombres y de 90 a 120 cañones: en la batería inferior iban piezas de 36, en la segunda de 18 y en la tercera de 12; las piezas de los castillos eran de 6 y las de la toldilla de 4. Las fragatas podían ser de 20 cañones de 6, de 30 de 8 o de 40 de 12. Estas últimas correspondían a los buques de cuarta fila de la época de Luis XIV, que habían desaparecido. Las corbetas, cuya dotación se componía de 70 a 80 hombres, estaban armadas por vez primera con 12 piezas de 4, y así podían ya tomar parte en los combates.

En el último tercio del siglo, el buque de un puente fue suprimido, porque se le consideraba incapaz de entrar en línea; el dos puentes de 64 ya no era considerado como barco de primera línea y pronto habría de desaparecer. Los verdaderos buques de combate eran los de dos puentes de 74 y 80 cañones y los de tres puentes de 110 a 120 cañones. Todos llevaban piezas de 36 en la batería inferior; los de tres puentes iban armados con piezas de 24 en la segunda batería, mientras que en los de 74 cañones las piezas eran del 18.

El barco *États-de-Bourgogne*, que entró en el astillero en 1785, tenía las siguientes características: 118 cañones, 1.092 hombres de tripulación, 63 metros de eslora, 16,96 metros de manga y 8,08 metros de puntal desde el plan hasta el puente superior, y 3.162 m^2 de velamen. Podía llevar víveres para 180 días y agua para 120 días.

Los cañones llegaban a hacer hasta cinco disparos por minuto cuando la tripulación estaba bien entrenada; si se le imprimía determinada inclinación, la bala alcanzaba hasta 4.000 metros, pero su alcance útil era de 500 a 600 metros.

En 1774, las fábricas de Carron, en Escocia, fundieron una pieza nueva, la carronada. Era corta, estaba montada sobre una cureña carente de retroceso, pesaba sólo el tercio de un cañón del mismo calibre, y necesitaba menor número de servidores. Cierto que los disparos no eran tan precisos y que el alcance era menor; pero se pudo armar los buques pequeños y los castillos con piezas de calibre mucho mayor que el que permitían los cañones. Los ingleses la utilizaron en seguida; pero en la marina francesa no se utilizó hasta la Revolución.

Táctica y estrategia navales

Los cañoneros aprovechaban los balanceos para disparar. El método francés consistía en disparar cuando la pieza se levantaba, para desarbolar; en cambio, los ingleses disparaban cuando la pieza descendía, «en plena madera». La intención no era hundir los barcos del enemigo, ya que la madera del casco era muy gruesa en la línea de flotación y el aumento del volumen de las fibras bastaba para taponar el boquete, que sólo llegaba a tener 17 cm. para una bala de 36; lo que ocurría es lo siguiente: las balas hacían saltar astillas de la madera, astillas que resultaban peligrosas para los marinos adversarios, quienes trataban de protegerse mediante redes atadas de porta a porta y mediante tupidas telas arrolladas a la cabeza. El método inglés era mejor; los marinos ingleses reparaban muy pronto las averías que habían producido en el aparejo los proyectiles franceses, muchos de los cuales se perdían; en cambio, eran pocas las balas inglesas que se perdían, ya que el objetivo era más amplio y era posible un rebote sobre el agua; las pérdidas de efectivos, muy elevadas, a menudo obligaban al adversario a cesar en el combate. Esta superioridad de los ingleses fue la principal causa de sus victorias.

Desde mediados del siglo XVII la táctica había declinado. La potencia de la artillería había concentrado la atención en averiguar el mejor modo de utilizar los cañones. Las facultades maniobreras de los barcos permitían evoluciones inteligentes y ordenadas, y quizá hubo influencia de las ideas que estaban en boga en el ejército. Primeramente los ingleses, y luego las demás marinas, formaban las naves en una línea recta, trazada a cordel, con lo cual la parte delantera de un barco quedaba muy cerca de la popa del que le precedía, es decir, «bauprés sobre popa». La línea era sagrada: los barcos antes debían dejarse abordar que permitirle al enemigo atravesar la línea; ningún navío había de abandonar su posición en la fila, ni siquiera cuando estaba desamparado; no debía romper la formación para perseguir al enemigo, sin orden expresa del almirante; la única obligación del jefe era velar por la integridad de la fila. Por consiguiente, cualquier maniobra resultaba imposible y a menudo el combate se reducía a un cañoneo sin resultados decisivos. Maurepas, Secretario de Estado de la marina francesa, decía: «¿Sabéis en qué consiste un combate naval? Se maniobra, se disparan cañonazos, y luego cada armada se retira... y el mar sigue siendo tan salado como antes».

Es decir, era imposible destruir la flota enemiga. Además, los barcos eran muy caros y se tenía miedo a perderlos. Se evitaba todo lo posible a las flotas del adversario, y los marinos adoptaban una especie de «estrategia de los accesorios»: ataques contra el comercio enemigo mediante corso, realizado por las fragatas; conquista de las colonias, desembarco temporal en un punto de la costa enemiga para destruir las instalaciones.

El apogeo de este sistema de guerra ocurrió en diciembre de 1778, fecha en que mientras franceses e ingleses luchaban por la posesión de la isla de Santa Lucía, en las Antillas, «pudo verse el extraño espectáculo de dos escuadras inmóviles junto a una isla, cuyo dominio se disputaban las tropas de desembarco»; y, en 1781, cuando por los mismos días salieron de la Mancha cuatro flotas: dos inglesas para abastecer Gibraltar y atacar El Cabo, y dos francesas para abastecer las Antillas y defender El Cabo, pero a nadie se le ocurrió que la misión se hubiera realizado más fácilmente o, mejor dicho, hubiera resultado inútil si se hubiera destrozado la flota enemiga cuando salía al océano, donde en realidad cada escuadra sólo pensó en evitar a la otra.

Al iniciarse la guerra de América, el conde de Broglie, hermano del mariscal, aconsejó un combate destructivo para desembarcar en Inglaterra y acabar de una vez; pero sus sugestiones no fueron atendidas.

Suffren

El gran revolucionario de la estrategia naval fue un francés, el caballero de Suffren. Perteneciente a una familia de magistrados provenzales, era gordo y barrigudo, purpúreo, apoplético; estaba siempre en movimiento, y, autoritario y ambicioso, poseía una energía sin límites, una voluntad de hierro. En 1781 se le encomendó la defensa de El Cabo, misión que llevó a cabo a las mil maravillas; luego tuvo que reforzar la escuadra de la isla de Francia, en el Océano Índico, escuadra que cayó bajo su mando a la muerte de su almirante; realizó, en 1782 y 1783, la famosa campaña de las Indias, en el curso de la cual derrotó cinco veces a las escuadras inglesas, y con ello presentó en bandeja la victoria a los ejércitos terrestres, logrando que los hindúes le apodaran el almirante-diablo y que muchos de ellos le consideraran un dios. No había hecho más que aplicar los principios que le había sugerido toda una vida de combates.

Destruir la flota enemiga equivale a cumplir todas las misiones. Por consiguiente, Suffren busca la escuadra enemiga y la ataca donde sea, incluso en una rada, sin preocuparse en lo más mínimo de las baterías terrestres, que no pueden disparar eficazmente en una pelea en la cual podrían dar tanto a amigos como a enemigos. Como quiera que la alineación resultaba perjudicial, paralizada, Suffren prescribe la «formación en línea de batalla según un orden natural»; en su campo, es un «Filósofo». Para que un ataque sea eficaz no debe consistir en un cañoneo a distancia; es preciso acercarse a tiro de pistola (30 pasos aproximadamente), y el mismo Suffren da el ejemplo a pesar de que las balas hacen saltar a su alrededor la madera de la toldilla, de cuyo efecto escapa de milagro. Y, sobre todo, es preciso envolver y destruir el mayor número posible de buques enemigos. El punto más sensible de una línea de batalla es la cola. Por eso, Suffren ataca por la parte posterior, al mismo tiempo que inmoviliza

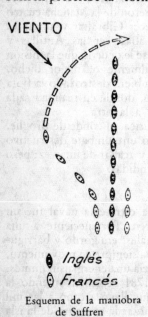

VIENTO

🝕 Inglés
🝕 Francés

Esquema de la maniobra
de Suffren

la cabeza de la fila enemiga, amenazándola con su maniobra. De este modo, con menor número de barcos que el enemigo es superior en el punto esencial y logra una victoria decisiva.

Estos principios, que tan sencillos nos parecen, representaban un cambio tal frente a las ideas de la época, que Suffren nunca llegó a ser comprendido por sus subordinados y, a pesar de sus explicaciones, sus órdenes siempre fueron mal ejecutadas. Suffren «ha renovado la táctica y la estrategia naval, y ha realizado en el mar una revolución semejante a la que algunos años más tarde había de realizar Napoleón en la dirección de los ejércitos. Por ello, Suffren ocupa lugar destacado entre los grandes genios de la guerra».

Enriquecidas con todas estas técnicas, las flotas europeas son las únicas que recorren y dominan los mares, y los únicos que llegan a todas partes del mundo son los europeos.

El barco de vapor

Y surge el barco de vapor. En 1753, la Academia de Ciencias de París abre un concurso para premiar trabajos que estudien los sistemas de suplir la acción del viento. El marqués de Jouffroy-d'Abbans buscó la solución. En 1775, después de haber visto en París la «bomba de fuego» de Chaillot, se le ocurrió aplicar a los barcos la máquina de vapor de efecto simple de Watt. Supo calcular la resistencia que había que vencer, y descubrir el sistema de transmisión. Con algunos nobles fundó una pequeña sociedad y botó en el río Doubs un barco de vapor provisto de remos articulados, con el cual navegó en junio y julio de 1776. Pero como los remos funcionaban mal, se le ocurrió utilizar ruedas de paletas, en uso a partir de entonces, y, el 15 de julio de 1783, logró remontar el curso del río Saona en Lyon, ante 10.000 espectadores. Entonces, Jouffroy-d'Abbans quiso explotar su invento; pero los financieros le exigieron como garantía un privilegio de 30 años. Antes de concederlo, el ministro Calonne mandó que el invento fuera estudiado por una comisión de la Academia de Ciencias, que no quedó convencida: la máquina de efecto simple no era adecuada para el movimiento de rotación continua que se necesitaba. La comisión le exigió que volviera a realizar sus experimentos en el Sena, en París; pero Jouffroy ya no disponía de dinero, muchos nobles le despreciaban, el público se burlaba de él, por lo cual abandonó la partida en el momento en que la máquina de doble efecto iba a allanar todas las dificultades.

La máquina de doble efecto de Watt, que transmitía un movimiento de rotación perfectamente regular, fue introducida en América en 1781. Los márgenes pantanosos y arbolados de los ríos impedían que los barcos fueran izados a tierra; los que habían navegado siguiendo la corriente en sentido descendente, ya no podían remontarla y por eso eran desguazados. Esto explica que el barco de vapor fuera más necesario todavía. En 1784, el americano Fitch ideó un barco de vapor, cuyas pruebas se efectuaron en 1787 en el río Delaware, llevando a bordo a Washington y a Franklin. El entusiasmo se desbordó; en Filadelfia quedó constituida una compañía al frente de la cual figuraba Franklin, las suscripciones afluyeron y el gobierno concedió un privilegio. Fitch prosiguió sus ensayos; pero su sistema de propulsión, que esencialmente se basaba en barras de madera horizontales, movidas por el vapor, y sobre las cuales había fijado remos corrientes, ocasionaba mucha pérdida de fuerza y estaba sujeto a averías. Además, como la máquina había sido construida por simples herreros del país, era muy defectuosa. El público creyó que su manutención y reparación exigiría cuantiosos gastos, que saldría muy cara. Se produjo un revés. Fitch, abandonado de todos, acusado de loco, se suicidó en 1793. La solución habría de hallarla, a principios del siglo XIX, su compatriota Fulton: esta solución iba a cambiar por completo las condiciones de la navegación, de los transportes, en una palabra, toda la economía.

CAPÍTULO III

LA REVOLUCIÓN FINANCIERA E INDUSTRIAL

La mentalidad utilitaria

En la Europa del siglo XVIII prosigue la revolución financiera de los dos siglos anteriores y se produce, sobre todo a patir de 1760, una verdadera revolución industrial que inaugura la era del maquinismo. El interés se centra en las artes mecánicas. El mayor diccionario del siglo es la *Enciclopedia, Diccionario razonado de las Ciencias, de las Artes y de los Oficios*, en cuyos 17 volúmenes de texto y 11 de láminas figuran las más valiosas noticias acerca de numerosos mecanismos y acerca de una infinidad de procedimientos de fabricación. La técnica es celebrada por los escritores. D'Alembert, en el *Discurso preliminar de la Enciclopedia* (1751), se asombra del «menosprecio en que se tienen la artes mecánicas» e incluso «sus mismos inventores» y de que «los nombres de estos bienhechores del género humano sean casi todos desconocidos, mientras que nadie ignora la historia de sus destructores, es decir, de los conquistadores. Y sin embargo, quizá entre los artesanos es donde deban buscarse las más admirables pruebas de la sagacidad de la mente humana, de su paciencia y de sus recursos...». Y se pregunta: «...ciñéndonos a la relojería, ¿por qué los individuos que han inventado la espiral, el escape y la repetición, no son tan considerados como quienes se han dedicado a perfeccionar el álgebra?». Y Voltaire se exalta:

¿Quién lo creería? Un loco, después de haber repetido durante dos años todas las idioteces escolásticas, obtiene sus cascabeles y su cetro de bufón en una pública ceremonia; se pavonea y puede decidir; y es precisamente esta escuela de Bedlam la que conduce a los honores y a las riquezas. Mientras que a Tomás y a Buenaventura les han dedicado altares, los inventores del arado, de la lanzadera, de la garlopa y de la sierra son desconocidos.

La multiplicación de los capitales

Los progresos de la industria habrían sido imposibles sin contar con capitales y medios especiales de pago. Pero, a lo largo del siglo, los capitales se fueron acumulando, los medios de pago se multiplicaron, y tanto los precios como los beneficios y los salarios fueron subiendo. Por una parte aumentaron las existencias de metales preciosos, y por otra, se perfeccionaron y difundieron las técnicas financieras.

La abundancia de metales preciosos

El comercio, especialmente el gran comercio marítimo y colonial, acumula capitales en el occidente europeo, donde se concentra, a lo largo del siglo, la mayor parte de la producción mundial de oro y de plata, cuya abundancia va en aumento constante. El mayor productor de dichos metales es la colonia española de México, donde se descubren nuevos yacimientos; pero hay muchos más.[1] La afluencia de metales preciosos beneficia sobre todo a los Estados del occidente de Europa. Inglaterra, a partir del tratado de Methuen (1703) con Portugal, recibe mucho oro del Brasil; y después del tratado de París (1763) se apodera del comercio del Industán, puerta del Extremo Oriente, y moviliza sus metales preciosos. Francia recibe mucho metal precioso del Imperio Español, gracias al gran comercio que mantiene con España e incluso directamente con el Imperio merced a la connivencia de mercaderes españoles de Cádiz. Holanda se

---

1. La producción mundial en kilos, sería, según Soetber:

	Plata	Oro	Coeficiente de incremento
1701-1720	335.000	12.820	1,08%
1721-1740	431.200	10.080	21,26—
1741-1760	533.145		23,64—
1761-1780	652.740		22,34—
1781-1800	879.060		34,67—

beneficia de esta corriente pero en menor cantidad, porque su industria está en decadencia y produce cada vez menos productos para exportar. Los demás Estados de Europa se benefician poco de ello: los unos, como España y Portugal, porque en la práctica carecen de sus metales preciosos pues se ven obligados a realizar grandes importaciones; otros, por ejemplo, Austria, Prusia y Rusia, porque son demasiado continentales, su comercio es escaso y carecen de colonias.

Pero los metales no habrían sido suficientes para efectuar los pagos. Su circulación lenta era causa de que se notara aún más la insuficiencia de su volumen. Además, la manipulación era costosa y llevaba implícita peligro de robo. En Francia, todavía en 1782, en las grandes ciudades comerciales podía verse el 10, el 20 y el 30 de cada mes, desde las 10 hasta las 12 de la mañana cómo corrían presurosos en todas direcciones los portadores de sacos de plata, que se doblaban por el peso de la carga. Las Mensajerías transportaban de ciudad en ciudad sacos de 200 escudos de 6 libras colocados en cajas planas, protegidas con pajas y atadas, mediante pago de un canon de 2 libras por cada mil libras hasta una distancia de 20 leguas, y una libra por mil por cada diez leguas suplementarias. Eran razones más que suficientes para que el comprador se echara atrás.

El papel moneda

En el siglo XVIII también se conoce toda la técnica bancaria. Creada poco a poco, a partir de la Edad Media, en las grandes ciudades del comercio internacional (Venecia, Génova, Ginebra, Amberes, Augsburgo), notablemente desarrollada en el siglo XVII por los holandeses, que la trasladaron a Inglaterra, progresó durante las grandes operaciones de crédito que exigía la Guerra de Sucesión española, y se perfeccionó aún más en el siglo XVIII, hasta introducirse en los grandes Estados del continente por mediación de Francia y llegar incluso al este de Europa.

Los billetes de Banco

Las operaciones bancarias son realizadas por los bancos estatales (Londres, Amsterdam) y privados, por los notarios y los corredores comerciales. Estos reciben en custodia *depósitos* de metales preciosos, que guardan a salvo de robos e incendios, y efectúan los pagos entre sus depositarios mediante simples *transferencias*, sin gastos, sin pérdida de tiempo y sin peligro. Se valen de estos depósitos para emitir *billetes de banco*, que no son más que promesas de entregar metal precioso a la simple presentación del billete. La experiencia les enseñó que los poseedores de billetes no se presentaban todos al mismo tiempo para cambiarlos por oro o plata, que era posible emitir billetes por un valor nominal superior al del metal precioso que les sirve de garantía; con ello, aumentan los medios de pago. Además, el billete circula más rápidamente que el metal y, por consiguiente, el uso del billete significa un aumento del numerario en circulación, de los capitales disponibles. El billete moviliza y multiplica los capitales. Circula en un sector más o menos alejado del lugar de emisión, sea en la ciudad, en la provincia, en el Estado o en varios Estados, según la confianza que inspira quien los ha emitido.

Letra de cambio

Los banqueros descuentan *letras de cambio,* que son órdenes de pagar a una fecha ulterior determinada, que el proveedor entrega al comprador en espera de que éste pueda vender la mercancía y pagarle. Si el proveedor necesita efectivo, lleva la letra de cambio que ha girado sobre el comprador a un banquero, el cual se la *descuenta,* es decir, que le paga el importe de este efecto comercial deduciendo cierto interés; luego, al vencimiento, el banquero lo cobrará al firmante. Si, a su vez, el banquero necesita dinero, puede hacerse *redescontar* la letra de cambio por otro banquero. La letra de cambio representa el valor de una mercancía; por consiguiente, es un capital. Puede garantizar billetes: el banquero tiene la facultad de ir emitiendo papel moneda al proveedor a cambio del efecto comercial, sin necesidad del correspondiente depósito en metal precioso. La letra de cambio permite transferir cómodamente fondos de una ciudad a otra, incluso de un Estado a otro Estado. Por ejemplo: supongamos que se realiza un cambio de mercancías entre Londres y París, y que numerosas letras de cambio han sido entregadas por los comerciantes ingleses a los franceses y viceversa. Si John tiene una letra de cambio de Jean por valor de 3.000 libras, y Peter entregó a Pierre otra letra de cambio por otras 3.000, al llegar el vencimiento basta con que Peter pague a John y Jean pague a Pierre para que las deudas queden canceladas sin necesidad de transferir el dinero de una ciudad a otra. O bien, si la letra de cambio que recibió John importaba 3.100 libras, a Jean le bastará simplemente enviar 100 libras en metal. La dificultad estriba en equilibrar los créditos y las deudas; pero esto no representa ningún inconveniente para los banqueros londinenses y parisienses que descuentan numerosas letras de cambio, y al final todo se reduce a enviar pequeñas cantidades de dinero a través del Canal de la Mancha.

Préstamos, rentas, acciones, obligaciones

Los banqueros *comanditan* los negocios industriales, es decir, adelantan dinero. Hacen *préstamos hipotecarios,* cuya garantía pueden ser tierras o el material y los edificios de una explotación agrícola o de una manufactura. Prestan sobre *títulos,* acciones u obligaciones, o sobre *descubierto,* es decir, fiándose únicamente de la honradez personal del comerciante o industrial, y le conceden o bien un descubierto accidental y pasajero (facilidad de caja) o bien un descubierto permanente (crédito abierto).

El Estado y los particulares toman a préstamo por medio de *rentas perpetuas* o *vitalicias,* con un certificado *nominal* a nombre del prestador, modalidad que evita las consecuencias de pérdida o de robo, o bien certificados *al portador,* con *cupones* que se cortan para cobrar las rentas del capital, modalidad que permite muchas facilidades para escapar al fisco. Los comerciantes y los industriales toman préstamos y entregan al prestador un *título* de crédito que le otorga *acción* legal sobre los fondos de la sociedad. Existen también acciones nominales y al portador con cupones, todas ellas del mismo valor nominal para simplificar las cosas. De este modo, se constituyen verdaderas *sociedades anónimas*, con su consejo directivo integrado por varios miembros y con su asamblea general de accionistas, que nombran delegados para vigilar la actuación de los directores. La acción produce un interés variable: el dividendo. Pero las sociedades emiten también *obligaciones* o *anualidades*, de interés fijo, reembolsables por sorteo y, a veces, con premio. Además, existen loterías, que son verdaderos préstamos con premios.

La Bolsa

En caso de necesidad, tanto las acciones como las obligaciones y las rentas pueden venderse. Estas operaciones se realizan en las *Bolsas*, por mediación de *agentes de cambio*, obligados al secreto. Estos agentes determinan el valor de los papeles negociados, o cotización oficial, que se publica en diarios especiales. La especulación se mezclaba en todo ello. Era ya conocida la operación *a plazo* que es una especie de *apuesta*. La venta se efectúa a un precio convenido señalando plazo de entrega; si, al vencer el plazo, las acciones han subido, el comprador obtiene un beneficio, mientras que si han bajado es el vendedor quien saca el provecho. La operación podía realizarse *en firme*, ejecutoria de todos modos, o *con prima*, en cuyo caso debía pagarse una compensación si la operación no había dado los resultados apetecidos. Se conocían las *prórrogas*, o ampliación del plazo convenido mediante pago de un porcentaje al vendedor. Era muy frecuente la *venta en descubierto*, es decir, la venta en firme de acciones que el vendedor no posee; si bajan, el vendedor las compra y las entrega a su cliente, que se las paga al precio antiguo, y el vendedor se queda con la diferencia; pero si suben, es el vendedor quien experimenta pérdida, puede comprar durante el mismo día las acciones que vendió, entregarlas como un préstamo ligeramente inferior y añadir la diferencia; pero si la subida fue muy fuerte, queda arruinado. Los seguros de vida estaban también relacionados con estas especulaciones. Ya se habían producido luchas encarnizadas entre los jugadores a la alza y a la baja, que intentaban, en descubierto –los primeros mediante compras en masa y los últimos mediante ventas también en masa– hacer variar la cotización en beneficio propio. Se explotaban las noticias políticas: una victoria o una derrota, un tratado o una negociación, la posibilidad de un cambio de ministro o de favorita, una nueva orientación política, que pronosticaba que cierta factoría colonial o un gran mercado iban a cambiar de manos, eran motivos que hacían variar prodigiosamente el cambio de las acciones de las compañías comerciales. También sabían sacar partido de las noticias falsas y de las intrigas políticas. El alto comercio seguía a la política y a menudo influía en ella.

En resumidas cuentas: todos los procedimientos fundamentales estaban ya en uso pero no en todos los países por igual.

El papel moneda en Holanda

Desde hacía largo tiempo y gracias a su comercio mundial de comisión y a su papel de «traficante de los mares», Holanda era el país de Europa en el que todos estos procedimientos habían sido utilizados con el mayor virtuosismo por el Banco y la Bolsa de Amsterdam. En Amsterdam se negocian letras de cambio de toda Europa y en su Bolsa se cotizan todos los valores mobiliarios. En el siglo XVIII y para sus colonos de Surinam los holandeses inventan el préstamo hipotecario: el crédito de los prestadores viene garantizado por las plantaciones. Los préstamos consentidos por Holanda permiten la explotación agrícola no sólo de sus propias posesiones, sino también de las Indias occidentales (Antillas) francesas e inglesas, así como de las colonias danesas. La tercera parte de los capitales invertidos en las empresas industriales de los diversos Estados alemanes la aportó Holanda. En 1787, los holandeses poseen 123 millones de renta en el extranjero, es decir, la considerable cantidad de 62 francos por habitante. Sin embargo, su importancia relativa va disminuyendo a partir de 1750, a consecuencia del auge de los imperios coloniales, así como del comercio y de la industria de otros países. Concretamente la industria holandesa decae porque los Estados mercantiles limitan la exportación de las materias primas que precisan los neerlandeses; al verse obligados a comprar buena parte de los objetos que luego habrán de cambiar, resulta que venden más caro que los países productores. El comercio holandés se queda atrás. Amsterdam experimenta una menor afluencia de capitales.

En Inglaterra

Gracias al florecimiento de su gran comercio marítimo y de su industria después del tratado de Utrech (1713), que reduce la competencia francesa, y, en especial, después del tratado de París (1763), que le abre la India, Inglaterra adquiere una preponderancia que va en aumento. Los capitales afluyen. El Banco de Escocia paga dividendos del 20 por 100. Gracias al Banco de Inglaterra y a su Bolsa, Londres se adelanta a Amsterdam. El Estado inglés, abrumado de deudas a consecuencia de la guerra de Sucesión de España, emite numerosos empréstitos, pero según métodos inteligentes. Sólo toma empréstitos en casos excepcionales y no para cubrir el déficit ni para pagar los gastos normales. Paga puntualmente los atrasos imponiendo nuevos tributos. Da toda clase de facilidades al particular para que pueda vender las rentas: el propietario recurre a un corredor quien se encarga de buscar comprador; el propietario hace una cesión escribiendo dos líneas en un pedazo de papel; acude junto con el comprador a la oficina en que se guardan los registros de los fondos públicos; la transferencia se realiza, sin gastos, del crédito del vendedor al crédito del comprador;

el único gasto es un corretaje del 8 por ciento que representa la comisión del corredor. En cambio, en Holanda, al igual que en Francia, el último titular venía obligado a guardar las actas de filiación de la propiedad hasta él; y, en Francia, existían además otras muchas dificultades.

Las sociedades anónimas pululan: compañías de seguros contra incendios, de vida, dotales, etc. A principios de siglo hay en Inglaterra 140 sociedades anónimas. El 26 de marzo de 1714, John Freeke, publicó en Londres la primera cotización semanal. Durante la fiebre de especulación del año 1720, originada por el caso de Law en Francia, se crean sociedades muy extravagantes: una, con un capital de un millón de libras, para lograr una rueda de movimiento continuo; otra, para destilar el agua de mar. Siguiendo el ejemplo de Law en Francia, el Banco de Inglaterra y la Compañía del Mar del Sur se ofrecieron para sustituir al Estado ante los acreedores, a cambio de un interés decreciente que había de pagar el Estado. Al igual que había ocurrido en Francia en 1720, una especulación desenfrenada trajo como consecuencia una excesiva alza de las acciones y luego un desastre; pero, a diferencia de lo ocurrido en Francia, la desconfianza en las sociedades anónimas no duró, y al cabo de pocos años volvieron a florecer.

En Ginebra las finanzas adquirieron también gran importancia. Era tal la reputación de la habilidad de sus financieros, que el duque de Choiseul decía de ellos: «Saben calcular tan bien que si vemos que un ginebrino se tira desde la ventana de un tercer piso, debemos imitarle a ojos cerrados, porque es seguro que en ello hay al menos un beneficio del 20 por 100».

En Francia

En materia financiera Francia está retrasada respecto a los citados países porque el comercio está menos desarrollado y porque el catolicismo es la religión del Estado. Tanto el derecho canónico como el derecho civil prohíben prestar a interés, ya que tal préstamo produce un beneficio sin trabajo y sin responsabilidad; sólo es lícito hacerlo en aquellos casos en que el capitalista corre un riesgo indiscutible, por ejemplo, en las sociedades marítimas. En 1745, algunos banqueros de Angulema que no podían cobrar de sus deudores recalcitrantes, acudieron a la justicia, pero ésta no les atendió: al prestar a interés habían violado la ley, la pérdida que experimentaban era el justo castigo.

Y sin embargo, el préstamo a interés se había forzosamente difundido. Francia conocía, incluso antes de Law, las sociedades anónimas, los títulos al portador, la operación a plazo, al menos en sus formas rudimentarias. A lo largo del siglo XVIII, escoceses como Law, suizos como Necker, Panchaud y Clavière, introdujeron en Francia las técnicas usadas ya en los demás países, y precisamente en Francia, en esta época, se realizaron los experimentos más interesantes y los que tuvieron mayor alcance internacional.

Más que las necesidades del gran comercio, a pesar de estar tan desarrollado con España, Holanda, Inglaterra, Alemania, las Indias hasta 1760 y las Antillas durante todo el siglo, fueron las necesidades de un Estado próximo a la bancarrota por los dispendios de las guerras de Luis XIV, la causa de que se prestara atención a John Law. Para él la moneda es un medio de cambio. Por consiguiente, el verdadero problema consiste en acelerar la circulación de la moneda para multiplicar las compras y las ventas e intensificar la producción. Es decir: Law es un entusiasta partidario de la moneda de papel. Tuvo gran éxito con el gobierno al ofrecerse a sustituirle frente a sus acreedores y a liquidar progresivamente la deuda. En 1716, el Regente le concedió autorización para fundar un Banco privado cuyo capital estaba constituido en sus tres cuartas partes por créditos sobre el Estado. En 1717, fundó la Compañía de Occidente que debía utilizar las emisiones de billetes del Banco y que, como pago de sus acciones, recibió los efectos reales. Agrupó en un gigantesco consorcio, denominado el «Sistema», su Banco (elevado en 1718 a la categoría de Banco Real), la

Compañía de Occidente (transformada en 1719 en Compañía de las Indias, para la explotación del Mississipí, del Canadá, de las Antillas, de la Guinea, del Océano Indico y del Extremo Oriente), añadiendo el arriendo del tabaco, la acuñación de moneda y la recaudación de impuestos. La esperanza, fomentada con una hábil propaganda, de obtener cuantiosos beneficios, fue la causa de que las acciones subieran de 500 a 18.000 libras. A esta cotización, el dividendo del 40 por 100, anunciado en diciembre de 1719, sólo representaba algo más del 1 por 100. Los especuladores empezaron a vender; las acciones bajaron; la confianza quedó destruida. El descrédito alcanzó a los billetes del Banco, y una muchedumbre se precipitó a cobrar en efectivo; pero Law había emitido más billetes de los que permitía su garantía, y el Banco se vio obligado a cerrar las puertas. En diciembre de 1720, una acción de la Compañía sólo valía un luis, y Law, arruinado, tuvo que huir. Había reducido la deuda, había dado un golpe de látigo a las empresas comerciales e industriales, había provocado un desquiciamiento social, y había engendrado la repugnancia hacia el papel moneda y el crédito. «Después de Law [el papel moneda], es objeto de repugnancia e incluso de temor.» Ya no se les podía hablar de banca a los franceses. El desarrollo del crédito quedó retrasado y, con él, el desarrollo industrial y comercial.

En 1724 se inauguró la Bolsa de París; pero la entrega de los valores debía hacerse en el plazo de 24 horas, con lo cual las operaciones a plazo eran imposibles. No fueron autorizadas hasta 1780. El ministro Calonne se valió de ellas para intentar un alza de las acciones de la Nueva Compañía de las Indias mediante las maniobras del abate d'Espagnac. El asunto salió mal y su desenlace tuvo efecto ante la justicia durante la Revolución.

En 1776, un suizo y un escocés fundaron la Caja de Descuento, evitando prudentemente mencionar la palabra Banco. La Caja descontó los efectos comerciales, recibió depósitos y emitió billetes que circularon muy poco fuera de París. Desde 1776, funciona la Lotería Real de Francia, la cual, en 1783, emite billetes con interés, reembolsables a los ocho años, semejantes a los actuales Bonos del Tesoro a largo plazo. En 1777 se funda el Monte de Piedad para luchar contra la usura; presta con garantías a los negociantes, que, por entonces, forman su principal clientela.

A partir de 1750, y sobre todo desde 1780, se difunden las sociedades anónimas: hulleras, establecimientos metalúrgicos, hilaturas, bancos y seguros marítimos. El *Journal de Paris* y la *Gazette de France* publican las cotizaciones. Precisamente bajo forma de sociedades anónimas se fundan la Sociedad de Anzin (1757) y la de Aniche (1773), para las explotaciones carboníferas; la Sociedad Algodonera de Neuville-l'Archevêque, cerca de Lyon (1782), cuyo capital, dividido en 24 acciones de 25.000 libras cada una, sirvió para dotar a la fábrica de la más moderna maquinaria; en 1784, las fundiciones de acero de Ambouis, con un capital de 2 millones; en 1788, la primera Compañía Francesa de Seguros contra Incendios, fundada por el suizo Clavière; y otras muchas sociedades, con las más varias finalidades, como por ejemplo, para el forro de los barcos, para purificar la hulla y para fabricar turba. Los títulos al portador fueron utilizados para fundar Le Creusot en 1782; para fusionar, en 1785, la Manufactura de los Cristales de la Reina y la Manufactura de las Fundiciones Reales de Indret y de Montcenis, con un capital de 10 millones, distribuido en 4.000 acciones, de la que el mismo rey fue accionista. La gran industria y el maquinismo dependen del crédito.

Otros países

En los demás países, los grandes centros comerciales conocían desde mucho tiempo atrás el crédito. Desde 1720, Hamburgo tenía seguros marítimos. Pero los grandes Estados todavía estaban muy retrasados. En los Estados austriacos, Carlos VI, inspirándose en el ejemplo de Law, quiso fundar la *Compañía de Ostende*, apoyado por la casas comerciales y por los Bancos de Ostende y

Amberes. Desde 1750, Austria emite moneda de papel, al igual que hacen Suecia, Rusia y España. No existe Bolsa Oficial, sino bolsas «negras» en Berlín y en Viena. Federico II fundó el Banco de Prusia en 1763, cuando la guerra de los Siete Años le colocó en situación de no poder hacer frente a sus compromisos.

La revolución industrial en Inglaterra

En Inglaterra, el país que mantenía mayor comercio con ultramar, en el que se acumulaban más capitales disponibles, en el que las técnicas del crédito estaban muy adelantadas, se produjo una evolución industrial que, si al principio fue lenta, se incrementó después de la paz de 1763, debido a la baja del importe del interés causada por la creciente movilidad de los capitales, a que se abrieron nuevos y grandes mercados de ultramar, y a la subida de precios que era más rápida que la de los salarios. Entre los años 1763 y 1815 adopta el aspecto de una verdadera revolución, que conducirá a la gran industria, basada en las fábricas y en el maquinismo. Esta revolución surgió de un modo espontáneo, sin intervención directa del Estado, el cual se limitó a favorecer indirectamente el comercio, y por consiguiente la industria y sus técnicas, mediante las aduanas y las guerras marítimas y coloniales.

La industria artesana

En 1714, en Inglaterra como en los demás países, la industria no era el principal recurso, aunque estuviera más desarrollada que en otras partes. La forma más corriente era la industria casera, que privaba sobre todo en la más importante de todas, la de la lana. Numerosos artesanos, medio industriales medio campesinos, eran dueños de sus utensilios. Compraban la materia prima, la transformaban por sí mismos, con la ayuda de su mujer y de sus hijos, y a veces de algunos obreros. Ellos mismos se encargaban de vender sus productos en el mercado, donde los habían transportado en sus propios carros. Para redondear sus ingresos cultivaban unas hectáreas de terreno y criaban algunas cabezas de ganado. Estos artesanos eran los productores de tejidos, cuchillos de Sheffield, armas, quincallería, juguetería de Birmingham, alfileres de Bristol, que en gran parte se exportaban hasta los puertos del Levante y hasta América.

La concentración comercial. División del trabajo y fabricación en serie

Pero una serie de factores, relaciones con los países de ultramar, incremento del intercambio, mayor demanda, las necesidades o los gustos particulares de los nuevos clientes y la lucha contra la competencia, habían originado una concentración comercial de la industria. Los mercaderes de telas, de quincalla y de juguetes, habían exigido mejora de calidad, disminución del precio y, por ello, habían querido imponer a los productores sus procedimientos de fabricación y un reducido margen de beneficio. Y lo consiguieron, sea implantando entre los campesinos de una región no industrial industrias propias, sea aprovechándose de las malas cosechas y de las necesidades de crédito de los obreros a domicilio para convertirse en propietarios de sus utensilios como compensación de adelantos, sea ahorrándole al obrero que era dueño de sus utensilios los desplazamientos para comprar materias primas y para vender el producto. Se encargaron de hallar proveedores y compradores. Ésta fue una primera división del trabajo, que les convirtió en dueños del mercado; por consiguiente, del producto y de su fabricación. El mercader, denominado fabricante o manufacturero, proporciona la materia prima: lana, algodón, cáñamo, hierro y, asimismo, los utensilios y los modelos. El obrero hace el trabajo; el fabricante vuelve para recoger el objeto fabricado y se encarga de venderlo. El artesano se convierte de industrial independiente en obrero asalariado. Es la época de la manufactura, palabra que no designa un gran establecimiento, sino el conjunto de pequeños obradores individuales que trabajan para un mercader, un empresario capitalista. A veces, la manufactura comprendía, además, un gran local en el que se almacenaban los objetos fabricados para su apresto definitivo. En este estadio, ya se habían aportado grandes perfeccionamientos a la técnica de la fabricación: la *división del trabajo* y la *fabricación en serie,* antes de cualquier maquinismo. La división del trabajo empezó en la industria de la lana, en la que venía favorecida por la complejidad de la técnica: lavado, desengrasado, batanado, cardado y peinado, hilatura, tejedura, aprestos (tundidora y raedura). La habilidad adquirida por el obrero especializado en alguna de esas operaciones era causa de que produjera mucho más y mejor en el mismo tiempo, y así disminuía el precio de coste de un producto de mejor calidad. Por ello, la división del trabajo se fue extendiendo, hasta llegar, en las industrias que se prestaban a ello, a la fabricación en serie, como ocurría en la pequeña manufactura de alfileres, descrita por Adam Smith en 1776, en la que 10 obreros, cada uno de los cuales realizaba una, dos o tres de las 18 operaciones en las que estaba dividida la fabricación de un alfiler, llegaban a producir, a mano, 48.000 alfileres diarios.

Las fábricas

Finalmente, en aquellas industrias que exigían utensilios muy complicados y costosos, existían ya algunas *fábricas*, en las que estaban concentrados el material y los obreros, según ocurría con la seda. Algunas sociedades anónimas habían equipado minas de cobre; algunos maestros herreros poseían uno o dos altos hornos y una forja, y producían de 5 a 6 toneladas de hierro semanales.

Las máquinas: causas de su invención

El desarrollo del comercio, creando nuevas necesidades, nuevos clientes en los países de ultramar, nuevos gustos de los clientes ingleses y nuevos competidores, fue causa de otros perfeccionamientos. Liverpool importaba de Oriente tejidos de algodón, cuya favorable acogida dio origen a una industria de imitación en Manchester, convirtiéndose Liverpool en importador de la materia prima: el algodón bruto. Pero entonces resultó necesario competir con los obreros del Asia de los monzones, cuyo nivel de vida era bajo y que poseían una habilidad manual desconocida entre los europeos. Ésta, precisamente, fue una de las principales causas de la invención de nuestras máquinas. Una memoria anónima del año 1701, ya hacía observar que «el comercio de las Indias Orientales, al proporcionarnos artículos más baratos que los nuestros, será probablemente la causa que nos obligue a inventar procedimientos y máquinas que nos permitan producir con menos mano de obra y menores gastos, y, con ello, reducir el precio de los objetos manufacturados». Todas las máquinas, en general todos los inventos técnicos, nacieron de un desequilibrio económico y de la necesidad de reducir el precio de coste; pero también de la posibilidad de hallar capitales baratos y de conseguir grandes beneficios. Naturalmente, se desarrollaron ante todo en aquellas industrias que no estaban sometidas a las normas de las corporaciones, según ocurría con la del algodón, demasiado reciente para que el legislador la hubiera tenido en cuenta. En la industria algodonera, la anchura de los tejidos tenía como máximo la anchura de los dos brazos del obrero, a consecuencia del paso de la lanzadera. Cuando se quería obtener una pieza más ancha se necesitaban dos obreros, y el aumento del precio de coste era mucho mayor que el aumento de los beneficios. Este hecho impulsó a John Kay a buscar y descubrir, en 1733, la lanzadera volante, que permitió fabricar piezas de la anchura que se deseara. Hacia 1760 era ya de uso general.

En la industria metalúrgica, la carencia de combustible reducía la producción de fundición y de hierro, ya que los bosques eran talados para aumentar los pastos. Era preciso importar hierro de Suecia para las industrias de Birmingham y de Sheffield; pero este hierro era muy caro, aumentaba excesivamente el precio de coste, y por ello los maestros herreros ingleses se veían amenazados por la ruina. De ahí que, en 1735, los Darby inventaran la fundición con coque, una hulla calcinada, ya que la hulla virgen produce compuestos sulfurosos que hacen que el material fundido se resquebraje. Por otra parte, la máquina de vapor tuvo por origen el hecho de que los ríos eran incapaces de mover las ruedas de las máquinas, y, además, la dificultad de construir albercas suficientes que resultaban muy caras. La máquina de vapor de Newcomen (1705) permitió elevar el agua que a continuación caía sobre las ruedas de paletas y, también, mover las bombas para achicar el agua de las minas.

Los inventores

Al principio, todos estos inventos fueron obra no de sabios, sino de gentes de oficio, artesanos ingeniosos que estaban al corriente de los procedimientos técnicos en uso y que conocían por la práctica el problema que había de resolverse. John Kay fue primero tejedor y luego se convirtió en fabricante de peines para telares. Entre los inventores de máquinas de hilar, Hargreaves, creador de la *spinning-jenny* (1765), era tejedor y luego fue carpintero; Thomas Highs, que inventó la *waterframe* (1767), era un sencillo obrero peinador; Crompton, que combinó la *jenny* y la *waterframe* para crear la *mule-jenny* (1779), hilador y tejedor. Cartwright, autor de la máquina de tejer (1785), era un pastor filántropo, simple aficionado a la mecánica; los Darby eran maestros herreros. Fue descubierta la pudelación en 1783 por Peter Onions, contramaestre de forja, y Henry Cort, maestro de forja. La máquina de vapor, inventada en el siglo XVII, perfeccionada por Newcomen, forjador y cerrajero, resultó verdaderamente práctica en 1764, gracias a James Watt, fabricante de instrumentos de laboratorio. Pero este último se valía ya de la calorimetría de Black: la ciencia se unía a la técnica. Una vez descubiertos estos procedimientos, fueron estudiados por los sabios, quienes hallaron las leyes y merced a ellas fueron posibles, en el siglo siguiente, nuevos descubrimientos.

El éxito de los inventos

Todos estos inventos estuvieron precedidos por un largo período de tanteos y de fracasos. Antes de

Hargreaves y Highs, John Wyatt y Lewis Paul habían descubierto una buena máquina hiladora (1733-38). Antes de los Darby, Dudley parece que halló, a fines del reinado de Jacobo I, el principio de fundir con coque, y hay otros muchos casos más. Pero los primeros inventores fracasaron por incapacidad práctica, por carecer de espíritu comercial. Sabían reflexionar, comprender y hallar; pero no discutir, ni calcular, ni vender, ni comprar. A menudo se trata de individuos tímidos, inquietos, vacilantes sin ambición real, satisfechos con su descubrimiento, como ocurría con Highs y Watt. En especial, tropezaron con la resistencia de los fabricantes, siempre desconfiados por miedo de perder su dinero; con la resistencia de los obreros, hostiles por temor de perder trabajo y que rompían y quemaban las máquinas. Para que estas máquinas se impusieran fue preciso que las crisis económicas, que habían sido causa de su invención, se convirtieran en crisis tan graves que las máquinas vinieran a ser el único medio de vencer dichas crisis. La mayoría de los inventores murieron pobres y en la oscuridad; pero el secreto les fue robado y utilizado más tarde por los mismos fabricantes que se habían negado a pagarlos. Arkwright le usurpó a Highs la *waterframe* y a otros muchos un crecido número de inventos secundarios. Era un hábil comerciante que tuvo éxito, reunió una cuantiosa fortuna, y llegó a *sir*. Sus compatriotas le atribuyeron el enriquecimiento de Inglaterra y el éxito en la larga lucha contra Francia. Olvidaron sus ruindades. Carlyle convirtió a Arkwright en uno de sus héroes y le comparó con Napoleón. La suerte de James Watt consistió en tropezar con el puritano Boulton. Este le animó, le sostuvo y construyó sus máquinas, que triunfaron tras largos años de lucha.

El encadenamiento de los inventos textiles

Cada invento dio lugar a un nuevo desequilibrio económico, que determinó la investigación y descubrimiento de nuevas máquinas. Unos inventos engendraron otros. La lanzadera volante aceleró la fabricación de tejidos, cuando todavía el hilo se producía con ruecas. Los tejedores carecían de hilo, sobre todo durante el verano, cuando hiladores e hilanderas hacían la recolección. Los comerciantes que habían aceptado pedidos contando con la capacidad de los telares, no podían cumplimentarlos por carecer de hilo; se veían obligados a dejar en paro a sus operarios y perdían la clientela. Hacia el año 1760 la crisis llegó a ser aguda a causa de las victorias inglesas en la India, que aumentaban la demanda. Esto incitó a Hargreaves a inventar la *jenny* (1767), con la cual un solo obrero podía producir en su domicilio de ocho a ochenta hilos a la vez; el hilo que de ella salía era fino, pero débil y fácil de romper. La *waterframe* de Highs (1768), dotada de cilindros y husos verticales, proporcionaba un hilo fuerte pero algo grueso, con el cual no era posible lograr la finura de los tejidos orientales. Al fin, la *mule* de Crompton (1779) produjo un hilo muy fuerte y muy fino a la vez, apropiado para fabricar muselinas. Pero entonces resultó que el hilador estaba más adelantado que el tejedor, el cual todavía trabajaba a mano. Los hiladores ya no sabían cómo colocar su mercancía, y empezaron a exportar al continente; pero esto suponía peligro de competencia para los tejidos ingleses. Así se explican los esfuerzos de Cartwright para crear, en 1785, su telar mecánico, que tuvo pleno éxito a partir de 1800. Dos telares de vapor, bajo la vigilancia de un muchacho de 15 años, tejían tres piezas y media de tela en el mismo tiempo que un operario hábil, con la lanzadera volante, sólo conseguía tejer una. El hilo producido podía ya ser consumido; el precio de los tejidos bajó; la clientela se amplió.

Metalurgia

La fundición con coque de los Darby aumentó la cantidad de hierro colado; pero los metalúrgicos no sabían transformarlo en hierro. La producción era excesiva y era imposible venderla, y, en cambio, escaseaba ese hierro, que seguía fabricándose con carbón de madera. A tientas, Onions y Cort descubrieron la pudelación (1783-1784): la fundición, refinada sobre un fuego de coque pierde parte de su carbono; se funde luego con escorias ricas en óxido de hierro; el carbono que todavía contiene se combina con el oxígeno, el metal puro se reúne para formar una masa esponjosa, que se bate para eliminar las escorias y se lamina entre cilindros. El procedimiento fue descubierto cuando aún no se sabía que la fundición contiene carbono, que era preciso eliminar. La práctica adelantaba a la teoría.

En 1750, Huntsman había descubierto el acero fundido, al fundir hierro en crisoles de tierra refractaria, que contenían pequeñas cantidades de carbón vegetal y de cristal desmenuzado como reactivos. A partir de 1770, logró producir acero de calidad inmejorable y que gracias a la pudelación se pudo llegar a obtener en gran cantidad.

La máquina de vapor

La máquina de Newcomen producía un gasto de combustible que no guardaba proporción con los resultados logrados. Cuando el vapor había levantado el émbolo, se inyectaba agua fría en el cilindro; el agua condensaba el vapor, y se formaba un vacío debajo del émbolo, sobre el cual actuaba la presión atmosférica que le hacía descender de nuevo. Pero el agua inyectada en el cilindro se había calentado: parte se había transformado en vapor. El vacío era imperfecto. Este vapor impedía que el émbolo descendiera por completo, con lo cual se perdía fuerza. Además, el cilindro quedaba enfriado por el agua inyectada y por entrar de nuevo el aire interior cuando el émbolo bajaba. Cuando se inyectaba de nuevo el vapor para que el émbolo volviera a subir, este vapor, que llegaba a un cilindro enfriado, perdía parte de su fuerza de expansión, y era preciso, en primer lugar, volver a calentar el cilindro y, después, suministrar mayor cantidad de vapor que la que normalmente habría sido necesaria para elevar el émbolo.

Conociendo las teorías de Black, Watt imaginó, en 1765, el condensador independiente. Junto al cilindro en cuyo interior se mueve el émbolo colocó otro cilindro mantenido a baja temperatura mediante un circuito de agua fría, cilindro que comunicaba con el de la bomba mediante un tubo provisto de una válvula.

El funcionamiento es el siguiente: se abre la válvula del cilindro de bomba lleno de vapor. Éste, por su gran capacidad de expansión, se precipita en el cilindro frío y la condensación crea un vacío que atrae todo el vapor. La condensación es total; el cilindro de la bomba no se enfría, si no es por el aire que vuelve a entrar cuando el émbolo baja. En 1769, patentó su *máquina de efecto simple:* un cilindro *cerrado,* con una pequeña abertura en la parte superior para permitir el juego del vástago del émbolo. El vapor llega sobre la cara *superior* del émbolo y le hace descender, ya que al vapor que estaba debajo se le ha dejado penetrar en el condensador. A continuación y mediante un juego de válvulas, se hace llegar el vapor a las dos caras del émbolo, que quedan sometidas a fuerzas iguales; por consiguiente, el contrapeso hace que el émbolo vuelva a subir. Una camisa de madera, dispuesta alrededor del cilindro de bomba, limita la pérdida de calor. La nueva «bomba de fuego» reducía a la cuarta parte el gasto de combustible. El industrial Boulton, que construía las máquinas de Watt, *regalaba* máquinas de su fabricación, recogía las de Newcomen, y sólo exigía a cambio el tercio de la cantidad de combustible que los propietarios ahorraban al año. En Chasewater, por tres bombas de fuego, los propietarios pagaban anualmente 60.000 francos oro a Boulton y a Watt, no sin refunfuñar, a pesar de que ellos obtenían un beneficio de 120.000.

La máquina de efecto simple sólo producía fuerza mientras el émbolo descendía. El esfuerzo era intermitente. La máquina, muy adecuada para mover bombas, no lo era tanto para el trabajo regular y continuo de las fábricas. Así lo comprendió el mismo Watt, y creó un motor universal: su *máquina de doble efecto.* Logró que el vapor actuara alternativamente sobre cada una de las caras del émbolo, con lo cual provocó un movimiento de vaivén, con fuerza uniforme. Además, transformó el movimiento rectilíneo del émbolo en un movimiento circular mediante bielas y manivelas (1784). A partir de entonces, la fuerza del vapor pudo aplicarse a toda clase de máquinas: telares para hilar, para tejer algodón, fuelles, laminadoras, martillos, molinos de cereales, de malta, de caña de azúcar, lo utilizaron rápidamente. Empezaba una nueva era para la historia de la humanidad.

La ayuda mutua de las industrias

Todos estos inventos se ayudan unos a otros. Se necesitaban tanto cilindros de perfil geométrico como émbolos que se ajustaran sin frotamientos; engranajes

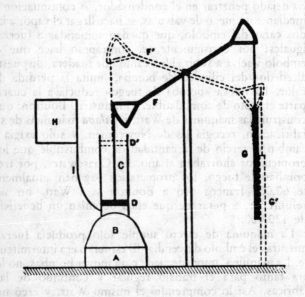

Esquema de la máquina de Newcomen. *A*, Fuego; *B*, Caldera; *C*, Cilindro; *D,D'*, Embolo; *F,F'*, Balancín; *G,G'*, Vástago; *H*, Depósito de agua fría; *I*, Tubo de conducción.

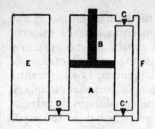 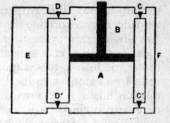

Máquina de efecto sencillo   Máquina de doble efecto

Esquema de las máquinas de Watt. *A*, Cilindro de la bomba; *B*, Émbolo; *C,C'*, Válvulas para la entrada de vapor; *D,D'*, Válvulas para la salida del vapor; *E*, Condensador; *F*, Tubo que comunica con la caldera.

precisos como los de un reloj para las laminadoras, los tornos de metales, los martillos de vapor, las máquinas de taladrar, los telares. El hierro, que era más resistente y permitía lograr mayor precisión, sustituye a la madera. Sin hierro no se puede hablar de maquinismo. Los sucesivos perfeccionamientos de la metalurgia hicieron posible los progresos en la cantidad y en la calidad. La máquina de vapor proporcionaba la mayor fuerza posible, la más fácil de utilizar sin pérdida; la más maleable y la más obediente. Y sin embargo, aunque las primeras hilaturas de vapor datan del año 1785, sólo en 1802 la máquina de vapor se utiliza corrientemente. Por su parte, los telares y las máquinas de las industrias textil y metalúrgica proporcionaron salidas al hierro y a las máquinas de Watt.

Las concentraciones industriales

Antes del maquinismo y del vapor había tenido efecto una primera concentración. Algunos mercaderes-fabricantes consideraron cómodo agrupar en un mismo edificio a los obreros que cooperaban en la fabricación de determinado producto, para vigilarlos mejor y para ahorrarse el transporte de la materia de un operario a otro durante las diferentes etapas de la fabricación. Habían surgido nuevas fábricas; pero fue el maquinismo lo que verdaderamente originó la concentración. El material Arkwright era muy costoso, ocupaba mucho espacio y todas sus partes eran solidarias: máquina de cardar, de torcer, de hilar y fuerza motriz central. Los fabricantes utilizaron entonces un local único y personal disciplinado. Las hilaturas se convirtieron en edificios de ladrillo, de cuatro o cinco pisos, con un personal de 150 a 600 operarios. La fábrica de Boulton, en Soho, tenía ya, en 1765, cinco cuerpos de edificio, 600 operarios y un poderoso engranaje motriz para todas las máquinas. Los dueños de estas fábricas eran ya industriales en el preciso sentido de la palabra. Desde que se utilizó el coque, las dimensiones de la industria o empresa metalúrgica no estuvieron ya limitadas por la extensión de los bosques. Cada empresa podía contar con varios grandes altos hornos y diversas fraguas. Incluso se vio cómo aparecía la «concentración vertical»: Wilkinson, en 1787, poseía sus propias minas de hierro y de hulla, sus fundiciones y sus muelles de carga en el Támesis.

A la concentración productora acompañaba una concentración geográfica. Al principio, por ser necesarios los saltos de agua para mover las máquinas, la industria, hasta entonces diseminada, se concentró en las regiones accidentadas y húmedas: en Inglaterra, en las tres vertientes de los montes Penninos; el algodón con preferencia, en el sur del condado de Lancaster (Manchester) y en el norte del condado de Derby (Derby), a partir de 1775; la lana, en el Yorkshire (en Leeds y Bradford), y en Escocia, en el valle del río Clyde. Más tarde, con posterioridad al año 1785, cuando el uso del vapor se difundió, la concentración varió un poco. Las comarcas septentrionales, que eran también las grandes regiones hulleras, siguieron siendo las zonas industriales; pero, como quiera que las numerosas vías navegables permitían transportar fácilmente la hulla, las fábricas se establecieron o bien a proximidad de los mercados de materia prima o bien cerca de los mercados en que se vendían los productos o en los centros de población en los que se reclutaba el personal. Había surgido ya la especialización de la comarcas.

Una concentración financiera unió a las empresas, lo cual, a veces, era un esbozo de «concentración horizontal». Arkwright llegó a poseer ocho o diez fábricas, cada una de las cuales tenía un capital de varios miles de libras esterlinas. Pero también se dieron casos de concentración colectiva, de compañías que, desde luego, se reducían en general a asociaciones de algunos individuos.

La mejora de la calidad y el aumento de la cantidad

El maquinismo y los demás procedimientos técnicos le proporcionaron al Reino Unido una gran superioridad sobre las demás naciones a fines del siglo XVIII. Aumentaron las cantidades producidas. En 1780, el Reino Unido exportaba 360.000 libras de tejidos de algodón; en 1792, 2 millones. En 1717, los Darby producían de 500 a 600 toneladas de fundición al año; en 1790, de 13 a 14.000 toneladas. Mejoraban la calidad y el valor mercantil. La *waterframe* permitió fabricar calicós, la *mule,* muselinas más ligeras que las de la India; el valor de la materia prima aumentaba en un 5.000 por 100 durante la fabricación. A partir de 1783, los ingleses hacían estampados sobre los tejidos mediante cilindros de cobre. En 1785, Taylor volvió a descubrir el secreto del rojo especial que le permitió fabricar andrinópolis, que fueron tan populares como las indianas. La pudelación permitía obtener hierro en barras superior al mejor hierro sueco o ruso. El acero fundido de Hunstman era solicitado en toda Europa. Los precios bajaron: un cilindro de cobre realizaba el mismo trabajo que 100 operarios; el martillo de vapor de 60 kilos daba 150 martillazos por minuto.

Los grandes esfuerzos

Las realizaciones de los ingleses maravillaban a los extranjeros. Wilkinson, «el padre de la industria del hierro», había construido en 1779, sobre el río Severn, el primer puente de hierro, un puente de un solo arco, y unos veinte años más tarde, en 1797, había de construir en Sunderland, sobre el río Wear, otro puente de hierro que permitía el paso de un gran barco con todo su aparejo. Sin dejarse detener por los gritos de desafío al sentido común, botó, en 1787, el primer buque de hierro. En 1788, se entregaron 64 kilómetros de tubos de fundición al servicio de aguas de la ciudad de París.

La lucha de clases

Por entonces aparecieron ya algunas de las consecuencias, que tan familiares nos son, de la gran industria: las crisis de superproducción, la del algodón de 1788 seguida por el gran crac de 1793; el aumento de la población y el desarrollo de las ciudades; la formación de una clase de capitalistas industriales, que por entonces sólo sueña en fundirse con la nobleza; el incremento de una clase de obreros de fábrica, cuyos únicos medios de producción son sus manos y sus hijos: un proletariado. Los salarios reales de una parte de dichos obreros han subido; la alimentación y la salud han mejorado; la duración de la vida ha crecido con la producción. Pero importantes fracciones de la población industrial (aprendices de fábrica, pequeños artesanos, tejedores) están mal pagadas, mal alimentadas, peor albergadas, devoradas por la «fiebre de las fábricas» y por la tuberculosis. A partir de 1785, estos obreros se agrupan, declaran huelgas, que van acompañadas de violencias contra las máquinas y contra las personas, y exigen que el Parlamento dicte una legislación protectora: empieza la lucha de clases.

Supervivencia de la artesanía

A pesar de todas las transformaciones, la pequeña industria siguió siendo la más numerosa. La *jenny*, apropiada para usarla en casa, se difundió por doquier entre 1775 y 1785, y el número de productores individuales aumentó. Siguieron dedicados a este trabajo, incluso después de conocerse el telar mecánico, aceptando grandes reducciones en el salario y la miseria. Durante bastante tiempo los maestros artesanos se defendieron bien en la industria de la lana, en la quincallería y en la cuchillería. A principios del siglo XIX, esta producción aún era superior a la de las fábricas.

La agricultura industrial

La agricultura se hizo científica y se industrializó. Las teorías de Jethro Tull (1731) son resultado del más puro método experimental. Primero Lord Townshend, y luego otros nobles, adoptan dichas teorías y ponen de moda la agricultura. En 1760 todos los nobles se enorgullecen de explotar por sí mismos sus tierras. La selección artificial crea nuevas especies, de poco hueso, de carne más abundante y sabrosa, bien alimentada gracias a laboreos perfectos, a las continuas rotaciones de cultivo, al forraje de invierno y a las plantas de raíces sustanciosas (remolachas, nabos). De 1710 a 1795, el peso medio de un buey aumenta de 350 a 800 libras; el del cordero de 38 a 80 libras; el del ternero, de 50 a 150.

En el continente

En el continente, los adelantos fueron mucho más lentos, en general por escasez de capitales, que sólo podía aportar el gran comercio marítimo. Aunque Holanda disponía de capitales, la industria holandesa iba en decadencia, quizá porque el país carecía de materias primas y también a consecuencia de las restricciones que los demás Estados, que intentaban industrializarse, imponían a la exportación de sus materias primas. Los holandeses invirtieron sus capitales en Inglaterra, en Francia, en los diversos Estados alemanes, con lo cual contribuyeron a la industrialización de esos países. Dejando de lado a Inglaterra y a las Provincias Unidas, en los demás países la industria se desarrolló gracias a la intervención del Estado, motivada por razones militares: era conveniente no depender del extranjero, producir autárquicamente telas para uniforme, armas y pólvora, era preciso exportar para reunir el efectivo necesario para la gran política y para debilitar al enemigo mediante la competencia. El Estado intervino otorgando subvenciones, primas y monopolios; estableciendo tarifas aduaneras y empresas oficiales, con grandes dificultades, todo ello para desarrollar una industria artificial carente de mercado, y que sólo crecía a costa de una serie de quiebras y de volver a empezar.

En Francia

Francia salía ya de esta etapa, y la industria era en parte espontánea. Disponía ya de un gran comercio marítimo y colonial así como de numerosos capitales, pero siempre en menor cantidad que las antedichas potencias marítimas, y, además, la técnica financiera estaba menos desarrollada. Por otra parte, el Estado, a causa de su mal organizada hacienda, consumía una gran parte de los capitales disponibles. Todo lo cual nos indica la razón de que la industria francesa no pudiera desarrollarse sin la ayuda directa del Estado, y de que los progresos fueran más lentos que en Inglaterra. Al igual que en este último país, la industria artesana era la más voluminosa. La concentración comercial iba creciendo. Por ejemplo, en los tejidos de Lyon, 48 mercaderes daban trabajo a 819 maestros operarios. Si los Van Robais tenían en Abbeville 1.800 obreros a sus órdenes, desde luego agrupados en varios obradores, otros diez mil trabajaban para ellos a domicilio. Las 12 «manufacturas reales» de lana mandaban hacer los aprestos (tundido y segunda textura) en un obrador agrupado; pero la hilatura y una gran parte del tejido la realizaban a domicilio los campesinos de los alrededores.

Por otra parte, en todas las industrias que exigían un material costoso y complicado así como numerosas operaciones distintas para producir un solo objeto existía ya una concentración en fábricas, anterior a cualquier maquinismo. En Reims, más de la mitad de los telares de lana estaban agrupados, y en Louviers, 15 empresarios tenían a sus órdenes miles de obreros. En la industria del algodón, a la fabricación de «indianas» (que exige grandes extensiones de terreno para el blanqueo de las telas, grandes edificios para los obradores, grandes locales para el secado, utensilios complicados, importantes reservas de telas y de materias colorantes así como división del trabajo entre los obreros que trabajan bajo el mismo techo), se dedicaban, en 1789, cien manufactureros, cuya producción se elevaba a 12 millones de libras de telas estampadas.

Existían ya varias sociedades anónimas muy fuertes. En 1789, Öberkampf fundó una sociedad cuyo capital social casi alcanzaba los 9 millones. En las minas, a partir de 1744, el Estado se reserva el subsuelo, y concede la explotación a grandes compañías. La sociedad Anzin, fundada en 1756, daba empleo a 4.000 obreros antes de 1789. También se constituyeron sociedades en Alais, en Carmaux y en otras localidades. La explotación, que hasta entonces se llevaba a cabo en un sinnúmero de pequeños pozos de escasa profundidad por propietarios que a menudo eran campesinos, que achicaban mal, que no apuntalaban y que obtenían poco carbón, mejoró muy pronto. Los sondeos sustituyeron a las investigaciones realizadas al azar. En lugar de descender por peldaños tallados en las paredes de los pozos, los mineros utilizaron escalas de hierro, y más tarde, después de 1760, en Anzin, vagonetas movidas por cabrias. La ventilación de la galerías quedó asegurada mediante pozos especiales. Para luchar contra las aguas, las paredes de las galerías fueron recubiertas de ladrillos en Anzin, se establecieron depósitos, y las pequeñas bombas de mano movidas por un solo hombre fueron sustituidas por grandes bombas accionadas por hombres y caballos. Los pozos, que hasta entonces llegaban a 50 metros de profundidad, llegaron a tener 300; y, en un caso, la perforación alcanzó los 1.200 metros. La sociedad Anzin producía, en 1789, hasta 375.000 toneladas de hulla.

Al fin, se introdujo el maquinismo. Desde 1732 la máquina de Newcomen era utilizada algunas veces en las minas. En cuanto al torcido de la seda, los descubrimientos de Vaucanson permitieron fundar grandes establecimientos. En Aubenas, Vaucanson agrupaba 120 depósitos de devanado en un mismo edificio. En cambio, la hilatura seguía siendo una industria casera y rural. Para el algodón, los franceses importaron de Inglaterra obreros y máquinas, y en 1789, ya existían fábricas en Brive, Amiens, Orleans, Montargis y Louviers. Apareció también la fundición del mineral de hierro con coque, consecuencia de lo cual fue la formación de grandes establecimientos como el de Le Creusot. La primera máquina de vapor de Watt que se utilizó fue la bomba de fuego de Chaillot, a la que se confió la subida de agua para París, en 1779. La máquina se difundió poco a poco, y en 1789 las bombas de fuego todavía eran escasas en Francia. La sociedad Anzin, que poseía 12 bombas de dicha clase, causaba asombro. El maquinismo sólo se desarrolló durante el Imperio.

Otros países

Más lentos aún fueron los progresos técnicos en el resto de Europa, a pesar de los esfuerzos desplegados por los príncipes. Estos Estados están, guardando las proporciones, en la misma situación en que se hallaba Francia en la época de Colbert. En el centro y en el este de Europa escasean los capitales, ya que los Estados participan muy poco en el comercio mundial y carecen de colonias. En todas partes, en Baviera, en Wurtemberg, Hesse, Austria, Prusia y Rusia, se encuentran las mismas características aunque en distintos grados. En todas esas naciones el Estado interviene. El príncipe crea empresas que luego cede a los particulares, o bien obliga a fundarlas a los nobles y a los conventos, a las ciudades y a los mercaderes, a los judíos. Estas empresas reciben subvenciones y monopolios, están exentas del pago de impuestos y de peajes; a menudo se les conceden instructores extranjeros y mano de obra forzada (mendigos, vagabundos, mujeres de mala vida, huérfanos, soldados). La organización del trabajo es semejante a la de las manufacturas: un taller central donde tiene lugar el acabado, aunque la mayoría de las operaciones las ejecutan a domicilio asalariados, cuyo número puede llegar a varios millares. En Friedau (Bohemia) la manufactura textil de Johann Fries agrupa 55 obreros en sus talleres y, en cambio, da trabajo a domicilio a otros dos mil. El *Königliches Lagerhaus*, de Berlín, en 1740 cuenta para su producción con 1.400 obreros a domicilio. Solingen distribuye la materia prima a operarios que trabajan en sus domicilios, y estos operarios entregan luego los cuchillos fabricados a precios establecidos de antemano. En Rusia, las manufacturas de lana y de seda tienen la quinta parte de los obreros en los talleres, mientras que los demás trabajan en sus casas. En el año 1780, en la manufactura de lona de Medying, el número de individuos que trabajan en sus domicilios es muchísimo más elevado que el de los que trabajaban en el taller. Exactamente lo mismo ocurre en las manufacturas de encajes y de relojes, de cristales y de espejos. Son raras, muy raras, las manufacturas centralizadas por completo, aunque existen algunas, como las de porcelanas, tabaco, muebles de lujo, fábricas de cerveza, refinerías, aserraderos, o también cuando es necesario utilizar mano de obra reunida por otros motivos, por ejemplo, los soldados de cinco regimientos acuartelados en Breslau, que hilaban algodón en sus cuarteles en sus horas libres, o mano de obra agrupada para ser mejor vigilada: los prisioneros de Spandau (hilatura de seda y lana), los huérfanos de Postdam (encajes de Brabante), los hospitalizados en Erfurt, etc.

En cuanto al maquinismo, se introdujo mucho más tarde y con mayor lentitud: la primera máquina de Watt apareció en Alemania en 1785.

El siglo XVIII, que asistió a la multiplicación de máquinas de todas clases, trabajó en inventos que estaban llamados a tener un brillante porvenir: el pararrayos, el automóvil y el ferrocarril, el barco de vapor, el telégrafo y el teléfono, la navegación aérea.

El pararrayos

El pararrayos surgió como consecuencia de las investigaciones de Franklin, quien, en septiembre de 1752, colocó el primero en el tejado de su casa. A partir de 1754, el pararrayos se difundió. En 1782 podían contarse 400

213

en Filadelfia. En 1762 se adoptó en Londres el primer pararrayos, que más tarde pasó al continente, a Italia a partir de 1776, al Mediodía de Francia, y luego a París en 1782. Algunos teólogos protestaron contra su uso: truenos y rayos eran demostraciones de la ira divina; por consiguiente, era impío oponerse a su poder destructivo. Pero otros teólogos, y los filósofos, alegaron que el hombre tenía el deber de defenderse contra el rayo, al igual que contra la lluvia, la nieve y el viento, con los medios que Dios había puesto a su alcance. A la muchedumbre le asustaba a menudo este mecanismo. En 1783, un noble de Saint-Omer (Francia) mandó colocar en su casa un pararrayos rematado con una espada que amenazaba al cielo. La muchedumbre se amotinó; el municipio dio orden de derribarlo. El noble recurrió al tribunal de Arras, que anuló la prohibición municipal, después de escuchar los alegatos de un joven abogado, más tarde célebre, Maximiliano de Robespierre. El pararrayos se impuso por su indiscutible utilidad. Los edificios sobre los cuales solían a menudo caer rayos, la iglesia de San Marcos de Venecia, y la Catedral de Siena, ya no sufrieron tal percance desde el momento que se les dotó de pararrayos. Los buques estuvieron más seguros: el de Cook se salvó, gracias a su pararrayos, junto a un barco holandés que fue alcanzado por el rayo.

El automóvil y el ferrocarril

El ingeniero francés Cugnot intentó utilizar la fuerza del vapor para mover la artillería. Construyó una zorra de vapor, la sometió a la aprobación de Gribeauval, y el ministro Choiseul mandó que se hicieran ensayos en 1769 y 1770, fecha en la que la máquina de Cugnot, el primer automóvil, ensayado en el Arsenal, arrastró una enorme pieza de 48 y su correspondiente cureña hasta una distancia de cinco kilómetros en el espacio de una hora. Escaló las alturas más escarpadas y salvó con facilidad todas las desigualdades del terreno; pero sus movimientos eran tan bruscos que resultaba difícil dirigirlo y acabó por derribar una pared. Por tratarse de una máquina de condensación, necesitaba gran cantidad de agua y Cugnot fue incapaz de descubrir un sistema que permitiera cambiar dicha agua; era preciso pararse a cada cuarto de hora; el vehículo carecía de utilidad práctica. En 1786, el americano Olivier Evans dirigió al Congreso del Estado de Pennsylvania una petición de privilegio para un vehículo de vapor, accionado por una máquina a alta presión, que requería menor cantidad de agua; pero no consiguió el privilegio solicitado hasta el año 1797 y al fin acabó por fracasar. Por otra parte, en los yacimientos de hulla ingleses se utilizaban raíles para facilitar a los caballos el arrastre de las vagonetas de carbón, y precisamente esos raíles, que reducían el frotamiento, y la máquina a alta presión, que no había podido idear Cugnot, hicieron posible a principios del siglo XIX el hallazgo de una solución para la locomotora y el ferrocarril.

El teléfono

También tuvo efecto en el siglo XVIII un ensayo de teléfono. El 1 de junio de 1782, Dom Gauthey, religioso de la abadía de Citaux, presentó a la Academia de Ciencias un sistema para comunicar a distancia. Consistía en colocar entre postes sucesivos, tubos metálicos a través de los cuales se propagaría la voz sin perder intensidad. Creía que en una hora podría transmitir un aviso a 200 leguas de distancia. El marqués de Condorcet pidió una prueba y el rey Luis XVI le concedió el permiso para llevarla a cabo. Se utilizaron unos tubos que conducían el líquido, mediante la bomba de Chaillot, a lo largo de 800 metros con éxito completo. Entonces, Gauthey pidió autorización para hacer otra prueba en una distancia de 150 leguas; pero la administración real la consideró ruinosa. Gauthey abrió una suscripción en París, y luego en Filadelfia, pero con resultados insuficientes.

El telégrafo

En el último tercio del siglo XVIII se hicieron grandes esfuerzos, sobre todo por obra del abate francés Chappe, para inventar el telégrafo eléctrico. Si fracasaron fue porque solamente se conocía la electricidad estática, producida por frotamiento y proporcionada por las máquinas eléctricas. Esta electricidad sólo reside en la superficie de los cuerpos y tiene gran tendencia a salirse de ellos; el aire húmedo basta para disiparla. Ésta es la causa de que treinta años de trabajos resultaran infructuosos. Entonces, los investigadores volvieron a las señales que podían hacerse en el espacio y que eran o visibles o audibles a gran distancia. El alemán Bergstrasser, de Hanau, preparó un lenguaje figurado, pero poco práctico: para transmitir una frase de 20 palabras habían de dispararse 20.000 cañonazos o lanzar 20.000 cohetes. A Claude Chappe le estaba reservado el dar con la solución, durante el período revolucionario.

La navegación aérea

La navegación aérea nació en Francia. Los hermanos Esteban y José Montgolfier, hijos de un fabricante de papel de Annonay, célebre en toda Europa por la calidad de sus productos, tuvieron conocimiento de la obra de Priestley, en la que describía varios gases nuevos. Se les ocurrió elevarse encerrando en una envoltura de poco peso un gas más ligero que el aire: el aparato subiría hasta tropezar, a determinada altura, con capas cuya pesadez específica lo mantuviera en equilibrio. El primer experimento se efectuó en Annonay, el 4 de junio de 1783, ante los diputados de la provincia del Vivarais: un «montgolfier» de 12 metros de diámetro, construido con tela recubierta de papel y en cuyo interior el aire era calentado mediante paja encendida, se elevó hasta una altura de 500 metros.

La Academia de Ciencias de París mandó repetir el ensayo, en el Campo de Marte, el 27 de agosto del mismo año. Charles hinchó el globo con hidrógeno, cuyo peso es 14 veces menor que el del aire, y por vez primera se obtuvo en gran cantidad hidrógeno, que hasta entonces era un producto de laboratorio. En presencia de 300.000 personas que lloraban y se abrazaban en un delirio de entusiasmo, ya que en aquel momento se convertía en realidad una de las más antiguas esperanzas de la humanidad, el globo alcanzó una altura de 1.000 metros. Pero, como al salir estaba excesivamente hinchado, se rasgó y cayó a 20 kilómetros de París. Los campesinos, asustados, creyendo que era la luna que caía del cielo, se vengaron del miedo sufrido reduciendo a pedazos la máquina. La administración real se vio precisada a advertir oficialmente a los campesinos que no temieran nada y que no destruyeran los globos. Después de otro ensayo, honrado por la presencia del rey, que tuvo lugar el 19 de septiembre de 1783, Pilâtre de Rozier y el marqués de Arlandes, fueron los primeros hombres que volaron: el 19 de noviembre de 1783, planearon sobre París. El físico Charles, que ideó la barquilla (para sustituir la galería de mimbre), la red y la válvula, alcanzó en compañía de Robert los 4.000 metros el 1 de diciembre de 1783 y aterrizó a 36 kilómetros de París, estableciendo los primeros récords de distancia y de altura. Blanchard y el doctor Gefferies, que habían partido de la costa de Douvres, el 7 de enero de 1785, fueron los primeros en atravesar el Canal de la Mancha por el aire; Pilâtre de Rozier, que se mató el 15 de junio de aquel año a consecuencia de un desgarrón, fue el primer mártir del aire. Blanchard y Guyton de Morveau imaginaron el dirigible; pero los remos de que se valían sólo sirvieron para demostrar que era imposible limitarse a utilizar la fuerza humana. En todas partes, en toda Francia, se crearon sociedades de aficionados y no pasaba día sin que se elevara un «montgolfier». La moda, los sombreros, los vestidos y las carrozas, todos eran a la Montgolfier, a lo globo, a la Charles y a la Robert. El entusiasmo se extendió por toda Europa. En Inglaterra se lanzó un globo de hidrógeno el 22 de febrero de 1784; en Italia, el primer «montgolfier» se elevó en Milán el día 25 del mismo mes y año. En 1784, en una carta dirigida a la Academia de Lyon, Gudin pensaba ya en el aprovechamiento bélico del aeróstato y señalaba que Soubise no habría perdido la batalla de Rossbach si hubiera tenido uno a su disposición. El globo habría de ser utilizado por el ejército francés a partir de 1794 y había de proporcionarle a Francia el primer dominio del aire.

Europa y el mundo

Así pues, la gran revolución técnica gracias a la cual Europa logró una inmensa superioridad material sobre todos los pueblos del mundo y que le permitió incluso atacar las poderosas civilizaciones asiáticas antes de que el mundo, dotado ya de estas técnicas, se volviera contra ella, esta gran revolución, decimos, es debida al espíritu propiamente europeo; pero, frecuentemente, este espíritu ha sido impulsado por necesidades nacidas al entrar en contacto con los pueblos de ultramar, y ha recibido a menudo de sus relaciones con dichos pueblos sus medios de acción. De manera que casi podríamos decir que la revolución financiera e industrial es un aspecto del contacto de Europa con el mundo.

CAPÍTULO IV

LAS TÉCNICAS DEL PROGRESO HUMANO

I.   MEDICINA Y CIRUGÍA

El arte médico realiza grandes progresos por influencia del movimiento científico. Los métodos de observación y de experimentación se utilizan cada vez con mayor frecuencia.

Los estudios

La formación de los médicos sigue confiada a los libros y a las teorías, lo cual es inevitable; pero, cada vez más, profesores y alumnos comprueban la teoría mediante la práctica. Al acabar los estudios clásicos, los estudiantes matriculados en la Facultad de Medicina de París debían proseguir los estudios durante dos años para obtener el título de bachiller en medicina. Las asignaturas eran anatomía, medicina, química, botánica, farmacia, cirugía y partos. Dos años más eran precisos para obtener el título de licenciado: los alumnos debían asistir a discusiones públicas, en las que se discutía a base de silogismos. Finalmente, para doctorarse, habían de acompañar durante dos años a los médicos de la Facultad en sus visitas a los enfermos del Hôtel-Dieu y del Hospital de la Caridad. Esta parte práctica tiende a desarrollarse cada vez más. La primera clínica universitaria fue fundada en Viena en 1754; la de París, en 1770. Para estudiar los partos, arte en el que los franceses eran maestros, se hacían ejercicios sobre maniquíes y así, con medios rudimentarios, se formaban excelentes comadrones. Muchos médicos eran al mismo tiempo naturalistas de prestigio, según ocurría con Haller, Spallanzani y Vicq-d'Azyr. Junto a la enseñanza de las facultades se crea una enseñanza más moderna: en 1771, Portal ocupa la primera cátedra de fisiología experimental en el Collège de France. París y Montpellier atraían estudiantes de toda

Europa; y también gozaban de renombre Padua, Pavía, Buda y Viena. Los periódicos especializados capacitaban a los médicos para comparar sus observaciones: a partir de 1751, la *Medizinische Bibliothek* de Erfurt; de 1754 a 1792, el *Journal de Médecine et de Chirurgie* de París; de 1763 a 1777, el *Giornale di Medicina* de Venecia.

Los cirujanos ejercieron gran influencia. Hasta entonces se veían obligados a actuar a las órdenes de los médicos, a los cuales estaban supeditados; pero eran grandes prácticos. La mayoría de ellos se habían iniciado en las tiendas de los barberos, a quienes les estaba reservada la pequeña cirugía y el arte dental. Prosiguieron su formación por la práctica y, a fuerza de experiencia, colocaron su arte a un alto nivel de perfección y aseguraron su independencia. Lograron que se diera enseñanza especial de la cirugía. En 1731 se fundó en Francia la Real Academia de Cirugía. En Inglaterra, en 1745, el Parlamento concede un estatuto a los cirujanos, quienes mandan construir una escuela y sala de prácticas. En 1782 José II establece en Viena una Escuela de Cirugía, y lo mismo hace Cristián VI, en 1785, en Copenhague. En estas escuelas, la enseñanza se basaba principalmente en trabajos prácticos durante tres años y quedaba aprobada mediante exámenes, en su mayor parte prácticos: disecciones, operaciones y apósitos. Y no debemos olvidar que muchos de los progresos realizados por la medicina fueron obra de los cirujanos, que estaban más acostumbrados a observar y a experimentar.

Diagnóstico y pronóstico

Numerosas enfermedades que ya eran conocidas, se describen con mayor exactitud, y se redactan tablas de los síntomas que sirven para diagnosticarlas y para seguir su evolución. Así, por ejemplo, el francés Jean Sénac señala los síntomas de las enfermedades del corazón: palpitaciones, hichazón de los pies, asma, dificultad de respirar, en especial estando acostado, dilatación de la aorta y esputos de sangre. Los médicos italianos describen las fiebres palúdicas. Asimismo, se estudian con mucho más detalle la disentería, los cólicos saturninos, el bocio exoftálmico, el garrotillo, la escarlatina (que confunden bastante con el sarampión), las paperas y las enfermedades venéreas. Se descubren enfermedades desconocidas. Rollo, cirujano general de la artillería inglesa, descubre en un capitán de artillería la diabetes así como sus caracteres: apetito y sed excesivos, adelgazamiento, orinas muy abundantes y de sabor dulce, inflamación de las encías, castañeteo; y, además, se descubren la fiebre tifoidea, conocida bajo el nombre de fiebre mucosa, la varicela, la tuberculosis ósea, cuya principal manifestación se conoce con el nombre del cirujano inglés que la describió: el mal de Pott.

Para apreciar el estado del enfermo los médicos tienen en cuenta la temperatura y el número de pulsaciones. Utilizan el termómetro, sobre todo los médicos ingleses. La medicina adopta el punto de vista cuantitativo, con lo cual se hace mucho más científica. En Viena, en 1760, el médico Auenbrugger descubre la percusión como método para diagnosticar las enfermedades del pecho; pero su descubrimiento pasa casi inadvertido.

La terapéutica

Se multiplican las teorías médicas, por el peso mismo de las cosas, ya que el médico debe considerar un conjunto, el ser humano, y, por consiguiente, debe realizar una síntesis. El animismo de Stahl (1660-1734), el eclecticismo de Boerhave (1661-1738), el mecanicismo de Hoffman, el vitalismo de Barthez (1734-1806) están sucesivamente de moda. Aunque difieran mucho entre sí, todos estos autores y sus discípulos tienen una característica común: son expectantes. Según ellos, la naturaleza posee una propiedad curativa, la enfermedad es un medio para librar al cuerpo de elementos nocivos, y en especial la fiebre es un medio de purificar, por consiguiente, de ningún modo hemos de atacar los síntomas, suprimir, por ejemplo, la fiebre o las hemorroides; sino que debemos esperar, facilitar el trabajo de la naturaleza purificando el cuerpo de sus humores y de sus partículas pútridas. La consecuencia de ello es la utilización de medios naturales suaves: purga, lavado, dieta, régimen (gracias a éste curó Rollo a su diabético); los procedimientos descongestionantes: sangría, vejigatorios aplicados en las piernas; ejercicios suaves, fricciones y aguas termales. Cada vez más van retrocediendo los remedios absurdos, como son el ojo de cangrejo, las perlas y la carne de víbora.

Pero al mismo tiempo y cada vez más, surge la necesidad de atacar directamente al mal en sí mismo. Una actitud más analítica se mezcla con el espíritu sintético, en espera de destronarlo. El principal teórico es el psiquiatra francés Pinel (1735-1826), partidario del método analítico, que sostiene que todas las enfermedades se reducen a lesiones orgánicas que es preciso descubrir y curar. El siglo XVIII asiste al triunfo de la quinina aconsejada sobre todo por los italianos contra las fiebres. Se utiliza la digital para proteger el corazón en los casos de hidropesía; contra la anemia, Fowler recomienda el arsénico líquido (licor de Fowler). En 1750, se le ocurre al inglés Pringle aplicar la vejigatoria en el punto que más duele del pecho en las pulmonías y pleuresías. Volta intenta curar las enfermedades del oído mediante choques eléctricos. Utilizando la electricidad, Kratzenstein, de Copenhague, intenta curar la parálisis, la gota y el reumatismo crónico. En 1790, Fourcroy suministra oxígeno a los tísicos: obtiene pobres resultados, pero, en cambio, tiene éxito en los casos de asma, de clorosis, de escrofulismo y de raquitismo.

La medicina preventiva

Los médicos se preocupan por prevenir las enfermedades, en especial las enfermedades epidémicas, que asolan el mundo. La peste causa estragos en Ucrania en 1737, en Mesina en 1743, en Moscú desde 1789. El tifus viaja con los ejércitos, y desde 1750 es endémico en España; en 1761, una violenta epidemia de gripe devasta Europa y América. La tos ferina va diezmando Europa: sólo en Suecia, de 1749 a 1764, causa la muerte de 40.000 niños;

la viruela es una plaga, que en París, en el año 1719, causa unas 14.000 muertes. En 1770, una epidemia general de viruela recorre el mundo; todas las grandes ciudades quedan diezmadas; y en la India se calcula en 3 millones el número de muertos.

Durante mucho tiempo sólo pudieron tomarse medidas de precaución. Las regiones atacadas por la epidemia eran rodeadas por cordones sanitarios de soldados y quedaba prohibido salir de ellas. Los viajeros no podían emprender viajes sin poseer un certificado de buena salud; al llegar al punto de destino, quedaban sometidos a una cuarentena, es decir, eran observados aparte durante cuarenta días. Cualquier enfermo sospechoso era aislado inmediatamente en un lazareto. En 1779 el vienés Franck empezó a publicar su *Sistema de política médica*, en el que sostenía que velar por la salud pública era un deber del Estado y exigía que se legislara sobre esta materia. En Venecia era obligatorio declarar los casos de tuberculosis así como desinfectar los objetos que habían pertenecido a tísicos, y en otras ciudades se ensayaron medidas semejantes. Por otra parte, los médicos escribían libros de higiene, gracias a los cuales cada individuo podía mejorar su salud y ofrecer mayor resistencia a las enfermedades. Entre las mejores obras de este tipo figuran las del suizo Tissot: *Advertencia al pueblo acerca de su salud* (1761) y *La salud de los intelectuales* (1772), cuyo interés aún sigue siendo actual en nuestros días.

Un avance decisivo contra la viruela se logró por medio de la inoculación y de la vacuna. Lady Montague, esposa del embajador de Inglaterra en Constantinopla, se enteró de que las circasianas se pinchaban con agujas impregnadas de pus de viruela; con ello se inoculaban una viruela benigna y quedaban inmunizadas contra la enfermedad. Todo esto ocurría como si el cuerpo se hubiera entrenado en su lucha contra la enfermedad atenuada y, así, hubiera ganado fuerzas para combatir y rechazar la verdadera enfermedad. Lady Montague dio a conocer el procedimiento; el médico ginebrino Tronchin (1709-1781) se convirtió en campeón de la inoculación.

El cirujano inglés Jenner (1749-1823), encargado de inocularla a los habitantes de un condado inglés, observó que quienes habían contraído la viruela de las vacas, o vacuna, eran refractarios a la inoculación y a la viruela humana. Tras veinte años de observaciones y ensayos, el 14 de mayo de 1796 vacunó al primer niño, James Phipp, y en 1798 publicó su *Encuesta acerca de las causas y los efectos de la viruela vacuna*, que despertó considerable interés. La humanidad quedaba salvada de la viruela. Poco más tarde se descubrió que la vacunación era ya practicada en varios lugares de la India, en Persia y en el Perú; pero se trataba de casualidades locales. Fue Jenner quien hizo un descubrimiento razonado y de valor universal.

La obstetricia

Situado entre la medicina y la cirugía, el arte del comadrón realizó grandes progresos, porque todo quedó reducido a principios de mecánica y de física, «ya que el parto es una mera operación mecánica sujeta a las leyes del movimiento» (Baudelocque, 1745-1810). Puzos (1686-1753) y Levret (1703-1780), comadrón de la Delfina de Francia, perfeccionaron el fórceps (hasta entonces era recto; ellos le dieron la curvatura necesaria) que se convirtió en instrumento de uso corriente. Plenck (1738-1807), profesor en Buda y en Viena, realizó mediciones de la pelvis y determinó, para cada medida, cuáles eran las operaciones adecuadas. El parto adquirió «una certidumbre geométrica». Este arte alcanza su perfección técnica; los adelantos obtenidos a partir de entonces sólo han sido debidos a la antisepsia y a la anestesia.

La cirugía

También se perfeccionaron numerosas intervenciones quirúrgicas. El francés Petit (1674-1750) proporcionó seguridad a los cirujanos mediante su torniquete compresor de bolas, gracias al cual se evitaron las hemorragias. Especialista en luxaciones, fue también el primero que extrajo cálculos de la vesícula biliar. El arte de la amputación también llega a la perfección: miembros rotos, gangrenas, tumores blancos articulares, exóstosis, tumores, aneurismas y cánceres, aunque se sabe que estos últimos se reproducen, son operados con éxito. Chopart (1743-1795), inventor de un sistema de amputación del pie, dio gran impulso a la cirugía de las vías urinarias. Daviel (1696-1762) alcanzó fama por su habilidad en operar las cataratas mediante extracción del cristalino. Solicitado por todas las cortes europeas, en un solo año, en 1752, operó a 206 pacientes, 182 de ellos con éxito. La incisión de la vejiga para extraer los cálculos o piedras se perfeccionó, en especial por los trabajos de un simple práctico parisiense, Côme, quien inventó un aparato para pulverizar las piedras demasiado gruesas, y descubrió el método de hacer la incisión con un aparato curvo introducido en la vejiga. Todas estas operaciones eran muy dolorosas porque el cirujano no tenía a su alcance medios para adormecer o insensibilizar al paciente; pero salían bien gracias a la habilidad técnica, a la limpieza y a la antisepsia brutal, que si era necesario se lograba con un hierro candente. Al principio del siglo xix hubo un período de retroceso; pero el descubrimiento de los microbios y de los anestésicos volvió a poner la medicina en marcha hacia el progreso.

II. LA ENSEÑANZA

El espíritu del siglo

La enseñanza tradicional es criticada más abiertamente, de una manera más general, a veces con mayor elocuencia que en el siglo anterior, sin que se diga nada que sea completamente nuevo. El pensamiento del siglo xviii acerca de la enseñanza es simplemente la continuación y algunas veces el debilitamiento del pensamiento del siglo xvii. Pero, sin duda alguna, es mayor el número de resultados.

Los atacantes son de tres clases: por una parte, los

científicos que consideran que la enseñanza no concede la debida importancia a los descubrimientos recientes y a las nuevas ramas de la ciencia; en segundo lugar, los utilitarios cuyo deseo es que en los planes de estudio se dé mayor cabida a las artes y conocimientos que pueden tener utilidad inmediata en la vida corriente; finalmente, los sensualistas, que se inspiran en Locke, Condillac y Rousseau, firmemente convencidos de que todas nuestras ideas proceden de los sentidos, y que, por consiguiente, sostienen que la enseñanza debería basarse en los seres y en las cosas, en la observación de las realidades y en la experiencia, y no en los libros y en la palabra. A menudo, claro está, un mismo individuo adopta estos tres puntos de vista. La controversia fue encarnizada y a menudo malévola. Los reformistas exageraron los defectos de la enseñanza y trataron con desdén a sus adversarios; por su parte, los conservadores les reprocharon a los avanzados el descuidar la experiencia y la realidad. Pero, en resumidas cuentas, los reformistas ganaron la batalla, aunque no con el éxito que habrían deseado: se introdujeron en los programas nuevas materias, a veces métodos nuevos, y la enseñanza utilitaria, la que llamamos técnica, se desarrolló. Las reformas tuvieron por principal escenario Francia, los países dominados por los soberanos germánicos y Rusia. En los demás Estados, las novedades fueron escasas. La misma Inglaterra siguió fiel a la antigua enseñanza clásica y al aprendizaje directo de la profesión mediante la práctica.

La enseñanza primaria

La primera enseñanza, cuya misión consiste en inculcar a los niños de 6 a 11 o a 13 años los primeros conocimientos de utilidad inmediata, no estaba difundida por igual. Los ricos y los acomodados la recibían en su propia casa. Para el pueblo, en los países católicos, la enseñanza era privada: algunas congregaciones religiosas, como los Hermanos de la Doctrina Cristiana, se encargaban de ella, con o sin aportación económica de las parroquias y de los padres. En la Inglaterra anglicana sólo existían escuelas parroquiales medianamente sostenidas por la caridad privada; en los países calvinistas y luteranos, la necesidad de leer la Biblia fue causa de que se desarrollara una enseñanza elemental pública, a menudo digna de encomio. Durante la segunda mitad del siglo, los «déspotas ilustrados» desplegaron gran actividad para crear una enseñanza estatal que formara súbditos fieles, obedientes e instruidos. En Prusia, Federico II decretó la enseñanza obligatoria en 1763; en Austria, María Teresa reorganizó la enseñanza primaria en 1774; en Rusia, Catalina II dictó en 1786, un Estatuto de las Escuelas Populares, a imitación de Austria, con el monopolio del Estado.

La enseñanza incluía, ante todo, religión y moral, es decir una idea del universo y del destino del hombre, del lugar y del papel que éste desempeña en la sociedad; luego, los instrumentos del conocimiento elemental: lectura, escritura y aritmética. Los resultados a menudo eran buenos. En Francia, la educación del pueblo era indudablemente superior a la que tuvo en la primera mitad del siglo XIX.

Pero muy pronto se consideró que esta enseñanza era insuficiente para quienes debían ganarse el sustento al salir de la escuela. Por ello, y teniendo en cuenta la importancia que tenía el trabajo manual para la precisión del ojo, de la mano y de la mente, los Hermanos de la Doctrina Cristiana habían añadido, en Francia y desde hacía mucho tiempo, la enseñanza de los oficios. Desde 1700, Francke y Semler dirigían en Halle (Alemania) escuelas en las que la enseñanza iba unida al aprendizaje técnico en el taller. Estos ejemplos fueron seguidos por Federico II, que introdujo en sus escuelas primarias el cultivo de la morera y la cría del gusano de seda.

Junto a las instituciones que concedían un lugar a la técnica, se fundaron escuelas exclusivamente técnicas, sobre todo en Alemania y en Francia. En 1767 se abrió en París la Escuela Real de Dibujo, en la que recibían instrucción gratuita 1.500 niños mayores de 8 años. También los particulares, los municipios y las provincias crearon escuelas en las localidades en que existían manufacturas, escuelas en las que se enseñaba dibujo y matemáticas. Un filántropo, el duque de La Rochefoucault-Liancourt, creó, para los huérfanos de su regimiento, una notable escuela de aprendizaje, reconocida por real orden de 1786, y que fue el modelo de la primera escuela de Artes y Oficios de la Revolución Francesa. Pero a todas estas escuelas se les echaba en cara el que sólo formaban al trabajador, pero que dejaban de lado el hombre y el ciudadano.

A estas instituciones debemos añadir, a causa de lo elemental de su enseñanza, los cuerpos franceses de cadetes-nobles, cuya misión era preparar oficiales, y que fueron imitados en Prusia y en Rusia (1732).

Algunos teóricos, influidos por las ideas de Rousseau, querían ante todo enseñar por la apariencia, por las sensaciones. El alemán Basedow (1723-1790) daba, en Dessau, lecciones de cosas. Colocaba ante los ojos de los niños un cuadro que representaba a una mujer doliente y acostada, su marido sentado junto a ella y sobre una mesa dos gorros pequeños. Los niños debían *averiguar* la situación de la mujer, el significado de los gorros, los peligros que corría la futura madre, las obligaciones de los niños en relación con sus madres que tanto sufrieron para darles a luz. Las lecciones de cosas constituían también el fondo del método del suizo Pestalozzi (1746-1827), que empezó su apostolado pedagógico en Neuhof en 1775, pero cuya actividad más importante, que no se limita tan sólo a la enseñanza primaria, es posterior al período que estamos estudiando.

A dichos métodos, demasiado exclusivistas, se les reprochaba que solamente eran adecuados para niños retrasados, y que, en cambio, le hacían perder el tiempo al niño normal, cuyas capacidades de intuición, de imaginación e incluso de razonamiento eran poco apreciadas.

La segunda enseñanza

La enseñanza media era, casi en todas partes, privada, bajo la vigilancia de la Iglesia o del Estado. Los colegios estaban bajo la dirección de corporaciones de profesores o Universidades, como la de Oxford o la de París; de congregaciones religiosas: jesuitas (que eran las más numerosas), filipenses y benedictinos; y también, a menudo, de particulares. En los colegios de los jesuitas y en los de la Universidad de París, la enseñanza era gratuita para los externos, y se concedían numerosas becas a los alumnos internos. Los «ilustrados», sobre todo en Francia, exigían cada vez más una «educación nacional», y maestros seglares elegidos mediante un «concurso de admisión». Esta fue la tendencia general después de la expulsión de los jesuitas. Por ejemplo, en Francia, después de 1763, cada colegio debía estar regido por una Oficina de administración de la cual formaban parte los principales magistrados; pero la supresión de un cuerpo de buenos profesores originó una decadencia de la enseñanza de la cual se aprovecharon Prusia y Rusia, que acogieron a los jesuitas.

La enseñanza de los colegios se basaba en el antiguo humanismo del Renacimiento. Era práctica. Como estaba dedicada a futuros magistrados, administradores, abogados y médicos, sacerdotes y pastores, profesores, oficiales generales, debía darles un perfecto dominio del idioma, el mejor instrumento de las más sutiles y más complejas operaciones del pensamiento, más aún, condición de cualquier pensamiento. Para lograrlo, los colegios se valían del latín, la lengua madre de la civilización europea; poco del griego, más difícil y más alejado; y para nada de las lenguas vivas que, excepción hecha del francés, todavía estaban vacilando y solamente se estabilizaron a lo largo del siglo; por carecer de un significado inmutable y claramente determinado de las palabras más importantes, resultaba difícil utilizarlas como utensilio del pensamiento.

Sostenían, además, que las obras de los autores latinos (poetas, historiadores, oradores) contienen un gran tesoro de experiencia sentimental, moral y política, cuyo interés es permanente; encierran las situaciones y los problemas de todas las épocas. La religión, que incluye toda una filosofía, una ciencia completa de la naturaleza humana y de las sociedades, dominaba todo el programa. No solamente le estaban reservados cursos y ejercicios propios, sino que los libros elementales para la infancia estaban integrados por un conjunto de extractos de los autores antiguos acerca de Dios y de la moral; las ideas y los personajes de la antigüedad siempre eran examinados desde el punto de vista cristiano. Era, pues, pensaban, una enseñanza muy completa.

Los estudios estaban divididos en dos ciclos. El primero comprendía: tres clases de gramática, una de humanidades (dedicada preferentemente a la poesía) y una de retórica. La retórica es una ciencia natural que del estudio de los grandes autores deduce las leyes de la persuasión; transforma luego estas leyes en preceptos y así, al igual que cualquier otra ciencia, se prolonga a través de un arte o, si se prefiere, de una técnica.

La mayoría de alumnos abandonaba el colegio al concluir el primer ciclo; pero quienes se quedaban, cursaban además dos años de filosofía. Estudiaban lógica formal, metafísica y moral. La lógica formal es una ciencia natural que del estudio de las grandes obras de la mente humana saca las leyes del juicio y del raciocinio, y de éstas extrae un arte de pensar. Entraban en ligero contacto con las matemáticas y con la física, aunque esta última se reducía a razonamientos acerca de la naturaleza y de las propiedades de la materia. Todo esto se reducía a exponer, en silogismos, la doctrina de Aristóteles, algunas veces junto con un poco de las enseñanzas de Descartes y de Locke.

En el primer ciclo la enseñanza era esencialmente activa. El latín solía enseñarse por el método directo, sin utilizar ni siquiera una palabra de francés, excepto para las retroversiones. El alumno, que pronto llegaba a dominar la lengua, se dedicaba a componer sin descanso, en latín, narraciones en prosa, fábulas en prosa y en verso, elegías, himnos, panegíricos, alegatos y arengas. En el segundo ciclo era conveniente dar clases teóricas y los alumnos tenían libretas de apuntes; pero el simple hecho de comprender cuál es el planteamiento de una cuestión determinada y de seguir el hilo de una serie de silogismos es un duro esfuerzo para los jóvenes, y había persistido la costumbre de celebrar controversias, en las que el medio de expresión era el silogismo. La educación venía completada con ejercicios públicos, comedias, recitaciones y disputas, que tenían efecto ante las autoridades y los padres.

Este sistema de enseñanza era muy atacado, y algunos autores se burlaban de los temas de retórica como, por ejemplo, «Los remordimientos de Nerón después de haber asesinado a su madre», ya que los alumnos, que nunca habían cometido un asesinato, no podían expresar ninguna idea personal. Los partidarios de estos ejercicios sostenían que dichos ataques menospreciaban la sensibilidad, la imaginación y la intuición de los jóvenes, que los profesores andaban acertados al utilizarlos como medios educativos, ya que sólo podemos comprender perfectamente aquellos sentimientos que somos capaces de sentir un poco, y que la importancia de la imaginación es superior a la del raciocinio: pocas son las cosas que podemos ver, tocar o medir; ¿quién ha podido *ver* Francia, Alemania, el Estado, la nobleza, el proletariado, la justicia, la crueldad, el odio? Otros adversarios criticaban los temas de filosofía: «El ser, ¿es unívoco respecto a la sustancia y al accidente?». Los partidarios del sistema replicaban que estos temas, muy buenos, eran propuestos, tal como debe hacerse, en términos técnicos, que son los más exactos y los más precisos.

Sin embargo, algunos renovadores consideraban que en ese sistema no tenía cabida lo que pudiera serles útil a los futuros comerciantes, industriales y agricultores, y que los hijos de los artesanos o de los campesinos que sólo permanecían algunos años en el colegio, sin intención de cursar estudios superiores, podían tener la impresión de que estaban perdiendo el tiempo. Creían que, al menos en Francia, la lengua ya estaba bastante fijada y la literatura era bastante rica para que el latín se redujera únicamente a las versiones y retroversiones indispensables; que las ciencias habían realizado bastantes progresos y proporcionaban bastantes buenos modelos de razonamientos y demostraciones para poder prescindir de gran parte de las sutilezas de la retórica y de la lógica. Por consiguiente, hubo algunos intentos para renovar la enseñanza clásica y para desarrollar la enseñanza técnica.

En todas partes las materias nuevas van penetrando en los colegios. En Prusia, en 1763, Federico II introdujo la enseñanza del francés, y sustituyó la lógica aristotélica por la de Wolff. En Austria, el plan de estudios de 1773 declara obligatorio el método experimental en física, en filosofía y en moral. En Francia, algunos colegios de los filipenses, y más tarde, después de 1763, la Universidad, enseñaron el francés por medio de la gramática y enseñaron la retórica basándose en los autores franceses. También se incluyó la historia moderna y pronto dejó de ser una mera cronología para convertirse en el estudio de las civilizaciones, de los gobiernos y de la política extranjera. Con posterioridad al año 1760 en varios colegios se fundaron cátedras de física experimental así como laboratorios de química. Se da cabida a los idiomas extranjeros. En filosofía, los profesores refutan a Newton, Locke y Descartes, aunque al hablar de ellos excitan la curiosidad de conocerlos; algunos maestros les conceden la razón, y uno o dos abandonan la exposición mediante silogismos. Pero la transformación más notable fue obra de los benedictinos de San Mauro, en su colegio de Sorèze: los alumnos que así lo deseen pueden cursar sus estudios sin latín y tienen la facultad de elegir su propio programa mediante un sistema de opciones. Pero la mayoría de colegios siguió fiel a una tradición que ya había demostrado su utilidad.

Al oponerse los profesores de colegio a la introducción de las ciencias aplicadas en sus escuelas, dieron lugar a la creación de escuelas especiales dedicadas a la enseñanza técnica. Hacia 1747, Hecker fundó en Alemania la primera «Escuela práctica»; y desde 1763 Federico II multiplicó en Prusia las escuelas de este tipo. Las escuelas de comercio abundan en Alemania y se introducen en Francia a través de Alsacia, donde, en 1781, los mercaderes de Mulhouse fundaron la primera. También aparecen algunas escuelas agrícolas. En todas ellas se enseña religión, lenguas vivas, historia y geografía, matemáticas y física, dibujo, y, además, según la especialidad, química, ciencias naturales, correspondencia comercial, contabilidad, cálculo de los pesos y medidas de las principales naciones, operaciones comerciales, cultivo o trabajos de taller. Toda la enseñanza se dirige hacia la práctica y hacia la vida corriente.

También fueron creadas escuelas especiales militares y navales. Los Habsburgo mantuvieron escuelas militares en Bruselas a partir de 1717, y en Viena desde 1718. Los franceses crearon las mejores escuelas, cuyo fin era preparar a los futuros oficiales para los estudios superiores. La Escuela Militar fue inaugurada en 1751 para alumnos de 13 a 20 años; más tarde, en 1776, el conde de Saint-Germain creó doce escuelas militares de provincia, cuya dirección puso en manos de eclesiásticos auxiliados por algunos militares, para alumnos hasta la edad de 14 años. En el programa figuraban las siguientes asignaturas: latín, lenguas vivas, historia, geografía, matemáticas, dibujo, física experimental, danza, esgrima y música. Había alumnos de pago y becarios del Estado. Uno de éstos fue Napoleón Bonaparte, en la Escuela de Brienne.

En cuanto a la marina del Estado, las compañías de guardias marinas de Brest y de Toulon admitían nobles de 14 a 17 años; suprimidas en 1786, fueron sustituidas por dos colegios en Vannes y en Alais. En ellas se enseñaba matemáticas, dibujo, construcción naval, navegación, pilotaje y cartografía. Durante el verano se realizaban cruceros a bordo de buques-escuela.

Para la marina mercante, en los principales puertos se habían establecido 24 escuelas privadas de hidrografía, y en 1764 se crearon escuelas estatales en Brest, en Rochefort y en Toulon.

En cuanto a la enseñanza superior, que deben cursar jóvenes mayores cuya mente está ya preparada para adquirir los conocimientos especiales superiores, desgraciadamente las Universidades fueron en general refractarias a las nuevas ciencias y a las ciencias aplicadas. Sin embargo, las Universidades alemanas establecieron cursos de explotación agrícola para jóvenes que querían dedicarse a la administración de las propiedades reales u otras grandes explotaciones agrícolas. Halle, Heidelberg y Gotinga, inauguraron cursos de química aplicada y de mecánica; pero la oposición de los profesores de teología y de humanidades fue causa de que se suprimieran al cabo de pocos años. Los Habsburgo introdujeron las ciencias experimentales y las enseñanzas utilitarias en las Universidades de sus dominios, especialmente en la de Pavía, en el norte de Italia. Pero, en general, la enseñanza de las nuevas materias es organizada por las Academias y por las sociedades literarias y científicas, al margen de las Universidades, en instituciones independientes. En Francia, algunos sabios y aficionados ricos poseían importantes colecciones de modelos y de máquinas, como, por ejemplo, Vaucanson, quien en 1775 instaló sus máquinas de hilar y tejer en un edificio del Faubourg Saint-Antoine, cuya entrada estaba abierta al público. En 1782 las donó al rey Luis XVI, que enriqueció la colección con otros 500 modelos, con la intención de mejorar las manufacturas. Esta colección, que posteriormente fue agrupada con la de la Academia de Ciencias, se convirtió en el actual Conservatorio Nacional de Artes y Oficios. El Jardín del Rey, que estuvo bajo la dirección de Buffon, se transformó en centro de enseñanza y de publicaciones científicas. Los cursos de botánica, química, anatomía y farmacia, explicados por sabios, atraían numerosos estudiantes. Se inauguraron Escuelas de Minas en Alemania, concretamente en Brunswick (1745), en Friburgo (1765), en Clausthal (1775); y en Francia, en París (1778). La Escuela francesa de Caminos y Puentes (1747), se convirtió en modelo de las modernas escuelas superiores de ingeniería civil.

La Academia Militar austriaca de Wiener-Neustadt (1752) alcanzó merecida fama; la Escuela real militar de París volvió a abrirse en 1777, para acoger a los mejores alumnos de las escuelas militares de provincias. En ella estudió Napoleón Bonaparte, al salir de la Escuela de Brienne.

Francia poseyó las mejores escuelas de artillería, la más importante de las cuales fue la de La Fère, en la que, por vez primera, se impartió una enseñanza racional de la artillería. También tuvo fama la de Hannover (1782), en la que enseñó Scharnhorst, el renovador del ejército prusiano después de la batalla de Jena.

La enseñanza técnica más avanzada de toda Europa se daba en la Escuela que el Real Cuerpo de la Ingeniería Francesa mantenía en Mézières, y que había sido fundada en 1748, sin duda alguna imitando a la Academia sajona de Ingenieros (1743). Los alumnos, procedentes o de la Escuela de Artillería de La Fère o de las escuelas militares, eran admitidos después de un severo examen. Los ingenieros del ejército francés tenían fama de ser los mejores de toda Europa. La Escuela formó muchos hombres célebres: Lazare Carnot, el «organizador de la victoria»; el matemático Poncelet; Cugnot, el inventor del automotor; el físico Coulomb y el patriota Rouget de Lisle, autor de *La Marsellesa*.

A partir de 1720, los cartógrafos navales franceses reciben formación en el Archivo de cartas y planos de la marina, situado en París. De la Escuela de la Marina del Louvre salían cada año doce dibujantes de barcos. La escuela de aprendices-cañoneros, creada en 1766, admitía jóvenes de 18 a 25 años, a los cuales convertía en oficiales de artillería naval.

En todas estas escuelas, la enseñanza estaba orientada hacia la práctica. Los cursos, de gran valor científico, comprendían una selección de materias apropiadas. Por ejemplo, para los ingenieros de minas, las asignaturas eran química, mineralogía, hidráulica, ventilación y explotación de las minas. Los alumnos debían resolver numerosos problemas prácticos y dibujar planos, y, además, trabajaban en el laboratorio. La mitad del tiempo, en general tres días por semana, se dedicaba a trabajos: construcción de puentes y fortificaciones, fabricación de pólvora, maniobras y tiro. Además, parte del verano lo pasaban en las fábricas, en las canteras de trabajos públicos, en los astilleros de construcción y reparación de buques. La estrecha unión de la ciencia con la práctica, del trabajo mental con el trabajo manual, constituían una enseñanza profesional de grandísimo valor. El historiador americano F. B. Artz considera que, en conjunto, la enseñanza técnica superior francesa era la mejor de Europa, es decir, de todo el mundo, en el siglo XVIII.

III. LA PRENSA

La prensa periódica, que había surgido a principios del siglo XVII, alcanza un gran desarrollo en el XVIII, en Holanda y sobre todo en Inglaterra, gracias a la mayor libertad y a la actividad de la vida política, mientras que en los demás países imita a aquellos dos, a medida que toma incremento la vida intelectual y que se aprecian los medios de acción política que puede proporcionar la prensa. En todas partes, la prensa refleja con bastante exactitud el estado del país.

Las gacetas holandesas

Las gacetas holandesas: *La Gazette de Utrecht* y *La Gazette de Leyden* siguen teniendo en Europa el mismo éxito que en el siglo anterior. Incluyen numerosas noticias, ya sean importantes, como el anuncio de proyectos de tratados, ya sean escandalosas, a consecuencia de la libertad de que gozan los impresores en ese país republicano, de su gran comercio mundial y de su situación de cruce de caminos sobre los altivos mares, los más poblados de Europa, en la desembocadura del Rin. Redactadas por lo general en francés, cuentan con lectores en todos los países, y como quiera que esta lengua la desconocen las clases medias y populares, los soberanos permiten más fácilmente su entrada. Eran muy independientes, y con frecuencia los gabinetes ministeriales se quejaban ante el gobierno de las Provincias Unidas de la insolencia y de la indiscreción de los gacetilleros. El gobierno les enviaba notas conminatorias pero que rara vez iban seguidas de acción. Por eso, el rey de Prusia, Federico II, intervenía personalmente: habiendo sido atacado por un periódico de Groninga, un secretario de la legación prusiana advirtió al periodista de que si arreciaba en sus ataques «se tomaría una decisión que le haría arrepentirse el resto de sus días». Con las gacetas holandesas competían otros periódicos redactados en lengua francesa, fundados en pequeños Estados en los que la libertad era mayor que en los grandes, y cuyo éxito venía garantizado por la exactitud y la sinceridad: *Journal de Herve*, en el territorio de Lieja; *L'Esprit des Journaux* en la misma Lieja; *La Gazette de Berne*, *La Gazette de Cologne*. Sin embargo, algunas de estas gacetas no rechazaban las subvenciones de los soberanos.

La prensa inglesa

En Inglaterra floreció una prensa de porte moderno. Esta prensa era relativamente libre; no necesitaba permiso previo: cualquier persona podía fundar cuando le viniera en gana el diario que más le agradara. Tampoco había censura previa, lo cual era lógico en un país de régimen representativo, plenamente parlamentario, en el que una parte de los ciudadanos son electores y han de tener la posibilidad de expresar sus opiniones. Pero la prensa no era tan sólo una necesidad política, sino una consecuencia del florecimiento de todas las formas de la vida social, y los intercambios de ideas y de noticias se multiplicaban siguiendo su ritmo.

Se trata de una prensa relativamente perfeccionada. Los periódicos, que al principio eran semanales, se publicaron tres veces por semana a partir del momento en que, por los principales caminos que partían de Londres, circulaban tres correos postales. El *Daily Courant* fue, entre 1702 y 1735, el primer diario. Los principales periódicos que se publicaban eran de cuatro tipos: el diario político; la gaceta moral, la más importante de las cuales fue el famoso *The Spectator* de Addison, cuyo éxito fue grande hasta 1712, y que tuvo más de un centenar de imitadores en Inglaterra, y numerosos sucesores en el continente; la hoja de anuncios; y, finalmente, la revista, el «magazine» que recoge todo lo interesante que ocurre en el mundo: el primero fue el *Gentleman's Magazine*, en 1731, periódico mensual de 42 páginas a dos columnas. Pero esta división en cuatro tipos no es absoluta. En efecto, los de matiz político publicaban ensayos morales y anuncios; las hojas de anuncios incluían artículos políticos, y las revistas daban cuenta de los debates del Parlamento. En este país de gran comercio, los diarios vivieron gracias a la publicidad, y un periodista escribía, en 1759: «La industria del anuncio está ahora tan cerca de la perfección que no es tarea fácil proponer mejoras».

La prensa inglesa era una prensa de poderosos. Éstos eliminaron a los pobres gracias al impuesto del Timbre, instituido en 1712 y cuyo importe fue creciendo progresivamente, y a consecuencia de él desaparecieron las numerosas hojitas de a perra chica gracias a las cuales el pueblo podía salir de la ignorancia y en las que enseñaba a leer a sus hijos. Sin embargo, y gracias a los cafés, incluso los artesanos leen los periódicos. Montesquieu veía, con asombro, que un fontanero mandaba que le trajeran la gaceta.

Era una prensa de combate, que tanto los partidos como el gobierno trataban de utilizar en provecho propio. Los jefes de partido fundan periódicos, se disputan los publicistas más brillantes, algunos de los cuales ocupan lugar destacado entre los grandes escritores ingleses: Defoe, Swift, Fielding. Un gran señor, Bolingbroke, trabajó de periodista de 1728 a 1731, por devoción hacia su partido. El primer ministro Walpole (1721-1742) tenía a sus órdenes un equipo de plumíferos, redactó los guiones de numerosos artículos, inspiró varias docenas de periódicos, concedió subvenciones a los que eran independientes u hostiles, todo lo cual le costaba al Estado 50.000 libras anuales. Todos los políticos estaban de acuerdo en que de las sesiones del Parlamento, sólo debía dárseles a conocer a los periodistas lo que ellos consideraran conveniente. Las sesiones no eran públicas y estaba prohibido dar cuenta de ellas. Era mucho mejor que el público no supiera con certeza que el primer ministro pasaba entre los escaños de los diputados distribuyendo billetes de banco. La prensa se veía obstaculizada y, en parte, sojuzgada.

Algunos periodistas cuyo mayor empeño era ejercer bien la profesión trataron de conseguir independencia, y lo consiguieron, en relación con los partidos, gracias a los anuncios e incluso gracias al impuesto del Timbre que eliminaba competidores. Los directores de revista daban cuenta de las sesiones de la Cámara de los Comunes del siguiente modo: al principio designaban a los diputados con dos iniciales de su nombre (1731-1738) y más tarde, después de la publicación de la novela de Swift, simularon narrar los debates del Senado de Liliput (1738-1752), y al final acabaron por publicar abiertamente los debates, en lo cual fueron imitados por los diarios. La larga crisis que empezó con el intento de gobierno personal del Jorge III, etapa señalada principalmente por el asunto Wilkes, terminó con la victoria de los periodistas. En 1751, algunos periodistas que habían sido encarcelados por haber dado cuenta de los debates parlamentarios fueron puestos en libertad por los magistrados de Londres, y la opinión pública se manifestó con tal energía que el Parlamento anuló la prohibición. Finalmente, después de los intentos de confiar a los jueces reales la misión de decidir si un artículo tenía carácter de difamación calumniadora, en 1792, esta tarea fue puesta en manos de los tribunales ordinarios, y los periodistas, protegidos ya, quedaron en completa libertad.

La prensa americana

En la colonias inglesas de América, la prensa se

desarrollaba con dificultad. La tinta, el papel y los tipos se importaban de Europa, y resultaban muy caros. Los suscriptores eran escasos, ya que las noticias eran raras o atrasadas; se tardaba de cinco a ocho semanas en atravesar el Atlántico, y también eran muy lentas las comunicaciones entre las colonias del Norte y las del Sur. Y sin embargo, en 1775, existían 34 semanarios casi regulares, el más importante de los cuales era el de Franklin, la *Pennsylvania Gazette*, de Filadelfia. Durante la guerra de Independencia, la lucha intelectual se desarrolló principalmente a base de folletos, aunque la *Boston Gazette* de Sam Adams y los diarios de Thomas Paine desempeñaron un impotante papel. Aumentó el aprecio de los americanos hacia los periódicos. Para poder prescindir de Inglaterra se fundaron manufacturas de papel, de tinta y de tipos de imprenta. En 1782, se publicaban 43 periódicos y en 1784 apareció el primer diario: el *Pennsylvania Packet*.

La prensa del continente

En todos los países del continente europeo en los que reinaba una monarquía absoluta la prensa estaba sujeta a autorización, al monopolio y a la censura previa. Desde luego, los periodistas son menospreciados en todas partes por considerarlos ignorantes y superficiales; los libros y los folletos tienen mayor importancia. El primer periodista de todas las épocas, Voltaire, no escribe en los diarios. Pero el tipo inferior de prensa, las gacetas manuscritas, que se venden clandestinamente, son muy numerosas.

En Francia

Sin embargo, en Francia la prensa está favorecida por una laxitud general. Las hojas nuevas pagan una indemnización al periódico privilegiado, la *Gazette de France;* para las noticias políticas al *Mercure de France*, y para las crónicas literarias y de sociedad al *Journal des Savants*. Otras hojas, impresas fuera de Francia, pueden entrar en el país pagando un derecho al Ministerio de Asuntos

Exteriores. La ausencia de unidad de criterio en el gobierno es causa de que sea fácil hallar un ministro que pueda protegerlos contra la censura. Abundan los periódicos de toda clase que hacen célebres al abate Prévost, al abate Desfontaines y a Fréron. El librero Panchoucke organiza a partir de 1772 un verdadero trust de periódicos y acaba por obtener, en 1787, el privilegio de la *Gazette de France* y del *Mercure de France*, y adscribe a su servicio a los redactores más combativos, violentos y apasionados, es decir, los redactores que el público lee con avidez. A pesar de todo, la prensa francesa está retrasada en relación con la inglesa: hasta 1777 no aparece el primer diario, el *Journal de Paris*.

El gobierno trató de ganarse los periodistas franceses y los periodistas en lengua francesa de toda Europa, esfuerzo que le costó grandes cantidades. A continuación, quiso poseer diarios propios. En 1761, Choiseul adscribió la *Gazette de France* al Ministerio de Asuntos Exteriores y le obligó a adoptar «el tono republicano». Mediante la prensa, Vergennes preparó la opinión pública para la guerra de América; desde 1775, la *Gazette de France* y el *Mercure* elogiaban a «los insurrectos», y a partir de 1776 el Ministerio de Asuntos Exteriores dirigió secretamente un diario: *Les Affaires de l'Angleterre et de l'Amérique* que ataca sin cesar a los ingleses y que incluso se atreve a elogiar los principios de la Declaración de Independencia y a publicar largos extractos del *Sentido Común*, el libelo democrático de Thomas Paine. Esto equivalía a jugar con fuego.

Los demás países, excepto Francia

Todos los demás países europeos estaban en manifiesta inferioridad en relación con Francia. La concesión de permisos era más difícil y la censura mucho más severa. Los periódicos se desarrollaron sobre todo en las ciudades libres, en los centros comerciales, Francfort, Hamburgo, Colonia y Augsburgo, en las que, sin embargo, la censura seguía siendo quisquillosa. Por doquier, los periódicos literarios son los esenciales. De todos los soberanos, el que mejor supo utilizar la prensa fue Federico II, que sólo tenía en cuenta su interés personal. En las grandes ciudades de su Estado mandó fundar periódicos. Él mismo escribió artículos, inspiró otros, y corrigió otros más; manejaba la mentira con gran virtuosismo. Para excitar la opinión pública alemana y protestante contra la católica Austria, mandó divulgar un supuesto Breve del Papa dirigido al general austriaco Daun así como una falsa carta de felicitación del general francés Soubise al mismo general austriaco (1759). En 1767 corrían por Berlín rumores de una nueva guerra; los dos periódicos berlineses dieron numerosos detalles acerca de un espantoso huracán con granizo que había asolado los alrededores de Postdam y los berlineses se olvidaron de la guerra preocupados por leer detalles acerca de la supuesta catástrofe. En la Silesia ocupada, la *Gaceta de Silesia* se vio obligada a elogiar las victorias y el régimen de los prusianos y, al mismo tiempo, a atacar a Austria; para ejercer influencia sobre Europa, Federico II dio orden de que se fundara en Clèves un periódico en francés, que llevaba el título de *Courrier du Bas-Rhin;* y, al igual que hacían todos, concedió subvenciones a periódicos europeos en lengua francesa, por ejemplo, la *Gazette de Berne.* Combatió a sus enemigos con todos los medios a su alcance, llegando incluso a ordenar que fuera apaleado el director de la hostil *Gaceta de Colonia.* A su vez, los austriacos no tuvieron más remedio que azuzar a los periódicos de las grandes ciudades contra Federico II. En el este de Europa, en la Rusia que despertaba a la vida intelectual del Occidente, la zarina Catalina II dirigía la revista *De todo un poco* en la cual hacía polémica. Se dieron algunos intentos de libertad de prensa, como el de José II; pero su duración fue muy corta.

Con todo ello, la prensa demuestra ser un poderoso medio educativo. Numerosos periódicos ingleses y franceses tienen gran valor; pero se dirigen principalmente a gentes acomodadas y cultivadas, a nobles y burgueses; aún no había sonado la hora de la prensa popular. Y ya entonces, en manos de algunos individuos, la prensa es un instrumento de mentiras y sirve para desorientar al público.

El conjunto de los procedimientos técnicos que acabamos de estudiar, tanto si son completamente nuevos, como si su uso tomó nueva amplitud y nuevas formas, bien merece el nombre de Revolución. Los europeos disponían de medios que sobrepujaban a todos los que hasta entonces se habían conocido. Estaban ya capacitados para iniciar su propio progreso y el de todos los hombres y para intentar conducirlos al nivel superior de la humanidad, aunque a menudo sólo intentaron conquistar y explotar para satisfacer sus propios deseos. Las grandes mejoras materiales del siglo XIX en los países de civilización europea, son debidas más al creciente poderío del hombre sobre la naturaleza que a una mejora real de los individuos y de las sociedades.

Libro III

LA IMPOSIBLE NACIÓN EUROPEA

CAPÍTULO PRIMERO

LA UNIDAD DE EUROPA

Un sueño fascinaba a Europa: el sueño de la nación europea. Los hombres cultos tuvieron conciencia de lo que les unía: humanismo antiguo, cristianismo o fondo de ideas heredadas de él y que llenaba todas las mentes de la época, incluso las más hostiles, individualismo del Renacimiento, espíritu científico moderno, formas artísticas, formas sociales, técnicas, con lo cual se dieron perfecta cuenta de la existencia de este ser, Europa. Voltaire la describe como «...una especie de *gran república*, dividida entre varios. Estados, monárquicos unos, mixtos otros; unos aristocráticos, otros populares; pero todos ellos se corresponden entre sí, todos tienen el mismo fondo religioso, todos tienen iguales principios de derecho público y de política, desconocidos en las demás partes del mundo...».[1] Los milaneses insisten: «los hombres que antes eran romanos, florentinos, genoveses o lombardos, todos ellos se convierten, más o menos, en europeos»;[2] y el ginebrino Rousseau amplía: «en la actualidad ya no existen ni franceses ni alemanes ni españoles, ni siquiera ingleses; sólo hay europeos. Todos tienen los mismos gustos, idénticas pasiones, las mismas costumbres, porque ninguno de ellos ha recibido una forma nacional mediante una institución especial».[3] Las

1. *El siglo de Luis XIV*, Introducción, cap. II, publicado aparte en 1739.
2. *Il Caffé*, primer artículo, 1764.
3. *Gobierno de Polonia*, 1772.

personas cultas solían hablar corrientemente de las «costumbres comunes de Europa». El fin de las guerras, el acercamiento de todos los Estados en una gran federación de Estados Unidos de Europa, era el porvenir que se entreveía.

La Europa francesa

Francia era la que realizaba la unión intelectual y moral de Europa. Aunque había sido vencida en la guerra de Sucesión de España y se había visto obligada a reconocer su derrota en los tratados de Utrecht y de Rastadt, y a pesar de que Inglaterra se convirtió en la principal potencia comercial y política, Francia iluminaba y guiaba a Europa y, por mediación de ella, a todo un mundo. El marqués Caraccioli, embajador de Nápoles, daba, en 1736, a un librito el título de: *París, le modèle des nations étrangères*, o *L'Europe française*, en cuyas páginas señalaba: «Reconocemos siempre la existencia de una nación dominante, a la que nos esforzamos en imitar. En otro tiempo todo era romano; hoy, todo es francés». Y, al acabar el siglo, Rivarol, coronado por la Academia de Berlín, exclamaba: «Parece llegado el momento de decir el mundo francés, al igual que antes se decía el mundo romano». Se trataba de una hegemonía francesa, basada, no en la fuerza, sino en el consentimiento de los espíritus libres.

El francés, lengua europea

Europa posee una lengua común, el francés, que es una de las causas de la superioridad francesa. A partir de 1714, fecha en que, en Rastadt, Su Majestad Imperial accedió a firmar con Su Cristiana Majestad un acuerdo redactado en francés, esta lengua sustituye al latín como lengua diplomática hasta los confines de Asia: en 1774, turcos y rusos redactan un tratado en francés. Los príncipes de toda Europa, imitados por todos sus cortesanos, hablan y escriben en francés. María Teresa de Austria mantiene correspondencia en francés con sus hijos José II y María Antonieta; Federico II, rey de

Prusia, consideraba al alemán como una jerga bárbara y sólo se valía del francés; y precisamente en francés estaba redactada la correspondencia sostenida por la emperatriz de Rusia Catalina II con los filósofos. Los intelectuales utilizaban el francés, hasta el extremo de que el alemán Lessing estuvo a punto de escribir en francés su *Laocoonte* y que Goethe, que más adelante nos hablaría de su «querido alemán», dudó entre las dos lenguas. Numerosos europeos son buenos escritores en lengua francesa y entre ellos siete merecen ocupar un lugar en la literatura francesa: el inglés Hamilton, el príncipe belga de Ligne, el abate italiano Galiani, el publicista alemán Grimm, el rey de Prusia Federico II, la zarina Catalina II y el ginebrino Juan Jacobo Rousseau. Todos los caballeros hablan siempre en francés, que es la lengua corriente én la buena sociedad. La literatura inglesa sólo fue conocida en el resto de Europa a través de traducciones y adaptaciones francesas. Para que los húngaros pudieran utilizar un compendio italiano, éste tuvo que ser traducido al francés. Las obras de los grandes escritores alemanes, Klopstock, Lessing, las conoció la intelectualidad alemana en versión francesa. Todo lo que pudiera decirse ya lo dijo Federico II, cuando mandó que se publicaran en francés las *Mémoires de l'Académie de Berlin*: «Las Academias, si quieren ser útiles, han de dar cuenta de sus descubrimientos en la *lengua universal, y esta lengua es el francés*». Y, en *L'Histoire de mon temps*, dice de la lengua francesa: «Se introduce en todos los hogares y en todas las ciudades. Viajad de Lisboa a San Petersburgo, de Estocolmo a Nápoles hablando en francés: en todas partes os comprenderán».

Este extraordinario predominio de la lengua francesa lo debe a su claridad. Es la más clara porque la labor de los clásicos la ha reducido a los términos más generales, eliminando la mayor parte de las palabras propias de la erudición especial y de la experiencia técnica, y también aquellas otras que son provinciales, locales, personales, sensibles; y porque cada palabra, cada una de las locuciones conservadas, fue pesada, se· estableció su sentido, se midió su fuerza, su alcance, sus afinidades, su utilización, se determinaron sus relaciones, y, finalmente, no hay ninguna lengua en Europa que sea tan exacta y tan precisa, que pueda ser tan pronto aprendida por quienes no son franceses o no son del oficio.

Triunfa porque ha sido utilizada en las obras más perfectas, aquellas en que las ideas están mejor dispuestas siguiendo un orden impecable, que hace pasar gradualmente de las ideas sencillas a las ideas cada vez más complejas en virtud de una relación lógica; las obras en las que cualquier idea extraña, o tan sólo poco útil, para lo que el escritor quiere señalar o demostrar es eliminada sin piedad; aquellas en que la ordenación, la ilación, el procedimiento, las transiciones y la continuidad del desarrollo están mejor realizados; aquellas que con más rapidez van derechas hacia lo esencial, que explican, demuestran, convencen y se hacen sensibles de un modo incomparable.

Estas obras, las más claras de Europa, sólo por su factura constituirían una escuela de pensamiento; pero, además, son vehículo de un incomparable tesoro de ideas y de observaciones. La literatura francesa lo invade todo. Los grandes clásicos del siglo XVII y los escritores del siglo XVIII, son leídos, releídos, meditados, asimilados, imitados e incluso adulterados. El milanés Beccaria exclama: «Lo debo todo a los libros franceses. D'Alembert, Diderot, Helvétius, Buffon, nombres célebres que no puedo oír pronunciar sin emocionarme, vuestras obras inmortales son mi constante lectura, el objeto de mis ocupaciones durante el día y de mis meditaciones a lo largo de mis noches». Muchísimos más habrían podido decir lo mismo: Federico II estaba impregnado de Bayle, de Fontenelle, de Montesquieu, al que denominaba «la Biblia del Legislador moderno», y en especial de Voltaire; José II se alimentaba de los Enciclopedistas, de los Fisiócratas, y del «rey» Voltaire. Los escritores alemanes están amasados con literatura francesa. Incluso un publicista tan alemán como lo es Lessing, se esfuerza en construir sus frases según las de Voltaire, ilustra con su teatro las teorías de Diderot, y en su crítica de arte se inspira en el abate Du Bos. Goethe acude a la Universidad de Estrasburgo para perfeccionar sus conocimientos de la lengua francesa y se embriaga con los franceses. La literatura francesa penetra hasta tal punto en Inglaterra, que incluso llegan a publicarse libelos políticos de factura netamente francesa. Una determinada visión, un modo especial de dirigir los pensamientos, un conjunto de ideas comunes reinan en Europa.

El arte francés, arte europeo

También el arte europeo es francés: nueva fuente de gustos y de sentimientos comunes. La sociedad francesa de la época quiere embellecer su vida con estos delicados placeres de los sentidos que exigen un juicio refinado, y el arte francés procede de esta tendencia, a la que refuerza.

Es un arte homogéneo y su evolución es continua. Apenas si puede notarse un poco más de sensualidad y de fantasía durante la Regencia, durante el período que sucede a la guerra; un estado de equilibrio hacia 1750, fecha en que suele situarse el apogeo del estilo Luis XV; y, a partir de 1760, una creciente tendencia hacia la simplicidad y la severidad por influencia de la antigüedad que se acababa de descubrir en Etruria, en Pompeya, en Egipto, así como de las teorías de Winckelmann, en lo que se denomina estilo Luis XVI. Pero existe una voluntad de proseguir la tarea iniciada y de insertar la novedad en lo tradicional. David es el primero que se presenta como revolucionario. Esta unidad y esta continuidad son debidas a una organización que «no molesta a los fuertes, ...sostiene a los débiles y permite que incluso los mediocres nunca sean malos por completo»; la autoridad del superintendente de edificios, del primer arquitecto y del primer pintor del rey, la influencia de las Academias, muy activas, que enseñan, aconsejan, recompensan. La unidad y la continuidad son también debidas a la clientela, en la que predominan los burgueses, y, especialmente, las burguesas: la mujer es la gran inspiradora. El rey, presa de dificultades económicas, no tiene ya el monopolio del mecenazgo, cuando el país se está enriqueciendo gracias al comercio y a las manufacturas. Si las reinas (María Leczinska, María Antonieta), si las grandes familias nobles, siguen construyendo y haciendo encargos, los advenedizos y los nuevos ricos desempeñan un papel quizá más importante todavía: concubinas reales de origen modesto, la Pompadour, la Du Barry; financieros como Crozat, Paris-Duverney; artistas de la Ópera, como la Guimard. El arte ya no es exclusivamente versallesco, sino que es, sobre todo, parisiense, y las provincias lo imitan. El artista piensa en un público mucho más amplio. Desde 1737, no sólo los Salones, de los cuales dan cuenta periodistas como Diderot, permiten estar en contacto con mucha más gente, sino que la reproducción de las obras gracias al perfeccionamiento de la técnica del grabado, obligan a satisfacer incluso a los aficionados pertenecientes a la pequeña burguesía. De esta diversidad de influencias surge el arte más variado y más encantador.

Este arte, que floreció después de las largas y duras guerras de Luis XIV, en un período más tranquilo, en el que el reino apenas si nota las luchas que sus reyes sostienen en el extranjero, inspirado por el afán de hallar la felicidad en este mundo, es un arte completamente laico, que escapa por completo al espíritu de la Iglesia. Tanto la arquitectura como la decoración, la pintura como la escultura, la indumentaria como la música, siempre están llenos de gracia. Esta gracia –elegancia, fragilidad incluso en la fuerza, impulso, ritmo alegre, mesura y reserva– resulta difícil expresarla con palabras, pero nadie es insensible a ella. Se trata de un arte joven; en primer lugar, joven por la elección de sus modelos: aunque pintores y escultores no dejaron de utilizar personajes de edad madura o ancianos para sus retratos e incluso para las escenas guerreras, prefirieron muchísimo más representar niños, adolescentes, jóvenes, especialmente jovencitas, ya que es «el siglo de la mujer»; también es joven por preferir el movimiento, por el impetuoso impulso de la estatuaria estremecida, por la marcha danzante de los grupos en las telas, por el ritmo de las fachadas, gracias a lo cual el espectador cree que su cuerpo se levanta del suelo y que es llevado como en un minué mágico. Se trata de un arte alegre: maderas claras de los muebles, resplandecientes espejos de las chimeneas, colores vivos y variados de las pinturas, hermosura de los desnudos, sonrisas, todo es un encanto para los ojos, una fiesta perpetua, de todo se desprende el placer de vivir. Finalmente, es un arte cómodo, que nunca olvida el bienestar. Estos caracteres dominantes, pero que no excluyen otros, se encuentran en todas las obras.

La arquitectura francesa

El siglo XVIII desarrolló el urbanismo, que se había descubierto de nuevo en el siglo anterior. Tiene en cuenta el conjunto de la ciudad para embellecerla y mejorar la vida material de sus habitantes. Busca al mismo tiempo la belleza y la utilidad. Tiene de todo ello un concepto clásico y quiere doblegar la naturaleza ante la voluntad del hombre y ante su razón; pero nunca pasa por alto la naturaleza, ni la historia, pues es lógico utilizar los datos que pueden proporcionar. Por doquier surgen hermosos muelles, puentes robustos, en Rennes, Orleans, Blois, Tours, Nantes; paseos públicos y jardines urbanos, como el Grand Rond de Toulouse (1752) con su parterre estrellado, el jardín de la Fontaine de Nimes, el Peyrou de Montpellier con su avenida sobre la línea áspera y quemada de los montes Cevennes; en todas las localidades se ven plazas reales, planeadas para servir de marco a la estatua del soberano, en Lyon, Montpellier, Dijon, Reims, Valenciennes, Nancy, Burdeos, Rennes, y, sobre todo, en París, la plaza de Luis XV (plaza de la Concordia). Pero las plazas, que en el siglo XVII eran cerradas, se abren en el XVIII y entran a formar parte de la circulación general. La plaza de Luis XV sólo tiene una hilera de edificios, en la parte posterior, y jardines a derecha e izquierda, y, por delante, el Sena. Las plazas están agrupadas como, en Nancy, la plaza Ducal con las célebres rejas del cerrajero Lamour, la Carrière y el

Hemiciclo, «contrastadas como las partes de una sinfonía». La idea de un urbanismo totalmente contemporáneo aparece en los planes de Ledoux para una ciudad ideal que había de construirse en Chaux, en el Franco Condado, en los que los edificios en forma de cubo y de esfera, sin adornos, parecen una anticipación de Le Corbusier.

La arquitectura sigue siendo clásica, y aunque se note en ella la evolución general del siglo, es quizá el arte que menos ha cambiado. El rey, falto de recursos, construye ya muy poco en Versalles, aunque es cierto que mandó edificar el delicioso Pequeño Trianón, de Gabriel (1768), la obra maestra del siglo XVIII. Pero lo esencial lo hallamos en París. Son relativamente pocos los edificios religiosos (Santa Genoveva, de Soufflot, San Sulpicio, de Servandoni); como novedad señalamos el cambio de los pesados pilares por esbeltas columnas y la utilización de los pórticos. La mayoría de las construcciones son edificios de utilidad pública: la Escuela Militar, obra de Gabriel (1751); la Escuela de Cirugía, de Gondouin (1780); la Casa de Moneda (1771); teatros como el Odeón, de Antoine y Peyre, y, en Burdeos, el teatro de Victor Louis, cuya gran escalinata central, idea tomada de los palacios reales, fue el modelo del que más tarde se valió Charles Garnier en la Ópera de París. También son numerosas las residencias aristocráticas, construidas según un plan propio: el cuerpo del edificio está algo retirado, encuadrado por las residencias de la servidumbre dispuestas en forma perpendicular, y separado de la calle por un patio; la fachada principal tiene un cuerpo saliente en su parte central, y por detrás jardines. Así son el Hotel Soubise, de Delamaire y Boffrand; el Hotel Biron, de Gabriel (Museo Rodin); el Hotel Matignon, de Courtonne (Presidencia del Consejo); el Hotel de Salm, de Rousseau (Palacio de la Legión de Honor), construidos todos ellos en el barrio de Saint-Germain, al principio de la carretera de Versalles; y en Alsacia, los palacios de los Rohan, en Estrasburgo y en Saverne.

Esta arquitectura es clásica porque utiliza elementos

tomados de la Antigüedad y del Renacimiento: columnas, pórticos, capiteles dóricos, jónicos y corintios, entablamiento con arquitrabe, friso y cornisa, frontones triangulares, balaustradas y cúpulas. También es clásica por su orden riguroso: los monumentos se edifican como los sermones de Bossuet o las tragedias de Racine. Equilibrio, armonía y simetría, esto es lo que se aprecia en toda esa arquitectura que viene prolongada por la verde arquitectura de los jardines a la francesa: guiada por largos arriates y por columnatas de árboles muy frondosos y bien cortados, la mirada del espectador pasa del tapiz verde del césped a un estanque y luego se pierde en un horizonte azulado. El ojo descansa en blancas estatuas.

Esta arquitectura es muy sobria, el adorno se utiliza con gran discreción. La belleza reside en el perfecto tallado de la piedra, en la armonía de las líneas, en la exactitud de las proporciones, en la exacta adaptación de cada parte a su finalidad, del tacto con que el accidente es colocado en el lugar en que la mirada, deslizándose sobre la línea, necesita descanso y un trampolín. Esta sobriedad se acentúa a partir de 1750; pero, excepto a fines del siglo, no hay frialdad alguna. Por estas fachadas corre una vida sutil, un ritmo secreto hace vibrar los músculos del espectador, una música le subyuga. A pesar de su firmeza real, e incluso, muchas veces, de su majestuosidad, el siglo a que pertenecen esas obras puede reconocerse por una especie de levedad, de ímpetu, de gracia danzante. Sólo después de 1770, y por influencia de los aficionados a lo antiguo, el templo griego pasa a ser el modelo general de los teatros (Odeón), de los mercados (La Bolsa), de las iglesias (San Felipe du Roule, Chalgrin), y el gusto buscando una cierta frialdad se dirige hacia lo seco y austero, antes de llegar a lo colosal, que se produce bajo Napoleón I.

En cambio, la decoración y el mobiliario de estos edificios sufren un cambio completo. La comodidad, la intimidad, el bienestar tienen mayor importancia que la grandeza y la fuerza. Surgen «pequeños aposentos», incluso en Versalles, y para iluminarlos y hacerlos mayores se colocan espejos encima de las chimeneas. Una decoración de estucos, de pastas, de maderas, de hierro forjado, crea unos fuegos artificiales de curvas. Escenas bucólicas, pastoriles, pájaros, monos, flores, frutos, guirnaldas, el arco y el carcaj de Cupido, todo ello constituye la rocalla o rococó, que los franceses sólo utilizan en el interior y que florece en el Hotel Soubise, en el célebre salón oval de Boffrand o en la galería dorada del Hotel de Toulouse (Banco de Francia). El mobiliario se hace más manejable, más acogedor, almohadillado, y siempre presenta formas suaves, que se amoldan a las curvas del cuerpo. El sillón Luis XIV de respaldo recto, como para presidir, es sustituido por el sillón Luis XV, cuyo respaldo, asiento y brazos son almohadillados y están adornados con tapicería; surgen las poltronas de orejas, las *chaises-longues* o «pecado mortal», los sofás, las otomanas y las sillas ligeras; toda la casa está sembrada de veladores, de mesitas, de escritorios, y mueblecitos *(chiffonniers y vide-poches)*. Los materiales son alegres, amables; madera de las islas, caoba, maderas de rosa, de violeta, lacas rojas y doradas, laca policroma, barniz Martin. A partir de 1765, aunque persiste el gusto por la comodidad, las excavaciones de Pompeya van poniendo poco a poco de moda las formas rectas y arquitectónicas, siempre ligeras y graciosas; los colores se suavizan: verde pálido, gris claro; aparecen los primeros fondos negros con mosaicos o pinturas de temas antiguos, en especial de encantadoras bailarinas. Empieza el estilo Luis XVI, mucho antes de Luis XVI.

La pintura francesa

La pintura se adapta a las nuevas condiciones. Las habitaciones más pequeñas ya no permiten colocar los grandes cuadros de tema histórico y mitológico, pero existen una profusión de obras de reducido tamaño: tremós de chimeneas, sobrepuertas, agradables a la vista. La pintura decorativa lo cubre todo; las telas pequeñas, fáciles de colocar y de retirar, se multiplican.

Dedicada más a agradar que a educar, la pintura abandona el ideal racionalista de los *Pastores de la Arcadia;* se dirige a la sensibilidad por medio del color. Los pintores son coloristas, enamorados de los venecianos, de los flamencos como Rubens, de los holandeses como Rembrandt. Tanto ellos como las personas a quienes les gusta esa pintura, se deleitan con el color por sí mismo y gozan de sus vibraciones como gozarían de una música. La ejecución es a menudo muy moderna y anuncia ya a los impresionistas. Chardin divide los tonos, que yuxtapone y enlaza mediante un cruce de reflejos. Lo mismo hace Fragonard, pues practica la interradiación de las siluetas y de los fondos, y da color a las sombras. La pintura se va haciendo más sintética y capta la abreviatura decisiva.

La pintura invita al ensueño: es la poesía de la época, esa poesía de la que tanto carece la literatura. *Fiestas galantes* de Watteau (1684-1721), que son deliciosas conversaciones de jóvenes señores y jóvenes damas, verdaderos cuentos de hadas, el más célebre de los cuales es *El embarco para Citeria* (1717); el *Ciclo de Venus* y las *Pastorales* de Boucher (1713-1770), sueño de una humanidad hermosa, sensual, en una naturaleza domesticada; poema del amor de Fragonard (1732-1806), en el que ya se encuentra todo el lirismo romántico; naufragios y tempestades al claro de luna de Vernet (1714-1789), ruinas de Hubert Robert (1733-1808).

Pero los pintores pertenecen a una época que ama demasiado la vida cotidiana para no interesarse por el mundo que les rodea. El mismo Watteau pintó escenas militares y *L'Enseigne de Gersaint;* Vernet, los puertos de Francia. En la obra de Hubert Robert hallamos una crónica ilustrada de Francia bajo el Antiguo Régimen, y hay un especialista, Chardin (1699-1779), que es el pintor de la pequeña burguesía parisiense *(La madre trabajadora, El Benedicite).* Todos ellos son maravillosos retratistas, psicólogos que llegan hasta el fondo del corazón de sus modelos. A los ya citados, debemos añadir, entre otros, a Nattier (1685-1766), que hizo el retrato de María

Leczinska y de las princesas de Francia; la señora Vigée-Lebrun, que retrató a María Antonieta, y el mayor de todos, el pastelista La Tour (1704-1789), penetrante hasta la crueldad, que reproduce los rasgos de la Pompadour y de Luis XV.

Pero este siglo tan rico y tan variado, tiene también sus aspectos menos agradables: la pintura desenfadada que no nos atrevimos a condenar en el sincero y alegre Fragonard (*El columpio, La camisa quitada*), pero que solivianta el corazón en el hipócrita Greuze (*El cántaro roto*) y, peor aún, la pintura moral de Greuze, enfática, declamatoria, y oliendo talmente a falso que nos indigna.

Los aguafuertes de Collin el Joven, de Saint-Aubin, de Moreau el Joven, dan a conocer Versalles y París. El grabado en color es descubierto en 1725.

La tapicería, alimentada en cartones por los principales pintores de la época, produce obras muy hermosas, que se copian e imitan por doquier.

A fines de siglo, David (1748-1825) experimenta la influencia de su maestro Vien y del sajón Winckelmann. El arte debe abstraer de la naturaleza la belleza ideal; como quiera que los antiguos lograron hacerlo perfectamente, debemos seguir su escuela; pero, excepción hecha de la que aparece en los vasos griegos y de los frescos de Pompeya, la pintura antigua ha desaparecido; por consiguiente, debemos imitar la escultura y hacer bajorrelieves pintados. *El juramento de los Horacios,* expuesto en Roma, en 1784, dotado de partes muy bellas, aunque en conjunto sea algo frío y teatral, obtuvo un gran éxito y se convirtió en manifiesto de la nueva escuela. David había de interrumpir durante largos años una corriente que reapareció con la escuela de 1830.

La escultura francesa

La escultura evolucionó del movimiento vivo de los *Caballos del Sol*, del lorenés Robert, al equilibrio de la fuente de Grenelle, obra de Bouchardon (1739), y al clasicismo austero y quizá algo frío del *San Bruno* y de la *Diana* de Houdon.

Conservó, muchísimo más que la pintura, los grandes temas: estatuas reales para las plazas (*Luis XV*, de Bouchardon, para la plaza Luis XV, 1750; *Luis XV*, de Pigalle, en Reims, 1756), todas ellas destruidas por la Revolución; monumentos fúnebres, como el dedicado al mariscal de Sajonia, en Estrasburgo, obra de Pigalle (1777). Pero en su mayor parte, es una escultura de interiores, de líneas ágiles, en la que la terracota y el bizcocho de Sèvres rivalizan con el mármol, y en la que abundan mujeres, niños y adolescentes: así, el *Mercurio atando sus sandalias*, de Pigalle, o el *Niño de la jaula* y el *Niño del pájaro* del mismo autor, o la *Bañista* de Falconet. Además, los escultores fueron también retratistas psicólogos, en cuyas obras aparece toda la sociedad de la época: Pigalle, con su *Voltaire desnudo* (1771), Lemoyne, Pajou, Caffiéri, y sobre todo Houdon, el La Tour de la escultura (*Voltaire* de la Comedia Francesa, el *Washington* del Capitolio de Richmond, *Franklin*).

La música francesa

En esta época la música francesa es indudablemente inferior a las demás artes. En este campo, Francia no tuvo genios que pudieran compararse a los que produjo Austria y Turingia. Y, sin embargo, la música francesa ejerció gran influencia. Los franceses fueron ante todo magníficos profesores que supieron, también en este terreno, hallar el orden profundo oculto bajo las apariencias, que supieron descubrir las leyes y reducirlas todas a un principio común. Esto es lo que hizo Rameau, observador perspicaz, espíritu sistemático y lógico, en dos obras, consideradas «bases de la gramática musical»: el *Tratado de armonía* (1722) y la *Demostración del principio de la armonía* (1750). Él es quien acaba de convertir los doce modos antiguos a los dos modos: mayor y menor; el menor, al mayor; el mayor, a los dos acordes básicos: el perfecto y el de séptima, y éstos a la tónica, «centro armónico». Hasta la época contemporánea, la composición depende por completo de los trabajos de Rameau. Mediante un esfuerzo de análisis y de abstracción, los franceses supieron extraer de la práctica, reglas generales y ejercicios metódicos para aprender a tocar los instrumentos musicales. Francisco Couperin el Grande publicaba, en 1717, su *Arte de tocar el clavecín*, y Rameau, en 1724, su colección de piezas para clavecín, que lleva el título de *Método para la mecánica de los dedos*. Los franceses produjeron los mejores ejemplos de música de corte y de salón. Sobresalieron en el clavecín, antecesor del piano, pero que por pellizcar las cuerdas en lugar de percutirlas, no puede prolongar el sonido; de ello deriva una sonoridad aguda, «manojo de llaves que se agitan», y también la necesidad de adornos y florituras, lo cual le hace apropiado para una música ligera y fina: el clavecín es un «peine fino para una mujer rubia de pelo muy rizado». Rameau, Daquin (1694-1772), y sobre todo Francisco Couperin el Grande (1668-1733) multiplicaron en el arte musical las «fiestas galantes», las «diversiones campestres» y las «escenas pastorales» de la pintura: corrandas, zarabandas, gigas, preludios, aires, oberturas, gavotas, *«brunettes»* o pequeños aires delicados, cuadritos y retratos, de melodía acariciadora y de líneas curvas como el mobiliario del estilo Luis XV, de una gracia algo preciosista, de una galantería espiritual, totalmente obsesionada por la mujer, según nos lo indican los títulos: *La encantadora, La mojigata, Babet, Mimí, La voluptuosa, La ingenua,* el *Carrillón de Citerea,* etc. Además, Rameau sobresalió en la ópera. La más célebre de sus numerosas obras es el *Cástor y Pólux* (1737). En ella nos dio el ejemplo de una música noble, sobria, dedicada únicamente a ayudar a la poesía para expresar sentimientos y situaciones, sin adornos superfluos, un lenguaje del corazón, completamente clásico. Finalmente, los franceses crearon la ópera cómica, enaltecida con Grétry, y en ellos pueden hallarse los orígenes de la sinfonía, creada a partir de 1743 por la escuela de Mannheim.

El vestido francés

También la moda se dirige hacia lo agradable. A partir de 1718 se difunden los miriñaques, circunferencias de ballenas ligeras que dan forma esférica a las faldas: fue una verdadera alegría el poder abandonar los vestidos ceñidos de la antigua moda. Las mujeres llevaban «negligés», vestidos anchos y con vuelo, muy escotados, mangas en forma de embudo o mangas en forma de pagoda. Las telas son ligeras: tejidos de algodón de la India, muselinas, gasas impalpables y secas. Las señoras llevan el cabello corto, rizado, en grandes bucles, y acuden a los peluqueros. Realzan su belleza mediante pedacitos de tafetán negro pegados en la cara, las «moscas»: la «apasionada» *(passionnée)*, en la esquina del ojo; la «desvergonzada» *(effrontée)*, en la nariz; la «pícara» *(friponne)*, en lo alto de la mejilla.

Los hombres abandonan las grandes pelucas y los vestidos cargados de cintas y de encajes, y los sustituyen por trajes sencillos, ceñidos, los calzones «en forma de pistolera», la casaca, las pelucas planas.

A partir de 1750, el peinado de la mujer se hace aparatoso. Bajo Luis XVI es inmenso, y la cara de las mujeres se halla a los dos tercios de su altura. Léonard inventa los peinados parlantes «a la Montgolfier», a «los insurgentes», a *«la Belle-Poule»* con una fragata desplegada a toda vela. En cambio, los vestidos se van haciendo cada vez más sencillos y aceptan el aspecto masculino de las modas inglesas.

La moda es creada por verdaderos artistas. Durante el siglo anterior eran los sastres quienes confeccionaban los vestidos de ambos sexos; mas ahora surgen tipos nuevos: la costurera y la modista. Mlle. Bertin, de la calle Saint-Honoré, «el ministro de la moda», ve diariamente a la reina María Antonieta. Peluqueros especializados sustituyen a los ayudas de cámara y a las camareras. Dagé es quien peina a la Pompadour; Léonard a María Antonieta; Le Gros funda la Academia de Peinado. Diarios de modas hacen la crítica del nuevo arte.

La cocina francesa

Gente de paladar selecto ayuda a los cocineros a perfeccionar el arte culinario. Comer bien exige finura y sensibilidad de lengua y de paladar, tener bien despierta la atención, el juicio muy seguro, para poder distinguir los sabores y los aromas, sus más tenues matices y sus acordes más complejos. La *gourmandise* es una de las bellas artes y debiera tener su musa. Los cocineros de las casas de Orleans, Conti, Soubise, los cocineros de los prelados y de los financieros rivalizan para ver cuál de ellos hará un menú más ordenado, combinará los estofados más ingeniosos, inmortalizará el nombre del dueño aplicándolo a algún potaje, o a una salsa nueva. Las comidas francesas adoptan la prosopopeya de las tragedias clásicas. Los grandes vinos y los géneros de Francia adquieren su reputación. La Pompadour crea el filete de ave a la Bellevue, otras damas las codornices a la Mirepoix, los pollos a la Villeroy. Las hazañas del duque de Richelieu en Mahón son perpetuadas por la salsa mayonesa. Es el siglo del champaña espumoso, de los pasteles de foie-gras de Estrasburgo, de los pralinés del duque de Praslin. Es el siglo del célebre cocinero Carême, que amaba demasiado la cocina para perder el tiempo en comer, y del gastrónomo Brillat-Savarin, nacido en 1765.

La invasión de Europa por Francia

El arte francés invade Europa. Príncipes y nobles se disputan los cocineros franceses; los muebles franceses salen de Francia en masa. Los príncipes se esfuerzan en atraer a tapiceros franceses para organizar manufacturas en sus propios Estados. La fama de la Manufactura real francesa de los Gobelins es tal, que este nombre se utilizaba en toda Europa como término genérico para designar las tapicerías modernas, fuera cual fuera su procedencia. Las tiendas de los orfebres de París suministraban a todas las Cortes extranjeras. Las porcelanas y los bizcochos de la Manufactura real de Sèvres brillaban por doquier. Las mujeres mandaban traer de París vestidos, medias de seda, abanicos, guantes perfumados, tarros de carmín, y todas las «menudas mercancías de amor». Se peinaban y vestían a la francesa; observaban ansiosamente la muñeca de la calle Saint-Honoré, maniquí adornado y peinado que les traía mensualmente la última moda de París. Sumergidas en el vértigo, cedían ante el hechizo. La nuera de la zarina Catalina II se trajo de París 200 cajas de vestidos y de «trapos» de la calle Saint-Honoré y su suegra, enloquecida, decretó una ley suntuaria. Perendengues, fruslerías, blondas y faralaes abren el camino a las partituras, a los libros y a los cuadros.

La música francesa, menospreciada por Juan Jacobo Rousseau, era muy apreciada por los alemanes. Las obras francesas, en especial la música para clavecín, penetraban en todas las cortes alemanas, donde eran tocadas, imitadas, copiadas. Italianos y alemanes aceptaban la original música de Rameau. Brahms, hablando de Couperin el Grande, declaró que «Scarlatti, Haendel y Bach se encuentran entre sus discípulos» (Prefacio a la edición de las obras de clavecín). Juan Sebastián Bach admiraba a Couperin, y lo recomendaba a sus discípulos. Bach, genio extraordinario, les debe a los franceses su arte de la fuga, su manera completamente clásica, raciniana y versallesca, de concentrar el interés de una composición en una sola idea que domina de un extremo a otro de la pieza. La llamada «revolución» de la ópera, realizada por Glück, es sencillamente la aplicación de los principios de Rameau llevada a cabo por un hombre genial, y fue precisamente en París donde Glück, incomprendido en una Viena demasiado acostumbrada a las florituras de la ópera italiana, hizo triunfar su clasicismo sobrio. Mozart estuvo muy influido por las óperas de Rameau y por la ópera cómica francesa. En Haydn y en Mozart llega a su colmo la influencia de la música aristocrática, mundana, graciosa, y ligera de los franceses. París tenía fama por sus ediciones musicales. Allí mandó grabar el padre de Mozart las primeras obras de su hijo, y Glück envió desde Viena su partitura de *Orfeo* para que fuera grabada en una edición de lujo.

Pero el terreno en que Francia ejerció una influencia más profunda fue en la arquitectura, en la escultura y en la pintura. Razón tenía el arquitecto Patte al escribir, en 1765: «Si recorréis Rusia, Prusia, Dinamarca, Wurtemberg, el Palatinado, Baviera, España, Portugal e Italia, veréis que en todos estos países los arquitectos franceses ocupan los lugares más importantes. Asimismo, nuestros escultores se hallan en todas partes... París es a Europa lo que Atenas era a Grecia, cuando allí triunfaban las artes: proporciona artistas a todo el resto del mundo». En todos los países el primer pintor, el primer arquitecto y el primer escultor de príncipes y de reyes son franceses. No se contentan con crear, sino que incluso dirigen las Academias de Bellas Artes extranjeras y en ellas ejercen su magisterio. Cuando no se desplazan, envían planos y dibujos, cuya ejecución material velan. Actúan por mediación de sus publicaciones, y por medio de las colecciones de grabados impresas en Francia, que figuran en las bibliotecas de todos los artistas extranjeros y que constituyen el repertorio de ideas y de formas de éstos: curso de arquitectura de Daviler, de Blondel; colección de grandes premios de arquitectura; curso de jardinería de Leblond; repertorio de estatuas... del castillo de Versalles, repertorio Julienne de las pinturas y dibujos de Watteau. Los príncipes mandan los proyectos de los arquitectos de su país a las Academias parisienses para conocer sus consejos y sus correcciones. Multitud de artistas extranjeros van a Francia a estudiar, y allí se empapan del gusto francés.

Europa tomó de Francia su arte cortesano. La villa real de Versalles, con su plano en forma de abanico, con las avenidas que van a parar al castillo, subordinando a la ciudad, la más perfecta expresión del régimen absolutista, es imitada en Karlsruhe, residencia de los margraves de Baden, y en San Petersburgo, donde Leblond, arquitecto general del zar de 1716 a 1719, superpone a los canales concéntricos un abanico de tres grandes perspectivas que convergen hacia la torre del Almirantazgo, y que convierte la capital de los zares en un nuevo Versalles.

Todos los príncipes tratan de imitar el castillo de Versalles, con sus antepatios que se van encogiendo progresivamente hacia el patio de Honor, con su parque ordenado, sus anexos de Marly y del Trianón, la gran Galería de los Espejos, la escalinata de los embajadores, el techo alegórico a la gloria del monarca, el retrato del rey vestido con armadura o con el vestido de la consagración. Todos quieren tener su plaza Real, que constituya el marco de una estatua del rey a pie o a caballo, imitando el *Luis XIV a pie* de Desjardins, el *Luis XIV a caballo* de Girardon, y el *Luis XV* de Bouchardon, destruidas estas últimas durante la Revolución.

En la Alemania renana, el castillo electoral en Bonn, obra de Robert de Cotte y sus alumnos, decorado por Audran, Oppenordt y Vassé; la casa de campo de Poppeldorf y el castillo de Brühle, son construidos por el elector de Colonia. En Coblenza, el elector de Tréveris manda construir un edificio de estilo Luis XVI a Axnard, y luego a Peyre el Joven, bajo la inspección de la Academia de Arquitectura de París. El elector de Maguncia manda imitar fielmente el Marly de Luis XIV en La Favorite, según planos de alemanes revisados por franceses. En el Palatinado, Pigage acaba el Palacio Electoral de Mannheim y crea el parque de Schewetzingen, según el modelo de Versalles. En Wurtemberg, La Guêpière termina, después de 1751, el palacio ducal de Stuttgart. En Baviera, el príncipe elector le pide a Robert de Cotte planos para su castillo de Schleissheim y toma a su servicio arquitectos alumnos de franceses. En Kassel, y para el landgrave, los De Ry erigen castillos, un museo y una ópera. En Berlín, Jean de Bodt construye el Arsenal; al servicio de Federico II están una serie de arquitectos franceses o afrancesados, que le edifican el castillo de Potsdam y Sans-Souci. Los escultores franceses esculpen, por encargo suyo, mármoles para las terrazas y los jardines. La estatua ecuestre del Gran Elector es francesa por completo. El Forum Fredericianum imita la plaza de Luis XV. El pintor Pesne nos lega retratos de Federico II a todas las edades. En Dresde, el Gran Jardín, destruido por el bombardeo prusiano, estaba poblado de estatuas según el gusto de Versalles. Los pintores franceses

Silvestre y Hutin pintan el retrato del Rey y evocan toda la voluptuosa corte de Dresde.

En Austria, Nicolás Judot construye la Universidad de Viena. El austriaco Donner, auxiliado por grabados franceses, realiza un *Carlos VI* a imitación del *Luis XIV*, y una fuente del Mercado Nuevo con estatuas versallescas. Las esculturas del parque de Schoennbrün son las de Versalles. La plaza José II es una plaza Luis XV. Un discípulo de Largillière está al frente de la Academia áulica de pintura. El príncipe Eugenio quiere tener su pequeño Versalles en el castillo y el parque de Belvedere.

En Rusia, Leblond transforma en un palacio y unos jardines a la francesa la mansión de Peterhof y el jardín de verano, que Pineau puebla de fuentes monumentales. Vallin de la Mothe construye, después de 1756, el palacio de la Academia de Bellas Artes, y luego el Ermitage de Catalina II, inspirado en el Trianón. Versalles es imitado en las residencias imperiales de Tsarkoye-Selo y de Pavlosk, e incluso en algunas residencias señoriales, cómo las del príncipe Galitzine en Arkhangelskoye y la del conde Cheremetiev en Kutovo. En 1766 Catalina II llama a Falconet, quien esculpe la gigantesca estatua ecuestre de Pedro el Grande, reformador y constructor de ciudades, según un proyecto de estatua de Luis XIV, indiscutiblemente la más bella de todas las estatuas reales del siglo XVIII.

En Polonia, la influencia francesa puede apreciarse en el Palacio de Verano de Lazienki, decorado por el escultor Lebrun, primer escultor del rey, que también trabaja en el castillo real de Varsovia.

En Copenhague, las plazas Kongens-Torv y Amelienborg son plazas reales, y Saly labra la estatua ecuestre en bronce del rey Federico V, réplica del *Luis XV* de Bouchardon.

En Suecia, el castillo y el parque de Drottningholm, la decoración interior del castillo real de Estocolmo, tienen como modelo a Versalles. En este país trabajan numerosos equipos de escultores franceses. Larchevêque, entre los años 1755 y 1778, levanta en Estocolmo la estatua de a pie de Gustavo Vasa y la estatua ecuestre de Gustavo Adolfo. Desprez, de 1784 a 1809, dirige la decoración del teatro y de las fiestas de la corte. Los pintores de la escuela de Boucher decoran el castillo real.

En España, Felipe V quiere hacer de La Granja un nuevo Versalles. Equipos de escultores franceses multiplican las estatuas y las fuentes, con lo cual transforman el parque de Aranjuez. Arquitectos franceses son los que edifican la Casa Real del Buen Retiro, la Casa de Correos, el Palacio de Buenavista. En Portugal, el castillo de Queluz es un nuevo Versalles, y la plaza del Comercio de Lisboa, dedicada a José I, es una réplica de la plaza Luis XV. En Italia, Caserta (en Nápoles) y Colorno (en Parma) son imitaciones de Versalles, y lo mismo ocurre en Holanda con Het Loo, y en Inglaterra con Hampton Court y con el parque de Chatsworth.

Europa ha tomado de Francia el arte residencial que priva en París. En las residencias particulares de todos los países, se nota el plan típico del «hotel» parisiense, por ejemplo: la residencia del barón de Besenval, en Soleure (Suiza); el hotel de Tour y Taxis de Francfort, obra de Robert de Cotte, y las residencias aristocráticas de la Wilhelmstrasse de Berlín.

La decoración de todas ellas sigue el tema de las «fiestas galantes» de Watteau. Europa sintió chifladura por ellas. Las más hermosas colecciones de «fiestas galantes» de los pintores franceses se hallan en Londres, en Berlín, en Estocolmo y en Leningrado. Los ciclos de retratos obra de pintores y escultores franceses son la más hermosa documentación iconográfica acerca de las cortes europeas.

Sería preciso dar una lista interminable para agotar las obras europeas debidas a franceses o imitadas de las francesas. Sin duda alguna, los ejemplos que acabamos de señalar bastarán para que se entrevea cuán grande era la hegemonía artística de Francia.

Causa de la expansión francesa

Esta hegemonía se debe, ante todo, a la superioridad intrínseca del arte y de la literatura; pero la difusión de las obras y de los artistas, la irradiación de una sensibilidad, de unos sentimientos y de unas ideas comunes, se vieron facilitadas por condiciones extrínsecas.

El poderío francés

La primera de estas condiciones extrínsecas es el enorme prestigio de que goza el poder francés. Para nosotros, el siglo XVIII es la época en que Francia no pudo conseguir la hegemonía marítima, comercial y política; mas para los contemporáneos, a pesar de las derrotas entremezcladas, desde luego, con grandes victorias, Francia, el país más poblado de Europa y el mejor organizado, siguió siendo la potencia militar más temida en el continente. La fuerza atrae.

La corte de Francia

Para los soberanos de toda Europa el rey de Francia encarna siempre el verdadero ideal del rey, y la corte de Francia es el modelo de las cortes. Incluso los más pequeños príncipes alemanes tienen el orgullo de imitar en sus pequeños dominios a Luis XIV y a Versalles, a la corte de Francia. A lo largo de todo el siglo príncipes y magnates acuden a Francia para completar su educación. Entre ellos, debemos señalar a Pedro el Grande, en 1717; Cristián VII de Dinamarca, en 1768; el príncipe heredero Gustavo de Suecia, con el nombre de conde Gottsland, en el año 1771; José II de Austria, bajo el de conde de Falkenstein, en 1777; el gran duque Pablo de Rusia, como conde del Norte, en 1782; y el príncipe Enrique de Prusia, como conde de Oels, en 1784.

Los salones

Tanto los grandes señores como los artistas y escritores de todos los países se sienten atraídos por los salones parisienses: los de la duquesa del Maine, de la marquesa de Lambert, del duque de Sully, del príncipe y de la princesa de León, durante la Regencia; más tarde, los de la marquesa de Deffand, de Madame de Tencin y de Madame Geoffrin; en la segunda mitad del siglo, los salones filosóficos del barón de Holbach, de Mademoiselle Quinault y Mademoiselle de Lespinasse; el salón musical de La Popelinière; después de la muerte de Mademoiselle de Lespinasse en 1776 y de Madame Goeffrin en 1777, el salón de Madame Necker; y en otros muchos salones de grandes señores, de príncipes de sangre real, de financieros y de intelectuales. En ninguna otra parte se sabían rozar tan bien los temas sin que llegaran a ser pesados, disparar palabras como flechas, luchar con la idea en una esgrima apasionante, sostenida mediante el acento, el gesto y la mirada, en «una especie de electricidad que hace saltar chispas» (Madame de Stael). En especial, Madame Geoffrin sabía hacer hablar: «Sus sillones son como trípodes de Apolo; inspiran cosas sublimes» (abate Galiani). Era ella la que mayor número de extranjeros de categoría atraía:

> Il m'en souvient, j'ai vu l'Europe entière,
> D'un triple cercle entourer son fauteuil.
> (Delille)

El rey de Polonia, Estanislao-Augusto Poniatowski, la llamaba «mamá». La recibió en Varsovia, y también fue recibida, espléndidamente, en Viena por María Teresa y José II.

La hospitalidad francesa

En todas las casas de París, los extranjeros son agasajados, mimados, se les concede la máxima deferencia. «Aquí se tienen para el extranjero los mismos miramientos que en Inglaterra se tienen con una dama» (Benjamín Franklin). Las Academias de Bellas Artes de las capitales europeas, calcadas sobre el modelo de las francesas y en estrecha relación con ellas, enviaban becarios a París. Los artistas extranjeros, incluso de religión protestante, podían sin ninguna dificultad ser admitidos en la Academia y podían lograr cartas de naturaleza. Por otra parte, la mayoría de los extranjeros abandonan París, «del cual nadie ha salido jamás con alegría», con gran sentimiento, y conservan tal nostalgia que llegan a sentirse como «exiliados en su propia patria». «Sólo se vive en París, mientras que en los demás lugares se vegeta», decía Casanova; y el príncipe Enrique de Prusia: «He vivido toda la mitad de mi vida con el único deseo de ver París; la segunda mitad la pasaré añorándolo».

La emigración francesa

Por su parte, los franceses inundaban Europa. Su número casi les forzaba a marcharse. Por estar Francia más poblada incluso que Rusia (tenía 16 millones de habitantes en 1715, 26 millones en 1789, población que crecía rápidamente y constantemente gracias a una fuerte natalidad), los franceses se veían obligados a emigrar. Por otra parte, el hundimiento del sistema Law, las ruinas que había ocasionado, la falta de encargos a los artistas, provocaron al principio de este período numerosas salidas; se trabaron relaciones, que duraron. El enriquecimiento general de Europa, gracias al incremento del comercio de ultramar y a la acción económica de los soberanos convertidos en «déspotas ilustrados», eran causas de que los franceses fueran bien acogidos. Finalmente, no debemos olvidar las relaciones familiares.

Casi todas las familias reales y principescas de Europa estaban enlazadas, por herencia, matrimonio, amistad o bien favores, con los Borbones de Francia: los Borbones de España y de Italia, Felipe V, nieto de Luis XIV, y sus descendientes: los Habsburgos de Austria, a consecuencia del matrimonio de María Antonieta con el Delfín de Francia, y, anteriormente, la influencia francesa en Viena había aumentado con el matrimonio de María Teresa con Francisco de Lorena. Los proyectados matrimonios de Luis XV con la hija de Pedro el Grande, Isabel, ejercieron cierta influencia en el favor que ésta, una vez zarina, demostró siempre hacia los franceses. Los príncipes-electores eclesiásticos de Colonia, Tréveris y Maguncia, eran clientes políticos o parientes de los reyes de Francia.

El elector de Colonia, José Clemente de Baviera, era cuñado del gran Delfín; expulsado de sus dominios durante la guerra de Sucesión española, se había refugiado en Versalles. Maximiliano Manuel, elector de Baviera, aliado con Luis XIV, también se había refugiado, por un momento, en Francia. El elector de Tréveris, Clemente Wenceslao de Sajonia, era tío de Luis XVI. Las relaciones de los Rohan, titulares de la silla episcopal de Estrasburgo, con los príncipes-obispos de Maguncia y Espira, contribuyeron en gran medida ̄a la difusión del arte francés. El palacio episcopal de Estrasburgo, obra maestra de Robert de Cotte, a menudo fue el modelo en que se inspiraron los palacios alemanes. Precisamente por mediación de Alsacia, la Renania alemana entró en contacto con el arte francés. Y así, no sólo pintores, escultores y arquitectos, sino también ingenieros, oficiales, preceptores, periodistas, actores, señoras de compañía, camareras y cocineros franceses se hallan por doquiera; a los que se añaden en los países del sur que carecen de mano de obra, en España y en Italia, albañiles, jardineros, zapateros y artesanos de todos los oficios.

El espíritu feudal

Los intercambios entre los distintos Estados resultan más fáciles por ciertos restos de sentimientos feudales, aún vivos entre los nobles. Por entonces aún se admitía que un oficial pudiera escoger el señor a quien quería servir, buscara colocación junto a un soberano que no fuera el suyo natural, e incluso que llegara a combatir contra su propio país, con tal de que su rey, considerado el señor feudal supremo, no se hallara personalmente a la cabeza de su ejército, frente a dicho oficial. En todos los ejércitos abundaban los oficiales y los soldados extranjeros. El príncipe de Anhalt-Dessau, antes de ayudar a Federico Guillermo I a reorganizar el ejército prusiano, había estado al servicio de Francia. El príncipe Eugenio de Saboya había ofrecido sus servicios a Luis XV; pero, al no ser aceptado por éste, puso su espada al servicio del Emperador, y luego contribuyó a que las armas y el espíritu francés penetraran en Austria. El mariscal de Sajonia, bastardo del rey de Polonia Augusto II, se puso a servir a las órdenes de Luis XV.

El cosmopolitismo

Pero mayor eficacia que todo esto, la tuvo una tendencia nueva: el cosmopolitismo, que es un resultado de las teorías de los filósofos franceses. Según éstos, la especie humana es una sola; todos los seres humanos tienen los mismos derechos y son capaces de realizar idénticos progresos; no existe ningún pueblo elegido, de raza superior, e incluso las diferencias de raza y de nación carecen de importancia: «La naturaleza ha dado a cada hombre el mundo como ciudad y los demás seres como conciudadanos». Para los cosmopolitas, el patriotismo es un prejuicio; se atrofia en ellos el sentimiento nacional. Voltaire escribía: «Necesitaría tener el rey de Prusia por señor y el pueblo inglés como conciudadano»; felicitaba a Federico II por haber derrotado a los franceses en Rossbach. Por un momento, los filósofos habían convencido a todas las mentes cultas de Europa. Federico II manifestaba públicamente su desdén hacia la lengua y la literatura alemanas y trataba a sus súbditos de iroqueses. El alemán Schiller declaraba: «Escribo en calidad de ciudadano del mundo. He dejado muy pronto mi patria para cambiarla por todo el universo»; aconsejaba a un compatriota suyo: «No trate de formar una nación; conténtese con ser hombre». Goethe lo aprobaba. Lessing manifestaba que no tenía la más ligera noción de qué podía ser el amor hacia la patria. Además, aunque la diversidad de costumbres y de lenguas era infinitamente mayor que en la actualidad, podía pasarse de un país a otro mediante transiciones menos bruscas, matices mucho más sutiles que los actuales, ya que ahora los poderosos Estados modernos han modelado los individuos y han acentuado las diferencias entre alemanes y franceses, entre españoles e italianos. A consecuencia de ello, era muy fácil expatriarse, adoptar las costumbres, las ideas, los gustos de la nación dominante, lo cual incrementa el cosmopolitismo y desarrolla el espíritu europeo.

El despotismo ilustrado

Europa parecía estar muy próxima a unificarse, ya que por doquier surgían instituciones semejantes, al parecer inspiradas por los escritos de los filósofos, instituciones cada vez más numerosas, hasta el extremo de que, en la segunda mitad del siglo, después de la *Enciclopedia*, el *despotismo ilustrado* se convierte en un movimiento general. Los soberanos, o *déspotas ilustrados*, primeros servidores de sus Estados, quieren renovarlos por completo en nombre de la razón. Imponen a sus súbditos reformas «razonables»: cierta distribución equitativa de las cargas públicas para aumentar los recursos; la creciente uniformidad en la administración de las provincias y de las ciudades con el fin de ser obedecidos mejor y mas fácilmente; cierto equilibrio político y social que disminuye las aristocracias; la tolerancia religiosa para poderse valer de todos los súbditos según sus diversas aptitudes; una economía dirigida, el mercantilismo, atenuada por aquellas libertades que parecen necesarias para la producción. Todo esto, acompañado de un vocabulario «filosófico». Los soberanos declaran que son «virtuosos», «generosos», «ciudadanos», «patriotas», «sensibles»; hablan de la felicidad del género humano, aman la naturaleza, derraman lágrimas, aplican a sus adversarios el calificativo de «tiranos»: se trata ya de la retórica republicana. Pero, al hacer esto, la única finalidad que les guiaba era la de complacer a los filósofos, motores de la opinión pública europea, una fuerza. Y los déspotas ilustrados lo consiguieron; los filósofos, mimados, halagados, se dejaron engañar por las apariencias: Voltaire hizo la propaganda de Federico II; Diderot, la de Catalina. No se dieron cuenta de que los soberanos del programa de la *Enciclopedia* sólo habían aceptado aquellos puntos que les eran útiles; o, para ser más exactos, no se dieron cuenta de que en lo que estos «déspotas ilustrados» habían hecho (y que nada tenía de nuevo), había algunas cosas que coincidían con ciertos puntos del programa de la *Enciclopedia;* no cayeron en la cuenta de que el objetivo que guiaba a los soberanos era tan sólo el poderío de sus propios Estados para dominar, invadir y desmembrar; de que toda esta «filosofía» no era más que un cebo, y que la unidad de Europa era, en gran parte, una frase.

CAPÍTULO II

LA DIVERSIDAD DE EUROPA: LOS DISTINTOS ESTADOS

Cierto número de costumbres y de instituciones idénticas o parecidas recubrían profundas diferencias. Algunos grupos de individuos, diseminados por todos los lugares, suficientemente unidos como para formar «una inmensa república de espíritus cultos» (Voltaire, 1767), aparecían por encima de masas infinitamente distintas. Los numerosos Estados europeos se hallaban en fases de evolución muy distantes unas de otras. De oeste a este, el observador podía ir remontando los siglos, recorriendo tanto el tiempo como el espacio.

Europa conservaba algunas características de la Edad Media, características que sólo habrían de desaparecer en el transcurso del siglo XIX. Pero se daban en grados muy desiguales. Europa era ante todo agrícola, y en ella dominaba el régimen señorial con poderosas aristocracias rurales que limitaban, en mayor o menor medida, el poder real. En casi todos los países la tierra estaba dividida en grandes dominios, posesiones hereditarias de una aristocracia de señores que constituían una jerarquía de vasallos y de señores feudales, hasta llegar al rey, feudal supremo. Estos señores se reservaban una parte del dominio, que era cultivada por colonos, y, con frecuencia, en el este, por servidumbres personales de los demás campesinos; el resto de sus tierras las concedían en pequeños lotes a arrendatarios, que en el oeste solían ser libres, mientras que al este del Elba eran en su mayoría siervos. Estos las cultivaban por sí mismos y los libres podían legar por herencia o incluso vender, con el beneplácito y la correspondiente compensación al señor, su derecho a cultivarlas. Estaban obligados a prestar su trabajo en las tierras que el señor se había reservado y en el castillo, trabajo que recibía el nombre de *corvée*, es decir, una prestación personal que en el oeste frecuentemente era sustituida por una cantidad en metálico, que se añadía a las entregas en especie o en metálico para contribuir al mantenimiento del señor y reconocer sus derechos superiores. Eran los derechos feudales. Los bosques, las aguas, los eriales, constituían bienes de usufructo común, en los que el señor permitía que, bajo ciertas condiciones, los campesinos pudieran recoger madera, corteza, miel silvestre, forraje y podían hacer pacer sus rebaños. El señor se reservaba el derecho sobre los animales salvajes, la caza. Ejercía sobre los campesinos, bajo formas muy diversas, poderes de justicia y de policía, a excepción, en condiciones que variaban según los Estados, de los poderes del rey. Cuando en los dominios de un señor se habían formado pueblos y ciudades, los habitantes de éstos estaban también obligados a los derechos feudales y seguían sometidos a la justicia del señor feudal. Pero la unión, el enriquecimiento y la posibilidad de tener murallas habían permitido la emancipación total o parcial de las ciudades.

Estas aristocracias, unidas por lazos de parentesco y vínculos muy estrechos de vasallaje y de clientela, conservaban un gran poder, al menos local. De hecho, incluso cuando el derecho reconocía el poder absoluto del rey, incluso en Francia, la más perfecta de las monarquías, el rey tenía menos poderío efectivo que los gobiernos modernos. No sólo tropezaba con los derechos y los privilegios de la aristocracia rural, sino que incluso debía tener en cuenta las libertades, privilegios y derechos, conseguidos por la fuerza de la unión y garantizados por la firma real, de numerosas corporaciones, de asociaciones cuyo fin era la protección de los individuos: municipios, corporaciones artesanas, universidades, todo ello sin contar la Iglesia e incluso, según ocurría en Francia y España, cuerpos de funcionarios propietarios de sus cargos. Todos estos cuerpos a menudo rivalizaban con las aristocracias; pero algunas veces se unían a ellas para defender sus «libertades» contra el creciente poder de los reyes.

Éstos debían, además, respetar las libertades y los

privilegios de las distintas provincias que integraban sus Estados. En todos los países la unidad no es total, sino en distintos grados. En ninguno de ellos los hombres habían logrado salirse por completo de las concepciones medievales del rey, propietario del reino, y del rey, señor supremo, propietario de un dominio real. Los reyes habían ampliado sus posesiones merced a casamientos, herencias, a veces por elección de los habitantes y también por conquista; pero casi siempre habían dejado a las provincias así adquiridas sus usos, sus costumbres, sus instituciones propias. Aunque algunos Estados, en especial Francia, formaban verdaderas naciones, en ningún país la nación era perfecta: la necesidad de obedecer a un mismo jefe había sido forzosamente la causa de que surgieran, en mayor o menor cantidad, instituciones comunes; pero la diversidad seguía siendo muy grande en cada Estado, la acción del soberano se veía dificultada por estas diferencias y disminuida por la autonomía, más o menos importante, que se dejaba a cada provincia.

Tanto el poder real como las instituciones comunes estaban desarrollados muy desigualmente, según los Estados. En términos generales, podemos decir que parecen más desarrollados en aquellos países en los que los reyes habían podido oponer a los señores una clase nueva: la de los burgueses, comerciantes y fabricantes. Esta clase, que nunca desapareció por completo, que desde tiempo atrás iba creciendo, había alcanzado un desarrollo francamente importante y rápido después de los grandes descubrimientos de fines del siglo xv y de la expansión del gran comercio oceánico. Estos burgueses, enriquecidos y cultos, constituían una fuerza social, y en virtud de los capitales que podían movilizar y poner a disposición del Estado, de los productos que podían proporcionar al soberano, desempeñaron un papel que no guarda proporción con su número e incluso, no cabe duda, con la importancia real de su riqueza en relación con la riqueza total del país. Los reyes les protegieron, algunos incluso mediante esta intervención sistemática del Estado en la vida económica que se ha llamado mercantilismo. Enrique VII, Enrique VIII e Isabel Tudor, en Inglaterra, en el siglo XVI; Enrique IV, Luis XIII y Luis XIV, en Francia, en el siglo XVII, fueron verdaderos *déspotas ilustrados* antes de que apareciera el *despotismo ilustrado*. Pero los burgueses, cuando se sintieron fuertes, trataron a su vez de limitar el poder real mediante un acuerdo con una aristocracia debilitada y que había pasado a ser menos peligrosa para ellos.

La desigual evolución de la burguesía según los Estados, parece ser el hecho principal de la historia de éstos durante el siglo XVIII. En el noroeste de Europa, que ocupa una posición central en relación a las corrientes del comercio mundial, Inglaterra ve cómo la burguesía, victoriosa en la Revolución de 1688, incrementa su poder y su influencia, y ciertos Estados mercantiles, como Holanda y las ciudades del norte de Alemania, asisten a la vida de repúblicas burguesas, que ya eran muy antiguas. En Francia, menos evolucionada, todo el siglo se ve turbado por luchas entre la aristocracia, la burguesía y el rey. En el centro y en el sur de Europa, regiones menos influidas por el gran comercio oceánico, los *déspotas ilustrados* tratan de dar alas a una burguesía capitalista para aumentar la fuerza de sus Estados. En Europa oriental, medieval aún, o bien gana la aristocracia –como ocurre en Polonia–, o bien –como el caso de Rusia–, los esfuerzos del soberano, primer propietario del reino, tienden a convertirlo en jefe indiscutible de una aristocracia a la cual concede todas las ventajas sociales.

I. EUROPA OCCIDENTAL

El Reino Unido

La vida entera de Inglaterra está dominada por el comercio marítimo. Desde el momento en que los grandes descubrimientos oceánicos habían colocado a la Inglaterra agrícola junto a las principales corrientes comerciales, desde el momento en que podía sacar partido de los vientos del sudoeste que conducían hacia ella a los grandes veleros, su comercio se había incrementado notablemente. A principios del siglo XVIII, era ya el primero del mundo. Se trata de un comercio de almacenaje: los ingleses desembarcan en sus puertos los productos de ultramar para luego distribuirlos por Europa; los productos del Mediterráneo para cambiarlos por los del Báltico, y viceversa. Se trata de un comercio de acarreo: los ingleses van sustituyendo progresivamente a los holandeses, y hacen los transportes por cuenta de individuos de otros Estados. Es también un comercio de exportación, en el que, junto a los productos elaborados o fabricados, intervienen el trigo, aunque cada vez menos, y la hulla, exportada hacia el noroeste de Europa. Algunos autores consideran que a fines del siglo los ingleses poseían las nueve décimas partes del tonelaje europeo.

El Estado aplica la doctrina mercantilista: dirige la economía en interés de todos. El país debe procurar bastarse a sí mismo en la mayor medida posible; debe comprar el mínimo, vender el máximo; una balanza comercial favorable, en la que las exportaciones son muy superiores a las importaciones, así como la abundancia de metales preciosos, son pruebas inequívocas de prosperidad. El Estado actúa mediante sus leyes, sus reglamentos, su política: el Acta de Navegación del año 1651 reserva a los barcos ingleses el tráfico de ultramar; a los buques europeos sólo les está permitido llevar a Inglaterra mercancías de sus países de origen. Derechos de aduana muy crecidos protegen la industria inglesa, que está reglamentada. El Estado hace la guerra y firma la paz según las necesidades del comercio: las victorias conseguidas a costa de Francia, son victorias comerciales logradas a cañonazos. En 1713, los tratados de Utrecht, y en 1763, el de París, proporcionan a Inglaterra la hegemonía marítima y comercial.

Y este comercio lo transforma todo. La población crece: incluyendo a Escocia, Gran Bretaña tiene de 5 a 6 millones de habitantes en 1700, 9 millones hacia 1789.

Una burguesía rica, compuesta de financieros, negociantes y armadores, aumenta. Todavía no posee un espíritu de clase: su sueño estriba en adquirir grandes dominios y en ser considerada parte integrante de la aristocracia rural. Pero, en definitiva, sus intereses les impelen a realizar acciones comunes en los momentos importantes. Con posterioridad a 1763, el comercio provoca una revolución industrial que añade a la burguesía comercial los «capitanes de industria», y da lugar a la aparición de un proletariado.

El auge comercial y la revolución industrial transforman la gran propiedad inglesa. Se precisa más lana para la industria, más trigo y más carne para las ciudades que van creciendo. La demanda de productos agrícolas y, por consiguiente, su valor, aumentan. Los burgueses, después de haber adquirido dominios señoriales, quieren, siguiendo su costumbre, sacar el mayor partido de los mismos. Por otra parte, los nobles no sienten, acerca de las actividades utilitarias, los mismos prejuicios que la aristocracia francesa. Precisamente un miembro de la nobleza terrateniente, lord Townshend, es quien pone en boga la agricultura y, hacia 1760, son muy pocos los nobles que no cultivan por sí mismos sus tierras. Pero la estructura agraria no es favorable al cultivo intensivo y científico: es el régimen de los «campos abiertos y dispersos» (*openfield*). Los campos no están cercados. Cada terrateniente hereditario (*freeholder*), considerado propietario de la tierra a excepción de los derechos reservados al señor, dispone de varias parcelas diseminadas, que es preciso cultivar al mismo tiempo, del mismo modo, lo cual se opone al progreso. Los señores quieren cercar sus tierras, para poder decidir la fecha de la siembra, el tipo de cultivo y para poder seleccionar el ganado. Construyen cercados (*enclosures*). Obtienen del Parlamento la autorización de cercar las tierras y de agruparlas para formar lotes de un solo poseedor, e incluso cercan los bienes comunales. Pero entonces, muchas veces el pequeño poseedor queda arruinado. Le corresponden las tierras menos fértiles, tiene gastos para cercar, sus rebaños ya no pueden pacer en los campos después de la cosecha (pasturaje libre), ya no puede utilizar los bienes comunales, no puede competir en calidad con los productos del gran propietario, por carecer de capitales y de conocimientos para adoptar los nuevos métodos. Se ve obligado a vender sus tierras al señor, con lo cual desciende a la categoría de proletario agrícola o, y esto ocurre con mayor frecuencia, debe emigrar a la ciudad, convertirse en obrero, y algunas veces, si tiene éxito, en industrial. La industria no se habría desarrollado si hubiera carecido de la mano de obra que le proporcionaron los cercados. Con todo ello, el rico se enriquece aún más, mientras que el pobre es cada vez más pobre. La aristocracia se aburguesa: le preocupan la producción y la venta. Al igual que el suelo, explota las minas. El duque de Bridgewater consagra su vida, a partir de 1760, a construir canales para transportar la hulla. Pero, además, a causa de los derechos de un rígido mayorazgo, los segundones de las grandes familias se dedican cada vez más al comercio y a los negocios. Con todo ello se logra que disminuya progresivamente la oposición entre *gentry* y burguesía.

El comercio transforma la sociedad. El rápido enriquecimiento de individuos que, a pesar de ser grandes señores, seguían siendo rústicos campesinos, hecho acaecido después de la larga y dura guerra de Sucesión española, contribuye a la inmoralidad: embriaguez general, los pobres por efecto de la ginebra, los ricos, del oporto; excesos: gusto por espectáculos brutales o incluso crueles (boxeo, peleas de gallos); utilización corriente en la vida política de la mentira, de la calumnia, de la corrupción, incluso si es necesario de la violencia y de la insurrección; se llega, por un momento, a la desaparición del sentimiento nacional («Si los franceses llegan, estoy dispuesto a pagar; ¿pero luchar? ¡Que el diablo me lleve!»). Todo esto determina indirectamente, como reacción ante la miseria del proletariado y la tibieza de la Iglesia anglicana, que es la carrera para los segundones de las familias nobles, vecinos movimientos intelectuales y morales: metodismo, evangelismo, filantropía.[1] Precisamente ante los mineros galeses predica Wesley por vez primera al aire libre. Todos estos movimientos generosos renuevan progresivamente a Inglaterra a partir de 1740, resucitan las fuerzas morales, la preocupación por la nación, la justicia y la humanidad, pero le hacen a la burguesía el gran favor de infundir paciencia a los proletarios. El comercio llega a influir sobre las ciencias y sobre las artes. Son precisamente los burgueses cultos y con tiempo libre quienes dirigen el movimiento científico. A su vez, el enriquecimiento nos explica el gran consumo que la sociedad inglesa hizo de pintores y escultores franceses, que al final, tras un período de aprendizaje, dio lugar a la creación de una escuela original de pintura inglesa.

El comercio, por mediación de la sociedad que ha creado, rige la vida administrativa y política. La administración local está en manos de los ricos. El rey nombra los funcionarios locales, que suelen ser grandes propietarios. Así, cada condado tiene un lord-lugarteniente, jefe de la milicia de los propietarios, un sheriff que manda ejecutar las sentencias de la justicia, y unos jueces de paz elegidos de una lista de propietarios hecha por el lord-lugarteniente, encargados de la justicia, de la policía, de la asistencia pública y de los impuestos locales. Ahora bien, en esta época, la «policía» comprende todo lo que hoy denominamos administración. Con ello, toda la vida local depende de los ricos y entre éstos, los burgueses aumentan constantemente en número a medida que van adquiriendo mayor número de propiedades; a partir de 1760, se añaden a ellos los *nababs*, funcionarios enriquecidos de la Compañía de Indias.

Políticamente, Inglaterra es una monarquía constitucional, con un rey y con dos cámaras. Pero estas dos cámaras sólo representan a los ricos. La Cámara de los Lores está compuesta de grandes señores, lores por herencia, obispos y arzobispos (casi siempre procedentes

1. Lib. I, cap. VII.

de las filas de la aristocracia) y por lores que el rey puede nombrar a su antojo entre los ingleses que han realizado grandes servicios al país y que suele nombrar de entre los ricos. La Cámara de los Comunes se compone de diputados elegidos por las ciudades o burgos y por las regiones rurales o condados, pero siempre por un sufragio basado en la riqueza: para votar es preciso gozar de posición acomodada. En la práctica, sólo los ricos pueden ser elegidos. Ante un escrutinio público, ¿cómo no votar por el candidato del gran señor, dueño de todas las casas del «pequeño burgo», en cuya mano está la posibilidad de duras represalias? ¿Cómo no dar satisfacción al gran señor propietario de la mayor parte de las tierras de la parroquia y que a su influencia económica une el ejercicio de las funciones locales que le permiten hacer la vida imposible a los electores recalcitrantes? Además, subsisten huellas de la vida feudal. Un elevado número de familias de pequeños propietarios están sinceramente ligadas a su señor y protector. Finalmente, la corrupción es posible. El número de electores es poco elevado; en algunos lugares, se ha visto reducido aún más por la ruina de los pequeños propietarios. Algunos burgos ya no tienen la población con que contaban en la Edad Media. Ya sólo quedan 7, 5, 2 electores, pero siguen eligiendo el mismo número de diputados. Estos «burgos podridos» se compran fácilmente, y así los burgueses enriquecidos pueden ser diputados. Inglaterra es una plutocracia.

Con muchísima frecuencia los burgueses impusieron su voluntad al rey. En 1714, ya casi no quedan partidarios de la monarquía absolutista: la mayoría de los ingleses acepta prácticamente la teoría del contrato. El rey, elegido por la nación desde hacía más o menos tiempo, dividía sus poderes con los representantes del país. Las leyes, votadas por la Cámara de los Comunes y aceptadas por la Cámara de los Lores, eran puestas en vigor después de haber sido firmadas por el rey. Cualquier acto del rey debe ir refrendado por un ministro responsable. Pero, en cuanto a la elección de los ministros, los ingleses estaban divididos. Los «Tories» sostenían que el soberano debía conservar la «prerrogativa real» más amplia, debía dirigir efectivamente sus asuntos, es decir, debía formar un ministerio a su gusto, nombrar y destituir los ministros según su voluntad. Los tories eran principalmente aristócratas rurales de las regiones más agrícolas. En cambio, los «Whigs» querían limitar la prerrogativa real, por consiguiente, obligar a los ministros a que dimitieran cuando ya no contaban con la mayoría en los Comunes. Es el régimen parlamentario que convierte a los diputados en dueños de la política y al rey en un presidente de república. Los whigs eran los burgueses y aquellos aristócratas que tenían intereses comunes con ellos, cuyos segundones estaban metidos de lleno en el comercio. Pretendían imponer al rey determinada política económica, social y exterior.

Al principio, hasta el año 1760 prevalecieron los whigs. Los Estuardos habían sido separados del trono por los whigs por ser absolutistas, y los tories habían apoyado, no sin vacilaciones y retrocesos, a los whigs por odio al catolicismo. Los ingleses nombraron rey al elector de Hannover, bisnieto de Jacobo I, Jorge I (1714-1727). Éste y su hijo Jorge II (1727-1760) se apoyaron en los whigs, por sospechar que los tories eran adictos de los Estuardos. Pero estos reyes siguieron siendo alemanes, preocupados principalmente por su electorado; no hablaban 'inglés, se ausentaban a menudo de Inglaterra, carecían de prestigio a causa de su embriaguez y de sus favoritas intrigantes. Se vieron obligados a elegir los ministros en el partido que tenía mayoría, los whigs, y dejar el gobierno en sus manos: ni siquiera asistían a las sesiones del Consejo de Ministros. Y sin embargo, conservaron cierta influencia. Si el primer ministro quería contar con mayoría se veía obligado no sólo a pagar a los diputados cuando había votaciones decisivas, sino también a conseguir cargos para ellos, para sus familias, para sus amigos e incluso para sus agentes electorales. El rey nombraba y destituía numerosos funcionarios de hacienda, del ejército y de la marina. El primer ministro debía ponerse de acuerdo tanto con él como con la mayoría del Parlamento. El primer ministro llegaba si era preciso a valerse de corrupción respecto al rey, haciendo que fueran aprobados aumentos de la lista real, pensiones y dotes para su familia y sus favoritos. Todo se basaba en el interés personal. Walpole (1721-1742) supo practicar admirablemente este sistema y logró gobernar dando satisfacción a algunos importantes miembros del Parlamento, así como a la numerosa clientela de esos miembros. Precisamente contra esta corrupción luchó William Pitt. Su sueño consistía en formar un ministerio nacional, compuesto por individuos de todas las tendencias, preocupados únicamente del interés general. La guerra contra Francia desencadenó una corriente de opinión favorable, que le otorgó, de 1756 a 1761, el cargo de primer ministro y casi de dictador impuesto por la nación a los partidos. Pero, una vez conseguido el éxito, Jorge III le destituyó. Este rey (1760-1820), nieto de Jorge II, fue, eso sí, un inglés, de vida muy digna, que se tomó muy en serio sus funciones y quiso asegurar la prerrogativa real. Y logró, valiéndose también él de la corrupción, imponer un ministerio a su gusto, al frente del cual figuró de 1770 a 1782 lord North, e intentó gobernar como soberano autoritario. En 1782 se vio obligado a aceptar la dimisión de lord North, pero logró obtener de nuevo, mediante corrupción, una mayoría tory e impuso, en 1784, como primer ministro, al hijo de William Pitt, el segundo Pitt.

Por consiguiente, toda la vida política está dominada por el comercio. Las grandes cuestiones que se debaten en los Comunes y en los Lores son problemas de empréstitos, de impuestos, de aduanas. Walpole asegura la prosperidad comercial. Cuando su política pacífica parece comprometer esta prosperidad comercial, los Comunes le obligan a declarar la guerra a España y a Francia, y luego a dimitir. Son los financieros, los comerciantes, la población del puerto de Londres, residencia del gobierno, y que vive del movimiento del puerto y está siempre dispuesta a sublevarse, los que imponen el «primer Pitt» cuando la guerra contra Francia, rival en las colonias. El primer Pitt establece la fórmula de la política exterior de Inglaterra: «La política británica es el comercio británico». El fracaso de la política aduanera en América, la pérdida de las colonias y de una parte del mercado de éstas, son las causas de la dimisión de lord North. Y su competencia como financiero y economista son las razones que imponen el segundo Pitt a una Cámara reticente. Si aún no hay motivo que obligue al rey a destituir a un ministro que no cuenta con mayoría, si aún dispone de un ministro a su gusto, es tan sólo porque el rey y su ministro hacen una política grata a los burgueses y a los afiliados de éstos.

Las Provincias Unidas

Las Provincias Unidas forman una república federal de siete provincias, en la que la burguesía ha desempeñado un importante papel a causa del comercio marítimo de almacenaje y de acarreo. Están en completa decadencia porque la competencia de ingleses y franceses les arruina su comercio, que sólo sigue siendo activo en las Indias Orientales. La decadencia del comercio acentúa sus divisiones internas. Toda la actividad se concentra en Amsterdam. Las demás ciudades marítimas, así como las provincias agrícolas del interior, celosas, combaten su política comercial y protestan contra su oligarquía burguesa, reclaman la restauración del estatuderato en favor de la familia Orange, aliada a los reyes de Inglaterra. En cuanto al exterior, las Provincias Unidas ya no son capaces de armar grandes flotas y preparar poderosos ejércitos. La disminución del poder, el hecho de que buena parte de los ingresos holandeses proceda de fondos colocados en Inglaterra, así como el temor de que los franceses conquisten los Países Bajos, les mantiene aliados a Inglaterra, en una relación que más parece un vasallaje. En 1787, los ingleses, aliados a los prusianos, derriban el partido republicano burgués, amigo de Francia, y restablecen el estatúder.

Francia sigue siendo un país mucho más agrícola que Inglaterra. La tierra, en mucha mayor medida que en Inglaterra, proporciona la mayor cantidad de recursos, y la propiedad rural, en especial la de los nobles, sitúa a un hombre en la sociedad. La aristocracia rural comprende los príncipes de sangre; la alta nobleza de los duques y marqueses, que viven principalmente en la Corte y en París, y muy poco en sus dominios, a los que van en exilio; los arzobispos, los obispos y los principales abades, la media y pequeña nobleza de provincias, y los oficiales reales. Tanto los príncipes como los grandes señores son eternos descontentos. Protestan contra el monarca absoluto porque no les permite representar ningún papel político; contra el rey centralizador que, por mediación de sus intendentes, les ha privado de todo derecho a la administración provincial y local, y que sólo les deja poderes señoriales en sus dominios. Dedican el tiempo a exigir la libertad, es decir, que Francia sea gobernada por la aristocracia. Los pequeños nobles comparten sus puntos de vista acerca de la administración de las provincias, se unen a ellos para protestar contra todos los intentos del rey para someter a esa nobleza privilegiada a las cargas fiscales; pero se oponen a que los grandes nobles, próximos al rey, acaparen los cargos honoríficos y los poderes.

Casi todos los nobles están en lucha contra las demás clases. Se defienden contra los burgueses. A medida que éstos van adquiriendo más importancia, los nobles insisten cada vez más en su privilegio de nacimiento. Los obispados se reservan para los segundones de las familias nobles: no es posible hallar un Bossuet. A partir de 1757, se hacen esfuerzos para que los grados de oficial sean reservados a los nobles, y, a partir de 1781, se exigen cuatro grados de nobleza. Los nobles también luchan contra los campesinos. Desde luego, los pequeños nobles son pobres y a menudo acaban de arruinarse en el ejército, en el que se baten heroicamente; pero hasta el final, esta nobleza conserva el respeto por su condición militar. La constante elevación de los precios, que se acelera a partir de 1760, cuando una buena parte de las rentas feudales estaban establecidas desde tiempo atrás en metálico, les obliga a buscar recursos y se arriesgan a perder su categoría de nobles dedicándose al comercio, a la fabricación e incluso llegan a cultivar un campo de cuatro aradas. Al mismo tiempo tratan, y esto aumenta progresivamente en el último tercio del siglo, de que sus derechos feudales produzcan lo máximo posible. Los feudalistas les buscan en los cartularios los derechos olvidados. El régimen feudal se hace más pesado. Exactamente lo mismo hacen los miembros de la media y de la alta nobleza, quienes, además, tratan de sustraer a los derechos de utilización los bosques, que ahora ya escasean y cuyo valor va creciendo, y, asimismo, tratan de convertir los eriales en tierras de cultivo y de pasto, a lo cual les empuja la influencia de los fisiócratas después de 1760. Algunos estipulan con las comunidades lugareñas contratos de acotado que les permiten cercar los dos tercios de los bienes comunales, o bien contratos de aparcería que les aseguran el tercio. Sin embargo, este movimiento de cercado es reducido. Francia sigue siendo un país de pequeña explotación agrícola. Con todo ello, hacia fines del siglo, los nobles se ganan el odio creciente de los campesinos. Mas, en su lucha contra el rey, a quien quieren arrebatarle el poder, los nobles hallan los argumentos de que antes carecían en los escritos de los filósofos: teoría del Contrato, teoría de los derechos naturales, teoría fisiocrática; los nobles tienen la conciencia tranquila, la convicción fortalecedora de que tienen razón.

Contra el rey, la nobleza de sangre se ve apoyada por la nobleza de toga, es decir, la de los propietarios de los principales cargos públicos u oficios, que el rey sigue vendiendo, y sobre todo auxiliada por los funcionarios de las Cortes de Justicia superiores, los Parlamentos. Los cargos de sus miembros suelen ser hereditarios, o en el mejor de los casos, se venden entre un reducido número de familias, siempre las mismas. Los Parlamentos constituyen un mundo cerrado, una casta. Menosprecian a la nobleza de sangre, al mismo tiempo que ésta les menosprecia. Pero, tan apegados a sus privilegios, en especial los de tipo fiscal, como la nobleza de sangre; al igual que ella señores territoriales, enlazados con ella mediante matrimonios, con muchos de sus hijos abrazando la carrera de las armas, los parlamentarios tienen con los nobles muchos intereses comunes. Aspiran a desempeñar un papel directivo en el Estado, a censurar los actos reales, y frente a todos los intentos de reforma patrocinados por la monarquía muestran una encarnizada oposición.

Precisamente de estas dos clases salen los más atroces libelos contra la persona del rey, las más sucias calumnias, inspiradas por el duque de Orleans, el príncipe de Conti, el duque de Enghien.

Frente a estas clases va creciendo la burguesía comerciante, que se beneficia de los esfuerzos de los grandes *déspotas ilustrados* del siglo XVII: Enrique IV, Luis XIII, Luis XIV. En los albores de este período, el intento de Law ha dado impulso a los negocios. El importe del comercio exterior pasa de 215 millones de libras en 1716 (172 con Europa, 43 con los demás países) a 430 millones en 1740 (306 y 124 respectivamente) y a 616 millones en 1756 (412 y 204). Después de los fracasos de la guerra de Siete Años, renace la actividad. En 1777 las exportaciones alcanzan la cifra de 259 millones de libras, mientras que las importaciones ascienden a 207 millones; en 1789, las cantidades son: 354 millones para las exportaciones y 301 para las importaciones. El comercio más provechoso es el marítimo, realizado por más de 3.500 buques, cuando en 1713 casi no quedaba ninguno. Los puertos, Saint-Malo, Lorient, Rouen, El Havre, Nantes, La Rochela, Burdeos, Marsella, están en plena prosperidad. Los productos coloniales, sobre todo el azúcar y el ron de Santo Domingo, y la trata de negros, son los mejores elementos. Los capitales acumulados permiten una concentración comercial de la industria alrededor de los puertos: cotonadas cerca de Rouen, telas en los puertos bretones, paños en los alrededores de Marsella y de Sète. Armadores y comerciantes crean en Burdeos y en Nantes destilerías, refinerías, arsenales, y, en todo el reino, fundiciones de acero y de hulla, papeleras: de estas industrias saldrán, hacia fines del siglo, las primeras tentativas de maquinismo y de concentración industrial. Pero algunos nobles les imitan, invierten capitales en los negocios, adquieren intereses en las minas de hierro y de carbón, en las fábricas siderúrgicas. El marqués de Solages es en parte propietario de las industrias de hulla de Cramaux. La sociedad se va aburguesando. Bajo Luis XVI, es ya de buen gusto que los nobles no lleven espada, sino un simple bastón burgués. Algunos nobles abandonan la peluca y ostentan sus propios cabellos. Algunos adoptan maneras sencillas, «costumbres sensibles»: un príncipe tiene a gala presentar la princesa, su esposa, a un regimiento: «Hijos míos, he aquí mi esposa».

Los burgueses reclaman libertad para sus negocios, que se supriman los privilegios hereditarios; pretenden participar en la redacción de las leyes, en el examen del presupuesto y en la política real, aunque al mismo tiempo defienden muchos de los derechos señoriales y de los cercados, ya que muchos de ellos han comprado feudos. El gobierno real hace mucho en favor de los burgueses. La Oficina del Comercio, creada en 1722, establece estadísticas, proporciona a los comerciantes informaciones y directrices, ayuda a las empresas. El Consejo de Comercio guía y dirige. Poco a poco, mediante avances y retrocesos, las trabas disminuyen, los reglamentos se hacen más flexibles. Las comunicaciones son más fáciles; bajo la Regencia se crea el Cuerpo de Puentes y Calzadas, la prestación real para las carreteras se regulariza en 1738, se construyen numerosas carreteras, se reducen los peajes; en varias ocasiones, en 1763, 1770, 1774, 1787, es proclamada la libertad de comercio de los cereales, que había de incrementar la producción al asegurar la venta a un precio remunerador, medida que también le es favorable a los campesinos propietarios. Después de 1750, por influencia de los fisiócratas, la administración real atenúa los reglamentos de fabricación: permite que se fabriquen telas estampadas y teñidas (1759), suprime artículos de los reglamentos, y los demás son aplicados con prudencia. Incluso, en 1776, aunque por un momento, Turgot manda suprimir las corporaciones de oficios y las veedurías *(jurandes)*, tribunales especiales de dichos gremios, que dificultaban la apertura de nuevas empresas y la utilización de nuevos procedimientos. A partir de 1778, hay intentos de asociar los notables a la administración, mediante asambleas provinciales.

Pero el gobierno no quiso ir más allá. Muy pronto se restablecieron los gremios. En 1786 se firmó un tratado comercial ruinoso con los ingleses: reducía los derechos de aduana al 12 por 100 en los productos elaborados ingleses, que eran más baratos que los franceses, y esto produjo una invasión de productos ingleses y, en consecuencia, provocó una grave crisis. Fue muy escasa la participación concedida a los burgueses en los asuntos locales, provinciales y nacionales. Los burgueses siguieron descontentos.

El gobierno real no se adaptó bastante, por carecer de dirección. En primer lugar, en 1715, fue preciso organizar la Regencia: el rey Luis XV (1710-1774) sólo tenía 5 años. Dejó que gobernara el duque de Orleans, como regente, hasta su mayoría legal, alcanzada en 1722, y luego hasta la muerte del duque, acaecida en 1723; a continuación gobernó el duque de Borbón, un príncipe de sangre real, hasta 1726, y luego su preceptor, el cardenal de Fleury, de 1726 a 1743. Al llegar este momento, cuando el rey contaba 33 años de edad, declaró que quería gobernar por sí mismo; pero no lo logró. Este rey, guapo, inteligente, culto, generoso, muy lejos de ser el monstruo que nos ha descrito Michelet equivocándose por completo, era un tímido patológico, que acabó de agotarse por causa de las mujeres. Jamás tuvo la energía y la perseverancia necesarias. Se dejó arrastrar en todos los sentidos por su familia, por sus amantes (Madame de Vintimille, la duquesa de Château-roux de 1741 a 1744, la marquesa de Pompadour, a partir de 1744, la condesa Du Barry a partir de 1769), por sus ministros y las camarillas de éstos. Su nieto, Luis XVI (1774-1792), un buen hombre, buen cerrajero, buen padre de familia, que amaba a su pueblo, un burgués asentado en el trono, es conocido por su débil voluntad. Ambos quisieron el bien, pero no lo hicieron.

La monarquía habría podido seguir siendo absoluta si hubiera tomado la iniciativa de las reformas: supresión de los privilegios fiscales de la aristocracia, accesión de todos a todos los empleos, establecimiento de un liberalismo económico moderado para no entregar los obreros y los campesinos pobres en manos de los ricos, unificación de un reino en el que las aduanas interiores, las diferencias de medidas y monedas, las distintas costumbres de las provincias, representaban otros tantos obstáculos a la vida nacional y, en especial, a la vida económica. Pero no lo hizo. Y aunque aumentó el territorio nacional median-te la incorporación de Lorena (1766) y la adquisición de Córcega (1768), Lorena siguió teniendo aduanas en relación con el reino, mientras podía comerciar libremen-te con el Sacro Imperio.

Habría sido preciso destrozar las aristocracias; pero ninguno de los dos reyes logró jamás tener bastante fuerza de voluntad para hacerlo. La aristocracia de príncipes y duques demostró su incapacidad para gober-nar. Para contentarla, el regente, duque de Orleans, había sustituido los ministros burgueses de Luis XV por unos Consejos de grandes nobles. Pero la incapacidad de éstos era evidente. A partir de 1718 fue preciso restablecer los ministros. Mas la alta nobleza siguió siendo peligrosa a causa de sus intrigas en la Corte, a causa de sus clientelas y de su acuerdo con los Parlamentos.

Fueron éstos los que hicieron fracasar todos los intentos de reforma. En 1715 el duque de Orleans les había devuelto la facultad de advertencia y censura a cambio de una decisión que le convertía en dueño del Consejo de Regencia, en contra del testamento de

Luis XIV. A partir de entonces, el Parlamento de París podía de nuevo retrasar indefinidamente el registro de los edictos reales. Llegó a ser tan embarazoso que el Regente se vio obligado a limitar su derecho de censura en 1718. Pero más tarde esta facultad le fue restituida íntegramente, y aunque unas veces suspendida y otras limitada, en conjunto permitió que los Parlamentos mantuvieran una constante oposición a las reformas financieras. En numerosas ocasiones, el gobierno real trató de conseguir que todos sus súbditos contribuyeran en proporción a sus ingresos. Era el único medio de poder subvenir a los gastos crecientes de un Estado que administraba cada vez más, cuando el alza de los precios al aumentar los gastos reducía los ingresos, ya que limitaba el consumo y, por consiguiente, el rendimiento de los impuestos indirectos, los únicos que pesaban sobre todos. Los Parlamentos, junto con los príncipes, los obispos, las noblezas provinciales y todos los privilegiados, se opusieron con todas sus fuerzas a la voluntad real. Excitaban a la población al negarse a corroborarla; la excitaban con sus censuras, con la acción directa que ejercían sobre sus campesinos, y provocaban insurrecciones entre las clases inferiores de una población desorientada. Ellos tuvieron la culpa de que fracasara el impuesto del quincuagésimo de las rentas de los bienes territoriales (1725-1727), del décimo (1733-1736, 1740-1749) que únicamente duró durante las guerras, aunque desnaturalizado y gravando sólo a los pobres, el vigésimo de Machault d'Arnouville (1749-1754), la subvención general de Silhouette (1759), la subvención territorial de Calonne (1787). Impidieron ante la perspectiva de su absoluta oposición, que Turgot presentara su proyecto de subvención territorial. La opinión les era favorable, porque se cubrían con hermosas palabras; los súbditos del rey eran «hombres libres y no esclavos»; combatían el «diluvio de impuestos»; sostenían a todos los que se oponían a la política real, por ejemplo, a los jansenistas contra los jesuitas, abolidos en 1764. Mas, en realidad, sólo pensaban en sus privilegios nobiliarios, en las distinciones que les situaban por encima de la masa, y en sus propios intereses. Incluso pretendieron formar un cuerpo que reuniera a todos los Parlamentos del reino, tener derecho a participar en el poder legislativo, oponerse a la voluntad del rey. El Parlamento de Bretaña apoya a la asamblea provincial denominada los Estados de Bretaña contra el gobernador que pretende construir carreteras, porque los caminos caen en las atribuciones de los Estados, que por otra parte no hacen nada.

Periódicamente, el rey destierra al Parlamento de París y luego le vuelve a llamar. Al fin, en 1771, el canciller Maupeou suprime la venalidad de los cargos de la magistratura y sustituye los parlamentarios por jueces asalariados; pero, desgraciadamente, Luis XVI volvió a restablecer los Parlamentos a fines de 1774, con la intención de apaciguar. Mas, como quiera que el Parlamento de París insiste en las leyes fundamentales de la monarquía, en los derechos de los Parlamentos, en los contratos estipulados con las provincias, en la necesidad de que los subsidios sean votados por los Estados Generales, el rey concede vacaciones al Parlamento en 1788, lo desmembra, y confía el registro de los edictos a un tribunal plenario formado por leales servidores del rey.

Entonces, la Revolución empezó por una insurrección de los privilegiados. Los Parlamentos, aliados con los nobles, amotinan a la población en todas las ciudades del Parlamento, en Grenoble, en Rennes. Los Estados Provinciales del Delfinado, reunidos en Vizille, se niegan a pagar impuestos. El rey se ve obligado a convocar los Estados Generales para el 1 de mayo del año 1789.

Pero al llegar este momento, la nación se escinde en dos grupos: los príncipes de sangre y los notables piden que los Estados Generales se convoquen siguiendo las formas antiguas y que la votación sea por órdenes: Clero, Nobleza, Tercer Estado, lo cual aseguraba la mayoría a los privilegiados; en cambio los burgueses, que han creado un «partido nacional», se confabulan de ciudad en ciudad: quieren una asamblea nacional, exigen la duplicación del número de diputados del Tercer Estado y el voto individual, que les aseguraría la mayoría. El rey sólo accede a la duplicación, en diciembre de 1788.

La acción de las otras clases aparece. Se produce algo así como un levantamiento del proletariado. El tratado de 1786, causa del paro, y las malas cosechas de 1787 y 1788 acentúan el alza de los precios: el pan, que suponía el 50 por 100 del presupuesto del trabajador, exige ahora el 80 por 100. Aumenta el número de mendigos y vagabundos. Un odio cruel hacia el señor, hacia el rico, estalla repentinamente. Se producen algunas insurrecciones, ataques contra los castillos, contra los burgueses y los nobles poseedores de cereales. El 21 de abril de 1789, en el arrabal de San Antonio de París, es saqueada la fábrica de papeles pintados Réveillon. El gobierno reacciona con dificultad: los intendentes gozan de poca consideración, el ejército está desorganizado.

Las elecciones para los Estados Generales tienen efecto en 1789 según un sufragio casi universal por brazos. Los electores redactan «Cuadernos de quejas» que contienen sus anhelos: una Constitución, la libertad individual, la tolerancia, la igualdad de derechos, Estados Generales periódicos que habrían de votar los impuestos, descentralización, asambleas provinciales y municipales elegidas principalmente por los propietarios, el respeto de las franquicias y de las libertades de las provincias, el poder ejecutivo al rey, y el legislativo al rey y a la nación. Es decir, buena parte del programa de los privilegiados había sido aceptado por los burgueses a causa de la incapacidad del rey para ponerse al frente de las reformas.

II. EUROPA MERIDIONAL

España

Durante la guerra de Sucesión a la Corona de España (1700-1713), los territorios de la Corona de Aragón reconocieron la soberanía del archiduque Carlos de Austria, mientras los de la Corona de Castilla se

inclinaron por la causa borbónica de Felipe V. Al triunfar
éste, el decreto de Nueva Planta (1716), acabó con el
régimen anquilosado de fueros y privilegios de la Corona
de Aragón, con lo que se derrumbó la ordenación
hispánica de los Reyes Católicos. De este modo, el
proceso hacia la unificación política peninsular y el
centralismo dio un paso muy considerable, en consonan-
cia con el despliegue del racionalismo geometrizante y
antihistórico del siglo de las luces. A pesar de su carácter
represivo, la «nueva planta» favoreció a la larga a
catalanes, aragoneses y valencianos, pues les fueron
reconocidas las mismas posibilidades que a los castellanos
en el seno de la monarquía española.

Es incuestionable que la España borbónica del siglo XVIII —Felipe V (1701-1746), Fernando VI (1746-1759),
Carlos III (1759-1788) y Carlos IV (1788-1808)– experimentó una poderosa influencia francesa. Sería erróneo,
sin embargo, atribuir a ésta, con carácter de exclusividad,
la política reformista que inyectó nueva savia en el
conjunto del país. Las tendencias reformistas son claramente perceptibles durante los últimos Austrias y enlazan
con las realizaciones del siglo XVIII en perfecta solución
de continuidad. Por otra parte, dichas reformas son
comunes a todos los Estados europeos en la época del
despotismo ilustrado y reflejan más el ímpetu «horizontal» de la sociedad cristiana de Occidente, que la
tendencia «vertical» de cada una de las naciones integran-
tes de la misma.

La acentuación de la unidad política del país fue
consecuencia lógica de la vigorización del poder monárquico. Como en el resto de Europa, conspicuos tratadis-
tas –Campomanes– exaltan el poder real y justifican la
autoridad despótica de la realeza. Dos Consejos principales, el de Hacienda y el de Indias, constituyeron los
organismos básicos de la administración, sometidos, a su
vez, a los ministros que gozaban de la confianza de los
reyes. Dichos ministros procedieron de la nobleza o de la
burguesía acomodada: Patiño, Campillo, Ensenada,
Aranda, Floridablanca, Campomanes, Jovellanos, etc.

294

En las provincias, la autoridad de la monarquía estuvo representada por los intendentes (hacienda y administración), capitanes generales (milicia) y Audiencias (justicia).

Un incremento demográfico que puede cifrarse alrededor de los tres millones de habitantes –España pasaría de siete a diez millones en el transcurso del siglo XVIII– inició la más profunda transformación del potencial humano en el ámbito peninsular, en los tiempos modernos: el centro perdió la neta hegemonía que había detentado en el siglo XVI y comenzó a ser rebasado por la periferia, cuya burguesía, al amparo de las reformas de Carlos III, impulsó vigorosamente la economía del país. Sin embargo, la propiedad del suelo agrícola continuaba en poder de las clases privilegiadas: a mediados del siglo XVIII, el 80 por 100 del suelo lo poseían la realeza, la aristocracia y el clero. En cambio, la sociedad, de estructura estamental, registraba un paulatino empuje de las clases medias, reflejado en la disminución de los porcentajes de nobles y eclesiásticos. He aquí algunos datos: en 1768 hay en el país 722.794 nobles censados, que descienden a 480.589 en 1787 y a 402.059 en 1797. Traducido a porcentajes, ello da las cifras siguientes: 7,2 por 100 en 1768; 4,6 en 1787 y 3,8 en 1797. El mismo fenómeno se registra por lo que atañe a los eclesiásticos: 226.187 en 1768, 191.101 en 1787 y 172.231 en 1797, con los respectivos porcentajes de 2,2, 1,8 y 1,6. Aumenta, en cambio, la población artesana: 310.739 en 1787 y 533.769 en 1797, mientras en los mismos años se registra un ligero descenso en la población rural: 1.871.768 y 1.677.172.

Después de una fase previa, representada, en líneas generales, por el reinado de Felipe V, en la que se procedió al montaje del aparato administrativo borbónico, el *despotismo ilustrado* español se desarrolló en los reinados de Fernando VI, Carlos III y Carlos IV, en los que el sistema conoció sus momentos inicial, de apogeo y de decadencia. Sus principales objetivos fueron los siguientes: regalismo, centralización administrativa, reformas económico-sociales y reformas pedagógicas. Por otra parte, los tres momentos citados se corresponden perfectamente con la trayectoria ideológica de la centuria, iniciada en sentido crítico y ortodoxo por Benito Feijoo (1676-1764), derivada hacia un frío regalismo por Melchor de Macanaz (1679-1760) y epilogada por el eclecticismo y la tolerancia de Gaspar Melchor de Jovellanos (1744-1811).

El regalismo español, cuyo cuerpo de doctrina —por lo que se refiere al siglo xviii— está condensado en la Instrucción reservada que Carlos III dirigió a la Junta de Estado en 1787, cosechó un gran triunfo con el concordato de 1753 —en el que «el rey se puso la tiara y los ministros oficiaron de obispos *in partibus infidelibus*»— y la pragmática de 1761 estableciendo el pase regio —*regium exequatur*— para cualquier breve pontificio. La manifestación más sonada del forcejeo entre el Estado y la Iglesia fue la drástica medida de Carlos III contra los jesuitas, a quienes expulsó de España y América (1767). La expulsión fue decretada también por las demás cortes borbónicas, las cuales consiguieron del pontífice la supresión de la orden ignaciana (1773). Es probable que ello constituyera el momento crítico de la lucha entre el Estado y la Iglesia por la educación de la juventud.

Por lo que se refiere a las reformas administrativas, ya hemos dicho lo suficiente más arriba. Mayor interés ofrecen las de carácter económico y social. Aliadas una vez más la monarquía absoluta y la burguesía, dichas reformas tienden a vigorizar las fuentes de riqueza —y, en consecuencia, a proporcionar mayores recursos al monarca en su trepidante política exterior—, y a desmontar la situación privilegiada de la nobleza y del clero con los intentos de desvinculación de los mayorazgos y de desamortización eclesiástica. Se desarrollan las vías de comunicación mediante apertura de canales y trazado de carreteras; se ensaya la colonización de Sierra Morena, en cuya empresa destacó Pablo de Olavide, y, de un plumazo, se derogan los privilegios de la Mesta, gran sindicato de ganaderos trashumantes que imposibilitaban el desarrollo de la economía agraria. Por este camino se impulsó la creación de pequeños propietarios –excepto en Andalucía, entonces poco poblada– y se decretó la libertad del comercio interior de cereales, mientras una orden de 1785 prohibía expulsar al colono si no se cumplían, por parte del propietario, determinados requisitos. Al mismo tiempo fueron creadas varias escuelas de experimentación agrícola.

En la industria y el comercio, se adoptó el principio de la libertad protegida. La introducción de manufacturas algodoneras, financiadas por capitales procedentes de la agricultura y del comercio fue, quizá, el hecho más decisivo. Se dispuso la libertad en la fabricación de tejidos, la dulcificación de trabas gremiales y la supresión de determinadas aduanas interiores. La fundación de Juntas de Comercio y de Sociedades Económicas de Amigos del País, registra los avances en el campo de la economía, en particular en el ámbito periférico. Este hecho pesó decisivamente en el famoso decreto de 1765, que abolió el monopolio gaditano en el comercio americano y autorizó el tráfico con las Indias de trece puntos peninsulares. Barcelona, Valencia, Málaga, La Coruña y Bilbao, experimentaron, inmediatamente, sustanciosos beneficios. En pocos años, duplicaron las exportaciones. Baste citar que, a partir de 1779, España ya no compra paños, sedas ni sombreros a Francia, mientras es capaz de enviar a las Indias más mercancías propias que productos extranjeros.

Por lo que se refiere a la Hacienda, se persiguió la idea de una contribución única por catastro, se fundó el Banco de San Carlos y se abolieron los arrendamientos de impuestos, con lo que aumentó mucho la recaudación de los mismos. Todo ello, desde luego, costó bastante caro: mientras el presupuesto de gastos de Fernando VI oscilaba alrededor de 380.000.000 de reales, con Carlos III rozó los novecientos millones; pero se logró a cambio, además de profundas transformaciones internas, desarrollar una política internacional independiente, apoyada por una eficaz flota de guerra.

En cuanto a las reformas pedagógicas –uno de los más

caros ideales del siglo XVIII español– se manifestaron en varias disposiciones referentes a Universidades y Colegios Mayores, y, sobre todo, en el fomento de la enseñanza primaria, secundaria y técnica.

En síntesis, el hecho de carácter social más saliente del siglo XVIII en España consistió en la expansión de la clase media, al amparo de la «revolución burguesa» que llena el reinado de Carlos III. En 1771, para premiar servicios prestados al país, sin distinción de clase social, creóse la Orden de Carlos III. Al año siguiente, se dispuso que la dedicación a actividades productivas no implicaba la pérdida de la carta de hidalguía. Ambas medidas ponen de relieve el naciente impulso burgués.

La integración política, social y económica de los españoles en aras de un ideal nacional, propugnada y en gran parte lograda por el reformismo borbónico, tuvo su reverso negativo, en la disociación cultural y espiritual, debida a la expansión del enciclopedismo en el país. La pugna entre innovadores y renovadores pesaría, decisivamente, sobre el futuro peninsular. En la época que estudiamos, se manifestó en el llamado motín de Esquilache o de Madrid (año 1766), intento desesperado de las clases aristocráticas para yugular la política reformista de signo burgués; y, sobre todo, en la ya aludida expulsión de los jesuitas. El estallido de la Revolución francesa implicó un profundo viraje entre los más caracterizados reformadores y, al mismo tiempo, explica que en el reinado de Carlos IV, el ministro Manuel Godoy echara por la borda el programa reformista y mantuviera, sólo, el aparato represivo del *despotismo ilustrado*. Pero la revolución, latente desde hacía bastantes años, estalló en 1808, al amparo de la crisis del poder en la Guerra de la Independencia.

Portugal

Portugal, que durante largo tiempo había sido el intermediario entre las colonias y Europa, ve cómo poco a poco se le escapa de las manos este cometido en razón de la competencia de las demás potencias. Sus escasas

298

exportaciones (vinos, maderas de Brasil) ya casi sólo se realizan con Inglaterra. No supo aprovecharse de su comercio para crear una industria y para renovar su agricultura; la organización económica y social sigue siendo medieval. Durante el reinado de un soberano enérgico, José I (1750-1777), un reformador brutal, Carvalho, marqués de Pombal desde 1769, destroza la Inquisición, que ya no puede celebrar autos de fe sin permiso del gobierno, con lo cual da libertad a los innovadores (1751); bajo la acusación de complot, expulsa a los jesuitas que se oponían a su política (1759); abre el camino de los cargos públicos a todos los portugueses sin excepción; funda escuelas e introduce las ciencias en las universidades; crea manufacturas, incrementa el comercio, construye una flota, reorganiza el ejército, edifica fortalezas. Su obra no es continuada por la reina María I, pero tampoco es destruida.

En España y Portugal, los esfuerzos del gobierno nos traen al recuerdo los esfuerzos franceses del siglo anterior. Aunque Francia lleva un siglo de retraso con relación a Inglaterra, España y Portugal llevan a su vez un retraso de un siglo respecto a Francia.

Italia

Italia, «expresión geográfica» dividida en varios Estados, sufre aún las consecuencias de los grandes descubrimientos y de la expansión del comercio oceánico. La importancia relativa de las ciudades marítimas ha disminuido notablemente. Desde luego, a excepción del puerto franco de Livorno, en Toscana, todas esas ciudades están en decadencia, víctimas de la competencia económica de ingleses, franceses y austriacos, de la ausencia de una gran región interior industrializada, y también a consecuencia de la ociosidad y de las deudas contraídas en las épocas de gran prosperidad. Génova y Venecia, comerciantes, forman dos repúblicas. Pero la aristocracia veneciana, que anteriormente tenía costumbres totalmente burguesas, huye de los negocios, y Venecia es sobre todo el lugar en que se celebran las más hermosas fiestas de toda

Europa. «Y he venido a pasar el carnaval en Venecia» es el *leitmotiv* de los reyes de Voltaire.

Los demás Estados no son sino países rurales, monarquías en las que los príncipes dejan en manos de los aristócratas no sólo una gran autoridad social, como ocurre en Francia, sino además una gran parte del gobierno provincial y local. Estos nobles son ociosos y a menudo disolutos. Las villas vegetan, el número de burgueses es escaso y, además, son pobres, carecen de influencia. En todas partes los campesinos están atrasados y viven en condiciones míseras.

Los príncipes, de tendencias absolutistas, a menudo son *déspotas ilustrados*; pero es preciso distinguir entre ellos.

En el reino de Nápoles, los Borbones, primero Carlos (1739-1759) y luego Fernando, intentan algunas reformas con el ministro Tanucci, hostigan para que sean suprimidos los jesuitas (1773), combaten la influencia de los redentoristas de Alfonso de Ligorio (*Theologia moralis*, 1753) que luchan contra la ciencia de la Ilustración, suprimen la servidumbre y las manos muertas, conceden subsidios a las manufacturas, imponen tasas sobre las tierras de la Iglesia, pero no pueden imponerse a los nobles, y el país sigue cubierto de inmensas propiedades mal cultivadas por colonos aplastados por servidumbres personales y otros derechos señoriales.

En Toscana, una política más liberal, la supresión de los gremios, los permisos temporales para exportar cereales, el desecamiento de algunas regiones pantanosas, permiten la acumulación de capitales y la creación de empresas comerciales, presagiándose un despertar.

En Lombardía, los austriacos suprimen el arriendo de los impuestos, demasiado oneroso para el contribuyente, y lo sustituyen por la percepción directa; establecen un catastro, reducen los derechos de aduana y hacen de Milán una localidad de intercambios, con lo cual favorecen la creación de una pequeña selección burguesa alrededor de Pietro Verri.

En ambos Estados, los derechos señoriales fueron

reducidos, y casi todas las tierras, incluso las pertenecientes a nobles o eclesiásticos, quedaron sujetas al impuesto.

Pero el más poderoso y más avanzado de los Estados italianos era el reino sardo. En él los campesinos eran ya libres. El rey organizó el rescate de los derechos feudales (1771). La nobleza reside en sus tierras y mejora la agricultura, la aparcería retrocede en beneficio del arriendo. Las tierras se concentran en manos de los capitalistas agrícolas, propietarios o grandes arrendatarios. El rey desarrolla las carreteras, intenta convertir su reino en el intermediario comercial entre Francia e Italia, Italia y Suiza. Buen administrador, posee un ejército de 30.000 hombres, que goza de buena reputación. El porvenir que le espera es grande.

En conjunto, los monarcas más absolutistas hacen progresar a Italia; pero sigue faltando una burguesía.

III. EUROPA CENTRAL

Suiza

El «Cuerpo helvético» era una confederación muy débil de 13 cantones soberanos, celosos de su independencia, y por añadidura divididos por la religión en cantones católicos y cantones protestantes. La organización era republicana. En las ciudades, que se habían desarrollado en los lugares de paso que conducían a los collados de los Alpes, vivía una burguesía bastante pobre, pero mucho más poderosa que los que formaban el pueblo llano. Este patriciado se había reservado los derechos políticos y las ventajas sociales. Las querellas entre los cantones eran perpetuas, así como, en el interior de los cantones, lo eran entre las ciudades y la campiña.

Países germánicos y danubianos

Cuanto más nos internamos en el centro de Europa, mayor es la impresión de que estamos remontando el curso de los siglos, y de que penetramos en la Edad Media. Todavía son, en gran parte, países rurales, de escasa producción, sujetos a un régimen señorial muy pesado. Al oeste del Elba la servidumbre ya había desaparecido en algunos puntos o bien se había moderado un poco en otros; pero al este de dicho río era aún dura y escaseaban los campesinos libres. La aristocracia seguía exigiendo servidumbres personales que no les dejaban a los requeridos tiempo para cultivar sus propios campos, seguía percibiendo censos y rentas aplastantes, explotando fructíferos monopolios, hornos, molinos, lagares, seguía ejerciendo la justicia y la policía. Y no sólo se aprovechaba de esos poderes en mucha mayor medida que en Francia, no sólo seguía conservando de hecho toda la administración provincial al igual que aún ocurría a menudo en España y en Italia, sino que, por añadidura, los soberanos les reservaban a los nobles todas las plazas del ejército y todas las de la administración. Es verdad que en ciertos Estados algunos ministros procedían de las clases inferiores, en especial hacia fines de siglo; pero, en conjunto, la aristocracia siguió siendo dueña de todo.

Las clases sociales están muy delimitadas, muy alejadas. A diferencia de lo que ocurría en Inglaterra, país en el que las clases, pese a todo, se iban mezclando cada vez más, o bien en Francia, donde ocurre el mismo fenómeno en la segunda mitad del siglo, en el este, nobles, burgueses, artesanos y campesinos viven separados, y cada clase menosprecia a la inferior: se guardan las categorías, se mantienen las distancias.

Los reyes estaban satisfechos con tal de que los nobles les obedecieran y de poder gozar de los servicios de éstos. Se valieron de las técnicas económicas y políticas de los países occidentales más adelantados (Inglaterra, Francia) para aumentar su poderío, y mediante ello, así como mediante la utilización del vocabulario de los filósofos, dieron la impresión de ser Estados modernos, incluso más avanzados que los de Occidente, cuando en realidad estaban pasando por fases muy anteriores.

El Sacro Imperio

El desmenuzamiento feudal subsiste en amplia medida.

El Sacro Imperio romano-germánico –cuyas fronteras no coinciden con las de Alemania–, expresión geográfica, es sólo una apariencia. En principio, el Emperador, jefe de la Casa de Habsburgo, es el sucesor de Carlomagno y de Augusto. Pero, en 1763, es elegido por 9 electores: los de Bohemia, Sajonia, Brandeburgo, Hannover, Baviera y del Palatinado, y los 3 eclesiásticos, los arzobispos de Maguncia, Tréveris y Colonia. La elección le obligó a conceder garantías a los príncipes, y la intervención extranjera completó la obra: no pudo convertir el imperio en un Estado. Los tratados de Westfalia (1648) establecen como un principio de derecho internacional la soberanía de los príncipes del Imperio, reducido en la práctica a una confederación bastante débil.

El poder del Emperador está limitado por una Dieta, la cual, establecida en Ratisbona, administra, declara la guerra y la paz, firma tratados. Por otra parte, como la Dieta está constituida por tres colegios, que agrupan a los representantes de los electores, de los príncipes y de las ciudades, colegios cuyos intereses son opuestos y desconfían del Emperador, la Dieta, decimos, no hace nada eficaz. Y por añadidura, Alemania, parte esencial del Sacro Imperio, está dividida en 343 divisiones territoriales, entre las cuales se cuentan 30 Estados, varios principados, ciudades libres imperiales, dominios de caballeros del Imperio vasallos directos del Emperador, una confusión. Sólo en la orilla izquierda del Rin pueden contarse hasta 117 Estados minúsculos, que sufren una fuerte influencia francesa.

Los príncipes

Todos los soberanos tratan de imitar el ejemplo dado por Isabel de Inglaterra en el siglo xvi y por Luis XIV, en Francia, en el xvii. Intentan convertir su principado en un Estado absolutista, centralizado, burocrático; intentan dar alas a sus fuerzas mediante la supresión de los privilegios, igualdad fiscal, el mercantilismo inspirado en William Cecil y en Colbert. El Estado se esfuerza en proteger a la industria, y con ello formar una burguesía.

En 51 villas imperiales libres, quizá por influencia de lo que está acaeciendo en los Estados vecinos, la burguesía se yergue, se enriquece, crea nuevas corrientes comerciales y, ávida de saber y de belleza, provoca una gran actividad intelectual. Leipzig, Francfort, Mannheim, Hamburgo, se convierten en centros de arte y de investigaciones, al igual que las pequeñas capitales de soberanos demasiado débiles para brillar si no es como mecenas, como es el caso de Weimar, Gotha y Jena.

Los Habsburgo

El título de Emperador es tan sólo una dignidad, y los Habsburgo: Carlos VI hasta 1740; María Teresa, su hija (1740-1780); José II, su nieto, emperador desde 1764, asociado por su madre al gobierno, soberano de los dominios de los Habsburgo de 1780 a 1790, deben su fuerza principalmente a sus posesiones: es archiduque de Austria, rey de Bohemia y rey de Hungría. La extensión de sus territorios es aproximadamente la misma que la de los reyes de Francia, territorios que están casi tan poblados como los franceses, pero que le producen cinco veces menos, y, además, se le obedece poco.

Los territorios de los Habsburgo tienen un aspecto extrañamente medieval: están constituidos por piezas y diseminados desde el mar del Norte a la llanura rusa, y de la Alemania central hasta la llanura del Po y el Adriático. Las relaciones entre las distintas partes son lentas y difíciles; los pueblos, austriacos, húngaros, italianos, checos, eslovenos, flamencos, valones, todos ellos diferentes en cuanto a costumbres, a la lengua y a religión, se ignoran unos a otros. Cada uno de ellos está ligado a los Habsburgo por un contrato distinto. Gozan de autonomía, y sus «Estados» provinciales, asambleas de nobles y eclesiásticos, defienden las libertades y los privilegios de los países y se preocupan ante todo de pagar el menor número posible de impuestos. Ellos mismos nombran sus administradores entre los nobles que poseen el poder, excepto en las ciudades, en las que las burguesías se administran por medio de magistrados elegidos. Aunque existan algunas instituciones habsburguesas: tres Consejos en Viena para la política general, la hacienda y el comercio y la guerra; tres cancillerías para Bohemia, Hungría y los Estados hereditarios (Austria y sus dependencias); dos Consejos para Flandes e Italia, aunque existan todas estas instituciones, es muy débil la autoridad de que disfrutan frente a las tradiciones y a los particularismos locales.

Carlos VI, príncipe injustamente desconocido, aseguró ante todo a los Habsburgo la indivisibilidad de sus territorios. Su hermano primogénito y él mismo no dejaron herederos varones. La Pragmática Sanción (1713) substituyó, a falta de un heredero varón, por la descendencia de su hermano mayor su propia descendencia femenina. Al principio de dicho texto afirma la indivisibilidad de todos sus Estados; lo hace reconocer como ley del Estado en las varias posesiones de los Habsburgo, cuando en Bohemia, en el ducado de Milán y quizá incluso en Austria, la descendencia femenina quedaba excluida. Se trataba de un nuevo contrato que eliminaba los peligros de dislocación y que duró hasta 1919.

Para procurarle nuevos recursos a la monarquía, recurrió al sistema de las compañías de monopolio: Compañía de Ostende (1722) para el comercio con India y China, que fracasó por la hostilidad de ingleses y holandeses: Compañía de Levante, establecida en Trieste. Pero no logró hacer muchas cosas más a causa de la susceptibilidad de los húngaros, así como por la disminución de su prestigio a consecuencia de guerras desdichadas.

María Teresa, en especial después de las dos guerras de Sucesión de Austria (1740-1748) y de Siete Años (1756-1763), en las que logró, mediante el abandono de Silesia, impedir la dislocación de sus dominios y la pérdida del título imperial, reanudó, con firmeza, asistida por el canciller Kaunitz y por su hijo José, los proyectos de reforma. Rechoncha, de tinte rosado, buena y piadosa, amada y venerada por sus pueblos, que la llaman «madre de la patria», hábil y realista, capaz de apreciar las posibles resistencias, quiere realizar los cambios poco a poco y calladamente. Empieza por centralizar. Superpone a las instituciones existentes un Consejo de Estado que toma las decisiones; estas decisiones son ejecutadas directamente por funcionarios de la corona, en algunas provincias. Convoca lo menos posible la Dieta de Hungría y los Estados. Practica el mercantilismo, prohíbe la entrada de productos elaborados, la exportación de materias primas, la expatriación de la mano de obra, todo ello para obligar a crear una industria. En sus propios dominios establece pequeños propietarios campesinos, que cultivan con más interés y con mayor cuidado; pero su ejemplo no es imitado por los señores. Establece el reclutamiento, pero sólo para los campesinos y en los Estados hereditarios. No puede reformar las finanzas. Tiene algunas veleidades de tolerancia: a partir de 1774, los no católicos de Hungría no están obligados a seguir las procesiones, ni se les exige llamar a un sacerdote católico junto al lecho de los enfermos. Su intención era formar una Iglesia más austriaca que romana: a partir del año 1767, ningún breve papal podía entrar en los Estados austriacos sin autorización real previa. Reforma también la educación. Pero todo esto todavía es algo parcial.

Su hijo José II, un asceta coronado, es un razonador sistemático y lógico, que para nada tiene en cuenta los sentimientos de los pueblos. Crea una jerarquía de divisiones administrativas en las que se mezclan unidades históricas distintas para fundir los pueblos: provincias, a su vez divididas en zonas. Gobernadores e intendentes de las provincias, capitanes de zonas, administran a expensas de los funcionarios de los Estados. Deben poseer título universitario (1787): la pequeña nobleza y la burguesía entran en las oficinas, pero los puestos conspicuos quedan en manos de las grandes familias nobles. El alemán es impuesto a todos los pueblos como lengua de la administración, de los gimnasios (escuelas de enseñanza media) y de los seminarios (1784-1786).

Por el edicto de tolerancia de 1781, establece la igualdad de católicos, luteranos, calvinistas y ortodoxos;

pero los judíos siguen sujetos a un régimen especial. Sin embargo, al procurar convertir en realidad su sueño de una Iglesia nacional independiente de Roma, su tolerancia se convierte en una intolerancia dirigida contra los católicos, cuyas conciencias hiere mediante la obligación de los seminarios estatales, en los que debe descuidarse la teología, la destrucción de los libros de teología (1784), la prohibición de peregrinaciones y procesiones, la supresión de numerosos conventos por considerarlos inútiles, cuando para un católico, los contemplativos son, gracias a sus plegarias, los hombres más útiles. Seculariza la mitad de los conventos y se apodera de sus bienes (1786-1788).

Mantiene una gran parte del mercantilismo, pero evoluciona hacia la libertad comercial: tratado de comercio con Rusia, supresión de los monopolios comerciales, libertad de comercio de los cereales en el interior, libertad de abrir fábricas o tiendas (1782). Emancipa a los campesinos y los convierte en poseedores hereditarios del suelo a cambio de un censo. Suprime los monopolios señoriales, sustituye las servidumbres personales por prestaciones en metálico (1783-1788). Reparte sus dominios y los bienes de los conventos, formando grandes fincas. Ordena elaborar un catastro para lograr la igualdad ante el impuesto (1789), amplía el reclutamiento a Hungría, y traslada alemanes en territorio húngaro, y viceversa, para fundir los pueblos.

Pero ha procedido con demasiada rapidez: ha disgustado a sus súbditos mediante la centralización y el reclutamiento; a los católicos por su política religiosa; a los nobles con sus medidas sociales, y los campesinos emancipados se sublevan y se dedican a saquear. A partir de 1788, se levanta una verdadera tempestad de protestas y de revueltas, la más grave de las cuales es la de los Países Bajos, donde se unen contra el Emperador los católicos tradicionalistas de Van der Noot y los liberales reformadores de Vonck. Casi todas las reformas deben ser abandonadas, a excepción de la libertad de los campesinos.

Por el contrario, en Prusia, los Hohenzollern han alcanzado pleno éxito. Y esto porque sus posesiones, fragmentos diseminados de Polonia al Rin, se hallan casi todas en la llanura de la Alemania septentrional, pobladas por germanos al oeste y por germanos mezclados con eslavos al este; pero, estos eslavos están poco civilizados, poco industrializados, y reciben fácilmente la impronta de los reyes. El éxito se debe también a que el segundo de ellos, Federico II, tuvo el prestigio de los héroes vencedores, prestigio que les faltaba a los soberanos austriacos.

Federico Guillermo I, el «rey sargento» (1713-1740), un coloso apoplético, cuyos nervios estaban constantemente irritados por el abuso del tabaco, de las bebidas alcohólicas y de los alimentos nitrogenados, terror de su familia y de sus súbditos, prepara la herramienta de la guerra de conquista, la industria nacional de Prusia. Desdeñoso de las letras y de la filosofía del «humo», ama lo real, quiere cada año hacer el máximo. Se impone una tarea agotadora; ve todas las cosas por sí mismo, como primer servidor de «Su Majestad el Estado», impone a todos una obediencia pasiva, a ciegas. Obliga a sus funcionarios, bien retribuidos, al trabajo y a la regularidad, los utiliza para fundar sus Estados, establece prusianos en Cleves, y habitantes de Cleves en Prusia. Aumenta la población mediante colonización; atrae a los extranjeros, holandeses y franceses; les proporciona herramientas, animales, semillas, crea pueblos por centenares. El reino llega a tener una población de 2.400.000 habitantes. Intenta desarrollar la industria mediante el mercantilismo, prohíbe exportar lana para reservarla para los telares. Una economía estricta le permite perfeccionar el ejército. Establece el principio del servicio militar universal. Los hidalgos campesinos, disciplinados por la Academia de Cadetes, fundada en Berlín en 1722, forman cuerpos de oficiales a toda prueba. Cada regimiento tiene su propia cantera, el cantón del que puede obtener hombres, y el lazo feudal fortalece la disciplina militar. Prusia constituye un inmenso campo en el que cada individuo trabaja para el ejército: los campesinos forman parte de él o lo alimentan; los artesanos lo visten y lo arman, los nobles lo mandan.

Su hijo, Federico II, pequeño, delgado, descarnado, de nariz y labios salientes, pérfido y cruel, pero ferviente enamorado de la gloria, ama las letras y la filosofía y es un escritor de cierto talento. Durante largo tiempo estuvo en malas relaciones con su padre, que temía que su hijo fuera un «pequeño marqués»; pero, en realidad, tenía sus mismas ideas fundamentales: el fin de la administración interior debe ser el poder creciente del ejército, el cual debe llevar a cabo la conquista; la conquista permitirá aumentar el poder del Estado para realizar nuevas conquistas. Entre 1740 y 1763, Federico se ocupó principalmente de la guerra contra Austria y de adquirir la Silesia. En 1763, después de las guerras, la población se ha reducido en un quinto; todo está en ruinas; el alza de los precios y la miseria son enormes; el libertinaje, el desorden y la anarquía reinan por doquier.

Federico envía, primero a las regiones devastadas y más tarde a los países polacos conquistados, colonos procedentes de otros Estados alemanes, en especial de Mecklenburgo y de Suabia, al mismo tiempo que dinero, semillas, víveres, caballos, y organiza los préstamos hipotecarios. En 1774 Prusia exporta trigo por valor de 2 millones de táleros anuales.

Prohíbe exportar lana, así como la importación de numerosos objetos de lujo; fija elevados derechos de aduana, concede subvenciones a las empresas así como monopolios; pero, apenas le es posible, establece la libertad para estimular la producción mediante la competencia. Todas las industrias progresan: fábricas de chapas de hierro, pañerías, porcelanas, terciopelos, dan treinta millones de táleros anuales. El Vístula y el Elba están enlazados por canales, 1.300 barcos prusianos transportan hilados, paños, maderas y trigo. En 1785 Federico firma un tratado comercial con los Estados Unidos.

Por su parte, el francés De Launay organiza las aduanas, los impuestos indirectos que gravan el pan, la carne, la cerveza, los vinos, los aguardientes, las mercancías extranjeras, los productos de lujo, que todos pagan sin darse cuenta de ello. De Launay establece monopolios estatales. El tesoro de guerra está siempre lleno.

Federico practica la tolerancia e incluso llega a dispensar buena acogida a los jesuitas, llamados para la enseñanza. Organiza la escuela primaria, la segunda enseñanza práctica, la Academia de Berlín.

Su ejército, aumentado por el aislamiento, a menudo obligatorio, dirigido por nobles formados en las escuelas de cadetes, entrenado por maniobras de primavera y de otoño, dotado de buena artillería, está protegido por líneas de fortalezas, a imitación de Francia.

Prepara la unificación de las leyes en el Estado prusiano; pero el código general no lo publicará él, sino su sucesor.

Los resultados pueden resumirse en una cifra: en 1786 el reino cuenta con 6 millones de habitantes.

Pero no todo era perfecto. Se había producido una decadencia moral. El sabio Georg Foster, decía, al hablar de los berlineses: «la sociabilidad y el gusto refinado por los placeres degeneran entre ellos en sensualidad, en libertinaje, casi diría en voracidad; la libertad de espíritu y el amor por las luces, se transforman en licencia desenfrenada... Las mujeres, en general, son perdidas». Ésta era la opinión de muchos viajeros. El dinero todo lo podía. Mirabeau definía a Prusia como «podredumbre antes de madurar».

Pero el reino entero obedecía al rey, pagaba hasta el límite de sus fuerzas, el ejército era el más fuerte de Europa y la reacción mojigata de Federico Guillermo II no representó un serio peligro para la obra realizada.

IV. EUROPA SEPTENTRIONAL

Dinamarca

También Dinamarca está formada por territorios diseminados: Jutlandia, las islas, Noruega, Oldemburgo, en el sur, cambiado en 1767 por los ducados de Schleswig y de Holstein. El centro del Estado lo constituyen los estrechos. Los puertos son numerosos y prósperos, el tráfico marítimo es activo. Frente a la nobleza rural, se halla una burguesía mercantil que ha adquirido gran influencia. Numerosas relaciones han impregnado el país de ideas alemanas, inglesas y francesas.

Los reyes, Federico IV (1699-1730), Cristián VI (1730-1746), Federico V (1746-1766) con su ministro Bernstorff desde 1751, Cristián VII (1766-1808), quien conserva a Bernstorff y toma al médico Struensee, son verdaderos *déspotas ilustrados*, en especial los dos últimos. Sin duda alguna, gracias a haber colocado una clase frente a la otra, han logrado arrebatarle a la aristocracia todo poder político. Pero sólo en 1787, después de numerosos intentos desgraciados, sólo en esa fecha es suprimida la servidumbre y los campesinos son declarados libres, aunque siguen sujetos a derechos feudales. Sin embargo, a partir de 1750 algunos grandes propietarios libran a sus campesinos de servidumbres personales y los transforman en colonos. Los reyes patrocinaron una política mercantilista. El proteccionismo desarrolló la industria; se fundaron compañías: Compañía asiática en 1732, Compañía de las Indias occidentales y de Guinea en 1733; el Banco de Copenhague abrió sus puertas en 1736. Escuelas y academias, así como establecimientos científicos, son creados por Cristián VI y Federico V. Mas, a pesar de todo, la nobleza seguía siendo poderosa: en 1772, a mano airada, logra imponer al rey la condena de Struensee y la destrucción provisional de las reformas. Dinamarca es una yuxtaposición de dos países diferentes: una fachada marítima muy burguesa, y un interior aristocrático rural, y las consecuencias del desarrollo del primero sólo muy lentamente se dejan sentir en el segundo.

Suecia

Suecia, que por un momento había convertido el Báltico en un lago sueco y que todavía poseía importantes posesiones en la otra orilla de dicho mar, se había transformado mucho más por obra del gran comercio marítimo. Las minas de hierro que producían mineral de excelente calidad, los grandes bosques, las ricas tierras de trigo de la Escania, proporcionan productos para exportar. Eran explotadas por nobles y por una rica clase burguesa, que tenían gracias a ello estrechas relaciones. Los campesinos, sometidos como en los demás países a los derechos feudales, eran libres y acomodados.

Los nobles y los burgueses, así como el clero luterano que procedía de la burguesía, descontentos por la inflación, por la decadencia del comercio, por haber echado mano de las fortunas para reducir las deudas de guerra, quisieron limitar el poder real que había llegado a ser absolutista bajo el belicoso Carlos XII. Los campesinos eran favorables al absolutismo; pero las largas guerras, las constantes levas de soldados, habían ido, poco a poco, despoblando el país; faltaban hombres en los campos; esta clase estaba debilitada y la carencia de instrucción impedía que desempeñara un papel político. Los otros tres órdenes se aprovecharon de la incertidumbre del derecho de sucesión. Al morir, en 1718, Carlos XII, la Dieta, constituida por representantes de los cuatro órdenes, eligió como reina a la segunda hermana de Carlos XII, Ulrica Leonora, sin tener en cuenta los derechos de los hijos de la hermana mayor; pero, a cambio, la reina se vio obligada a aceptar la Constitución de 1719. Suecia se convirtió en una república y su rey pasó a ser un presidente. La Dieta vota las leyes por mayoría de tres órdenes sobre cuatro, nombra un Comité secreto compuesto por 50 nobles: 25 eclesiásticos y 25 burgueses, comité que ejerce el poder ejecutivo; presenta los candidatos para un senado nombrado por el rey, senado que ejerce el poder ejecutivo en el intervalo de las sesiones; el rey debe someterse a la mayoría y su sufragio sólo equivale a dos votos.

Este gobierno fue impotente a causa de la lucha de los partidos. La nobleza, media y pequeña, arruinada por las guerras, tuvo que ir tras los cargos públicos, que se multiplicaron durante el «tiempo de la libertad». La nobleza sueca es burocrática. Para conseguir los cargos y ascender, los nobles se hicieron clientes de algunos grandes señores que se disputaban la influencia y el poder. Éstos, para poder pagar y aumentar su clientela, se pusieron a sueldo del extranjero, de rusos, ingleses y franceses. El partido de los «Gorros» se enfeudó a Inglaterra; luego a Rusia, a partir de 1763. El partido de los «Sombreros» estuvo al servicio de Francia. Y esto era tan cómodo, que en 1763 Catalina II y Federico II pudieron firmar un acuerdo secreto para mantener la Constitución sueca, acuerdo que aniquilaba el poder real y eternizaba la anarquía, y aseguraba la Constitución a los «Gorros».

La situación llegó a ser tan grave, que en 1772, al subir al trono, el rey Gustavo III pudo dar un golpe de estado apoyado por el pueblo y por los soldados, e imponer una nueva constitución. Volvió a tener el derecho de elegir a sus ministros, el Senado quedó reducido a desempeñar un papel meramente consultivo, la Dieta hubo de contentarse con participar en el establecimiento de nuevos impuestos y en las declaraciones de guerra. Gustavo III, que durante largo tiempo había residido en Francia, se portaba como un *déspota ilustrado*. Abolió la tortura, concedió libertad religiosa a los inmigrantes extranjeros, proclamó la libertad del comercio de cereales, desarrolló la enseñanza primaria, estimuló a escritores y artistas, fundó la Academia sueca, construyó una flota de guerra y reorganizó el ejército. La influencia francesa llegó a ser preponderante. Pero la gravedad de los impuestos irritaba al pueblo, al igual que le irritaban los favores que prodigaba a los nobles, sin sujetarlos. Los nobles, excitados por el oro de Catalina II, detuvieron el ejército sueco en plena guerra rusa (1788) mediante una revuelta cuyo fin era restablecer la Constitución de 1719. Gustavo III apeló al sentimiento nacional de los otros tres órdenes, utilizó la fuerza y quedó dueño de la situación. Pero, en 1792, algunos nobles le apuñalaron durante un baile de máscaras.

V.   EUROPA ORIENTAL

Polonia

Polonia, fragmento de una inmensa llanura, carente de fronteras naturales, abierta a las invasiones, es un Estado sobre el que pesa la amenaza de la desaparición. Es un anacronismo, una supervivencia de tiempos pasados ya, un Estado que nos trae a la memoria, por muchos conceptos, la Francia de los primeros Capetos. Carece de unidad nacional. De un total de 11 millones de habitantes, los polacos constituyen la mitad; los rusos un tercio, al este; el sexto restante está compuesto de alemanes, de lituanos, de judíos y de armenios. No existe unidad religiosa: la mitad de los habitantes profesan la religión católica, un tercio la cismática, y el resto se compone de protestantes y judíos. Se trata de un país casi exclusivamente rural, en el que las ciudades, todas ellas pequeñas (6 a 7 por 100 de la población) casi no tienen burguesía, y tan sólo algunos comerciantes judíos. El 72 por 100 de los habitantes son siervos campesinos, dominados por 20 o 30.000 familias nobles, a menudo muy pobres, clientes de una veintena de familias de grandes nobles propietarios, los magnates.

El Estado está gobernado por una Dieta, formada por un Senado, de nombramiento real, y por una Cámara de los Nuncios, elegida por la nobleza. El rey es electivo y por eso, carece de poder. Tampoco lo tiene la Dieta, ya que es precisa la unanimidad. Cada noble goza del *liberum veto*, derecho de oponerse por sí solo a la ejecución de una decisión o de una ley. Es la mayor libertad que pueda imaginarse. Mas esta «libertad dorada» sume al país en la anarquía y lo convierte en juguete del extranjero. Cuando no se ha podido llegar a una decisión, la Dieta es «rota» o «desgarrada». Cada partido, agrupado alrededor de sus magnates, forma una «confederación» sin poder legal. Entre las confederaciones rivales, solamente la fuerza puede decidir, junto con la llamada al extranjero.

Los magnates se han aprovechado de la decadencia de la realeza para agravar las servidumbres personales y las rentas feudales. Para conseguir los productos a menor precio han arruinado las ciudades y los burgueses al abrir el país a las mercancías extranjeras y al tasar los precios.

Los magnates y la pequeña nobleza se oponen a cualquier reforma. Eligen reyes a extranjeros: los sajones Augusto II (1697-1733) y Augusto III (1733-1765), luego los arruinan; rechazan a Estanislao Leczinski, candidato del partido nacional; hacen que los efectivos del ejército se reduzcan únicamente a 10.000 hombres, vacían los arsenales, aniquilan la artillería, negocian con las potencias extranjeras (los Czartoryski con los rusos, los Potocki con los franceses y con los austriacos). Los cismáticos llaman a los rusos; los protestantes, a los prusianos. Rusos, prusianos, austriacos y franceses se ponen de acuerdo para mantener la anarquía y lograr que las Dietas se destrocen al arbitrio de sus intereses. Los rusos acaban por ser consultados en todas las cuestiones y por ejercer una especie de protectorado.

Pero los nuevos estudios, difundidos por los jesuitas, despiertan a algunos nobles y a algunos burgueses de las ciudades. En 1764, los Czartoryski, apoyados por un ejército ruso, hacen elegir al candidato de Catalina II, es decir, a Estanislao Poniatowski. Astuta maniobra, ya que Estanislao es un patriota polaco y los Czartoryski suprimen el *liberum veto*, poniendo junto a los ministros, de nombramiento vitalicio, comisiones ejecutivas. Entonces, en 1767, con el pretexto de proteger a los cismáticos, las tropas rusas invaden el país. Repnin, el embajador ruso, manda restablecer el cacareado *liberum veto,* y pone la Constitución bajo la garantía de Rusia. La confederación de Bar lucha inútilmente durante cuatro años. En 1772, Rusia, Prusia y Austria se ponen de acuerdo, se reparten, por vez primera, Polonia, tomando cada uno amplios territorios, y sus ejércitos ocupan el país, que prácticamente está gobernado por el embajador ruso, Stackelberg.

En ese momento, los polacos hacen un esfuerzo para levantarse. Reorganizan el ejército, estabilizan la hacienda pública, sustituyen las servidumbres personales y las entregas en especie por censos y rentas en metálico, establecen un sistema nacional de educación. Un grupo de reformadores patriotas quiere abolir el *liberum veto,* exige una monarquía hereditaria; algunos incluso patrocinan la emancipación de los siervos; todos quieren un ejército de cien mil hombres. Éste es el programa de la gran Dieta de 1788. Se alían con Prusia, la cual consigue que Rusia, en lucha con turcos y suecos, evacúe Polonia. En realidad, es tan sólo un respiro temporal.

Turquía

El inmenso imperio otomano, que se extiende por el norte de África y por Asia Menor, sólo puede ser considerado un Estado europeo en cuanto comprende la península de los Balcanes y la orilla septentrional del Mar Negro. Se trata de un imperio musulmán teocrático, en el que el sultán, descendiente del profeta Mahoma, reúne en su persona todos los poderes. Delega su autoridad soberana en los bajás provinciales; a las órdenes de éstos se hallan oficiales turcos, agás o timariotes, poseedores de grandes dominios para su subsistencia y como remuneración de los servicios que antiguamente habían prestado al ejército. Se trata de una organización militar feudal, acuartelada en países esencialmente agrícolas. Por debajo de ellos, los musulmanes asiáticos o europeos se dedican al cultivo y al comercio. En cuanto a los cristianos, valacos, servios, búlgaros, se trata de un rebaño sujeto a tributo; en principio, son los únicos que pagan impuestos.

316

En un sistema de este tipo, todo dependía del valor del jefe. Ahora bien, los sultanes vivían enclaustrados en el fondo de sus harenes, entregados al vino y a los excesos, ignorantes, debilitados. Sus primeros ministros, o grandes visires, sólo debían el cargo a intrigas y desaparecían con demasiada rapidez para ejercer una acción eficaz. La antigua orden religiosa-militar de los jenízaros, cebada con ventajas y honores, sólo formaba un haz de sinecuras, compradas con dinero contante, transmitidas de padres a hijos, defendidas contra toda reforma por medio de la revuelta. Los bajás ya no obedecían, arrendaban los impuestos, amasaban escandalosas fortunas. Los agás y los timariotas se portaban como señores autónomos. Los arrendadores de impuestos y los soldados, en connivencia con los bajás, pillaban tanto a los musulmanes como a los cristianos. De hecho, Arabia, Siria, Egipto, Túnez, Argel y Marruecos escapaban a la autoridad del sultán. En la misma Europa, los sultanes sólo mantenían su poder entregando el país en manos de los griegos, muy numerosos, enriquecidos por el comercio y los oficios, poseedores de influencia religiosa por mediación del patriarca de Constantinopla, agitados por la idea de reconstruir el imperio bizantino. El sultán los nombra hospodares en los principados, en los que se portan como tiranos. El patriarca nombra sacerdotes griegos por doquier. El imperio otomano se descompone, carece de unidad territorial, de unidad nacional, de administración regular, de todo lo que constituye un Estado: está expuesto a todos los embates.

Rusia

En 1715 Rusia es todavía una sociedad completamente medieval. Junto a características orientales debidas a su situación geográfica, posee una organización y un funcionamiento a los que se ha llegado varios siglos antes en Occidente, y pasa por fases que otros países ya han conocido. De los 13 millones de habitantes, el 90 por 100 son campesinos, el 7 por 100 nobles y el 3 por 100 ciudadanos. El país se halla en la fase de la economía «cerrada» patrimonial. Es cierto que algunos campesinos son libres, especialmente en el norte, donde las tierras son menos fértiles; pero la inmensa mayoría son siervos en los dominios señoriales. La mayor parte de los señores poseen de 100 a 500 siervos; un puñado de grandes señores, más de 1.000; algunos pequeños nobles, menos de 100. Cada dominio produce todo lo que le es necesario al señor y a los siervos, incluso productos elaborados. Las ciudades no son más que grandes pueblos que venden a los propietarios artículos de quincallería y objetos de lujo. El comercio interior, muy débil, obstaculizado por aduanas provinciales, suele realizarse mediante ferias. El comercio exterior, muy mediocre, es un comercio de tránsito entre Europa y Asia, un comercio de exportación de materias primas, cáñamo, lino, hierro, madera, y de importación de productos fabricados, como sedas, indianas, tejidos de lana, que desde luego, está en manos de extranjeros.

El zar es propietario máximo de toda Rusia (de hecho, el principal propietario), imagen de Dios Padre, sucesor de los emperadores bizantinos, jefe guerrero, protector del país. A todos estos títulos une un poder absoluto: es autócrata. El zar Pedro el Grande (1682-1725), gigante impetuoso, anhelaba la gloria de las conquistas. Para ello le eran necesarios un ejército, una marina, recursos económicos, una administración. Poco a poco fue reformando el Estado, tomando de los países occidentales ideas y formas, que adaptó a Rusia, con lo cual dio apariencia moderna a realidades más antiguas. Pero la situación social le obligó a valerse de la aristocracia, y, por consiguiente, a satisfacerla. El inaugura este reparto del poder y de las ventajas sociales entre el monarca absoluto y los aristócratas, que será la característica de Rusia en el siglo XVIII. Todos los nobles están obligados al servicio público obligatorio en la administración y en el ejército, y todos los que han servido a Pedro son ennoblecidos, considerados como individuos de nobleza antigua. En 1722, cada individuo recibe una categoría según los servicios prestados. Así, Pedro funde en un todo la antigua nobleza y la nueva. Los nobles que sirven en la Guardia imperial proporcionan los hombres de confianza; son los «fieles», los «afectos», los instrumentos del zar. El zar les concede a esos nobles la máxima autoridad sobre los campesinos. Tanto si son libres como si son siervos, los campesinos no pueden desplazarse sin autorización del noble (1718). El zar pone en manos de los nobles la administración local: el noble cobra el impuesto de los campesinos, la nobleza local elige los comisarios territoriales de los distritos (1718).

Merced a todo esto, Pedro pudo organizar un gobierno centralizado según el modelo sueco, con un Senado formado por 9 administradores especialistas que dan órdenes en ausencia del zar; a manera de ministros, Colegios de individuos de la nobleza media subordinados al Senado; 8 gobernaciones, al frente de cada una de las cuales se halla un gobernador; las gobernaciones se dividen en provincias, al frente de cada una de las cuales está un comisario territorial, y las provincias se subdividen en distritos, y éstos en cantones. Logró someter a la Iglesia cismática al sustituir el patriarca por un colegio o Santo Sínodo, vigilado por un procurador general afecto al zar, y percibir una parte de los ingresos de los conventos. Logró disponer de un ejército permanente, modernizado, concede monopolios, subvenciones, préstamos sin interés; impone reglamentos de fabricación, protege la industria mediante grandes derechos de aduana; crea, en especial en la región del Ural y para las necesidades bélicas, una industria metalúrgica principalmente estatal, y ve, poco antes de su muerte, 98 manufacturas en actividad, y Rusia transformada en exportadora de hierro a Inglaterra.

Su obra tropezó con una fuerte oposición: todas estas novedades parecían contrarias a la religión cismática, como si fueran obras del Anticristo. Pero una imperfección le salvó: no existía una ley de sucesión. Era el zar quien designaba a su sucesor (1722). En la práctica, el trono no fue «ni hereditario ni electivo, sino ocupativo». Fueron los soldados y los oficiales de la guardia quienes concedieron el trono, por la fuerza, al pretendiente elegido por ellos. Pero como en su mayoría procedían de la nueva nobleza y todo lo esperaban del omnímodo poder del zar, impusieron a los descendientes de la antigua nobleza de los boyardos, que ansiaban limitar el poder imperial, un respeto hacia la autocracia. Y así lo hicieron con Catalina I (1725-1727), Pedro II (1727-1730), Ana Ivanovna (1730-1740), Iván VI (1740-1741), Isabel Petrovna (1741-1762), Pedro III (1762), y Catalina II (1762-1796), de temperamento ardiente pero de mente fría, alemana que fue «la más rusa de las emperatrices», el verdadero sucesor de Pedro el Grande.

La influencia del extranjero fue manifiesta en Rusia: la alemana bajo Ana Ivanovna, rodeada de favoritos alemanes; la francesa durante el reinado de Isabel, la cual copia Versalles y obliga a los cortesanos a parecerse a los marqueses y marquesas franceses, y bajo Catalina II, lectora apasionada de Voltaire, de Montesquieu, de los Enciclopedistas, que mantenía correspondencia con Madame Geoffrin, con Voltaire, con Diderot, al cual hospedó en su corte, con Mercier de la Rivière y Falconet, la que, en su instrucción para la gran Asamblea de diputados de 1767, copia a Montesquieu (no sin rusificarlo), la que obtuvo de los filósofos, sus propagandistas involuntarios, tan ingenuos cuando se hallaban en juego sus intereses, los nombres de «Semíramis del Norte» y de «Minerva rusa». Pero si había verdadero entusiasmo en la coqueta Isabel y en la escritora Catalina, no estaba ausente la preocupación por no quedarse atrás, de demostrar de lo que Rusia era capaz, de ocupar el primer lugar entre los soberanos europeos; después de haber rendido este tributo a la moda, las realidades rusas no fueron jamás olvidadas. Todas siguieron los caminos señalados por Pedro el Grande.

Los nobles fueron sistemáticamente favorecidos en detrimento de los campesinos. En 1785, la evolución ha concluido. La carta de la nobleza confirma que los nobles están exentos del servicio obligatorio y de los impuestos; les concede la libre disposición de sus tierras y del subsuelo, el derecho de crear manufacturas y fábricas, de comerciar al por mayor con los productos agrícolas de sus tierras y de exportar al extranjero todos sus productos.

Han obtenido de los zares y de las zarinas, como recompensas a sus servicios, grandes extensiones de tierra, y los campesinos libres que vivían en ellas han pasado a ser sus siervos; son los únicos que pueden tener siervos, con una sola excepción, durante el período 1721-1782, en favor de los negociantes metalúrgicos, para desarrollar la industria metalúrgica; ellos mismos redactan las listas y el hecho de estar inscritos en las listas tiene un valor legal; además, todo campesino libre está obligado a escoger un señor. Los nobles tienen la facultad de deportar a Siberia a sus siervos culpables. El importe de los impuestos satisfechos por sus siervos ha sido reducido para que así puedan aumentar sus ingresos señoriales. Las servidumbres personales se han hecho más pesadas, han pasado de tres a seis días: al campesino sólo le queda el domingo para cultivar sus campos. Los siervos no pueden contraer matrimonio sin permiso del señor; sus familias siempre pueden ser dispersadas; se venden rebaños de hombres. Por ello, no es de extrañar que sus revueltas sean perpetuas, y siervos de los dominios territoriales del Volga, siervos de las industrias, campesinos del Estado inscritos en las fábricas, siguieron en masa a los cosacos de Pugatcheff (1773-1774).

Los mercaderes de las ciudades, que poseen menos capitales que en Occidente, ya no reciben subvenciones del gobierno, y tropiezan con dificultades para hallar mano de obra. No pueden luchar contra la competencia de los propietarios territoriales que han fundado manufacturas (984 en 1762) y se hacen conceder monopolios comerciales. Bancos fundados por los nobles a partir del año 1754, adelantan capitales a la nobleza. Los progresos llegan a ser tan rápidos que, después de 1760, Catalina puede establecer la libre competencia y, en 1779, puede suprimir toda reglamentación industrial. En 1796, existen en el país 3.161 manufacturas; pero las más importantes son propiedad de nobles, y los mercaderes se quejan.

Los esfuerzos del Estado han provocado el desarrollo de una grandiosa región industrial junto al Ural (minas y metalurgia del hierro y del cobre). Con posterioridad a 1750, el Estado cede algunas de sus empresas, en especial a los nobles. Nobles y mercaderes enriquecidos fundan en Bachkiria grandes empresas privadas capitalistas. Gracias a la servidumbre y al trabajo forzado de los campesinos del Estado, las empresas son productivas a pesar de las distancias y de una técnica estacionaria. El Ural provee de productos semifabricados a toda Rusia y proporciona las dos terceras partes de la gran exportación de hierro ruso, beneficiándose de las guerras europeas y de las compras inglesas. Después de 1762, los progresos siguen, pero a marcha reducida: el mercado interior está relativamente saturado, los precios suben, los desórdenes sociales son endémicos, la rebelión de Pugatcheff siembra ruinas, Inglaterra perfecciona su técnica y poco a poco se independiza de sus necesidades de hierro sueco y ruso.

Mas a pesar de los progresos de su industria metalúrgica y textil, centrada en los alrededores de San Petersburgo y en la región de Moscú, que provee cada vez más al mercado interior, y a que, al igual que ocurre con el hierro, los tejidos son exportados, Rusia sigue siendo exportadora de materias primas e importadora de productos elaborados. A sus exportaciones se añaden grandes cantidades de trigo a partir de sus conquistas a expensas de los turcos.

La obra administrativa ha sido completada: la centralización y la división del trabajo se han acentuado. La política ha sido puesta en manos de un Consejo de ministros. Después de varios tanteos, la institución ha pasado a ser definitiva en 1768, fecha en que los Colegios han sido sustituidos por ministerios. El senado conserva sus funciones de alta administración. Se ha reducido la extensión de las gobernaciones, y varias de ellas han sido agrupadas para formar una lugartenencia. El lugarteniente imperial, dotado de un poder absoluto, sólo obedece al Senado, del cual forma parte. También en las gobernaciones se ha realizado una división del trabajo: justicia, hacienda y administración han sido separadas y confiadas a consejos y cámaras. El gobierno de Rusia es un despotismo logrado mediante el sacrificio de las demás clases en beneficio de la aristocracia.

La población se eleva a 19 millones en 1762, a 29 millones en 1796, y, por vez primera, a fines de siglo supera a la de Francia. El poder del soberano ha aumentado notablemente y Catalina II puede proseguir la obra de Pedro el Grande, realizar provechosas guerras de conquista, tomar parte en la gran política europea.

En resumen, podemos decir que todos estos Estados europeos se hallaban en fases de evolución demasiado distintas para que pudiera llevarse a cabo una unión federal en un plano de igualdad. La unidad de Europa sólo habría podido llevarla a cabo una potencia que hubiera vencido a las demás, que habrían quedado anexionadas o convertidas en vasallos. Pero, en el siglo XVIII, parece que ha pasado ya la era de esos intentos de organización europea.

CAPÍTULO III

LA DIVERSIDAD DE EUROPA: LAS RIVALIDADES ENTRE LOS ESTADOS

La situación diplomática en 1715.

En 1715, en la «segunda guerra de Cien Años» franco-inglesa, que en realidad dura de 1688 a 1815, Inglaterra acaba de obtener un éxito. Dominada por la razón de Estado, que sólo tiene en cuenta el interés de las potencias y se despreocupa de la moral, la política europea se basa en el *equilibrio,* al que se ha llegado, en beneficio de Inglaterra, en virtud de los tratados de Utrecht (1713) y de Rastadt (1714). El equilibrio europeo exige que ningún Estado llegue a ser lo bastante poderoso como para amenazar la existencia de los demás. Esta doctrina es muy antigua: es la doctrina de franceses e ingleses. Gracias a ella se explica la política inglesa en el continente a partir del final de la guerra de Cien Años, la larga lucha de la Casa de Francia y de la Casa de Austria a partir de 1515. Pero hacia 1688, había cambiado de aspecto. Los progresos del capitalismo comercial eran más patentes. El gran comercio marítimo, que proporcionaba los medios financieros, se había convertido en base del poder, mucho más que el suelo o los individuos, en una época en que la estructura de las sociedades no permitía a ningún Estado movilizar todos sus recursos y todos sus súbditos. Los Estados se habían batido por la posesión de las rutas comerciales, de las colonias, por relacionarse con los grandes imperios independientes de ultramar. La búsqueda del equilibrio europeo se había convertido en el intento de impedir que cualquier Estado, mediante una victoria en Europa, se asegurara las principales colonias y los principales puntos estratégicos. La Casa de Francia y la Casa de Austria habían librado una terrible lucha, cuyo último episodio fue la guerra de Sucesión de España; mas esta lucha había sido dirigida por Inglaterra, que era quien se había beneficiado de ella.

En nombre de la libertad y de la soberanía de los pueblos, había luchado contra Luis XIV, y más tarde, cuando éste ya no parecía peligroso, había abandonado a sus aliados y les había obligado a capitular. En 1713, mantenía el equilibrio en el continente, al mismo tiempo que se aseguraba la hegemonía marítima y comercial, es decir, el predominio universal.

Los tratados dividían el continente en potencias que se equilibraban mutuamente para evitar el predominio de una de ellas, y para hacer necesario a todas, así lo creían los ingleses, el arbitraje de Inglaterra. Francia, contenida en las fronteras que le había señalado el tratado de Ryswick, perdía por ello toda esperanza de poder algún día anexionarse España: el rey de España, Felipe V, nieto de Luis XIV, renunciaba solemnemente a la corona de Francia. Con ello, Francia perdía toda esperanza de poder explotar algún día y libremente el enorme Imperio colonial español, cuyo comercio, al igual que el de todos los imperios coloniales de esa época, estaba exclusivamente reservado a la metrópoli. Mas Francia perdía también, inmediatamente, la compañía franco-española que Luis XIV había formado en Cádiz con el consentimiento de Felipe V, compañía cuyo fin era el comercio con el Imperio español y la obtención de mano de obra negra.

La sucesión de España quedaba repartida entre Felipe V, que conservaba España y el Imperio colonial, y el emperador Carlos VI de Austria, quien obtenía los Países Bajos (aproximadamente la actual Bélgica) y, en Italia, el Milanesado, los Presidios toscanos, Nápoles y Cerdeña. De este modo, el imperio de Carlos V quedaba irremediablemente dividido; así la costa del Mar del Norte, cerca del estrecho de Calais, quedaba repartida entre dos soberanos enemigos, Luis XIV y Carlos VI; los pasos del Mediterráneo quedaban repartidos entre dos adversarios, Carlos VI y Felipe V.

Para retrasar la marcha de las tropas, en caso de conflicto entre los Borbones y los Habsburgo, y para dar tiempo a que los ingleses pudieran intervenir, los tratados habían establecido entre ellos «barreras», es decir, cadenas de ciudades fortificadas, confiadas a guarniciones de una tercera potencia, y Estados-tampón: barrera de Flandes, en los Países Bajos ocupados por los holandeses; barrera de Neuchatel y Valengin, del Palatinado (que correspondía al duque de Baviera), del electorado de Colonia. Los estados-tampón y los encargados de esas barreras eran demasiado débiles para poder prescindir del apoyo de los ingleses e incluso, en su mayoría, de los subsidios ingleses. Gracias a ello, Inglaterra poseía un medio perpetuo para intervenir en nombre de la protección a los débiles.

A los ingleses les quedaba asegurado el dominio de las principales rutas marítimas y las ventajas comerciales. En el Mediterráneo, vigilaban el umbral de Gibraltar con la ocupación de Gibraltar; el de Sicilia, mediante la ocupación de Menorca y mediante la oposición de los intereses de la Casa de Saboya y de la Casa de Austria. Su Compañía de Turquía obtenía ventajas en Italia y en el Levante, en detrimento de los franceses. En el Báltico, Suecia era aplastada por una coalición de rusos, prusianos y daneses; el lago sueco corría el peligro de convertirse en un lago ruso, y los rusos amenazaban los estrechos daneses. Pero el rey de Inglaterra es el elector de Hannover, y Hannover actúa tanto por su cuenta como por cuenta de Inglaterra. Se opone al zar Pedro el Grande, proporciona tropas a Dinamarca que está en guerra con Suecia, la incita a exigir la evacuación de las tropas rusas que habían acudido a Copenhague como aliados peligrosos; sostiene a los daneses en el Holstein contra el duque de Gottorp, prometido con la hija del zar; a la nobleza de Mecklemburgo contra su duque, sobrino del zar; negocia con Federico Guillermo de Prusia y lo separa de la alianza rusa; exime a las mercancías inglesas del pago de derechos de aduana; consigue de Dinamarca una reducción de las tasas que cobra de los buques ingleses al pasar el Sund. En resumen: los ingleses adquieren la preponderancia comercial en el Báltico.

326

También vencen en los océanos. A partir de 1703, el tratado de Methuen, firmado con Portugal, a cambio de una disminución de las tarifas aduaneras sobre los vinos portugueses en detrimento de los vinos franceses, ha suprimido los derechos sobre las lanas inglesas, y ha dado a los ingleses la exclusiva de comercio en el Brasil. Lisboa ha pasado a ser prácticamente un depósito franco, una escala, una base de operación de los ingleses.

En América, los franceses se han visto obligados a cederles la bahía de Hudson, y por consiguiente, el predominio en el comercio de pieles; la Acadia y Terranova con sus pesquerías, y, en las Antillas, San Cristóbal y su producción de azúcar.

Los ingleses incluso han logrado entreabrir los puertos del Imperio español. España reduce los derechos de aduana de sus tejidos de lana y la cláusula de nación más favorecida le permite reivindicar cualquier ventaja aduanera que el Borbón de España pudiera conceder al Borbón de Francia. En el Imperio español, los ingleses obtienen el «asiento», es decir, el monopolio del suministro de esclavos negros indispensables en las plantaciones y en las minas, y el «barco autorizado», o sea el derecho de enviar anualmente un barco cargado de productos fabricados a ciertos puertos españoles de América del Sur.

Este conjunto de tratados ha sido conseguido con tanta habilidad para asegurar la preponderancia económica y política de los ingleses, que éstos volvieron a valerse de sus principios en 1815 y en 1919. Pero no garantiza la paz. Se basa en los celos y en las recíprocas desconfianzas de unos gobiernos que se espían unos a otros, prontos a empuñar las armas. En realidad, es una aplicación de la sentencia: «Divide y reinarás». No satisface a nadie.

Ni siquiera los ingleses están contentos. Los mercaderes le reprochan al gobierno, no sin cierta acrimonia, el no haber humillado por completo a Francia, el enemigo hereditario, el no haberse apoderado de todas sus posesiones en América, en especial de sus Antillas, y el no haber abierto por completo el Imperio español al comercio inglés. Son éstos precisamente los objetivos a los que se han ido acercando progresivamente en 1763, en 1815, en 1824. El rey Jorge I sigue temiendo que los soberanos de Europa apoyen contra él a los Estuardos destronados.

Felipe V de España no reconoce en su fuero interno la validez de la firma que estampó, obligado por la fuerza, al pie de su renuncia al trono de Francia. Tampoco se resigna a la pérdida de los territorios italianos, al abandono del dominio español en el área del Mediterráneo occidental, y hacia esa dirección es empujado por su segunda esposa, Isabel Farnesio, que sueña con obtener en Italia principados para sus hijos, y que nombra primer ministro a Alberoni, un patriota italiano, ferviente partidario de la expulsión de los austriacos y de la unidad italiana.

El emperador Carlos VI no se resigna a renunciar al trono de España. Al menos desearía, en compensación, todo un dominio alrededor de la parte occidental del Mediterráneo: además de lo que ya poseía, Sicilia, el ducado de Mantua, y el protectorado sobre una Cataluña desmembrada de España. Soñaba con restaurar el poderío austriaco mediante el desarrollo de su industria, abriendo al país una salida al mar, quería despertar a Trieste y a los puertos italianos, fundar compañías comerciales. Con ello intranquilizaba a Holanda y a Inglaterra, así como por sus proyectos de hacer conquistas en los Balcanes, en perjuicio del Imperio turco, y en el Imperio, a expensas de Baviera y de los pequeños Estados del sur, sobre los que reanudaba su influencia. Su empuje en estas tres direcciones amenazaba con destruir el equilibrio europeo.

El Imperio ruso que, con Pedro el Grande se dirige hacia todas las rutas comerciales, tanto en Europa como en Asia, en su esfuerzo por llegar a los mares libres, podía chocar con los austriacos con motivo del Imperio turco y de los Balcanes; con los ingleses, con los suecos, con los daneses, con los hannoverianos y con los prusianos, a consecuencia del Báltico y de los estrechos daneses.

Por consiguiente, la división reinaba entre las principales potencias, y precisamente esta división constituía la fuerza de los ingleses. Éstos disponían de una marina aguerrida, pero de un ejército insuficiente, a causa de su desconfianza hacia el rey. Desarmaban el poder ejecutivo y le debilitaban cuanto podían, política posible en una isla rodeada de mares difíciles que concedían tiempo para ver cómo se planteaban las cosas. Mas en el continente necesitaban ejércitos de los que carecían (el de Hannover era demasiado reducido), aliados que conseguían merced al sistema de oponer unos contra otros a los europeos. De ahí la política que Luis XIV señaló a sus embajadores de 1713 a 1715: destruir la desconfianza de los Estados europeos hacia Francia, mostrarles que ésta no abrigaba designios de hegemonía, tarea muy necesaria ya que los políticos temían siempre que los ejércitos franceses se abalanzaran sobre Europa y consideraban que si el rey de Francia sólo quería conquistar hasta el Rin, se debía a un plan lleno de prudencia; convertirse en consejeros y mediadores; hacerles ver a todos los gobiernos que las divisiones entre ellos y su temor a Francia los convertían en víctimas propicias de los ingleses; guiarles hacia concesiones recíprocas, hacia acuerdos libremente estipulados; reconciliar así las grandes potencias europeas, arrebatarles a los ingleses cualquier ocasión de intervenir y de oponer unos contra otros a los Estados continentales, y realizar así un verdadero equilibrio, una verdadera libertad.

Características de la política exterior en el siglo XVIII

Pero esta política no la comprendieron bien los sucesores del gran rey. El siglo XVIII fue una época de desórdenes y de conflictos, menos largos y menos graves que los de la época precedente, pero perpetuos.

La lucha entre los Estados adopta el aspecto de una *política de familia*. En efecto, son las familias lo que ha formado los Estados y las Naciones que existen. Naciones y Estados se encarnan en la persona del soberano. La mezcla de costumbres feudales, de lazos de parentesco, de matrimonios, de herencias, ha dado a las familias soberanas derechos sobre una infinidad de territorios. Esos derechos no prescriben; las renuncias son nulas. El soberano que pretende engrandecerse en interés propio o en el de sus súbditos, o bien quiere impedir el engrandecimiento de otro, halla siempre un derecho sobre el territorio deseado o en litigio. Las luchas entre Estados adoptan a menudo la forma de conflictos sucesorios.

Las luchas se llevan a cabo en virtud de la *razón de Estado* o doctrina del *bienestar público:* sentimientos, preferencias, amistades, odios, todo debe esfumarse ante el superior interés del Estado, que consiste en extenderse, en adquirir territorios ricos en hombres y en recursos, en impedir el engrandecimiento de los demás, que representan una amenaza para su prosperidad y para su existencia. La moral se identifica con el interés del Estado. El espíritu de la política es completamente positivo. La política es una ciencia, sacada de los hechos de la historia, fría, dura, cortante como una herramienta de acero.

La lucha no tiene descanso. Primero se realiza bajo forma diplomática. Los diplomáticos constituyen un grupo de hombres exquisitos y refinados, pero capaces de cualquier cosa. Están constantemente alerta; todo puede convertirse en un peligro, cualquier ocasión debe ser cazada al vuelo; el azar sólo perjudica a los débiles, y sólo es útil a los fuertes: «Un Estado ha de estar siempre alerta, como un caballero que vive entre matones y gentes de mal vivir. Así son las naciones de Europa, hoy más que nunca; las negociaciones no son sino una querella continua entre individuos sin principios, audaces para tomar, de una voracidad constante» (Marqués d'Argenson).

La hipocresía es obligatoria, así como los procedimientos desleales. Los diplomáticos tratan de doblegar el juicio del adversario despertando sus pasiones, ya sean las carnales ya sean las del oro. Dar una concubina al rey, un amante a la emperatriz o a la reina, es moneda corriente. El embajador de Francia, La Chétardie, se convirtió, por razones de servicio, en amante de la zarina Isabel; el gobierno francés envió el barón de Breteuil con la misión de satisfacer los ardores de la futura Catalina II; María Teresa encargaba a su hija de 17 años, María Antonieta, esposa del Delfín de Francia, que rodeara de atenciones a la Du Barry, para que ésta inclinara a Luis XV a reconocer el reparto de Polonia. El ministro francés Dubois cobró 600.000 libras del gobierno inglés; Francia concedió, a partir de 1768, una pensión al ministro austriaco Thugut. Las Dietas de Suecia, de Polonia, del Sacro Imperio estaban en venta al mejor postor. La de Suecia le costó, en 1763, a Francia, 1.400.000 libras; la de Polonia, en 1766, 1.830.000 libras.

Los diplomáticos interceptan las cartas, que incluso son compradas a los correos. Si se escogen correos seguros, éstos son raptados, desvalijados, asesinados por falsos bandidos. Las cartas se escriben en cifra; pero existen especialistas en desciframiento. La corte de Viena poseía la cifra de la embajada de Francia, y asimismo, la de la correspondencia secreta de Luis XV. Federico II estaba muy orgulloso de su clave: los agentes de Luis XV en París, habían logrado dar con ella.

La intervención en la política interior del vecino mediante la intriga y el dinero es cosa corriente. Los Estados de tendencia republicana, Suecia, Polonia, ofrecían ventajas excepcionales gracias al juego de los partidos. Los reyes subvencionan en los dominios del vecino los partidos de la libertad, que debilitan al Estado. Los Estados apoyan las facciones, provocan guerras civiles, protegen a los sublevados. Suecia, Polonia, el Sacro Imperio, las colonias inglesas de América, antes que Francia, fueron los países ideales para este tipo de maniobras. Los reyes destronados, errabundos o ejecutados, son innumerables; los otros tratan con sus usurpadores, con sus verdugos. Los intereses prevalecen y están por encima de la solidaridad de los reyes. Desaparece el respeto hacia los soberanos.

Los tratados son violados según sean los intereses del Estado. «En cuestión de política y de intereses, no valen ni reconocimiento ni tratados; la fuerza o los intereses

hacen los tratados; la fuerza o los intereses los rompen.»
Y el alemán Bielfeld, en sus *Instituciones políticas*, añade:
«En materia de política, es preciso desengañarse de las
ideas especulativas que el vulgo se hace de la justicia, de la
equidad, de la moderación, de la buena fe, y de las demás
virtudes de las naciones y de sus dirigentes. En resumidas
cuentas, todo se reduce a la fuerza».

Esta moral propia de lobos conduce a la guerra
propiamente dicha, la guerra de las armas. Cualquier
guerra es considerada justa desde el momento en que la
razón de Estado la convierte en necesaria. También se
practica la guerra preventiva. Los ingleses, preocupados
ante todo por el dominio de los mares, dieron el ejemplo
de ataques contra las flotas enemigas sin previa declaración de guerra, de pillaje de los barcos mercantes y de sus
tripulaciones, sin advertencia, en plena paz. Los prusianos realizaron en tierra firme los mayores ataques
imprevistos para prevenir los eventuales golpes de los
posibles enemigos; el de 1756 es el más célebre, y sentó
jurisprudencia.

En las campañas, reina la más elevada cortesía entre los
estados mayores, compuestos de nobles. Pero la guerra es
atroz. Los ejércitos viven sobre el país y destrozan la
resistencia mediante el terror. Todo es requisado, incluso
los objetos de valor de las iglesias, para alimentar los
tesoros de guerra. Los habitantes son sometidos a tasas,
las casas de quienes se niegan a pagar son derrocadas, los
pueblos y las ciudades que se niegan a pagar son
incendiados. Los ejércitos marchan acompañados de una
muchedumbre parásita, de revendedores y de prostitutas,
que ayudan a los soldados a pillar, a violar, a incendiar.
Mujeres y niños son asesinados cuando se oponen a que
sus casas sean devastadas. El conde de Saint-Germain
señala al llegar a Alemania: «¡El país, en un espacio de 30
leguas a la redonda, está saqueado y arruinado, como si el
fuego hubiera pasado por él!».

Los habitantes sospechosos son expulsados; los mora-
dores de los pueblos desde los cuales se ha disparado
contra las tropas, son ahorcados. Se toman rehenes, que

responden de las guarniciones. En 1744 los austriacos invitan a los habitantes de la Lorena a someterse: los que se resisten serán ahorcados «después de haberles obligado a cortarse ellos mismos la nariz y las orejas». Federico II mandaba asesinar a los prisioneros o los convertía en regimientos, por la fuerza. En 1757, los rusos se hallan en Memel: «No se había visto nada parecido desde la invasión de los hunos; los habitantes eran ahorcados después de haberles cortado la nariz y las orejas, se les arrancaban las piernas, se les abrían las entrañas y el corazón». En 1788, después de la ocupación de Otchakoff, «era tal el encarnizamiento de los soldados rusos, que, dos días después del asalto, cuando hallaban a niños turcos ocultos en algún reducto..., los cogían, los lanzaban al aire y los ensartaban con las puntas de sus bayonetas».

La guerra termina por tratados, en virtud de los cuales reinos, principados, ducados, son cambiados entre las dinastías sin consultar a los habitantes, sin preocuparse en lo más mínimo de lo que éstos puedan pensar. Es el *cambalache de hombres*. En la mayoría de los casos, los sentimientos nacionales estaban menos desarrollados que en la actualidad, y los habitantes seguían conservando sus costumbres, sus privilegios, sus libertades, bajo los nuevos dueños. Pero no siempre ocurría lo mismo. En 1772, en los territorios polacos que habían conquistado, Federico II requisó verdaderos rebaños de polacas para poblar la Pomerania, región en la que escaseaban las mujeres. Los austriacos, en la parte que les correspondió, prohibieron la inmigración, y luego gravaron a los pueblos sin compasión.

«La fuerza es la ley suprema.»

La aceptación de los tratados de Utrecht y de Rastadt (1715-1731)

En 1715, el regente, duque de Orleans, no se aprovechó de las circunstancias favorables para seguir la política que había señalado Luis XIV. Impulsado por su preceptor Dubois, al que nombró ministro, sus ambiciones personales hicieron que se desentendiera de los intereses del reino. La salud de Luis XV era frágil; si moría, su tío Felipe V, a pesar de su renuncia, y su tío-abuelo, el duque de Orleans, reivindicarían la corona. Contra Felipe V, el regente quería granjearse el apoyo de la opinión pública francesa. Ahora bien, esta opinión era muy hostil a Austria e incapaz de comprender las razones de Luis XIV, que, por otra parte, no podían darse a conocer públicamente. Por ello, el regente aceptó el apoyo que le brindaron los ingleses en caso de conflicto con Felipe V. A cambio, se alió con ellos; apoyó los esfuerzos de los ingleses para dividir; les proporcionó el ejército continental que les faltaba. La crisis financiera de Law fue causa de que los sucesores de Dubois, es decir, Borbón y Fleury, fueran durante largo tiempo incapaces de llevar a cabo una política independiente. La diplomacia y los ejércitos franceses ayudaron a los diplomáticos y a los marinos ingleses, en el transcurso de una serie de crisis y de guerras hasta 1731, a mantener los tratados de Utrecht. Ninguna potencia hizo progresos que pudieran amenazar seriamente la preponderancia inglesa, y el continente permaneció en su estado de división satisfactorio.

En el norte, la herencia de Suecia, el antiguo aliado de Francia, fue dividida entre varios Estados, tres de los cuales eran amigos de Inglaterra. En virtud de los tratados de Estocolmo (1719-1721), Suecia entrega Bremen y Verden a Hannover, que así se convierte en potencia marítima; a Prusia le cede Stettin y la Pomerania anterior; a Dinamarca su parte en los peajes del Sund así como el Slesvig, a cambio de lo cual Dinamarca renunciaba a Stralsund, Rügen y Wismar. Era el fin del «lago sueco», el establecimiento de fronteras que se acomodaban mejor a la geografía; la irremediable decadencia de una Suecia republicanizada. Rusia, enemiga de Inglaterra, obtenía de Suecia, por la paz de Nystadt (1721), Livonia, Estonia, Ingria, una parte de Carelia y un distrito de Finlandia incluyendo Viborg. Conseguía una amplia fachada sobre el Báltico, gran eje comercial, y se convertía, un poco en potencia marítima. Pero la hostilidad de los citados Estados, apoyados por los ingleses, le arrebataba toda posibilidad de progresar hacia los estrechos daneses y hacia el mar libre, a lo cual, poco a poco, se vio obligada a renunciar.

Al sur, Carlos VI adquirió Sicilia a cambio de Cerdeña, ganó a los turcos el banato de Temesvar, una parte de Valaquia, de Bosnia, de Serbia con Belgrado (tratado de Passarowitz, 1718), y obtuvo la garantía de la Pragmática Sanción, que consolidaba la unión de sus Estados. Pero acabó por renunciar definitivamente a España y a las Indias, por suprimir la Compañía de Ostende, que era una amenaza para el comercio inglés y holandés, por reconocer en Italia las pretensiones de los Farnesio, que le impedían formar con sus posesiones italianas un total de expansión económica ilimitada (2.º tratado de Viena, 1731).

En España, Felipe V, que se había visto obligado a despedir a Alberoni en 1716, acabó por renunciar sinceramente al trono de Francia y a las provincias adquiridas por Carlos VI; acabó por resignarse a dejar a los ingleses Gibraltar y los privilegios comerciales concedidos en Utrecht, a cambio de la adjudicación del ducado de Parma al primogénito de su segunda esposa, don Carlos.

El restablecimiento de Francia (1731-1740)

Pero después del año 1731, los ingleses perdieron el primer lugar que habían ganado en Europa. Demasiado seguros de su poder, absorbidos por las luchas internas contra Walpole, se desinteresaron de los asuntos del continente, precisamente en el momento en que el restablecimiento de la situación financiera liberaba al cardenal Fleury de una política cuyos inconvenientes veía perfectamente.

Fleury se esforzó en seguir el camino trazado por Luis XIV. En ello se vio obstaculizado por el partido del secretario de Estado para los Asuntos exteriores, Chauvelin, quien, por el contrario, era partidario de la tradicional política de hostilidad contra la Casa de

Austria, política que ya no tenía razón de ser, pues los Habsburgo ya no representaban un peligro para Francia, y que, además, era mala, ya que la división del continente les proporcionaba a los ingleses ocasiones de intervenir como aliados. Sin embargo, los tradicionalistas vencieron al iniciarse el asunto de la Sucesión de Polonia. En 1733, fallecía Augusto II. La corona era electiva. Dos candidatos se presentaron: el elector de Sajonia, Augusto III, sobrino y cliente del emperador, y Estanislao Leczinski, suegro de Luis XV, antiguo rey destronado de Polonia. Estanislao fue elegido en septiembre, gracias al dinero francés. Pero era el jefe del partido patriota que pretendía reformar Polonia y volver a convertirla en potencia. Rusia y Austria no querían de ningún modo que tal cosa sucediera. Los ejércitos austro-rusos invadieron Polonia, expulsaron a Estanislao, e hicieron elegir a Augusto III.

Esto representaba una injuria contra Luis XV. Por otra parte, en Versalles se deseaba que la reina de Francia fuera hija de un rey. Además, como quiera que el gobierno francés no había querido firmar una alianza con Rusia, era preciso tratar de levantar a Polonia, que junto con Suecia y con Turquía, las tres en decadencia, formaban el sistema de las potencias orientales que amenazaban por el Este a los enemigos del centro. Chauvelin convenció al rey de que la guerra era necesaria, y Fleury no se atrevió a oponerse. Pero redujo su alcance.

No invadió los Países Bajos austriacos, para no alarmar a ingleses y holandeses. Éstos nunca habían querido que Francia, rival marítima, se extendiera por las costas del Mar del Norte y, sobre todo, que se instalara en Amberes que, en manos de una gran potencia, habría podido librarse de la servidumbre del tratado de Westfalia y convertirse en lonja para el comercio de la Europa central y del norte de Francia, rival de Londres y de Amsterdam. Si los franceses ponían pie en Bélgica, esto significaba la guerra con Inglaterra. Fleury, pues, se limitó a herir a los austriacos en sus posesiones italianas. Se alió al duque de Saboya, rey de Cerdeña, quien había de ceder a Francia la Saboya, país de lengua y de costumbres francesas, separado del Piamonte por la barrera de los Alpes, a cambio del Milanesado (política que más tarde habrían de seguir Cavour y Napoleón III). El otro aliado fue el rey de España, que ambicionaba, para su hijo don Carlos, un pedazo de Italia más importante que Parma. Los francosardos vencieron fácilmente (1734) y el Milanesado fue conquistado.

Mas entonces, Fleury se apresuró a pactar para impedir cualquier intervención inglesa. Los preliminares de paz, firmados en septiembre de 1735, fueron transformados en paz definitiva en Viena, en 1738. Chauvelin cayó en desgracia en 1737. Estanislao Leczinski renunciaba a Polonia, pero conservaba el título de rey y obtenía el ducado de Lorena y el condado de Bar. Al morir, el ducado y el condado habrían de pasar a manos de sus herederos, es decir, al rey de Francia. Con ello, una brecha abierta en la frontera nordeste iba a ser cegada, las comunicaciones con Alsacia quedaban mejor aseguradas, un país de lengua y de costumbres francesas iba a entrar de nuevo en la comunidad francesa. La anexión fue efectiva en 1766. Carlos VI cedía Novara al rey de Cerdeña, el cual, al no recibir el Milanesado, conservaba Saboya. El Emperador cedía Nápoles y Sicilia (el reino de las Dos Sicilias) a don Carlos. Este cedía Parma y los derechos a Toscana al duque Francisco de Lorena, esposo de María Teresa, la hija de Carlos VI, desposeído de su ducado. Era un magnífico ejemplo del *cambalache de hombres*.

Al año siguiente, Francia salvaba a su aliado tradicional, Turquía, e infligía a los austriacos y a los rusos una derrota que mantenía el equilibrio europeo. Desde 1736, los rusos, siempre en busca de una salida al Mar Negro, estaban en guerra con Turquía. Habían ocupado Azov y la Crimea. Desde 1737, los austriacos, aliados a los rusos, habían invadido los Balcanes. El embajador francés Villeneuve estimuló a los turcos y los aconsejó. Gracias a él, los turcos derrotaron a los austriacos. Entonces, Villeneueve impuso su mediación, y en el tratado de Belgrado (1739) el emperador restituyó a los turcos

Serbia y Valaquia. Los rusos, aislados, se vieron obligados a retroceder. Agradecido, el sultán concedió a Villeneueve la renovación de las Capitulaciones o privilegios religiosos y comerciales de Francia en el imperio turco (1740).

En 1740 Francia había emprendido de nuevo su marcha hacia adelante. Acababa de conseguir un importantísimo avance territorial, el primero después de Ryswick. Había reforzado su alianza con España, con Turquía, con Suecia, y dirigía la política europea. Su industria y su comercio pasaban a ser los primeros del mundo. Sus productos elaborados invadían incluso Inglaterra, sus mercaderes dejaban atrás a los ingleses en las Antillas, en la India, en el Levante, donde incluso antes de que se renovaran las Capitulaciones, los fabricantes franceses de paños habían inferido a los ingleses una terrible derrota comercial y casi habían eliminado los paños ingleses. Los franceses progresaban en América, en el valle del Mississipí, y cerraban el interior a los colonos británicos. La Compañía francesa de las Indias creaba sin cesar nuevas factorías. Por su parte, los españoles habían reorganizado sus flotas y pretendían impedir que los ingleses siguieran violando descaradamente las cláusulas del tratado de Utrecht mediante buques de permiso trucados para contener más mercancías de las acordadas y mediante todos los procedimientos desleales de un desenfrenado contrabando. Los ingleses despertaron, y de repente se dieron cuenta de que todo procedía como si ellos no hubiesen sido los vencedores, como si el tratado de Utrecht no hubiera existido. No sólo habían perdido su hegemonía continental, sino que iban camino de perder su preponderancia marítima y comercial. Esto les decidió a la guerra.

Las grandes guerras marítimas y continentales (1740-1763)

En octubre de 1739 iniciaron las hostilidades contra España. Sabían que Francia se vería arrastrada a la guerra para tomarse el desquite de los tratados de Utrecht. En efecto, en agosto de 1740, dos escuadras francesas zarparon en ayuda de la flota española. La lucha decisiva por la preponderancia marítima y colonial, es decir, por la hegemonía política, había empezado. La flota francesa era de nuevo bastante fuerte para que se confiara en el resultado. Francia volvería a ser la primera de las potencias, y lo sería durante mucho tiempo. Mas era preciso que pudiera dedicar el grueso de sus fuerzas a la guerra en el mar y en las colonias, era preciso que no se comprometiera en el continente.

Pero el 20 de octubre de 1740 moría el emperador Carlos VI y se planteaba la sucesión de Austria. El Emperador dejaba como sucesor una hija de 23 años, María Teresa, con un ejército desorganizado y el tesoro exhausto. La ocasión les pareció propicia a todos los soberanos para crearse un dominio en los territorios de los Habsburgo. Todos olvidaron que habían garantizado la Pragmática Sanción, que habían prometido asegurar a María Teresa la sucesión de Austria. Todos ellos consideraron que los tratados que llevaban sus firmas eran papel mojado. El elector Carlos Alberto de Baviera reclamó toda la herencia. El rey de España, el rey de Cerdeña y el rey de Prusia, reclamaban también su parte en la herencia. Federico II había heredado de su padre un magnífico ejército, la máxima de que un príncipe sólo cuenta en el mundo por su espada, la misión de ampliar al límite posible los territorios prusianos y de coser los tres fragmentos de las posesiones de los Hohenzollern. Por el momento, Federico II ambicionaba Silesia, provincia muy rica, cuya posesión le aseguraba el comercio del alto Oder, garantizaba el Brandeburgo contra las agresiones austriacas y le permitía prevenir cualquier eventual amenaza mediante un súbito ataque contra Bohemia. Los Hohenzollern habían tenido sus derechos a Silesia, derechos a los que habían renunciado por tratados; mas Federico II no se preocupaba en absoluto de la palabra dada. Conquistó la provincia (diciembre 1740-abril 1741).

Francia no estaba amenazada y podía mantenerse al

margen del conflicto. El rey había firmado la Pragmática Sanción, y decía ser fiel a la palabra empeñada. Pero el partido tradicionalista, dirigido por el mariscal de Belle-Isle, creyó que había sonado la hora de acabar con Austria. Le interesaban muy poco las cuestiones marítimas y coloniales. A diferencia de los ingleses, los grandes señores franceses todavía participaban muy poco en las empresas comerciales. La capital de Francia, Versalles, y la principal ciudad próxima, París, no eran, según ocurría con la capital inglesa, Londres, ciudades cuya población viviera en su mayor parte del gran comercio marítimo; era difícil agitar la opinión pública o fraguar desórdenes con motivo de las Antillas o del Senegal. Ni siquiera los mercaderes franceses daban muestras de la excitación ruda y fría de los ingleses, ni anhelaban, como éstos, una lucha a muerte: cuando fue oficial la ruptura entre Francia e Inglaterra, en 1743, la Compañía de las Indias francesas propuso a la Compañía inglesa que ambas permanecieran al margen de los conflictos de sus gobiernos, le propuso continuar el comercio, y sólo se decidió a combatir cuando los ingleses se negaron a ello. Fleury era ya muy anciano; tuvo que dejar a Belle-Isle la tarea de arrebatar la corona imperial a los Habsburgo. Una vez derrotados éstos por Federico II, Belle-Isle logró que el rey de España y el elector de Baviera firmaran un tratado de alianza (mayo de 1741), alió Francia a Prusia (junio), obtuvo la adhesión del elector de Sajonia. El elector de Baviera debía obtener la corona imperial y Bohemia; el segundo hijo del rey de España, don Felipe, algunos territorios en Italia; Federico, Silesia; Francia, el debilitamiento de la Casa de Austria. Los ejércitos franceses conquistaron Bohemia; el elector de Baviera fue nombrado rey de la misma, y más tarde fue elegido emperador con el nombre de Carlos VII (noviembre de 1741-enero de 1742).

Pero Belle-Isle había cometido un error: no haber intentado dar el golpe de gracia en Viena. La guerra se prolongó. Los ingleses pudieron intervenir para hacer un movimiento diversivo. En febrero de 1742, Jorge II pasó

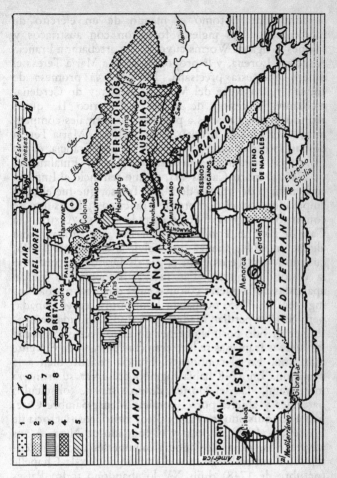

Mapa I. – Los tratados de 1713-1714

Sucesión de España: 1. A los Borbones de España; 2. A los
Habsburgos de Austria; 3. Reino de Francia; 4. Posesiones austríacas
con anterioridad a los tratados; 5. Estados-tampón; 6. Bases navales y
cabezas de puente inglesas; 7. Barrera holandesa; 8. Barrera prusiana.

al continente y tomó el mando de un ejército de mercenarios. Los ingleses formaron con austriacos y sajones la liga de Worms cuyo fin era arrebatar a Francia Alsacia y Lorena, y le proporcionaron a María Teresa el dinero que ésta precisaba. Mediante la promesa de conceder una parte del Milanesado al rey de Cerdeña, mediante la cesión de Silesia a Federico II, quien abandonó a sus aliados a pesar de sus formales compromisos (tratados de Breslau, julio de 1742), María Teresa desbarató la coalición y formó otra contra Francia, cuyas fronteras quedaron amenazadas (1743). Finalmente, en 1745, al morir Carlos VII, su hijo renunció al Imperio en beneficio del esposo de María Teresa, que fue elegido emperador con el nombre de Francisco I. El asunto se convirtió en un nuevo duelo entre la Casa de Austria y la Casa de Francia, con la cual Federico, inquieto, volvió a aliarse en 1744, alianza que volvió a abandonar (1745) cuando María Teresa, por la paz de Dresde, le confirmó la cesión de Silesia. Las fuerzas francesas se vieron apartadas de la guerra colonial en la que no brillaban los ingleses. En 1745, ocupaban Louisbourg, en el Canadá; pero en 1746 perdían Madrás, en la India. Indudablemente, habría sido posible obtener un éxito decisivo si todas las fuerzas francesas se hubieran concentrado en el frente marítimo. En el continente, Francia resistió bien a la coalición. En 1748 había logrado preservar su frontera más frágil, la del norte, desprovista de obstáculos naturales y abierta por el boquete Meuse-Sambre-Oise; había conquistado los Países Bajos austriacos (victoria de Fontenoy, 1745), Saboya y el condado de Niza. A sus adversarios, exhaustos, podía imponerles una paz ventajosa. Y sin embargo, por el tratado de Aix-la-Chapelle (octubre de 1748), Luis XV lo abandonó todo: Países Bajos, Saboya, Niza. En las colonias, franceses e ingleses se devolvieron sus respectivas conquistas. Luis XV lograba asegurar la Silesia a Federico II; conceder al rey de Cerdeña un pedazo del Milanesado hasta el Ticino; conceder Parma y Plasencia a don Felipe.

Europa entera quedó asombrada ante esa moderación

que consideró irónicamente como una incomprensible debilidad de espíritu. Los franceses se indignaron contra el rey. Pero no todo era malo para Francia en esa paz que reducía la Casa de Austria, estrechaba los lazos con España, agrandaba potencias secundarias. Además, estaba de acuerdo con una de las políticas francesas: las que, en lugar de buscar engrandecimientos personales, prefiere el equilibrio y la agrupación de pequeñas potencias alrededor de Francia contra las grandes. Mas pecaba por un punto esencial. Luis XV, sinceramente pacífico, lleno de caridad cristiana y de humanidad, cansado además de la guerra, cerró los ojos acerca de los sentimientos de los ingleses y de los austriacos. No quiso ver que nada se había arreglado en el mar y en las colonias, nada entre Austria y Prusia, que la paz era tan sólo una tregua, que otra guerra iba a sucederla y que, por ser ésta inevitable, habría sido de grandísima importancia para Francia poner el pie en la cresta de los Alpes de Saboya y en el litoral del Mar del Norte hasta Amberes.

La nueva guerra, llamada guerra de Siete Años (1756-1763) fue una consecuencia de los conflictos entre los colonos franceses y los colonos ingleses de América por la posesión del valle del Ohio. Los ingleses se habían preparado cuidadosamente. En junio de 1755, sin mediar una declaración de guerra, comenzaron las hostilidades con un acto de piratería: tres transportes de tropas que se dirigían al Canadá, y más de 300 barcos mercantes con 8.000 marinos fueron capturados en los puertos ingleses o bien raptados en alta mar por los cruceros británicos. De este modo, los franceses se hallaron, desde el principio, privados de tripulaciones bien adiestradas.

Para proteger a Hannover, posesión personal del rey de Inglaterra y cabeza de puente del comercio británico en el norte, así como para distraer las fuerzas francesas hacia el continente, los ingleses necesitaban un aliado y un ejército. Ya no podían contar con Austria que, para poder hacer su guerra de desquite contra Prusia, ya había ofrecido (agosto de 1755) los Países Bajos a Francia, ofrecimiento que Luis XV rechazó por no abandonar a

Federico II. Pero hallaron a este último, intranquilo, temeroso de una alianza anglo-rusa, ávido de subsidios ingleses, por todo lo cual traicionó la alianza con Francia y concluyó con Inglaterra el acuerdo de Westminster (enero de 1756). Los franceses, escandalizados, firmaron con Austria el tratado de Versalles (1 de mayo de 1756). Al mismo tiempo, Austria se aproximaba a los príncipes alemanes, a Sajonia y a Rusia. Federico II, presintiendo que se acercaba un ataque general, quiso dejar fuera de combate a sus adversarios antes de que hubieran ultimado los preparativos, y se abalanzó sobre Sajonia (agosto de 1756). Logró vencer; mas la resistencia de los sajones dio tiempo a que los austriacos concentraran sus fuerzas y, como la hija del elector de Sajonia se había casado con el heredero del trono francés, Luis XV, indignado, concluyó con Austria el segundo tratado de Versalles (mayo de 1757), por el que se comprometía a aportar 140.000 hombres y una ayuda de 30 millones para la guerra de Alemania. Así se realizó esta inversión de las alianzas y esta participación de Francia en guerras continentales que la distraían de sus verdaderos intereses: de la guerra en las colonias, que era la verdadera guerra.

El gobierno francés creyó que las operaciones en tierra serían de corta duración, y que luego podría dirigir sus fuerzas contra los ingleses ya solos. El hecho es que, en 1757, los franceses ocuparon Hannover, asediaron y obligaron a capitular en septiembre, en Closterseven, al ejército anglo-hannoveriano que se comprometió a no intervenir hasta el final de la guerra. Un ejército franco-alemán se dirigía contra Federico II, amenazado por el sur por los austriacos, por el este por los rusos, por el norte por los suecos. Mas Federico pudo maniobrar entre sus adversarios, aplastar a los franco-alemanes en Rossbach (5 de noviembre de 1757) y a los austriacos en Leuthen (5 de diciembre). El ejército anglo-hannoveriano, traicionando los compromisos contraídos, volvió a entrar en campaña contra los franceses. A partir de entonces, la guerra se fue prolongando. Los ejércitos franceses, mal mandados por generales teóricos pero de poca visión sobre el terreno y divididos por los celos, fueron contenidos, a pesar de algunos éxitos parciales, entre el Rin y el Wesser, por los anglo-hannoverianos, y nunca consiguieron alcanzar a Federico por el oeste. Éste, tranquilizado ya, pudo plantar cara a los rusos y a los austriacos. Sufrió terribles pérdidas y, en 1759, los batidores enemigos llegaron hasta Berlín; pero dio muestras de una maravillosa tenacidad, y rusos y austriacos, atemorizados, poco capaces de unificar sus esfuerzos, no se decidieron a dar el golpe definitivo. En 1762, la muerte de la zarina Isabel y el advenimiento de Pedro III, partidario del rey de Prusia, dejaron solos a los austriacos.

Esta guerra impidió a los franceses que se ocuparan de sus flotas y de sus colonias. Enviaron 17 hombres de refuerzo a las Indias y 328 al Canadá, mientras que los ingleses, empujados por William Pitt, reforzaban sin cesar sus flotas y enviaban a América hasta 60.000 soldados. La ocupación de Quebec (1759) y de Montreal (1760) les proporcionó el Canadá; la de Pondichery (1761), la India. La entrada en guerra, junto a los franceses, de España (1761), fue demasiado tardía y sólo sirvió para que los ingleses pudieran ocupar la Florida. Los franceses no tuvieron más remedio que firmar con Inglaterra, el 10 de febrero de 1763, el tratado de París. Por él, abandonaban a los ingleses el Canadá, el valle del Ohio, la ribera izquierda del Mississipí, varias Antillas. Renunciaban a cualquier pretensión política sobre la India, en la que únicamente quedaban en su poder cinco ciudades desmanteladas y sin guarnición. Abandonaban sus factorías del Senegal, excepto la isla de Gorea. Además, Luis XV les cedió a los españoles la orilla derecha del Mississipí o Luisiana, para indemnizarles por la pérdida de la Florida. Sin embargo, Francia conservaba, con desesperación de muchos ingleses, sus pesquerías de Terranova, escuela de resistencia y de entrenamiento para sus marinos, los islotes de San Pedro y Miquelón, así como las «islas del azúcar», Martinica, Guadalupe, Santa Lucía, Santo Domingo, gracias al rey Jorge III, que tenía prisa por comenzar su política personal y por librarse del autoritario Pitt, que, ése sí, habría querido esperar a que los franceses quedaran aplastados para firmar la paz. Los ingleses quedan descontentos y creen que será preciso un nuevo esfuerzo; mas, a pesar de todo, es casi ilimitado el número de posibilidades de desarrollo que han conquistado, y la hegemonía marítima, comercial y colonial.

María Teresa, aislada, firmó con Federico II la paz de Hübertsburg (15 de febrero de 1763). Él conservaba Silesia junto con un enorme prestigio en Alemania y en Europa; mas no por ello dejaba de ser el jefe de un pequeño Estado arruinado. Austria quedaba debilitada y reducida por este nuevo fracaso. El verdadero dominador de la Europa oriental y central es Rusia, con sus crecientes recursos, y que acababa de hallar su hombre: la zarina Catalina II.

La ascensión de rusos y prusianos (1763-1789)

El tratado de París fue causa de que en Europa se produjera una rotura del equilibrio. Franceses e ingleses se apartan de la Europa continental. Los ingleses están ocupados con los problemas de organizar su imperio. Tropiezan con grandes dificultades, en especial en sus colonias de América. Los franceses se dan cuenta de su error, y consagran todas sus energías a la lucha contra Inglaterra, y el ministro Choiseul prepara el desquite. Éste le era posible al país más poblado de Europa, lleno de riquezas y que no había sido alcanzado seriamente por las guerras, pues todas ellas habían sido realizadas fuera del territorio nacional. Choiseul reorganiza la flota y el ejército y compra a los genoveses Córcega, que era ambicionada por los ingleses porque les permitía dominar el litoral francés del Mediterráneo (1768).

En estas condiciones, en la Europa oriental, el campo quedaba libre para Rusia, que había abandonado por completo las empresas asiáticas de Pedro el Grande. Podía ya iniciar de nuevo su marcha hacia Occidente. Al morir el rey de Polonia, Augusto III (1763), Catalina se entendió con Federico II para impedir cualquier reforma en Polonia, para lograr que fuera elegido rey, bajo la amenaza de las tropas rusas, su amante Estanislao Poniatowski (septiembre de 1764), y luego para imponer a los polacos un protectorado ruso, bajo el pretexto de garantizar las libertades de la república polaca (1767). Los patriotas polacos se rebelaron, y Choiseul, con la esperanza de salvarlos, convenció a los turcos para que declararan la guerra a Rusia. Pero la decadencia turca progresaba a pasos agigantados. Los turcos perdieron Azov, Crimea, las provincias rumanas, y su flota quedó destruida en Tchesmé (1770). Mas entonces, Federico II temió que los rusos y los austriacos aumentaran sus fuerzas en los Balcanes o bien que se declararan la guerra, a la cual se vería arrastrado él. Por eso les propuso, a Catalina II y a María Teresa, un reparto de Polonia, el primero, que quedó decidido en San Petersburgo, el 25 de julio de 1772. «En nombre de la Santísima Trinidad... por temor a la total descomposición del Estado polaco...», María Teresa, que «sin cesar lloraba y conquistaba», se apoderó de la Galitzia, con 2.600.000 habitantes; Federico, de la Prusia polaca, excepto Dantzig, con sólo 700.000 habitantes, pero con ello «volvía a coser» Prusia y el Brandeburgo; Catalina se quedaba con una parte de Lituania, con 1.600.000 habitantes. La Dieta polaca, bloqueada por las tropas aliadas, se vio obligada a aceptar el tratado y se comprometió a no modificar la Constitución. Para conservar sus conquistas, los tres cómplices formaron una triple alianza que combatió a Francia durante la Revolución y el Imperio, que formó el núcleo de la Santa Alianza después de 1815, y que duró hasta fines del siglo XIX.

Por mediación de Austria, los rusos firmaron con los turcos el tratado de Kainarchí (1774). Rusia sólo conservaba Azov; pero Crimea era declarada independiente y, sobre todo, los rusos adquirieron el derecho de mandar ante el sultán representaciones en favor de la Iglesia griega o de las poblaciones ortodoxas de las provincias rumanas. De este modo, se presentaban como protectores de los pueblos cristianos ortodoxos de los Balcanes y adquirían la posibilidad de intervenir permanentemente en los asuntos balcánicos, lo cual debía favorecer sus empresas en dirección a Constantinopla y a los Estrechos.

Los actos de las tres potencias en Polonia modificaban el sistema de equilibrio y lo convertían en un *sistema copartícipe*. No destruían el sistema de equilibrio: las grandes potencias debían ser tan iguales como fuera posible; pero admitían el derecho de repartirse las pequeñas potencias y los Estados débiles según sus conveniencias. El menosprecio hacia los derechos de los Estados pasaba a ser un sistema, sistema que habría de conducir a la división de Europa entre algunas grandes potencias, vecinas, de intereses directamente opuestos, cuyos conflictos habrían de ser más numerosos y más graves que nunca. Esto significaba una guerra perpetua y la destrucción de Europa en perspectiva.

Entretanto, Suecia, Turquía, Venecia, todos los países débiles de Europa, estaban asustados y temblaban en espera del escalpelo. Pero Francia trabajó para conservar el antiguo sistema del equilibrio. Contando con el apoyo del rey Luis XVI, Vergennes, ministro de 1774 a 1787, se esforzó por impedir el engrandecimiento de las potencias, por contenerlas reconciliándolas o, si no había más remedio, oponiéndolas unas contra otras, por salvaguardar las pequeñas potencias agrupándolas en torno a Francia. Esto era desarrollar la última política de Luis XIV, política que también habría de ser la de Talleyrand y la de Luis Felipe. Al no ceder a las tentadoras ofertas de Austria en los Países Bajos o en Egipto, Vergennes consiguió, valiéndose del nuevo rival de Austria, Federico II, impedir que en dos ocasiones José II conquistara Baviera (1779 y 1784); puso fin muy pronto a un intento austro-ruso de desmembrar el imperio otomano (1781-1783) y limitó las adquisiciones rusas a Crimea, sin que el austriaco obtuviera nada. Con ello consiguió la paz continental que había de permitirle luchar en los mares contra los ingleses (1778-1783), contribuyó a la liberación de las colonias inglesas de América y, por medio de la paz de Versalles (3 de septiembre de 1783), obtuvo un

Mapa II. – Conquistas rusas y primer reparto de Polonia

1. Conquistas de Pedro el Grande; 2. Conquistas de Catalina II;
3. Límites del Reino de Polonia en 1772.
Primer reparto de Polonia en 1772; 4. Conquistas rusas;
5. Conquistas austríacas; 6. Conquistas prusianas.

desquite parcial del tratado de París, al despojar a
Inglaterra de sus principales colonias. Los ingleses habían
de reconocer la independencia de los Estados Unidos de
América, entregarles el interior del país hasta el Mississipí, devolver a España Menorca y la Florida, a Francia

349

Senegal, Tabago y la libertad para fortificar la plaza de Dunquerque.

Francia había restablecido su reputación, su prestigio y, asimismo, la seguridad de Europa. Pero estos éxitos fueron efímeros. En 1787, la crisis financiera y la rebelión de la aristocracia paralizan a Francia, que se ve obligada, sin abrir boca, a permitir que el nuevo rey de Prusia, Federico Guillermo I, restablezca en Holanda el poder del estatúder y constituya una triple alianza prusiana, holandesa e inglesa (1787). Catalina y José II juzgaron que había llegado el momento de atacar a los turcos (1788). Pero los ingleses y los prusianos lanzaron contra Rusia al rey de Suecia, Gustavo III. Federico Guillermo I incita a los polacos a que reformen su Constitución y a rechazar el protectorado ruso; incita a húngaros y belgas a sublevarse contra José II. El debilitamiento de Francia permitía que se desencadenaran las ambiciones. En 1789, Europa estaba en plena crisis. La unión de los Estados parecía estar más lejos que nunca.

LA DIVERSIDAD DE EUROPA: EL DESPERTAR DE LOS ESPÍRITUS NACIONALES

La unidad intelectual de Europa era sólo el deseo de algunos grupos de hombres, escritores, sabios, cortesanos. En cambio, el espíritu nacionalista había nacido mucho tiempo atrás en todos los pueblos. Pero se había desarrollado de una manera muy desigual: sin asomo de duda, únicamente franceses e ingleses formaban, en el verdadero sentido de la palabra, naciones, es decir, grupos de individuos vinculados a un suelo que han moldeado y que les ha modificado, que tienen conciencia de una solidaridad e intereses comunes, y en especial de costumbres, de hábitos, de maneras de ser y de pensar, de ideales, más parecidos entre ellos mismos, a pesar de las diferencias que siempre subsisten, que a los propios de los grupos de hombres vecinos. Pero también otros pueblos habían llegado, de una manera más o menos clara, más o menos fuerte, y a veces aún muy confusa y débil, a la conciencia nacional. Existía un patriotismo español, originado por la larga lucha contra los musulmanes; un patriotismo italiano, procedente de las innumerables invasiones que había sufrido el país, reforzado por el recuerdo de Roma; un patriotismo polaco, sostenido contra rusos y contra alemanes; un patriotismo ruso, cuya causa era el cristianismo ortodoxo en virtud del cual los rusos creían que todos los demás pueblos eran herejes y bárbaros, mientras que Rusia era el país santo, verdadero, justo, amado por Dios por encima de los demás; e incluso existía un patriotismo alemán. La conciencia de diferencias colectivas, verdaderas o falsas, se iba haciendo cada vez más clara: «Se dice que los franceses son civilizados, hábiles, generosos, pero irascibles e inconstantes; los alemanes, sinceros, trabajadores, pero pesados y dados con exceso al vino; los italianos, agradables, finos, dulces en su hablar, pero celosos y traicioneros; los españoles, reservados, prudentes, más jactanciosos y demasiado formalistas; los ingleses, valientes hasta la temeridad, pero orgullosos, despreciativos y arrogantes hasta la ferocidad».

A lo largo del siglo, el espíritu nacional se desarrolló mucho a causa de la política de los soberanos, que sometían a las diferentes provincias que integraban sus Estados a costumbres cada vez más parecidas, y, en lucha política y económica unos contra otros, inculcaban a sus respectivos pueblos el sentimiento de solidaridad y de odio hacia el vecino, que era siempre el causante del mal: competencia o guerra.

También se desarrolló por obra del progreso intelectual, y bajo este punto de vista adoptó el aspecto de una reacción contra la influencia francesa, unificadora de Europa. Todos los hombres cultos de todos los países habían seguido la lección de Francia, a la que la mentalidad clásica le proporcionaba un enorme adelanto y una inmensa superioridad. Francia había pasado a ser el profesor de lógica, de retórica y de dialéctica de Europa. Precisamente de ella, los europeos habían aprendido a pensar, a concebir ideas, a ordenarlas, desarrollarlas, enlazarlas, y sacar conclusiones válidas. Todos siguieron esta cura de clasicismo sin la cual para los más fecundos genios sólo puede haber intenciones, ensayos, promesas, brotes sin floración. Mas, después del largo período de imitación por el cual han de pasar todos los alumnos, después de 1760, cuando los escritores europeos se consideraron ya dueños de su pensamiento y de su expresión, esta dominación francesa, que al principio había sido aceptada con admiración y reconocimiento, les pesó. Tuvieron conciencia de sus propias fuerzas, de su especial mentalidad, el amor propio nacional sufría bajo el predominio francés. El orgullo herido fue su fuente de inspiración. Para liberarse, se dedicaron a una crítica, dura, agria, a menudo injusta, de las ideas francesas. Y esta crítica fue más violenta porque fue llevada a cabo en cada país, en especial por obra de individuos procedentes de esta burguesía que iba creciendo, individuos que estaban menos conquistados que los señores por las costumbres mundanas importadas de Francia, por esta vida de salones que todas las aristocracias habían hecho lo posible por imitar y que se había convertido en una costumbre común de toda Europa. Procedente de un sentimiento, desarrollada en el momento en que surgía una reacción sensible contra la aridez de los enciclopedistas y un entusiasmo por Rousseau, el ataque de esos críticos tomó la forma de una ofensiva contra el racionalismo, el clasicismo y el cosmopolitismo francés. Cada persona hablaba en nombre de los sentimientos particulares de su nación, con lo cual la naciente unidad europea empezó a tambalearse.

El ataque cogió a los franceses en una fase de menor resistencia. El espíritu clásico estaba ya en decadencia. En el siglo XVII, era voluntad de perfección, lucha por llegar a una concepción clara e inteligible, ya sea de unas ideas embrolladas ya sea de un mundo confuso y tumultuoso de sentimientos ardientes, esfuerzo por expresarlo de la manera más acertada y más armoniosa, lo cual no empobreció los tesoros de la vida interior, sino que los sacó a plena luz, dominados ya y utilizables. Mas en la segunda mitad del siglo XVIII, esta mentalidad se hace cada vez más formalista, conjunto de reglas rígidas que aherrojan y de escrúpulos que paralizan. Incluso la lengua se empobrece, pasa a ser exigua, tímida, reducida a términos demasiado generales y a menudo a frases hechas, especie de álgebra que condena al poeta a valerse de perífrasis, convenciones afiligranadas en vez del esfuerzo poderoso para llegar al fluir impetuoso de la vida. En el fondo, esta decadencia del clasicismo es todo lo opuesto del espíritu clásico. Fue atacada con violencia y a menudo con razón, pero se la confundía con el clasicismo, del cual es sólo una caricatura. Fue abandonada incluso por muchos franceses. En Francia, el romanticismo data de Rousseau.

Por otra parte, el espíritu cosmopolita, la convicción de que todos los hombres son iguales, la creencia en la unidad de la especie humana, que, bien entendida, contendría implícita el patriotismo en lugar de excluirlo como lo han señalado los positivistas, todas estas cosas debilitaron en los franceses más cultos el sentimiento nacional. Pero en ningún ser lo destruyeron por completo, y el patriotismo despertó en muchos, en los momentos de crisis. Durante la guerra de los Siete Años, los armadores, los comerciantes de los puertos, pusieron los últimos barcos que les quedaban a disposición del rey para luchar contra los ingleses. Los franceses sintieron profundamente los fracasos exteriores. En 1765, cuando el autor De Belloy hizo representar el *Sitio de Calais*, el público lloraba, gritaba, aplaudía este episodio heroico de las antiguas luchas contra Inglaterra. Pero precisamente en plena guerra de los Siete Años los filósofos acababan, demasiado de prisa, sin tener suficiente información (porque para vivir les era preciso sustituir la antigua fe por otra nueva basada primordialmente en un sentimiento, un deseo, aunque pretendían que sólo procedía de la razón), el edificio de sus concepciones cosmopolitas y pacifistas. Los franceses, debilitados, no supieron defender acertadamente sus posiciones, no supieron defenderse contra la invasión de las literaturas extranjeras, en especial la inglesa y la alemana. Con la ayuda de Diderot, Grimm publicó, a partir de 1750, en el *Mercure de France* cartas acerca de la literatura alemana. Herder publicó, en 1766, una selección de poesías alemanas, en 1768 una traducción de los *Idilios* del suizo Gessner, entre 1781 y 1784 la *Historia del Arte en la Antigüedad* de Winckelmann. El carácter idílico y patriarcal de la poesía alemana arrebataba las «almas sensibles». Los *Idilios* inspiraron a Delille, al fabulista Florian, a Bernardin de Saint-Pierre su *Pablo y Virginia*. El *Werther* de Goethe, traducido en 1777, provocó un profundo resquebrajamiento de las sensibilidades. *Delphine* de Madame de Staël, *Adolphe* de B. Constant, *René* de Chateaubriand, *Jocelyn* de Lamartine, derivan de él. Pero aún fue más intensa la influencia inglesa. Aunque siempre ha habido franceses anglófobos por patriotismo, Francia abdicó en manos de Inglaterra y fue una presa de la anglomanía. Incluso los príncipes de la casa real, el conde de Artois, el duque de Chartres, patrocinaron las modas inglesas. El té, el whist, las carreras de caballos, jockeys, redingotes, invaden Francia hacia 1770. Poco a poco, los salones van siendo sustituidos por clubs, en los que decrece la cortesanía para dar paso al tono de reunión pública: todos hablan en voz alta, apenas escuchan, permiten que el humor aparezca en la voz y en la mirada. La lengua se ve inundada de vocablos ingleses «budget», «convention», «jury», «humour», «pamphlet», «romantisme», «spleen». Los jardines románticos a la inglesa triunfan en Ermenonville, en Bagatelle (1777), en el Parque Monceau, en el Pequeño Trianón (1778). Los franceses dan popularidad a los libros ingleses, al traducirlos. Los extranjeros acogen favorablemente la producción inglesa porque les ayuda a sacudir el yugo intelectual de Francia.

En efecto, los ingleses fueron los primeros, por orgullo, por envidia, por ganas de luchar en cualquier terreno, en perseguir a los franceses con un odio despreciativo, los primeros en rechazar las modas francesas y el gusto francés. «Nuestro comercio y nuestras manufacturas están en juego», alegan. Les reprochan a los franceses su cortesanía, que suprime cualquier individualidad y perjudica a la sinceridad. Les desagrada la cocina francesa porque no es bastante sustanciosa. Le echan en cara a la lengua francesa el ser un idioma de cortesanos, mientras que el inglés es más enérgico, más masculino, una lengua de hombres libres. Menosprecian la poesía francesa y el teatro francés víctimas de reglas tiránicas y ficticias. En especial crean una literatura romántica. Tiene lugar un regreso a la tradición y a las antigüedades nacionales, a una lengua más concreta, más anglosajona, más próxima al habla popular; al lirismo individual, a los ritmos poéticos emparentados con los de las antiguas canciones y baladas populares. Introducen nuevos elementos: culto apasionado por la naturaleza, por los paisajes nocturnos, atormentados, montañeses, el gusto hacia el sentimiento y la imaginación, la inquietud cósmica y religiosa que llega hasta el panteísmo. Las *Noches* de Young, fallecido en 1765, las *Elegías* de Thomas Gray (m. en 1771), preludian este movimiento que florecerá en las obras de Cowper, el primer cantor de los lagos del Cumberland, en las poesías escocesas de Burns (1759-1796), en la superchería del escocés Macpherson, que pretendía haber descubierto los cantos del viejo bardo gaélico Osián, de sentimientos sencillos y violentos, que obtuvieron una enorme difusión.

Inglaterra tuvo su propia arquitectura de jardines, con aguas en cascada, senderos serpeantes, ruinas artificiales, totalmente opuestos a los jardines a la francesa; su propio mobiliario de caoba. Poseyó su propia escuela de pintura, que aparece hacia 1750 (la Academia Real fue fundada en 1768), escuela que refleja claramente el espíritu práctico de los comerciantes ingleses. Los pintores triunfan sea al pintar sátiras de la sociedad, o ciclos morales, utilitarios, como Hogarth (1697-1764)[1], sea al hacer retratos de la sociedad aristocrática, como Reynolds (1723-1792), Gainsborough (1727-1788), Romney (1734-1802), Lawrence (1769-1830), que se estrena en 1790 con el retrato de *Miss Farren*. El grabado inglés, distinto en su técnica del de París, difunde la influencia de esas artes por Austria, por Suecia, por Rusia.

En Alemania subsistía un sentimiento nacional confuso, mantenido por los recuerdos vagos pero gloriosos de las invasiones germánicas y del Sacro Imperio. Y se estabiliza por la envidia, la desconfianza, el odio hacia los franceses. María Teresa, Federico II, invocan sucesivamente contra los franceses «la querida patria alemana». Rossbach despertó el espíritu nacional y brindó por doquier partidarios a Federico II. Un interés momentáneo impulsaba a menudo a los príncipes alemanes a aliarse con Francia; pero siempre con secreto resentimiento, con el oculto deseo de rechazar a los franceses más allá del Rin, con la esperanza voraz de una derrota francesa,

1. *Casamiento según la moda* (1744), *La vida de un libertino*, *La calle de la cerveza*, *La callejuela de la ginebra*.

del desmembramiento de Francia. Ahora bien, en el último tercio del siglo, los resentimientos de hostilidad hacia Francia se ven reforzados por el desarrollo de una literatura que, contra Francia, crea un fondo de ideas comunes y contribuye a formar la nación alemana. Herder y sus amigos declaran que la lengua francesa es inmoral, que es una lengua de salón, flexible, insinuadora, adecuada para disimular en nombre de la urbanidad y de las conveniencias; lengua de la traición amorosa y de las rupturas. Por el contrario, el alemán sólo se presta para expresar la verdad. El francés retrocede. Al morir Federico II (1786), la Academia de Berlín introduce el uso del alemán en las actas de sus sesiones en pie de igualdad con el francés. Goethe corrige su *Diario de viaje a Italia* sustituyendo todos los vocablos de origen extranjero por sus equivalentes alemanes. Los escritores enriquecen el lenguaje introduciendo palabras y giros populares. Los alemanes, Lessing, en la *Dramaturgia de Hamburgo* (1769), y Herder, atacan la literatura francesa, abstracta y de una sencillez ficticia, en especial el teatro, encadenado por reglas antinaturales y en el que se habla en un lenguaje artificial, y no en el lenguaje de la humanidad. Lessing contrapone a Racine, cuya verdad no ha comprendido y cuya vida no ha sentido, Shakespeare y Sófocles. Herder proclama que ha quedado definitivamente cerrado el período de la literatura francesa, declara que el futuro le pertenece a la alemana que vuelve a descubrir la multiplicidad de la vida. Los alemanes atacan el arte francés. Winckelmann y Mengs identifican abusivamente, por las necesidades de su causa, el arte francés con el rococó; protestan contra el abuso de los adornos insignificantes en arquitectura; critican el jardín francés por su regularidad, que tachan de monótona, porque violenta la naturaleza al someterla a una idea; desprecian la pintura francesa a la que achacan falta de pensamiento y de sentimiento; predican la vuelta a lo antiguo. Pero culpaban al arte francés de los excesos del rococó italiano o alemán a fin de desacreditarlo a toda costa. Otros alemanes elogian el arte gótico, creyendo que es típicamente alemán. Ante la catedral de Estrasburgo, Goethe exclama ingenuamente: «He aquí un arte alemán tal como no puede verse en Francia». Pero antes debiera haber paseado por la región parisina, cuna de este arte ojival, impropiamente denominado gótico. Los alemanes combaten el pensamiento francés. Consideran a los franceses demasiado superficiales y a los ingleses excesivamente sensuales y amigos de sus comodidades, para ser filósofos. Opinan que tan sólo los alemanes tienen junto con la razón, el equilibrio, el gusto hacia la investigación y el esfuerzo, la capacidad de profundizar el pensamiento. Según ellos, muchas veces los enciclopedistas dicen tonterías. El hombre está vinculado a su patria por todos sus intereses; será feliz al mismo tiempo que ella, desgraciado cuando sobre ella se abate la desgracia; pero está mucho más adherida a ella por sus antepasados, por su educación, sus bienes, sus posesiones, todo su ser: se lo debe todo. Los alemanes están obligados a rechazar la imitación de los franceses y a ser ellos mismos.

Los españoles, con el padre Feijoo, se enorgullecen de poseer un idioma más sonoro, más musical, más flexible que el francés. Incluso los jesuitas españoles expulsados defendían acaloradamente el honor nacional. En 1783, el padre Francisco de Masdeu publicaba una historia crítica de España en la que enumeraba los títulos de gloria de su país y trataba de demostrar que sus méritos los debía a su propio fondo y no al extranjero. La masa de los españoles sentía menosprecio hacia los extranjeros, fidelidad inviolable al rey, a la antigua fe, a la patria.

Los italianos poseían un idioma, historiadores y poetas nacionales, el sentimiento del origen común, de un mismo carácter, de idénticas leyes. Anhelaban una confederación italiana. Comenzaban a protestar por el apelativo de extranjero dado en Milán a un italiano no milanés: un italiano en Italia está siempre en su casa. Le echan en cara al idioma francés la pobreza de su vocabulario, la ausencia de armonía y sonoridad, la falta de un impulso poético. Vico sueña con una Italia regenerada. Muratori y Denina se esfuerzan en desarrollar mediante la historia la conciencia nacional. Alfieri, en sus poemas y tragedias, animados por el antiguo patriotismo romano, convoca a Italia a renacer en los campos de batalla. «Italia aguarda y espera», escribe Catalina II, en 1780. El despertar es un hecho.

En cuanto a los nobles rusos, más bien juegan a recitar frases en francés que a hablar en verdad la lengua francesa. Las ideas francesas, materia para agudezas mentales, resbalan sobre ellos. Siguen siendo muy rusos y muy despectivos con los extranjeros.

Por consiguiente, en 1789, aunque la lengua y el pensamiento francés todavía conservan su supremacía, ésta ha pasado ya el apogeo y se halla en el camino de la decadencia. Ahora bien, este pensamiento y esta lengua eran los que le proporcionaban a Europa su única unidad. Por ello, la diversidad gana decididamente. Las posibilidades de una unión europea disminuyen. Con ellas se debilitan, antes incluso de que los Estados de Europa hayan alcanzado el cenit de su expansión por el mundo, la esperanza de una dominación duradera de Europa en todo el mundo, y quizá incluso la esperanza de una completa europeización del mundo.

LIBRO IV

ASIA, ÁFRICA, OCEANÍA

La expansión de la civilización europea

Los europeos, provistos de mejor filosofía natural y de los más poderosos medios de acción,[1] descubrieron nuevos mundos, avanzaron en los ya conocidos, realizaron conquistas, entraron en contacto con nuevos pueblos o conocieron mejor a los antiguos. Pero la civilización europea se difundió sobre todo en aquellas regiones del mundo en las que vivieron permanentemente y definitivamente comunidades europeas. Un contingente de indígenas, elevado en sí pero muy escaso en relación con la totalidad de las masas, fue ganado por el espíritu europeo.

En efecto, ante todo, solía mediar un grandísimo abismo entre las civilizaciones de los pueblos de ultramar y la de los europeos. Éstos tropezaban con individuos que vivían en la edad de piedra o en la época de los pastores; todos estaban, más o menos, en la era teológica de la humanidad, es decir, que, si bien en grados distintos, todos trataban de hallar la explicación de los fenómenos naturales en la acción de voluntades semejantes a las del hombre aunque mucho más poderosas: espíritus, demonios, dioses. Hubiera sido necesario a estos hombres pasar rápidamente del animismo y del politeísmo al monoteísmo, de éste a la era metafísica que todo lo explica mediante grandes entidades como la naturaleza, y en último lugar, a la fase positiva o científica, ya que las concepciones de los europeos del siglo XVIII participaban de esas tres edades del hombre con predominio de la metafísica y de la positiva. Y esto fue imposible.

1. Véase Libro I y Libro II.

Por otra parte, la inmensa mayoría de los europeos que pasaron a ultramar, sólo partieron impulsados por el comercio: ganar dinero mediante intercambios era la suprema intención de los súbditos y de los gobiernos. E incluso hubo un retroceso en relación con los siglos anteriores. Desde el siglo XVI, los españoles habían hecho verdaderos intentos de elevar a los indios en la escala de la humanidad; en el XVII, a los franceses, Richelieu y su discípulo Colbert, se les ocurrió la idea de asimilar a los indígenas y de fundar una nueva Francia. En el siglo XVIII, prevalece la mentalidad burguesa y todo queda borrado ante el ansia de beneficios. Escuchemos a los filósofos, magníficos intérpretes de la clase burguesa. Montesquieu, Voltaire, los enciclopedistas, enemigos de la colonización propiamente dicha a causa de las guerras que ocasiona, así como de la emigración, que consideran debilitante para el colonizador, son ardiente partidarios de las colonias de plantación, las colonias tropicales, capaces de proporcionarles a los conquistadores, mediante intercambios, los productos de que carecen, y, para ellas, sí admiten la esclavitud, la expulsión de las razas indígenas, las trabas a la libertad de los colonos por medio de la «exclusiva», que reserva el comercio de las colonias a la metrópoli. Por ello, los Estados suelen preferir las Compañías comerciales privilegiadas, que explotan factorías costeras o islas fértiles, a la explotación directa por la corona y a la conquista de grandes territorios continentales. La mayoría de los europeos que se desplazan a ultramar son marinos, soldados y comerciantes, sin gran cultura, muy enérgicos, de pasiones violentas, movidas por el rabioso afán de hacer fortuna, a quienes el lucro les lleva a hacer cualquier cosa. No es de extrañar, pues, que causaran en los pueblos indígenas una impresión de horror, y que a través de ellos todos los europeos fueran juzgados mal. En especial a los pueblos del Asia de los monzones, muy apegados al país de sus dioses y de sus antepasados, sólidamente encuadrados en grandes familias en las que reinaba una fuerte disciplina, imbuidos de un ideal de moderación y de vida interior, estos europeos, que lo abandonan todo para satisfacer su avidez, les causaron la impresión de que eran unos salvajes. Los chinos pensaban de ellos: «...los bárbaros se asemejan a fieras y no merecen ser tratados como seres civilizados. Aplicarles los grandes preceptos de la razón sólo traería la confusión. Los reyes antiguos comprendieron muy bien esto, y en relación con los bárbaros sólo se valían de la violencia y el engaño. Y ésta es la verdadera manera de tratarlos...».

Los únicos europeos que se acercaron a aquellos pueblos con la intención de ofrecerles lo mejor que poseían, una concepción del universo basada en el amor, la única capaz de proporcionar a los hombres la felicidad en este mundo y la vida eterna junto con la bienaventuranza en el otro, fueron los misioneros católicos. El papa dirigía la actividad misionera mediante la Sagrada Congregación de Propaganda, verdadero ministerio de las Misiones católicas, que destacaba a los países de misión vicarios apostólicos. Las órdenes religiosas, jesuitas sobre todo, dominicos, franciscanos, carmelitas, agustinos, Sociedad de las Misiones extranjeras de París, Sociedad de San Lázaro, enviaban misioneros. Pero su número era muy reducido: los jesuitas eran 3.500 en todo el mundo; los demás, menos numerosos aún. La Sociedad de Misiones jamás llegó a tener más de 50 misioneros que trabajaran a la vez en Extremo Oriente. Su actividad se vio debilitada por querellas de método, por la condenación de los procedimientos de los jesuitas (batalla de los Ritos), por rivalidades nacionales y, finalmente, por la gran guerra que los reyes hicieron a los jesuitas a partir de 1758 y por su supresión en 1773, que casi arruinó el apostolado misionero. En 1789 el número de misioneros había disminuido a 300. Desde luego, la labor misionera quedaba comprometida por los actos de los mercaderes y de los gobiernos, que se consideraban cristianos, y por la desconfianza de los soberanos indígenas que los tomaban, equivocadamente, por espías, vanguardia de una empresa de conquista. Por estos motivos, y por otros muchos más, puede decirse que más bien rozaron los

continentes que penetraron en ellos. Pero lo sorprenden-
te no es que hayan convertido pocas almas, sino que a
pesar de todo lograran establecer cristiandades que han
perdurado.

CAPÍTULO PRIMERO

LOS DESCUBRIMIENTOS DE LOS EUROPEOS EN EL SIGLO XVIII

A principios del siglo XVIII, eran todavía desconocidas muchísimas partes de la superficie terrestre: casi todo el Océano Pacífico, los mares polares, el interior de África, el norte y el nordeste del continente asiático, grandes regiones de América del Sur. Algunos pueblos y grupos indígenas tenían conocimiento de vastas extensiones y en alguna ocasión habían levantado mapas; pero este conocimiento no era universal, es decir, no podía ser transmitido a cualquier hombre de cualquier lugar y de cualquier época, por carecer de puntos de referencia y de procedimientos de cálculo comunes, sin ayuda astronómica y matemática: no era sino una rutina, un aprendizaje directo por medio de un viaje bajo la guía de un anciano. Únicamente los europeos estaban plenamente capacitados, gracias a sus astrónomos y a sus instrumentos, para localizar exactamente los descubrimientos, para volver a hallarlos con seguridad merced a las coordenadas geográficas y al punto.

Hasta 1763 los descubrimientos marítimos son poco numerosos. Los europeos occidentales están absorbidos por el comercio. La exploración, poco activa en conjunto, se realiza tanto en los continentes como en el mar. Los principales viajes son los de los rusos a los confines de Siberia. En el siglo XVII los cosacos habían llegado al Océano Pacífico; pero faltaba demostrar que verdaderamente Asia no estuviera unida a América. El zar Pedro el Grande, impulsado por el afán de asegurar su autoridad en esas regiones y de equipararse al Occidente mediante el prestigio de los descubrimientos, mandó iniciarlos en 1720. Por mar, el danés Bering descubrió el estrecho de su nombre (1720), reconoció a continuación la costa americana a partir del monte San Elías, descubrió las islas Aleutianas y murió en una isla del mar de Bering, entre las Aleutianas y Kamtchatka, en 1741. Uno de sus lugartenientes, en 1733, exploró el mar de Okotsk, reconoció las islas Kuriles y llegó al Japón. Por tierra, a partir de 1733, algunos destacamentos descendieron el curso del Lena y, en trineos, exploran el litoral del Océano Glacial: Laptev, de 1736 a 1740; Prutchitchev, en 1735 y 1736. Finalmente, en 1742, Cheliuskin llegó al extremo norte de Asia, al cabo que lleva su nombre. Estos trabajos, de gran valor, demostraban que los dos continentes estaban separados, al mismo tiempo que delimitaban un dominio continental que quedaba por explorar. Las relaciones de Bering permanecieron, sin ser utilizadas, en los Archivos imperiales, hasta que a fines del siglo XVIII, el geógrafo Coxe y el naturalista Pallas dieron a conocer su importancia.

En América del Norte, en busca de pieles y del «mar del Oeste», la familia francesa La Vérendrye, patrocinada por el gobernador del Canadá, Beauharnais, consagró su vida a trazar itinerarios hacia el noroeste, reconoció en veinte años la pradera canadiense y, el 1 de enero de 1743, Pedro y Francisco La Vérendrye descubrieron las Montañas Rocosas.

En América del Sur, el padre Feuillée y Frézier, dos franceses, levantaron algunos mapas útiles. El español Quiroga hizo lo mismo para las tierras magallánicas.

El Pacífico fue recorrido por La Barbinais le Gentil (1714-1718); por Roggeven, un mecklemburgués al servicio de los Países Bajos, quien, en 1772, volvió a descubrir la isla de Pascua, las Paumotú y las Samoa; por el inglés Anson (1739-1743), que capturó en aguas españolas un galeón y se apoderó de todas las cartas que llevaba, captura importantísima ya que los españoles, al igual que los portugueses, habían mantenido en el mayor secreto todos sus descubrimientos para reservarse el comercio; la divulgación de esos preciosos documentos facilitó las exploraciones de la segunda mitad del siglo.

Las exploraciones, interrumpidas durante las grandes guerras de mediados del siglo, se reanudaron después de 1763. Hearne y Mackenzie recorren el Gran Norte canadiense y, en 1789, Mackenzie llega al delta del río que lleva su nombre. Pero fue el mar el principal escenario de las grandes exploraciones organizadas por los gobiernos francés e inglés, con el fin de descubrir un enorme continente austral cuya existencia todos los sabios, desde Ptolomeo, creían necesaria como contrapeso a la masa de tierras del norte. La curiosidad científica iba en aumento. El presidente Des Brosses, en su *Historia de las navegaciones a las tierras australes* (1756), escribía: «No es preciso preocuparse demasiado del provecho que pueda obtenerse de tales empresas: ya irá apareciendo, y con creces, después...; pensemos tan sólo en la geografía, en la pura curiosidad de descubrir, de adquirir nuevas tierras en el universo, nuevos habitantes». John Callender divulgó esas ideas por Inglaterra, añadiendo a ellas la esperanza de una posible conversión de los indígenas. La afición y el respeto hacia la ciencia tuvieron su parte en las decisiones de los reyes: durante la guerra de América, Luis XVI ordenó a los capitanes franceses que si tropezaban con el capitán Cook, ocupado en aumentar la humanidad, le trataran como a amigo y hermano. Y como que las ciencias estaban de moda y se preveía la adquisición de nuevos territorios, se planteaba también a los gobiernos una cuestión de prestigio; y, finalmente, como quiera que ese famoso continente austral debía ser muy rico, hubiera representado para los franceses una compensación por la pérdida de las Indias, y para los ingleses una ventaja comercial que era preciso conservar.

Las expediciones se preparaban cada día más científicamente. En lugar de partir basándose sólo en algunos relatos, los comandantes zarparon con instrucciones redactadas por sabios oficiales, quienes les indicaban los problemas que debían resolver y las búsquedas que debían llevar a cabo. Embarcaron un estado mayor científico: astrónomos, médicos, naturalistas, y gracias a la presencia de éstos, gracias a los nuevos instrumentos, las memorias adoptaron un rigor científico. Al regreso, en lugar de guardar secretos los resultados alcanzados, los divulgaron por todo el mundo.

Los capitanes eligieron barcos pequeños (300 a 400 toneladas) para disminuir los riesgos de embarrancamiento o de naufragio; pero los escogieron fuertes y los proveyeron de numerosas embarcaciones. La más severa higiene, el uso de antiescorbúticos, cerveza y col fermentada (*choucroute*), reducían la mortalidad. En tres años, en su segundo viaje, el capitán Cook sólo perdió un hombre por enfermedad.

En el curso del viaje se tomaron numerosas precauciones. Cada expedición se componía, siempre que era posible, de dos barcos que navegaban al alcance de la voz. Se multiplicaron las observaciones astronómicas, las determinaciones, los sondeos: al menor indicio de tierra, se plegaban las velas para inmovilizar el barco y la costa era reconocida por medio de embarcaciones menores. Con los indígenas, se impuso la circunspección: la costumbre consistía en «portarse amablemente con ellos, esperar el momento oportuno, ganarlos poco a poco por medio de pequeños obsequios, suprimir la violencia de dichas relaciones...».

Gracias al conjunto de esas medidas, sólo la expedición de La Pérouse acabó en catástrofe.

En 1776, se hicieron a la mar, con poca diferencia entre sí, los ingleses Wallis y Carteret por una parte y el francés Bougainville por otra. Wallis y Carteret quedaron separados por una tempestad, al poco de haber cruzado el estrecho de Magallanes. Wallis llegó a las islas Paumotú, descubrió en 1767 Tahití, que le encantó y de la cual zarpó con los ojos bañados en lágrimas, pasó a las islas Samoa, a las islas de los Amigos y descubrió las Marianas, Carteret vio el islote de Pitcairn, llegó a la isla de Santa Cruz, a las Salomón, descubrió Nueva Irlanda y se dio cuenta de que Nueva Bretaña estaba formada por dos islas. Los resultados de esos dos viajes aún fueron limitados, a causa de que la preparación todavía era insuficiente; pero se escribieron nuevos nombres en las cartas. Bougainville partió con un astrónomo, un naturalista y cronómetros. En 1768, señaló las Paumotú, descubrió también Tahití, que le entusiasmó y a la que dio el nombre de Nueva Citeria, reconoció las Samoa, las Grandes Cícladas, que más tarde Cook había de bautizar con el nombre de Nuevas Hébridas, la Luisiada, Nueva Guinea, y regresó por Java y la isla de Francia. Éste fue el primer viaje en el que se utilizaron procedimientos rigurosos para determinar las longitudes. En 1771, Bougainville publicó su *Viaje alrededor del mundo*, que obtuvo un gran éxito y que inspiró a Diderot y a Herder.

Mas estos navegantes, quizá hechizados por la idea de colonias cálidas, fuentes de comercio, después de haber rodeado América del Sur, se habían apresurado a remontar hacia el noroeste, más allá del Trópico de Capricornio, y luego habían singlado hacia el oeste. El hecho es que se habían mantenido demasiado al norte. Sus viajes, aunque muy útiles, dejaban sin resolver el gran problema: ¿existía un continente austral? En especial, ¿las tierras descubiertas en el siglo xvii por Tasman (Nueva Zelanda) no formaban un continente con Nueva Holanda (la costa occidental de Australia)? ¿Estaba esta última unida o no a Nueva Guinea? El inglés Cook proporcionó la respuesta a todas esas cuestiones.

El almirantazgo británico debía enviar astrónomos a Tahití para que observaran en 1769 la conjunción de Venus y del Sol a fin de determinar la distancia a que éste se halla de la Tierra: era la parte que le había correspondido a Inglaterra en un conjunto de observaciones internacionales. El Almirantazgo eligió como jefe de la expedición a James Cook. La elección era acertada: Cook era un marino por los cuatro costados. Nació en 1729, siendo sus padres un mozo de labranza y una criada campesina; fue colocado de aprendiz en una pequeña localidad costera; empujado por su pasión hacia el mar, se había enrolado como grumete a bordo de un carbonero. En 1755, marinero en la marina real, se educó a sí mismo con increíble energía y alcanzó el grado de contramaestre. Se había destacado en 1759 por una exploración del estuario del San Lorenzo, que permitió a la flota inglesa remontar el río y ocupar Quebec. Además, durante cuatro años, tuvo la misión de reconocer las costas de

Acadia (Nueva Escocia), de Terranova y del Labrador: resultado de ello fue el levantamiento de un mapa que pasó a ser la base de la cartografía de dichas regiones. Era, pues, un hombre entrenado tanto en determinaciones geográficas e hidrográficas como en observaciones astronómicas. Poco comunicativo, se imponía a sus tripulaciones por sus cualidades de marino y de organizador, por su trato afable, por preocuparse de las familias, de la salud, del bienestar de sus subordinados. Esto le permitía poder exigirles mucho.

En 1768, recibió instrucciones de buscar el continente austral hasta los 40° de latitud sur y de hacer un profundo estudio del mismo, y si no, llegar al este de Nueva Zelanda. Se preparó cuidadosamente. Hizo el balance de los viajes precedentes: conocía la carta general del Océano Pacífico, establecida en 1756, en la que Robert de Vaugondy había señalado el estrecho de Torres, olvidado desde 1607, noticia que, sin asomo de duda, Vaugondy había hallado en las cartas secretas de los españoles; acerca del estrecho no ignoraba el trazado, que se suponía teórico, de la carta de Dalrymple, quien se había enterado de su existencia con ocasión de la conquista de Manila en 1762, pero que no había querido divulgarla por completo. Cook se negó a aceptar un barco militar y eligió un carbonero, el *Endeavour*, lento pero seguro, estable y de gran capacidad, adecuado para transportar las provisiones de tan largo viaje. Le acompañaban el astrónomo Green, el botánico sueco Solander, el naturalista Banks. Zarpó en 1768 y, ante todo, llevó a cabo la misión astronómica que se le había encomendado en Tahití (abril-junio de 1769); luego se alejó hasta los 40° de latitud sur, sin dar, naturalmente, con el continente austral. El 7 de octubre de 1769, alcanzó la costa norte de Nueva Zelanda, hizo una circunnavegación completa y descubrió que esa tierra estaba formada por dos islas separadas por el estrecho que hoy lleva su nombre, y trazó una carta detallada de las costas. A continuación, puso rumbo a Nueva Holanda, halló la costa oriental y la exploró desde el cabo Everard hasta el cabo York, en una longitud de 1.600 millas, y le dio el nombre de Nueva Gales del Sur. El 28 de abril de 1770 desembarcó en una costa elevada y cubierta de bosques, en la que abundaban tanto las plantas que Banks la denominó Botany-Bay, y tuvo la mejor impresión del emplazamiento de la futura Sidney; luego regresó a Batavia por el estrecho de Torres, que volvió a descubrir. En 1771, estaba ya de regreso en Europa, donde su viaje causó grandísima sensación.

Pero Cook admitió que el continente austral bien podía hallarse al norte o al sur de la ruta que había seguido, y lord Sandwich, primer lord del Almirantazgo, le envió de nuevo, en un segundo viaje. Zarpó el 13 de julio de 1772, llegó a la bahía de la Reina Carlota, en Nueva Zelanda, desde donde podía hacer correrías hacia el norte y hacia el sur y volver luego a la isla, para descansar, aprovechándose de su clima templado para que se restablecieran sus hombres, agotados alternadamente por el frío de los mares polares y por el calor tropical. Registró el Océano y recorrió en veintiocho meses más de 80.000 kilómetros de Pacífico; fue detenido por los bancos de hielo en los 71° 10' de latitud sur en enero de 1774; tocó en el norte a Tahití, a las Marquesas, a las Nuevas Hébridas, descubrió Nueva Caledonia y la isla de Norfolk y, a costa de esta tenacidad de *bulldog*, estableció definitivamente que el continente austral no existía.

Encargado de hallar un paso del Atlántico al Pacífico por los mares boreales, el paso de noroeste, partió otra vez en 1776 para un tercer viaje, descubrió en 1778 las islas Sandwich (Hawai), exploró el mar y el estrecho de Bering, renunció al paso del noroeste (que, en efecto, sólo ha sido practicable y aún con dificultad después de su reciente calentamiento), y el que siempre había sido un modelo de dulzura y de justicia con los indígenas, pereció en una lucha con los habitantes de las islas Sandwich, en 1779.

Dejó magníficos mapas, de los que difieren muy poco los actuales, y después de él sólo quedaron por precisar ciertos detalles.

Ésta fue, principalmente, la obra del francés La Pérouse. Enviado por Luis XVI, zarpó de Brest en 1785, acompañado de numerosos sabios. En 1786, pudo establecer que no existen tierras de importancia al este de las Paumotú y de las Marquesas; rectificó la longitud asignada a las islas Sandwich, y luego exploró la costa americana desde los 60 a los 37° de latitud norte, de San Elías a Monterrey, levantaron cartas, observando la fauna marina y la vegetación terrestre de los secoyas. En noviembre, descansó en Macao, y en 1787 se dirigió a explorar la costa noroeste del Pacífico, que se le había olvidado a Cook. Determinó el litoral de Manchuria y demostró que Sajalín es una isla (agosto de 1788). De allí, atravesó el Océano de norte a sur, entre los puntos extremos alcanzados por Wallis al oeste y por Cook al este y llegó a Australia, donde, en enero de 1789, en Botany-Bay, encontró una escuadra inglesa. A partir de entonces, no se volvieron a tener noticias de él: los restos de sus barcos fueron hallados en 1837 en las proximidades de Vanikoro.

De este modo quedó establecida en sus líneas generales la carta del Pacífico. Quedó descartada la hipótesis de un gran continente austral; el hemisferio sur resultaba ser un hemisferio oceánico y se demostraba que las aguas ocupan en el globo el doble de espacio que las tierras. Pero las tierras que se habían descubierto en el Pacífico ampliaban notablemente nuestro conocimiento del mundo humano.

CAPÍTULO II

OCEANÍA

Los europeos, convencidos desde hacía tiempo de la unidad espiritual del género humano y de la superioridad del estado natural, sintieron vivo interés por los indígenas de Oceanía. Bougainville y Cook los observaron apasionadamente. Los dos Forster, que acompañaron a Cook en su tercer viaje, crearon, junto con Buffon, la ciencia de la formación y de la clasificación de las razas: la etnología.

Los europeos creían hallarse ante razas primitivas, ante los mismísimos orígenes de la humanidad. Es cierto que en todas partes las tribus aún vivían en la edad de piedra, y que sus utensilios se asemejaban mucho a los de las épocas prehistóricas. En realidad, no se trataba de primitivos, sino de pueblos que habían pasado por una larga evolución, la mayoría de los cuales incluso habían conocido una civilización superior, pero que al llegar los europeos estaban en pleno retroceso.

En efecto, parece que todos esos pueblos pertenecen a razas originarias del sur de Asia y que, después de ser vencidas, habrían huido en las direcciones que les sugerían las migraciones de ciertas aves de paso. Llegaron a unos territorios de limitados recursos (porque habían quedado aislados muy pronto de los demás continentes), en los que disponían de pocas especies vegetales, de escasos mamíferos,[1] y además, a causa de la reducida extensión de las islas, se vieron pronto presa de las dificultades procedentes de una superpoblación y de la escasez de alimentos y por consiguiente, entregados a continuas guerras, al aborto, al infanticidio, al canibalismo, a la preocupación inmediata y absorbente de comer; éste fue precisamente el estado en que los hallaron los europeos, con tanto temor ante la superpoblación que

---

1. En esas islas sólo se hallaban topos, zarigüeyas y murciélagos.

por doquier el número de habitantes disminuía por una restricción voluntaria de los nacimientos. No es, pues, de extrañar que esas civilizaciones no hayan progresado o que hayan retrocedido. Teniendo en cuenta esta decadencia, los cruzamientos y las recíprocas influencias, se puede admitir que Oceanía fue, en cierta medida, un «almacén de razas».

Los únicos a quienes, al parecer, se les podría haber dado el nombre de primitivos eran los tasmanios y los australianos, situados en algunos de los más bajos escalones de la especie humana.

Los tasmanios ocupaban el nivel más inferior. Establecidos en la isla en una época en que el estrecho de Bass podía ser cruzado por los más mediocres navegantes, en el pleistoceno medio, antes de que se derritieran los glaciares que elevaron el nivel de las aguas y que al menos quintuplicaron la anchura de los estrechos, habían vivido en un aislamiento que es para las civilizaciones la causa más eficaz de estancamiento y de retroceso. Alrededor de 5.000 negroides de cabello crespo, mandíbulas muy desarrolladas, cráneo deprimido, grandes arcadas ciliares, eran los seres humanos más próximos a los monos: el cráneo de esos individuos presentaba una elevación en la parte central en forma de quilla que es una de las principales características de los simios. Sus utensilios los colocaban en la fase chelense y achelense del paleolítico inferior del occidente de Europa. Desconocían el vestido y las casas; se guarecían tras cortinas de ramaje, vivían de la recolección, de la caza, pero sin perros. La organización social era rudimentaria: sólo tenían jefes temporales elegidos. Creían en la supervivencia del alma y temían a los difuntos, e incluso podían apreciarse entre ellos algo así como huellas de una religión superior, un monoteísmo: adoraban un espíritu supremo, en relación, mal establecida, con el cielo y con los fenómenos naturales. Desaparecieron en el siglo siguiente.

Los australianos, raza formada por una mezcla de elementos europeoides y negroides, estaban en un nivel algo superior, en la fase correspondiente al musteriense del paleolítico europeo. Las características de esos individuos eran: piel morena o chocolate, cuerpo cubierto de pelo, grandes arcadas ciliares, frente deprimida y huidiza, mandíbulas salientes, boca gruesa, nariz larga, y tenían un cerebro cuyo peso y cuyo desarrollo estaba muy por debajo del de los blancos.

Escasamente vestidos, sabían sin embargo construir cabañas de ramaje, hacer fuego mediante la rápida rotación de un taladro en una tabla. Poseían armas de piedra en las que junto a las hachas de cuarzo brillante del musteriense figuraban lanzas neolíticas, jabalinas y el famoso *bumerang;* pero desconocían el arco y las flechas, así como la cerámica. Eran colectores y, sobre todo, cazadores: caracoles, moluscos de agua dulce, orugas, lagartos, pájaros, canguros, zarigüeyas y una especie de avestruz, el emú. Desde luego, eran capaces de poner en aprieto al canguro y de hallar el rastro de un animal oliendo las motas de tierra.

La organización de los australianos era ya más elevada. La tribu tenía jefes permanentes, los ancianos; los grupos estaban sujetos a la imperiosa regla de la exogamia; sus territorios de tránsito eran distintos de los de las demás tribus; existía, pues, un derecho internacional.

Las ideas religiosas estaban desarrolladas. La creencia en la supervivencia de las almas era general. Los espíritus de los difuntos podían reencarnarse. Los primeros europeos, esos seres salidos del mar, de piel clara, de ojos llameantes (a causa del mayor desarrollo del sistema nervioso), que imponían a los australianos un terror físico, fueron tomados por espectros del otro mundo. Asimismo, concedían honras fúnebres a los muertos, e incluso, ciertas tribus comían los cadáveres para asimilarse así el principio vital de los difuntos. Todas tenían su tótem o antecesor común, y como descendientes suyos celebraban fraternalmente ceremonias mágicas. Algunos concebían un dios inmortal que había marchado al cielo después de haber vivido sobre la tierra, al que los iniciados iban a unirse después de la muerte. Todas las tribus conocían la magia. Los jóvenes pasaban a ser hombres aptos para el matrimonio y para ejercer funciones sociales mediante una complicada iniciación que comprendía la extracción de un incisivo superior, la circuncisión y la presentación de dibujos y relatos míticos que no eran revelados a las mujeres.

Los demás pueblos se hallaban en niveles netamente superiores. A excepción de los papúes (de nariz ganchuda con punta en forma de pico y que al parecer eran de raza pura), del estudio de las lenguas y de ciertas costumbres materiales como la piragua de balancín, parece inferirse que todos estos pueblos, a pesar de sus diferencias, participaban de una misma cultura oceánica y tenían todos el mismo origen: habrían venido de Malasia y se habrían diseminado hacia el este, por todo el Pacífico e incluso hasta América; por el oeste en Camboya, en Ceilán, en Madagascar (Hovas), y en la costa oriental de África. Sus salidas habrían comenzado en los siglos II y V d. de J.C., y las migraciones habrían alcanzado su apogeo entre el año 900 y el 1350. A continuación, estos pueblos, así como sus aptitudes para la navegación, habrían decaído.

Los melanesios[1] se hallaban en una fase de civilización que recordaba un neolítico avanzado. Físicamente poco desarrollados, de barba poco poblada, la nariz más derecha, las arcadas ciliares rara vez salientes, el atavío de esos seres era más refinado: tatuajes para las mujeres, pinturas corporales para los hombres, deformación de la cabeza o del talle, decolorados los cabellos o teñidos en ocre, collares y brazaletes hechos de dientes y de conchas, plumas o flores en los cabellos.

Sus utensilios estaban perfeccionados: hachas de piedra pulimentada, cuchillos de concha, limas de piel de raya, leznas de oro, armas diversas, incluyendo arcos y hondas. Eran, sobre todo, magníficos marinos, que sabían construir y conducir grandes piraguas; pero al mismo tiempo eran hábiles agricultores, con sólo un

1. Islas Bismark, Salomón, Luisiana, Santa Cruz, Nuevas Hébridas, Nueva Caledonia, Loyalti, Fidji, Nueva Guinea.

bastón para remover el suelo, y cultivaban el ñame y el taro. Conocían la moneda de plumas o de dientes, eran ávidos de lucro y algunos amasaban buenas fortunas mediante préstamos al 100 por 100 de interés.

La sociedad era matriarcal, el tío dirigía al hijo de su hermana. Los hombres comían y dormían en el club del poblado y los individuos de los dos sexos vivían casi siempre separados. El casamiento se realizaba por compra y los ricos eran polígamos.

El estado político era democrático; pero las sociedades secretas desempeñaban un importante papel, y en ellas, únicamente los ricos, a quienes les era posible entregar grandes cantidades y dar fiestas, podían escalar los grados superiores. Estas sociedades aterrorizaban a los no iniciados, mediante palizas, multas y la muerte.

Sus creencias religiosas era muy vivas, aunque al mismo tiempo ocupaban un nivel inferior al de los pueblos menos civilizados que hemos mencionado. Los melanesios creían en la *mana*, facultad sobrenatural transmisible. El individuo que era buen pensador, tenía *mana;* para tener éxito era preciso tener *mana*. La magia podía proporcionarla. Algunas formas de *mana* eran peligrosas; en tal caso se lanzaba el *tabú* (interdicto) contra las personas, los objetos o los lugares que la poseían. Todos eran animistas, es decir, creían en espíritus residentes en las piedras, en los árboles, en las serpientes, por doquier; mas no llegaban al politeísmo. Creían en la supervivencia del espíritu de los difuntos. Se entregaban a plegarias, sacrificios, cantos rítmicos, y tallaban en madera la figura del antepasado que iba a participar en la vida de sus descendientes.

Los micronesios[1] se les parecían mucho, pero ocupaban un grado más elevado. Notables navegantes, sus comerciantes hacían grandes viajes en sus piraguas de balancín utilizando cartas dibujadas en varitas de bambú. Tenían una nobleza y siervos. Los navegadores expertos eran recompensados con feudos. Algunas islas habían

1. Islas Marianas, Palaos, Carolinas, Marshall y Gilbert.

llegado al politeísmo y poseían un amplio panteón, dominado por un dios.

Finalmente, la cúspide de la escala oceánica, la ocupaban los polinesios.[1] Rama secundaria de los europeoides, con elementos negroides y mongoloides, eran individuos de elevada estatura, cuya facies era europea, la nariz fina, el cabello liso, la tez morena, la vista y el oído mucho más desarrollados que en los europeos, pero el olfato y el gusto eran diferentes.

Maravillosos navegantes, eran capaces de recorrer sin escalas hasta 2.000 kilómetros. Sabían determinar el punto mediante calabazas llenas de agujeros. En las Samoa y en las Tonga, piraguas dobles, de 30 metros de longitud, llevaban hasta 140 remeros. Cada isla poseía su flota. Cook contó 330 unidades en Tahití, cuya población estimaba en 200.000 habitantes.

Sus utensilios eran los correspondientes a la edad de la piedra pulimentada; pero sus objetos, en especial entre los maorís de Nueva Zelanda, parecen imitar los de metal, de lo cual puede deducirse que sus antepasados conocían el metal y la cerámica. En todo caso, estas artes estaban olvidadas en la Polinesia cuando llegaron los europeos, y es indudable que su instrumental había sido mejor antes del siglo XVIII.

En Nueva Zelanda confeccionaban los vestidos con *Phormium tenax* (lino); pero en las islas de clima cálido, habían abandonado los telares de sus antepasados para utilizar las cortezas, con las cuales se hacían faldas decoradas con galones y triángulos. Llevaban plumas brillantes, hojas lanceoladas y ostentaban finos tatuajes.

Las casas se alzaban sobre plataformas de piedras recubiertas de esteras de paja. En las Marquesas, tenían una longitud de 20 a 100 metros. En ellas podían verse mosquiteros y almohadones de bambú. Los maorís disponían de fuertes, en cuyo interior podían caber varios miles de personas, dotados de fosos, parapetos, empali-

1. Islas Samoa, Marquesas, Sociedad, Tuamotú, Tonga, Tubuai, Fidji, Nueva Zelanda y Hawai.

zadas y plataformas más elevadas para uso de los defensores.

Estos pueblos vivían en la fase de gran familia compuesta de varios centenares de personas, análoga a la *gens* romana o al *genos* griego. La sociedad estaba dividida en clases jerarquizadas: reyes, nobles, hombres libres, esclavos. El rey, título hereditario entre los varones por orden de nacimiento, era una encarnación de la divinidad; por consiguiente, sagrado. Los nobles poseían feudos y dominaban las asambleas deliberantes; eran dueños de toda la tierra. Sus huesos eran depositados en lugares sagrados y eran los únicos que tenían derecho a una supervivencia. Nombraban jefes locales, a quienes estaba encomendado el decidir todas las empresas comunes, pero que eran sustituidos si mostraban indecisión o no acertaban en sus decisiones. Los hombres libres eran, prácticamente, pecheros y estaban sujetos a servidumbre corporal.

Al parecer, la religión de los polinesios contenía elementos brahmánicos, y quizá persas o babilónicos. Así, por ejemplo, los maorís creían en un Dios supremo, eterno, todopoderoso, justo, que moraba en el duodécimo cielo; mas era tan sagrado que la inmensa mayoría de los maorís morían sin ni siquiera sospechar la existencia de esa parte de su religión. Todos tenían, además, un panteón formado por grandes dioses del cielo y por dioses locales, de los bosques, de las cosechas, de la guerra, del mar, del mal, con toda una mitología explicativa del universo. Adoraban, también, una multitud de espíritus diseminados por toda la naturaleza y, asimismo, los espíritus de los antepasados. La clase sacerdotal, reclutada entre los nobles, conservaba los relatos míticos y presidía las ceremonias que comprendían sacrificios humanos. La isla de Kaiatia era la sede de los sacrificios comunes a toda la Polinesia. La magia era utilizada. La religión había dado origen a una bellísima poesía y a una escultura de valor, que, a menudo, ya sólo tenía un fin estético.

La guerra era perpetua entre esos pueblos. Los

poblados y las plantaciones eran quemados, los vencidos devorados, reservándose el corazón para los jefes.

La presencia entre muchos pueblos oceánicos de la creencia en un Dios supremo, muy distinto del jefe de un panteón politeísta, fue causa de que se pensara si nos hallábamos en presencia de vestigios de esa revelación primitiva seguida de decadencia que enseña la Biblia, o bien de huellas de un estado superior al que se había llegado después de una larga evolución natural, partiendo del animismo, y después del cual esos pueblos habrían sufrido un retroceso.

En el siglo XVIII, los europeos no se disputaron esos maravillosos países, que no eran los que ellos habían buscado. En 1772, el capitán Crozet tomó posesión de Nueva Zelanda a la que dio el nombre de «Francia austral»; mas no dejó en ella ningún establecimiento. El primero fue obra de los ingleses, en Australia. Desde 1776, la guerra de Independencia americana impedía que los reclusos siguieran enviándose a Virginia. En 1786, el gobierno inglés decidió crear una colonia penitenciaria en Botany-Bay. Allí llegó el capitán Philippe, el 18 de enero de 1788, y desembarcó 717 condenados, entre ellos 188 mujeres, dejándolos bajo la vigilancia de 191 marineros y de 18 oficiales, junto con un toro, 5 vacas, un carnero y 29 ovejas, los primeros en esa parte del mundo. Fueron los modestos principios de la nación australiana.

En el siglo siguiente, los habitantes de Oceanía iban a decaer con gran rapidez al contacto con los europeos.

CAPÍTULO III

ASIA

Asia atravesaba un período de decadencia. Hasta esa época y todavía por algún tiempo, el ritmo de su historia estaba fijado por la lucha entre nómadas y sedentarios. Formada por una serie de llanuras y de oasis de clima tórrido, Mesopotamia, llanuras del Indo y del Ganges, llanuras del Yang-Tsé y del Hoang-Ho, sede de brillantes civilizaciones agrícolas, medio rodeadas por estepas y desiertos en vías de progresiva desecación, poblados por pastores nómadas, Persia, Turquestán, Tibet, Mongolia, Asia se veía perturbada por periódicas invasiones de los pastores en los países de la periferia. Estos nómadas, pobres y constantemente amenazados por el hambre, acudían a hacer algunos intercambios a las lindes de las regiones cultivadas de Persia, India y China. Observaban la opulencia de esos países y descubrían muy pronto sus puntos débiles: poblaciones apartadas por el calor y la humedad, embotadas por las ocupaciones sedentarias, soberanos debilitados por el bienestar, el vino, el lecho, las mujeres, e incluso con frecuencia por vicios innobles. Entonces, un jefe enérgico se ponía al frente de una tribu nómada, derrotaba a las demás, las sometía, las arrastraba, devoradas de envidia y de furiosos apetitos, hacia las ricas llanuras de la periferia; en una sola batalla, derribaba el imperio debilitado, se convertía en rey de reyes de Persia, en emperador de las Indias, en emperador de China; lleno de energía y de empuje, levantaba el viejo imperio; su hijo, que todavía poseía el vigor del bárbaro al que unía la experiencia política adquirida mediante una educación principesca, llevaba el imperio a su apogeo; mas luego, el clima, la vida cortesana, el harén o el zenana, producían su efecto. Los descendientes del vencedor se iban convirtiendo poco a poco en reyes holgazanes. El imperio se precipitaba de nuevo hacia la decadencia, bajo la atenta mirada de nuevos bárbaros.

En una de estas últimas fases se hallaba Asia en el siglo xviii. En Persia, la dinastía Sefévida se hunde y aumenta la anarquía. En la India, el imperio mogol se desmorona ante los golpes simultáneos de los bárbaros del exterior y de la reacción indostánica, lo cual facilita los avances de los europeos. China se mantiene en un nivel elevado bajo la dirección de los descendientes de los conquistadores manchúes; pero esta dinastía pasa ya su apogeo y aparecen algunos indicios de decadencia. Japón sigue aislado e impenetrable; pero su mismo aislamiento provoca la descomposición de la sociedad japonesa. Entretanto, los europeos multiplican sus relaciones con Asia y la atacan, los rusos por el norte, por tierra; ingleses, franceses y algunos otros, por el sur y el este, por mar.

I. PERSIA E INDIA

Persia

A principios del siglo xviii, en Persia, la dinastía Sefévida asistía a una disminución de su poder. En el siglo xvii le había dado a Persia un período brillante. Había sido reconstruido el antiguo imperio sasánida; se había iniciado la europeización; floreció el clasicismo persa; pero las fuerzas de la dinastía se iban desgastando en los harenes. El último Sefévida, Thamas II, es, en los albores del siglo xviii, un déspota blando, vicioso, feroz, cuyas crueldades habían diezmado su propia familia y le habían enajenado el favor de su tribu de origen, núcleo de su ejército y de sus colonos de explotación. Nómadas de la estepa, bárbaros montañeses, extranjeros, todos acechaban a este imperio que se debilitaba por momentos.

Fueron los afganos, derrotados el siglo anterior por el fundador de la dinastía, Sāh ʿAbbās, los que se rebelaron. Pueblo del mismo origen que los persas, había conservado su individualidad en las montañas, gracias a la profundidad de los valles y a la estrechez de los pasos que los ponían en comunicación. Eran musulmanes ortodoxos o sunitas, que odiaban a los persas, musulmanes chiítas; rudos montañeses, seminómadas, que vivían de la crianza de ganado trashumante, que menospreciaban a los iraneses por 'ser ciudadanos civilizados, agricultores sedentarios hundidos en bajos menesteres, comerciantes mentirosos. En 1710, la tribu de los Guilchis, en la región de Kandahar, se sublevó, asesinó las guarniciones persas, y arrastró a los demás afganos. El emir de los Guilchis, Mīr Mahmūd, invadió Persia, venció a los persas, entró en Ispahán el 23 de octubre de 1722 y se hizo proclamar rey. El débil Thamas II huyó y se refugió en la región de Mazanderán, rica en impenetrables espesuras y en aguas estancadas.

Entonces, de todas partes, nómadas y Estados vecinos se abalanzaron sobre Persia. Los turcomanos del emir de Bukhara invadieron el Korasán. Los rusos que, desde su factoría de Astrakán, tenían la vista fija en la ruta mercantil que iba de la India a Europa (que iba por Kabul, Herat, Meshed, Teherán, Tabriz, y luego, se bifurcaba hacia Erzerum y Trebisonda, o hacia Diarbekir, Alepo y Alejandreta), ocuparon Derbent en 1722, Bakú en 1723, y por el tratado de Petersburgo obtuvieron la orilla sur del Caspio: las regiones de Daghestán, Chirván, Mazanderán y Asterabad.

Los turcos otomanos aprovecharon la ocasión para tomarse el desquite: volvieron a ocupar Armenia, Irak, Azerbaidján. El sucesor de Mīr Mahmūd, Asrāf, próximo a los otomanos por la fe y ablandado por el título real que le otorgó el sultán de Constantinopla, se declaró vasallo suyo, reconoció las conquistas de los turcos, y se comprometió a barrer la herejía chiíta, que era una de las bases de la individualidad persa. El viejo imperio parecía estar a punto de desaparecer.

La salvación le vino por obra de un nómada. Un *condottiere* turcomano, de la frontera del Korasán, Nādir Sāh, después de cometer numerosos saqueos, homicidios y bellaquerías, se había convertido en jefe de una tribu de turcos-afshares. Siguiendo la pauta normal de los acontecimientos en Asia, derrotó a otra tribu, se ganó a muchos

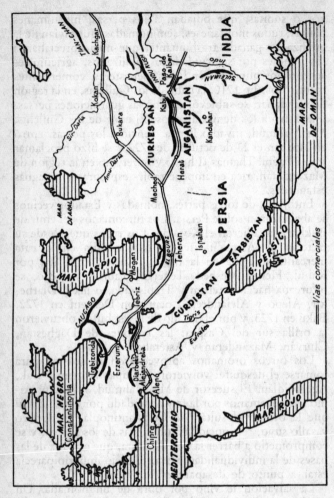

Mapa III. – Grandes centros comerciales de Persia

individuos mediante su generosidad, atrajo a todos los guerreros ansiosos de aventura, venció y sometió sucesivamente a todas las tribus de los turcos-afshares, y, de 1722 a 1726, se aprovechó del hundimiento persa para conquistar el Korasán. Tuvo la habilidad de proclamarse esclavo de Thamas, con lo cual se convirtió en la esperanza de los iranios. Único hombre enérgico en medio de una corte desamparada, reorganizó el ejército persa, aplastó a los afganos y llevó de nuevo a Thamas II a su capital (1730).

Pero tanto el rey como los persas esperaban que reconstruiría el imperio. El rey de Persia debe ser un conquistador. Todos los iranios, alimentados desde la infancia por el *Libro de los reyes* de Firdusi, que era para ellos la *Ilíada* y la *Odisea,* se consideraban como la nación más antigua del mundo, superior a los demás pueblos, destinada a dominarlos. Era preciso dar satisfacción al orgullo nacional. Además, los mercaderes, que tan útiles le eran al rey por sus préstamos, esperaban de él que diera seguridad a los caminos y bazares, restableciera las relaciones comerciales a través de este «gran camino de los pueblos» entre Oriente y Occidente que es Persia. Además, el rey está obligado a obtener mediante guerra los recursos que no pueden proporcionarle los impuestos, en un país en el que el mercader clama que le están desollando cuando sólo le rozan, en que el nómada huye y el campesino estrujado muda de lugar, ya que no es precisamente tierra lo que falta. Finalmente, a este jefe de banda que era el rey o bien su mayordomo de palacio, le era preciso satisfacer, mediante el pillaje, a sus seguidores, a su familia, a su tribu, a sus soldados. Por todo ello, Nādir Shā hizo la guerra. Les arrebató a los afganos el Korasán y la provincia de Herat; a los otomanos, el Irak, el Azerbaidján, Eriván, Kars y las fortalezas del Cáucaso. En consecuencia, el tratado de Constantinopla, del 17 de octubre de 1736, devolvió a Persia todas sus antiguas provincias, con la adición de la Armenia oriental y el protectorado de Georgia. A partir de 1734, los rusos, que carecían de efectivos para mantener tan vastos territorios, habían abandonado las conquistas de 1723. El 1 de febrero de 1736, Nādir Sāh pudo ya deponer al incapaz Sefévida y hacerse coronar en la llanura de Mogan por los jefes del pueblo, rodeado por todas sus tropas. Ésta fue la recompensa de haber «devuelto al imperio su antigua gloria y de haberlo librado de los afganos, de los turcos y de los rusos».

Último de los reyes pan-iranios, extendió en todas direcciones la dominación persa, por las grandes rutas comerciales de Asia.

Estableció la capital de su reino en Meshed para así poder vigilar el punto más sensible: la frontera de los nómadas del Turquestán. En una altiplanicie del Ala-Dag, en medio de una inexpugnable muralla de rocas y picos, abierta únicamente por dos entradas de sólo unos metros de anchura, estableció la fortaleza de Nādir Sāh. En 1737, se puso al frente de sus bandas para atacar Afganistán, poseedora de los mejores pasos hacia la India (Khyber) y hacia el Turquestán (Hachi-Kak, Techen). Se apoderó de Kandahar, Gazna y Kabul, y sometió a todas las tribus. La ruta de la India quedaba abierta para él; pero se contentó con una expedición de saqueo: en 1739, atravesó el Indo, ocupó Lahore, con sus 40.000 hombres aplastó en Karnal los 200.000 del gran mogol Muhammad, entró en Delhi y obtuvo 750 millones, lo cual le permitió perdonar a los persas tres años de impuestos. Luego, le devolvió el trono de la India a Muhammad.

Por la ruta de China, en 1740, invadió el Turquestán, dio una severa lección a los nómadas, obligó al kan Bukhara a pagarle tributo, y sustituyó el kan de Kiva por un vasallo.

Pensó europeizar esa Persia cuyas fronteras había asegurado, en realizar allí la misma labor que Pedro el Grande había intentado hacer en Rusia. Y podía haberlo conseguido. El Irán es ario y, en esa descomunal Asia que oprime al hombre, participa un poco de la moderación europea. La civilización irania, muy asiática, se opone sin embargo al vértigo del resto de Asia por una especie de sabia moderación, templada, humana, por una aptitud casi francesa para fundir elementos dispares y formar con ellos una obra original. Pero a Nādir Šāh le faltó tiempo para poder hacerlo: en 1747, murió asesinado.

Tras él, Persia cayó en pedazos. Desde luego, los sucesores de Nādir no estaban a su altura; pero la diversidad de las poblaciones tampoco les hacía fácil la tarea. Irán es un desierto rodeado de montañas. Unicamente los extremos sur y oeste: Kirmán, Farsistán, Luristán, Kurdistán, están poblados por iranios puros, fieles a su antigua civilización, pero con infiltraciones árabes en el Luristán y amarillas en el Kurdistán. Al norte, la mayoría es amarilla, mogola, tártara, turca, ya que tanto emigrantes como viajeros y conquistadores se han apiñado en este estrecho paso, en la faja de desiertos que se extiende desde el Senegal hasta el Amur, centro de tres continentes, ya en el camino de las costas del occidente de Europa y de las costas de la Europa oriental, región que por sus estepas resulta tan cómoda para los desplazamientos de los jinetes.

Y así, surgió una refriega de tribus. Los herederos de Nādir Šāh sólo fueron reconocidos en el Korasán, que conservaron con la capitalidad en Meshed. Los afganos se independizaron. Los turcos-kachares, nómadas pastores y caravaneros, antiguos jefes bélicos de los Sefévidas, organizados en colonias militares en la frontera septentrional, de Armenia a Afganistán, en Eriván, Asterabad y Kandahar, se rebelaron y prácticamente consiguieron la independencia. Finalmente, al sur y al oeste, algunos jefes de las tribus bajtiaris y zend trataron de restaurar la autoridad de los iranios en el imperio persa, y así se formó una dinastía nacional zenda. Karim Jān (1750-1779) reconquistó a expensas de los turcos-kachares la ciudad de Ispahán y las provincias de Azerbaidján y Manzanderán, y unificó el oeste de Persia, desde el Caspio al golfo. Instaló la capital en Chiraz, ciudad que embelleció y en la que levantó, símbolo del renacimiento nacional, un monumento en recuerdo de los dos mayores poetas de Persia: Saadí y Hafiz.

Mas a su muerte, el turco-kachar Aga-Muhammad

volvió a iniciar entre los suyos la epopeya de Nādir Sāh, sometió a todos los turcos-kachares y los condujo a la conquista de Persia. En 1795, arrebató Ispahán y Chiraz a los zendas. Anteriormente, en 1781, ya había desalojado a los rusos que regresaban a la provincia de Mazanderán. Desde 1785, los cosacos de Catalina II llegaban al Cáucaso y el príncipe de Georgia le había hecho a la zarina obsequio de sus dominios hasta el río Arak y de las tres fortalezas de Tiflis, Eriván y Cutaís. En 1795, Muhammad se arroja sobre él, le aplasta, asesina a los cristianos, y luego se dirige a la carrera al otro extremo del imperio para arrebatar, en 1796, a los hijos de Nādir Sāh, el Korasán; así, gracias a todas sus victorias, puede coronarse rey de reyes. Pero los ejércitos rusos acuden a vengar los horrores de Tiflis, invaden Georgia, las règiones de Daguestán y Chirván, atraviesan el Arak, y acampan en la llanura de Mogan. Agā-Muhammad acude para defender la entrada del imperio y muere asesinado en 1797. Éste fue el principio de una larga guerra que acabó con el definitivo establecimiento de los rusos al sur del Cáucaso.

El imperio iranio había caído en manos de una horda turca, que sólo lo había conquistado mediante atrocidades y que sólo supo explotarlos como si se tratara de una hacienda. Mas fue incapaz de reconstruirlo en toda su antigua extensión: en 1795, Afganistán, Beluchistán, Azak-Arabi, Mesopotamia, escapaban de hecho a su poder. Tampoco fue capaz de reconstruir una unidad nacional: esta horda siempre fue menospreciada y odiada en el Irak, el Fanistán y el Kirmán. Asimismo, fue incapaz de mantener una civilización, trastornada por un siglo de guerras y de devastaciones. Ya bajo Nādir Sāh la decadencia intelectual era grave: las obras literarias estaban deformadas por el énfasis, la ampulosidad, la charlatanería. Durante algún tiempo, ciertas artes conservaron su valor: la fabricación de tapices siguió siendo abundante y buena hasta el final del siglo. Una ornamentación racional, esquemática, abstracta, estilizada, dispuesta según un orden y una simetría europeos, una profusión de temas orientales, una elegancia grácil como de estilo Luis XV; una policromía de contrastes extremados, pero de feliz armonía gracias al empleo de los colores en pequeñas masas, merced a disponer el tono más oscuro tocando al tono más claro, y a agruparlos en temas cada uno de los cuales forma un conjunto distinto del tema próximo, todo esto era una prueba de la supervivencia de la tradición aria. Pero, ya a partir del siglo XIX, también en este arte aparece la decadencia. «Caminos, monumentos, ciencia, ejército, administración, todo lo que la Persia indoeuropea de los Sefévidas, la Persia artista e industriosa de Chiraz y de Ispahán, había creado para admiración de los occidentales, todo se ha desplomado bajo el peso de los turcos de Teherán.»

India

La península índica constituye un mundo aislado del continente por elevadas cadenas montañosas. Una serie de rasgos comunes de civilización, derivados de los monzones, de la religión brahmánica y del régimen de castas, del Islam en las llanuras del Indo y del Ganges, han crecido sobre su suelo. Pero, dejando de lado el factor de división que representa la animosidad reinante entre musulmanes e hinduistas, la diversidad de las regiones naturales así como de las circunstancias históricas habían dado origen a conjuntos de tradiciones, de hábitos, de costumbres, de agrupaciones humanas distintas, esbozos de naciones. La barrera montañosa sólo es franqueable con cierta facilidad por el noroeste, por las «puertas afganas» (pasos de Khyber, Peiver, Khochak, Gavacha) y precisamente por ellas penetraron todas las invasiones de los nómadas, cuyas conquistas sometieron sucesivamente la India, sin transformarla.

A principios del siglo XVIII todavía dominaban los mogoles, cuyo jefe, el gran mogol Aurengzeb, poseía todo el norte de la India y la parte septentrional de Dekán; y además había impuesto su señorío a la mitad meridional. La organización se parecía mucho a la de un ejército acampado en territorio recién conquistado. La parte del imperio que era explotada directamente por el gran mogol estaba dividida en subabías, subdivididas a su vez en nababías. Subabes y nababes, grandes funcionarios con poderes militares y civiles, elegidos entre los «devotos» al emperador, debían mantener una fuerza armada para su servicio y para guardar el orden, recaudar los impuestos y enviar anualmente cierta cantidad al tesoro imperial. Sus lugartenientes estaban encargados de la policía y de la cobranza del impuesto, y cada uno de ellos disponía de tropas en cierto número de pueblos. Pero, incluso en esas provincias, el gran mogol tenía vasallos, como los rajaes rajputas, que escapaban a la autoridad de los funcionarios, le pagaban directamente en sufragio y estaban obligados al servicio de hueste, al igual que los príncipes vasallos del sur. Los lazos de fidelidad de hombre a hombre eran poderosos mientras que la noción del Estado era débil; si el soberano flaqueaba y los subades y nababes se perpetuaban en sus funciones, la organización podía con sumá facilidad convertirse en feudal, jerarquía de señores y vasallos, que poseían en feudo sus circunscripciones, y esto fue lo que muy pronto ocurrió en el siglo XVIII. En resumen: toda una clase militar vivía del impuesto cobrado a los campesinos.

Su reducido número, así como la rudimentaria civilización que constituía su bagaje al llegar a la India, había obligado a los mogoles a ser muy liberales. No tuvieron más remedio que valerse de todos los individuos que querían servirles, sin preocuparse ni de la raza ni de la religión a que pertenecían. Habían empleado persas en los negocios; afganos e indios rajputas, confederación de feudales belicosos y magníficos jinetes, en el ejército. Habían tomado prestado de las distintas civilizaciones: utilizaron el idioma indostaní en la administración y el persa en la corte, que se había convertido en un centro de civilización persa. Habían seguido una sabia política de consideraciones y de justicia en relación con los campesinos indios. Habían tratado de establecer una verdadera colaboración con los indígenas; pero, con ello, habían mantenido la civilización india y las agrupaciones naturales indias. El conquistador no era más que una sombra sobre el mar.

Ahora bien, si el gran Aurengzeb había llevado muy lejos sus conquistas, también empezó a comprometer la dominación mogol. Musulmán ortodoxo, sunnita fanático, lleno de desprecio hacia los infieles, había abrumado a los campesinos con peticiones y prestaciones feudales. Había apartado en todo lo posible a los señores hindúes y a los musulmanes chiítas de los cargos y de los empleos, para sustituirlos por sunnitas. Quiso convertir la India al islamismo y persiguió a los hinduistas, cobrando de ellos un impuesto especial, la *chizya*, transformando sus templos en mezquitas, martirizando a sus sacerdotes. Con ello había dado lugar a una violenta reacción india contra el elemento mogol. Se había enajenado sus más fieles vasallos, incluso los rajputas, cuyo valor y cuya situación en la India, entre países musulmanes, sobre los caminos de las «puertas afganas», les hacían indispensables. Ya en vida, se habían sublevado contra él los sikhs y los mahratas. Después de su muerte, acaecida en 1707, la autoridad de los emperadores mogoles se redujo muy pronto a la nada. El imperio subsistió sólo de nombre; los principales señores siguieron ostentando títulos de funcionarios y se declararon vasallos del gran mogol; pero, de hecho, pasaron a ser independientes. Mas las luchas que se hacían unos contra otros para lograr el predominio, les impidieron realizar algo sólido. Los nómadas pudieron volver, y, en rápidas correrías, destrozar las fuerzas indias antes de que hubieran florecido. Y los europeos se aprovecharon de las divisiones para empezar la conquista de la India.

Las rivalidades de los pretendientes al imperio fueron la causa inmediata de la decadencia. Aurengzeb dejó al morir, en 1707, tres hijos enzarzados en luchas unos con otros: el primogénito, Bahādur, venció, y conservó el poder hasta 1712. Los cuatro hijos de Bahādur se disputaron la sucesión; tres fueron muertos y el más joven, Yahandar, fue gran mogol de 1712 a 1713. Uno de sus sobrinos, Faruksir, se sublevó, le derrotó, le mandó estrangular, y reinó de 1713 a 1719. Pero también él acabó en la soga de los indios sublevados, que proclamaron emperadores a descendientes de Aurengzeb. La muerte los segó, hasta que uno de ellos, Muhammad, gozó de una sombra de poder de 1719 a 1748. En condiciones parecidas, le sucedieron Ahmad (1748-1754), 'Ālamgīr II (1754-1759), 'Alam II (1759-1806), que, excepto 'Ālamgīr, que se agotó en el esfuerzo, fueron fantasmas de emperador, juguetes de las facciones, distribuidores de títulos y diplomas, que daban apariencia de derecho a los hechos, siempre a disposición del más fuerte o del mejor postor.

Obligados a contar con ayudas en su lucha por adueñarse del poder, los pretendientes trataron con miramientos o se valieron de los grupos indios, en especial, de los rajputas, sikhs y mahratas, que constituyeron unos a modo de Estados indígenas, expresión de la gran reacción india contra la dominación mogólica.

Los rajputas formaron muy pronto una confederación de principados casi independientes. La señal de su emancipación apareció cuando Achit Sing, subadar (virrey) de Ahmerabad, recobró en 1720 a su hija, viuda de Faruksir, mandó que se despojara de su vestido musulmán y despidiera su séquito islámico. Nunca se había visto que un rajá reclamara a su hija casada con un rey. Mas los príncipes rajputas estaban demasiado divididos entre sí para desempeñar el papel importante a que les concedía derecho su valor guerrero y su situación geográfica.

Perseguidos por Aurengzeb, los sikhs gozaron de mejor situación durante el reinado de Bahādur, que volvió a seguir una política tolerante y tomó a Gwind, el *gurú* (predicador) de los sikhs, a sus órdenes. Sin embargo, todavía necesitaron medio siglo de luchas incesantes para lograr que fueran respetados sus establecimientos del Indo. Y lo lograron gracias a su religión, que enaltecía sus cualidades morales y físicas. No formaban una raza sino una secta, surgida en el siglo xv y compuesta de indios de muy diverso origen. Así,

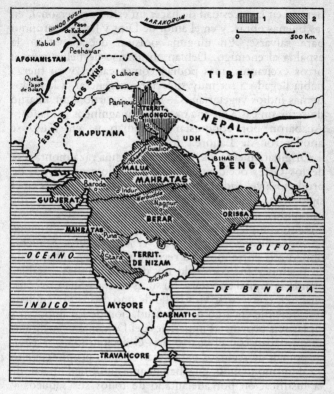

Mapa IV. — Estados desmembrados del Imperio mogol y Estados del sur de la India

1. Zona de autoridad efectiva de los emperadores mogoles; 2. Zona controlada por los mahratas.

rechazaban el politeísmo, la idolatría, los ritos y, en especial, los prejuicios de casta: una muchedumbre de indios pertenecientes a todas las castas, incluyendo numerosos parias, creyeron en ellos y se apresuraron a seguirles. Creían en un solo Dios, en la predestinación, lo cual aumentaba su valor en el combate, y al mismo tiempo en la necesidad de hacer un esfuerzo personal, en las buenas obras, y en el amor de Dios y hacia el prójimo para salvarse. En ninguna ocasión debían volver la espalda al enemigo. Debían abstenerse de beber vino u otros excitantes, mas podían comer carne, y su fuerza había llegado a ser muy superior, en general, a la de los demás indios vegetarianos. «La fe convirtió a un amasijo de seres sin casta en una nación de magníficos soldados.» Acabaron por conquistar el Penjab y, en 1764, se apoderaron de Lahore.

Originariamente los mahratas eran una raza montañesa de los Gates occidentales. Su maravillosa caballería, de prodigiosa velocidad, les hacía temibles. Sublevados en el siglo XVII, se unieron a ellos numerosos aventureros intrépidos procedentes de muy diversas partes, y este ejército complejo vivió de algaras y de saqueos, dirigidos en todas direcciones. En 1708, el jefe de ellos, Sahuchi, obligó a la corte mogol a reconocer la independencia de su pueblo y fue coronado rey de los mahratas, estableciendo la capital en Satara. Su sucesor, Raja-Shao, aceptó, en 1709, convertirse en vasallo de uno de los pretendientes, quien le encargó de la recaudación de los impuestos en las seis provincias imperiales del Dekán. Los mahratas se quedaban con el cuarto más el décimo (35 por 100), disponían de recursos para desarrollar su propio ejército y, al mismo tiempo, gozaban de una autoridad oficial, de la justificación por adelantado de todos sus saqueos y de todos sus ataques bélicos en el Dekán septentrional. Raja-Shao, ablandado por el zenana de Aurengzeb, en el cual había vivido como prisionero, se convirtió en un rey holgazán y sus sucesores no fueron mejores que él. Unos mayordomos de palacio, los peichuas, fueron quienes dirigieron a los mahratas. Se fueron sucediendo en el cargo así como en su feudo de Puna, y formaron una dinastía. Concedieron en feudo y a veces en alodio a los oficiales del ejército mahrata las regiones y los grupos de pueblos en los que éstos debían recaudar los impuestos, y así la organización mahrata se convirtió en una organización completamente feudal. El primer peichua, ya en 1727, obtuvo de los mogoles el derecho de recaudar los impuestos tanto en los Estados tributarios del sur del Dekán (Mysore, Travancore, Carnatic) como en las seis provincias del norte. El segundo peichua, Baji-Rao (1720-1740) extendió de hecho su poder hasta los ríos Chambul, Chuma y Ganges, y los territorios conquistados los dividió en cuatro feudos que concedió a las cuatro grandes casas mahratas: los Holkar obtuvieron el Malúa meridional, con capital en Indore; los Sindhia, el Malúa septentrional con Gualior; los Busla, el Berar con Nagpur: los Guikuar, una parte del Gujarat con Baroda. Con ellos, la confederación mahrata se extendía hasta las proximidades de Delhi. Bajo el tercer peichua, Balaji-Rao (1740-1761), los mahratas siguieron progresando en sus ataques en todas direcciones. Sólo fracasaron contra los franceses, de los cuales se vieron obligados a declararse vasallos (1751). Pero las disensiones entre las grandes familias mahratas, así como entre éstas y el peichua, debilitaban la confederación. Casi puede decirse que sólo se hallaba unida ante un grave peligro mogol.

Los progresos de los hinduistas se veían favorecidos por las divisiones de los musulmanes. Faruksir había logrado vencer gracias a dos hermanos zaidíes (descendientes del Profeta), los cuales, pertenecientes a una familia establecida desde siglos atrás en la región de Doab y profesando el islam chiíta, se enorgullecían de ser indostaníes. Husayn ʿAlī, subabar de Patna, llegó a primer ministro, y Abdullāh Jān, subabar de Allahabad, a generalísimo. Teniendo a su disposición una numerosa clientela militar, siguieron una política nacional india, y nombraron clientes indios para todos los cargos.

Después, cuando Faruksir, considerando que eran demasiado poderosos, ayudó contra ellos a los mogoles, los dos hermanos apelaron a todos los indios, depusieron a Faruksir, y acabaron por nombrar en su lugar a Muhammad, al que dirigieron.

Los nobles mogoles, furiosos y humillados por su decadencia, se rebelaron. Nizām al-Mulk, subabar de Malúa, derrotó a los dos hermanos y puso en libertad al emperador, en 1720; pero la contrarrevolución mogol acabó en un nuevo desmembramiento del imperio. Nizam, convencido de que el emperador ya no tenía importancia, se forjó un principado en Dekán (1722-1724), donde fundó una dinastía que, en teoría, era vasalla del gran mogol. Lo mismo hizo uno de sus auxiliares, Sudut Jān, en el virreinato de Ud, con el que le había recompensado Muhammad. La subabía de Bengala y las nababías segregadas de ella de Behar y Orisa, llegaron prácticamente al mismo estado de independencia. El gran mogol únicamente tenía poder efectivo en Delhi y en sus aledaños.

Los mahratas, que parecían estar a punto de dominar en toda la India, tropezaron con los Estados mogoles y, en especial, con el de Nizam. Pretendían recaudar los impuestos en sus territorios. A pesar de que Nizam fue derrotado (1729-1736), sin embargo logró que los mahratas no penetraran en sus dominios, aunque se vio obligado a permitirles que prosiguieran sus conquistas y sus expediciones hacia el norte. Los mahratas llegaron en sus correrías hasta Bengala; Behar y Orisa tuvieron que pagarles tributo, y lo mismo ocurrió en el sur con el rajá de Mysore. Balaji-Rao lanzaba expediciones contra los dominios rajputas, contra Penjab, contra Ud, arrebataba Basein a los portugueses, amenazaba Goa, hacía una correría por las posesiones francesas, aunque en este último objetivo fracasó. Parecía como si las algaras mahratas tuvieran que extenderse a todo el territorio de la India: era una causa de zozobra para los nobles mogoles, para los comerciantes y para los campesinos indios; toda la organización social quedaba destruida, era imposible comerciar, el campesino estaba aplastado.

El sucesor de Nizām al-Mulk, el Nizam Salabat Yung, hizo un gran esfuerzo, ayudado por los cipayos del francés Bussy, enviado por Dupleix, y Balaji-Rao fue vencido (1751). Pero, al retirarse los franceses a causa de su rivalidad con los ingleses, Salabat fue vencido, se vio obligado a capitular y perdió una parte de su territorio. Su sucesor, Nizām 'Alī, reanudó la lucha; mas fue abandonado por los franceses a causa de la guerra de Siete Años, y los mahratas, aleccionados por la superioridad de los soldados de Bussy, habían organizado su propia infantería y constituido una artillería de piezas de campaña a la francesa. Nizām 'Alī fue en consecuencia totalmente derrotado y su territorio desmembrado (1760).

Esas luchas entre indios y mogoles, estos perpetuos saqueos, abrían el imperio a nuevas invasiones. Ya una primera vez, por haber tratado el emperador con arrogancia a Nādir Sāh, el rey de reyes, éste atacó en 1739; halló, en la región de Kabul y de Peshawer, virreyes ineptos, nombrados por favoritismo; las guarniciones descuidadas; las tribus cuya misión consistía en avisar y en retrasar el avance, no habían cobrado. Penetró en la India, aplastó a Muhammad, conquistó Delhi, lo saqueó todo sistemáticamente, incluso se apoderó del trono, y luego marchó tras haber ordenado que se obedeciera al emperador, al que acababa de arruinar. Posteriormente, y en varias ocasiones, los afganos de Ahmad 'Abd 'Alī invadieron la India: en 1748, fueron rechazados; en 1752, ocuparon el Penjab y lo pusieron bajo el mando de un virrey mogol que no conservó su poder; en 1756, ocuparon Delhi; y volvieron de nuevo las disensiones. El busla de Berar no acudió; el virrey de Ud era enemigo de los mahratas; otros, se retiraron. Los mahratas no supieron sacar partido de su artillería y de sus batallones equipados a la francesa, que lograron hacer el vacío ante ellos, pero cuyos movimientos no fueron coordinados con los de las demás tropas. El 7 de enero de 1761, en Paniput, las repetidas cargas de la caballería poderosa afgana, cubierta de hierro, infligieron una terrible derrota a los mahratas.

El desastre de Paniput puso punto final, en el siglo xviii, al sueño de la India unida e independiente. El poder de los mahratas quedaba roto: 200.000 de ellos habían quedado en la llanura de Paniput, con casi todos los jefes, sin contar las mujeres y niños. Ahora, ya no son capaces de someter la India y de unificarla contra los nómadas, y eso si su mentalidad y su organización lo hubiera permitido alguna vez. Los demás Estados indios son demasiado débiles. En cuanto a los extranjeros, los afganos sólo han demostrado ser capaces de dirigir con éxito expediciones de saqueo; Irán está ocupado en sus luchas intestinas, las tribus del Turquestán y de Mongolia poco a poco van cayendo víctimas de los chinos, dotados de artillería europea. Además, el desarrollo de la confederación sikh, su instalación en Lahore, representan un serio obstáculo para las invasiones afganas así como para la entrada de esos aventureros del Turquestán y de Persia, que solían proveer al imperio mogol de generales y de estadistas. Imperio y emperador acaban de desmoronarse: nadie puede rehacer la unidad de la India, cuya historia se convierte en una confusa refriega; las constantes guerras fomentan la anarquía y la miseria; nadie se fía de nadie, si no es de la fuerza de su brazo o bien de la astucia; las gentes sólo piensan en sí mismas, en su alimentación y en su seguridad. Los cultivos se reducen a causa de la incertidumbre, y el hambre reina. Las comunicaciones se ven interrumpidas por los tigres y por los elefantes; el comercio sufre. Las aldeas son destruidas, las ciudades se quedan desiertas. En muchas localidades, los templos y las mezquitas se desploman. La intervención de los europeos va a ser el preludio, en el siglo XVIII, de una lenta reorganización y de nuevos progresos.

El clero de las posesiones portuguesas, Diu, Damao, Goa, y misioneros de varias órdenes habían desplegado un gran esfuerzo para evangelizar la India; pero este esfuerzo tropezaba con dificultades extraordinarias. El cristianismo reconocía una igualdad que era incompatible con el régimen de castas: el espíritu sopla donde quiere y Dios no hace excepción de personas. ¿Cómo habría podido un brahmán admitir la idea de recibir la comunión de manos de un sacerdote de una clase «intocable»? Esto era una contaminación, y sólo al imaginarlo se le ponían los pelos de punta al brahmán. Su conversión significaba un verdadero cambio de todo su ser, cambio infinitamente doloroso. Por otra parte, el cristiano ya no podía observar todas las prescripciones rituales de la casta: superstición e idolatría. Los miembros de su casta ya no podían mantener relaciones con el impuro y él no podía entrar en otra: era un sin casta, un aislado, un vagabundo, un proscrito, un hombre perdido.

Además, el cristianismo destruía el concepto del universo expuesto en los libros o sugerido por los himnos y los cánticos indios. La principal dificultad no procedía ni del politeísmo y ni siquiera de un animismo bastante vivo aún, sino que residía en el tema fundamental de la filosofía india, después de la penetración de las influencias jainista y budista en el brahmanismo: el Absoluto, el Ser, infinito, eterno, está en perpetuo devenir; se manifiesta mediante un flujo continuo de formas cambiantes, astros, objetos, vegetales, animales, hombres, dioses incluso, formas que sólo son ilusiones, aspectos fugaces del Absoluto, sin realidad fuera de él. Esta concepción conduce al panteísmo: todas las cosas participan del Absoluto, del Ser supremo. Ahora bien, esta idea es falsa para el cristiano. En efecto, aunque la fe en Cristo sea independiente de cualquier filosofía, sin embargo, por una serie de circunstancias históricas, los teólogos han explicado la palabra de Dios, la Biblia, mediante la filosofía griega, concretamente de Platón y en especial de Aristóteles, que han desarrollado y completado. El dogma ha sido fijado mediante términos tomados de esa filosofía, cuya base es que cada una de las cosas sensibles tiene una esencia, una forma que modela la materia, una naturaleza real. El universo es una realidad, el mundo exterior existe. Y esto corrobora la creencia cristiana en un Dios personal, sustancia espiritual, real y esencialmente distinta del mundo, sólido fundamento de la creencia en Cristo Dios. En el mejor de los casos, para un indio culto, Cristo era una de las innumerables apariencias del Gran Todo. Para él, la conversión significaba un cambio total de su pensamiento.

Estas dificultades, y otras muchas más, no habían impedido las conversiones; pero eran mucho menos numerosas de lo que hubiera deseado la ardiente caridad de los misioneros que querían salvar todas esas almas. Los jesuitas habían desplegado un heroico esfuerzo en el siglo XVII para adaptar el cristianismo a la organización social y a los modos de pensar de los naturales. Conservaron muchos ritos indios; compusieron cánticos tan parecidos por la forma y por el contenido a sus antiguos himnos, que sólo una mente hábil podía notar la diferencia. Introdujeron en la sabiduría cristiana rasgos de la sabiduría india; respetaron los prejuicios de casta; el jesuita que se hacía pasar por brahmán despreciaba desde lo alto de su litera los andrajos del jesuita que se hacía pasar por paria; si un jesuita debía dar la Eucaristía a individuos pertenecientes a una casta inferior a la que él había adoptado, se la ofrecía en el extremo de un bastón o bien la dejaba sobre la piedra del umbral de sus casas. Estos *ritos malabares* excitaron la indignación de los demás misioneros. Ya en 1704, el papa los había condenado como contrarios al cristianismo. En 1745, la bula *Sollicitudo omnium* confirmó esta condena. El ritmo de las conversiones decreció; sin embargo, en 1756 había en la India un millón de cristianos. Pero empezaba ya la lucha de los soberanos contra los jesuitas: en 1757, Pombal mandaba detener en la India y deportarlos a Lisboa a 157 jesuitas; en 1758, la Compañía de Jesús quedaba prohibida en las posesiones portuguesas y varios centenares de jesuitas se vieron obligados a marchar. En 1764, le llegó el turno a las colonias francesas. Finalmente, en 1773, la supresión de la orden por el papa le dio el golpe de gracia. De todos modos, las continuas guerras, la creciente desmoralización, no favorecían la extensión de una religión basada en la generosidad, en el olvido de sí mismo, en el amor, y que considera la pureza de corazón como condición para comprender la palabra de Dios. Además, tanto los musulmanes como los hinduistas perseguían a los cristianos. Durante las guerras del Mysore (1766-1799), Tipū Sāhib asesinó o redujo a la esclavitud a 100.000 cristianos. Los holandeses protestantes perseguían a los católicos de Ceilán, expulsaban o mataban a los misioneros. En 1800, sólo quedaban en la

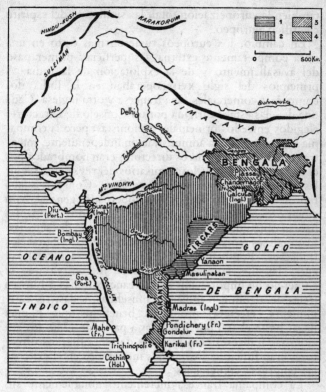

Mapa V. – Los europeos en la India

Posesiones francesas hasta 1754: 1. Posesiones directas de la Compañía francesa; 2. Aliados y vasallos.
Posesiones inglesas; 3. Hasta 1754; 4. Anexiones y vasallajes desde 1754.

India 500.000 cristianos: los dos tercios en las antiguas colonias portuguesas, al cuidado de un clero indígena; los demás, diseminados por la India y Ceilán, guiados por misioneros: capuchinos, carmelitas, enviados de las Misiones Extranjeras. La conversión había fracasado y también la europeización total, la asimilación del espíritu científico europeo.

En cambio, los europeos tuvieron más éxito en una obra completamente externa y superficial, primer paso del avasallamiento y de la explotación de la India. A principios del siglo XVIII operaban en la India dos compañías comerciales, una francesa y otra inglesa. Cada una de ellas estaba dirigida por un Consejo de Directores elegidos entre los principales accionistas; pero la compañía inglesa tenía una administración independiente, mientras que la francesa, cuyos directores eran nombrados por el rey y vigilados por los comisarios del rey, debía seguir las instrucciones del gobierno. Cada Consejo estaba representado en la India por un gobernador general, bajo cuyas órdenes se hallaban los agentes. Las dos compañías habían obtenido del gran mogol la concesión de factorías. Los ingleses tenían Madrás, Calcuta, Bombay y Surat; los franceses, Pondichery y Chandernagor. La rivalidad entre las dos compañías era muy fuerte, ya que el comercio de importación de mercancías indias a Europa (telas de algodón o indianas, muselinas, sedas, té, café, pimienta, etcétera) producían beneficios que podían llegar hasta el 100 por 100. Mas a partir de 1730, los accionistas franceses eran rentistas de renta fija; los directores eran funcionarios, menos interesados en el éxito de las empresas comerciales.

La compañía francesa incrementó notablemente sus negocios de 1720 a 1740, mientras que los de la inglesa permanecían estacionarios. En efecto, el gobernador francés Le Noir, ante la variedad de la península, mandó iniciar el comercio de la India a la India, es decir, sirvió de intermediario entre los distintos pueblos indios. Se obtuvieron nuevas concesiones. Mahé (1721), Yanaon (1723), del gran mogol. El gobernador Dumas (1735-1741) comprendió, ante la descomposición del imperio mogol, que era necesario, para proseguir el comercio, hacerse respetar mediante una fuerza armada, y tratar con los distintos príncipes que de hecho se iban independizando. No sobrestimó la importancia de la raza (que, como todos los verdaderos coloniales, tampoco menospreciaba) y adivinó que los indios serían individuos muy distintos después de someterles a la maravillosa disciplina europea. Creó batallones indígenas de *cipayos,* cuya sangre fría y tenacidad totalmente nuevas, cuyo fusiles, cuya artillería ligera, hicieron maravillas frente a los viejos mosquetones, a los cañones pesados, las cotas de mallas, las armaduras y los nervios excitados de los demás indios. Trabó relaciones con príncipes como el nababar de Carnatic, y no dudó en convertirse en vasallo de ellos: a cambio del privilegio de comerciar, les pagaba un canon y les prestaba la protección militar de sus cipayos. Así, logró obtener de un rajá la cesión de Karikal, en 1739. Además, trataba humanamente a los indígenas y respetaba sus creencias y sus costumbres. Tampoco olvidó tratar con el gran mogol, el cual le concedió el título de nabab, transmisible a sus sucesores. Con ello, pasaba a ser un vasallo directo del emperador; adquiría sobre los indígenas de las posesiones francesas una autoridad mayor, y prestigio ante todos los indios, en especial ante los soberanos, con los cuales y a partir de entonces podía tratar de igual a igual.

Su sucesor, Dupleix (1741-1754), que conocía a fondo la India, y cuya mujer, una criolla, hablaba los dialectos indios, prosiguió la política de Dumas. Pero la guerra de Sucesión de Austria,[1] le obligó a torcer el camino y a luchar contra la compañía inglesa. Con la ayuda de los navíos de La Bourdonnais, gobernador de esa isla de Francia que dominaba las rutas de la India y de China, ocupó Madrás (1746). Quería o bien arrasar la ciudad o bien retenerla. En cambio, La Bourdonnais aceptaba restituirla mediante rescate. Este noble soberbio, harto ya de discusiones con el insolente plebeyo, abandonó la India. Dupleix, solo, se vio obligado a renunciar a la conquista de las demás factorías inglesas. Aunque el gobierno francés, absorbido por la guerra continental, le dejó sin refuerzos, conservó Madrás y rechazó, en 1748,

1. Véase Libro III, Capítulo III.

el ataque de una escuadra inglesa enviada por el gobierno británico –que no olvidaba la guerra principal– contra Pondichery. El tratado de Aix-la-Chapelle restableció el *status quo:* Madrás fue devuelta a los ingleses. Pero el prestigio de Dupleix era ya muy grande en la India. El gran mogol le felicitó por su valor.

Entonces, Dupleix pensó en convertir la compañía en un soberano indio, para asegurarle sus privilegios comerciales así como una renta fija mediante la recaudación de impuestos. En pocas palabras, quería hacer lo mismo que los demás vasallos del emperador y, aun respetando la autoridad nominal de éste, crear para la compañía un reino independiente. Intervino en las luchas sucesorias y logró que triunfaran los pretendientes que él sostenía. Así el nababar de Carnatic se convirtió en vasallo de la compañía; el subabar del Dekán aceptó su protectorado y le cedió la región de los Circars (1749-1751). Los mahratas, que pretendían dominar el Dekán, acudieron; pero fueron completamente derrotados y no tuvieron más remedio que reconocerse vasallos de la compañía. Estos resultados fueron logrados sólo con algunos puñados de hombres. Con sólo 300 franceses, 1.800 cipayos y una batería de artillería, el marqués de Buss, magnífico entrenador de hombres, enviado por Dupleix, conquistó el Dekán y puso en fuga a 100.000 caballeros mahratas.

Un empleado de la compañía inglesa, Robert Clive, comprendió, al cabo de cierto tiempo, que el único medio para luchar comercialmente contra los franceses consistía en imitar la política que seguían éstos. Y logró que su punto de vista fuera aceptado. En este momento, en la historia india las dos compañías no son más que dos vasallos del gran mogol en decadencia, que se disputan la parte más grande. Robert Clive, al que Londres le mandó tropas europeas y cañones, derrotó al nababar de Carnatic (1751) y deshizo en Trichinapali, a Law, un sobrino del financiero, junto con una gran parte del ejército de Dupleix (1752).

Dupleix se vio obligado a pedir refuerzos. Pero a la

compañía, después de Law, siempre le había faltado un fondo de circulación que le permitiera iniciar empresas aunque los beneficios no fueron inmediatos. Además, el gobierno francés deseaba la paz: sustituyó a Dupleix por Godeheu. Éste firmó, en 1754, un tratado con los ingleses en virtud del cual las dos compañías se comprometían a renunciar a todas las dignidades indígenas, a abandonar todo protectorado, a prescindir de todas las ventajas que habían logrado fuera de sus factorías. Pacto desigual, ya que los ingleses sólo poseían esas factorías, mientras que la autoridad y los privilegios comerciales de la compañía francesa se extendían a territorios cuya superficie era el doble que la de Francia y que contaban con una población de 130 millones de seres. ¡Y ni siquiera se evitó la guerra!

Mientras los franceses tomaban la ofensiva en Alemania, Clive atacó Bengala, cuyo subabar, enemigo de los ingleses, acababa de apoderarse de Calcuta, y de encerrar 145 prisioneros ingleses en una mazmorra estrecha y sin aire, el *agujero negro*, en el que 126 perecieron asfixiados en medio de horribles sufrimientos. Clive reconquistó Calcuta, ganó Chandernagor, aplastó al subabar en Plassey (1757), y colocó en el trono a un subabar de su gusto, que aceptó la protección de la compañía inglesa. Entonces, pudo ya atacar directamente a los franceses. En 1758 el gobierno francés había enviado un nuevo Gobernador, Lally-Tollendal, con 3.000 soldados; pero Lally-Tollendal, que desconocía por completo los asuntos de la India, que hablaba desdeñosamente de los indios tratándolos de «miserables negros», acumuló error tras error. Retiró a Bussy, con el pretexto de que le importaba muy poco a Francia «que un segundón disputara el Dekán al primogénito y de que tal o cual rajá se disputaran tal o cual nababía». El subabar del Dekán, abandonado, se puso bajo protección inglesa, y luego, cuando los británicos estaban ocupados en otra parte, fue vencido por los mahratas. Francia perdió su principal protegido. Por otra parte, Lally-Tollendal se enajenó el favor de todas las poblaciones a consecuencia de sus violencias.

No recibió refuerzos a causa de la guerra de Alemania. Bloqueado en Pondichery con 700 hombres, por 22.000 ingleses apoyados por 14 buques, resistió durante cinco meses pero se vio obligado a rendirse en enero de 1761. El tratado de París (1763) devolvió a la compañía francesa sus factorías, pero con la expresa condición de que quedarían desmanteladas, sin guarniciones, y de que la compañía renunciara a cualquier pretensión política, es decir, prácticamente, al comercio. Los beneficios de esas factorías disminuyeron muy pronto, y, en 1770, la compañía fue disuelta.

Los ingleses dejaban ya de temer la rivalidad de la compañía francesa precisamente en el momento en que la batalla de Paniput debilidaba decididamente á los mahratas, la principal potencia india, y les impedía intentar cualquier cosa en Bengala. Sin embargo, los ingleses no se apoderaron de toda la India. Clive se dio perfectamente cuenta de que les era más conveniente dedicarse a asegurar la dominación en sus posesiones en lugar de extenderse. Subsistían, en efecto, o bien se crearon muy pronto, poderosos y combativos Estados indios, que recibieron una ayuda preciosa de los oficiales franceses que habían estado al servicio de la Compañía de las Indias, Law, el conde de Moidavre, el caballero de Crécy, Médoc, Du Drenec, y el alemán Reinhard Sombre; más tarde, de oficiales puestos en libertad al acabar la guerra de Siete Años o de jóvenes aventureros, en especial franceses, pero también italianos, flamencos, holandeses y el saboyano conde de Boigne. Los príncipes indios se disputaban los servicios de esos europeos. El nababar de la región de Ud los utilizó en 1761, pero sus tropas fueron vencidas por los lugartenientes de Clive antes de que los oficiales franceses hubieran podido reorganizarlas. Entonces, unos pasaron al servicio del emperador 'Alam II, a quien le proporcionaron varias victorias; otros, al servicio del mahrata Madhava Sindhia (1730-1794), uno de los que se salvaron en Paniput, el cual, gracias a ellos, en especial al conde de Boigne, se construyó en el noroeste un principado de extensión igual a la de Francia y Alemania juntas, restauró el poder del emperador en 1789, y destrozó una invasión afgana en 1790. Finalmente, muchos de esos oficiales eran muy apreciados, ante todo por la disciplina a la cual sometían a los indios; éstos, de rápidos reflejos, realizaban como máquinas, a una sola orden, bajo el fuego más violento, gestos repetidos mil veces, y quedaban sustraídos a las impresiones del momento, no siendo víctimas del desorden y del terror pánico que se apoderan de los hombres más valientes cuando están mal entrenados. Las tropas indígenas tuvieron un mordiente y una tenacidad nuevas, aunque nunca llegaron a ser tan buenas como las tropas europeas. Los oficiales aportaban un conocimiento del uso de las nuevas armas, con las cuales se intensificaba el poder del fuego. Se valían de formaciones y maniobras desconocidas entre los indios. Boigne inauguró en la India, contra los afganos, la táctica del cuadro profundo, que más tarde habrían de utilizar Napoleón y Wellington. Los afganos, caballeros del siglo XIII, con sus pesadas armaduras y que habían bebido durante toda la noche, se agitaron inútilmente alrededor del cuadro que escupía fuego, y una carga a la bayoneta de los soldados de Boigne, a los que éste había obligado a comer y a dormir, acabó de producir el efecto. Además, estos oficiales sabían organizar. Establecieron los principios de una rígida administración que, más tarde, los ingleses sólo tuvieron que desarrollar. Finalmente, muchos de esos aventureros tenían el corazón en su sitio. Las tropas seguían con mejor gana que a los jefes indígenas, corrompidos y egoístas, a esos extranjeros totalmente entregados a su misión, preocupados por sus hombres, al modo europeo. Los soldados caían en sus puestos de combate, ya que los oficiales se dejaban matar, delante de la línea, en su puesto de mando. Uno de ellos, el francés Michel Raymond, fue venerado como si se tratara de un paladín, y hasta principios del siglo XX su tumba fue un lugar de peregrinación de la juventud. Los súbditos de Madhava Sindhia añoraron durante largo tiempo, bajo la dominación inglesa, la administración humana de los oficiales franceses. De este modo, la técnica europea y el espíritu europeo renovaron las fuerzas indias y retrasaron los avances de los ingleses.

Y sin embargo, los ingleses hicieron progresos. De 1765 a 1767, Clive obtuvo del gran mogol la misión de mantener el orden y de cobrar los impuestos en Bengala y en Berar, aunque enviando una parte a Delhi. Es decir, que *de jure* la compañía inglesa se convertía en el primer funcionario imperial de dichas provincias. De hecho, era el soberano en ellas. Luego, Clive impuso su protectorado al nababar de Ud y al rajá de Benarés.

Pero las violencias y los atropellos de los agentes de la compañía empujaban a los indios a la desesperación. El lujo y la importancia electoral de esos «nababes» al volver a Inglaterra escandalizaban a la opinión inglesa. Clive, convicto de prevaricación, tuvo que suicidarse. La dominación de enormes territorios por una compañía particular era cosa grave. En 1773, el Parlamento votó el Acta de Regularización, en virtud del cual aumentaba el dominio del gobierno sobre la compañía. Fue parte de una vasta empresa de sumisión más estrecha del imperio británico a la corona. Todos los establecimientos de la compañía estaban sometidos al gobernador general Warren Hastings nombrado por el Parlamento, pero que nada podía decidir sin un Consejo, cuyos miembros fueron muy pronto nombrados también por el Parlamento. Los directores de Londres debían entregar toda la correspondencia a los ministros. Un Tribunal de Justicia con sede en Calcuta tenía el derecho de veto para las decisiones de la compañía.

Pero el gobernador Warren Hastings (1774-1785), un tirano enérgico y sin escrúpulos, explotaba vergonzosamente a los príncipes. Los ingleses eran odiados en la India y su dominación execrada. Hastings desposeyó al rajá de Benarés y se anexionó sus Estados; mas fracasó contra los sultanes de Mysore, Haydar 'Alī y su hijo Tīpū Sāhib. El mayor peligro que éstos hicieron correr a los ingleses fue de 1780 a 1783, en plena guerra de Independencia americana. Haydar 'Alī, había firmado una alianza con Francia, de la cual había recibido ayuda. El ejército de Mysore, mandado por oficiales franceses, atacó la región de Carnatic en junio de 1780, derrotó a los ingleses y apresó a un crecido número de oficiales ingleses que sólo fueron perdonados ante la insistencia de los oficiales franceses. Por mar, Suffren venció cinco veces a la flota inglesa (1782-1783), siendo la victoria más gloriosa la de Gondelure (junio de 1783). Los ingleses estaban ya casi desalojados de Carnatic, cuando se firmó la paz en Versalles. Tīpū Sāhib, que había sucedido a su padre en 1782, aislado, se vio obligado a firmar con los ingleses el tratado de Mangalore (7 de marzo de 1784) que restablecía el *status quo*.

Las prevaricaciones y la tiranía de Warren Hastings fueron tales, las quejas de los indios tan desesperadas, que fue preciso llamarlo y procesarlo. El Acta de la India de 1784 dejaba en manos de la compañía el nombramiento del gobernador general, pero le daba al rey el derecho de revocar tal nombramiento; instituía, además, un Consejo de supervisión, designado por el rey, con sede en Londres, en cuyo conocimiento la compañía debía poner toda su correspondencia.

Por consiguiente, en 1789, los ingleses están instalados en la India bajo la forma extravagante de una compañía particular, vasallo y alto funcionario por una parte del gran mogol, y por otra sometida al rey de Inglaterra, vigilada por éste, que le ayudaba en la progresiva destrucción del imperio mogol. La conquista dista mucho de haber concluido. Subsisten poderosos Estados: de los sikhs de Madhava Sindhia, de Mysore. Además, los ingleses, por su orgullo, por su rapacidad y por sus violencias, son odiados por doquier y un levantamiento casi general de la India no queda aún excluido.

II. EXTREMO ORIENTE

Indochina

En Indochina, las montañas cubiertas de árboles estaban ocupadas por débiles grupos de cazadores y colectores. Los acontecimientos tenían por escenario las fértiles cuencas de los ríos. En Birmania, los Mon, procedentes del norte, habían adoptado la civilización india y habían fundado en la parte baja del curso de los ríos Irawadi y Sittang, el Estado de Pegú. Debilitados por el clima y por la excesiva fertilidad de las tierras, que inducen a la pereza, eran combatidos por los birmanos, procedentes del Himalaya, e instalados en el Alto-Irawadi, ganados ellos también por la civilización india. Hacia 1750 los birmanos prevalecen definitivamente. Con la embriaguez del éxito, salieron de sus fronteras naturales, conquistaron Siam, y después de haber tomado por asalto la capital, Ayuthia (1767), se llevaron cautiva una gran parte del pueblo siamés, y deportaron o dispersaron a los cristianos.

En la cuenca del Menán, un pueblo tai, venido del Yunán, había formado el Estado siamés. La línea divisoria de las aguas, muy baja hacia el este, y la sabana, les brindaban la posibilidad de realizar repetidas invasiones en los dominios de los debilitados camboyanos y en los principados tai de Laos, aislados en pequeñas cuencas fértiles. El Estado siamés, arruinado en 1767, fue reconstituido después de la sublevación de Payatak (1769), quien estableció su capital en Bangkok, obligó a los birmanos a mantenerse dentro de sus fronteras naturales, expulsó a los misioneros cristianos, y volvió a comenzar, hacia el este, las correrías con el fin de procurarse esclavos para sus tierras incultas.

Más al este, al delta del Sang Co o Tonkín, a las pequeñas llanuras costeras, y al delta del Mekong o Cochinchina, bajaban desde el norte, desde hacía siglos, pueblos de civilización china, los annamitas. Estos duros campesinos habían rechazado a los camboyanos, perezosos aristócratas que reinaban sobre un pueblo formado por prisioneros de guerra condenados a la esclavitud. En 1753, llegaron a Mit-ho. El reino annamita reconocía la autoridad nominal de los Lé, reyes holgazanes instalados en Hanoi, y la soberanía de China. Muy extenso en latitud, el reino estaba de hecho dividido entre dos familias de mayordomos de palacio: los Trinh en Hanoi, los Nguyen en Hué. La guerra era perpetua entre los mayordomos de palacio y entre los señores annamitas. A los cristianos se les exigía rescate, se les encarcelaba y los misioneros era torturados y expulsados. Nguyen Anh, derrotado, halló apoyo en un misionero, el obispo de Adrán, Pigneau de Béhaine, quien fue a solicitar la ayuda de Luis XVI (1787) en favor del derrotado. El rey envió oficiales, artillería e ingenieros, a cambio de la cesión de la bahía de Turán y del archipiélago de Pulo Condore. Entonces, Nguyen Anh pudo recobrar Saigón en 1788 y empezó la reconquista de Annam.

Indonesia

Indonesia estaba dominada por sultanes malayos convertidos al Islam; pero la compañía holandesa de las Indias orientales tenía la primacía, de la cual alejaba a los demás europeos. Sus principales posesiones se hallaban en Java, gran productora de pimienta, de añil y de seda. La compañía era soberana de Batavia (50.000 habitantes) y de su distrito (200.000 almas), así como del litoral del nordeste incluyendo Samarang y la isla de Madura (1.600.000 habitantes). El resto lo formaban reinos vasallos que no cesaban de dividirse y de debilitarse. En otros puntos, la compañía trataba de imponer su influencia, en especial para cubrir el estrecho de Malaca, eliminar la competencia, y refrenar las piraterías de los indígenas de las islas Riu y Célebes. Mantenía una guarnición en Malaca, gobernaba en Banda y Amboina, protegía la costa occidental de Sumatra y al sultán de Palembang, rodeaba Borneo de concesiones y ocupaba la ciudad de Macasar, en Célebes, isla en la cual ponía frente a frente a los príncipes indígenas.

La compañía tenía a su disposición muy pocas tropas y carecía de marina de guerra para tan inmensos territorios. En 1772, la compañía inglesa de las Indias le arrebataba algunos puestos en Sumatra. En 1780, los corsarios holandeses provocaron la guerra. Vencidos, los holandeses se vieron obligados a ceder a los ingleses Nagapatam y el derecho de navegar libremente por las aguas de los archipiélagos (tratado de París, 20 de mayo de 1784).

La guerra dejó a la compañía en déficit, sin prestigio; los príncipes arrogantes y los colonos, repudiando su condición de súbditos de la compañía, estaban dispuestos a sublevarse. En 1789, la compañía estaba a punto de perder sus posesiones.

China

Durante el siglo XVIII China conoció una de sus épocas más prósperas, bajo los emperadores manchúes. Descendientes de los jefes nómadas que habían arrebatado China a los Ming, entre 1640 y 1651, eran espíritus libres, muy respetuosos con las tradiciones en un país en el que la tradición lo es todo, pero que procuran que esas tradiciones les traben lo menos posible, y que adoptan con agrado los inventos europeos. Kang Hi es todavía un seminómada, infatigable guerrero, apasionado por la caza, desplazándose constantemente, en contacto con las realidades, de mente lúcida, de juicio rápido y seguro. En diciembre de 1722, le sucede Yong Cheng, su cuarto hijo, que también es un guerrero, de 45 años de edad, sin genio, receloso y severo, pero serio, aplicado, totalmente entregado a su tarea. Finalmente, en 1735 sube al trono el hijo de Yong Cheng, llamado Kien Long, un joven de 24 años. Pero el descendiente de nómadas es un chino que ama la corte, que casi no sale de la ciudad imperial en la cual vive rodeado de sus mujeres y sus eunucos, un sabio delicado y un erudito, autor de poesías, de diccionarios y de catálogos. Sin embargo, ni el vigor físico ni la energía le faltan. Aunque nunca guerrea personalmente, es un diplomático y un administrador de valía, que, al igual que su abuelo, tiene elevadas miras políticas y que obtiene

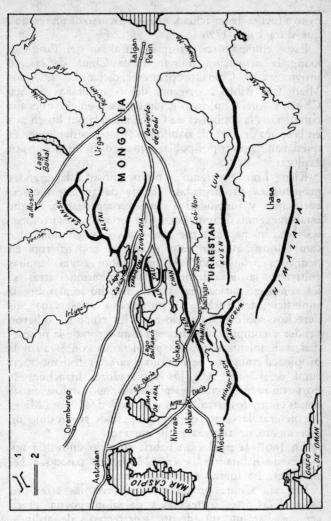

Mapa VI. – Rutas del Asia Central
1. Pasos; 2. Rutas de caravanas

éxito a fuerza de tenacidad, en el transcurso de un reinado que dura hasta 1796.

Estos emperadores prosiguieron al sur del Yang-tse-kiang la ocupación militar de la China de las 18 provincias, la China propiamente dicha. En 1774 los Miao Tsé, tribus aborígenes de las montañas de Seu Chuan y Kuei Chu, fueron sometidas. Con ello quedaba completada la conquista de China iniciada por los chinos en la época de Ur y de Babilonia. A estos agricultores les quedaban llanuras por poblar y macizos montañosos por explotar.

Kieng Long prosiguió la política hostil a las grandes propiedades privilegiadas, tierras dadas a príncipes, cortesanos y funcionarios para recompensarles, y que estaban exentas de impuestos y de servidumbres personales. Una buena parte fue confiscada y distribuida entre campesinos, que de este modo se convirtieron en pequeños propietarios. A los colonos cuyas familias cultivaban la tierra desde muchas generaciones atrás, se les consideró poseedores de un derecho legal sobre la superficie del suelo. El propietario conservaba sus derechos sobre el subsuelo pero los colonos pudieron vender y comprar superficies. Dispusieron de la propiedad real, mientras que los propietarios conservaban la propiedad eminente. Se acentuó el carácter de democracia rural de China. Así, los emperadores manchúes se portaron como dictadores populares, apoyándose en las masas contra los aristócratas y los ricos de la época Ming. Al mejorar la suerte de los campesinos se produjo un incremento de riqueza y de número.

En 1661, la población habría contado unos 105 millones de habitantes, y en 1776 habría pasado a 182 millones. La fuerza del Estado creció.

En esta China próspera, florecieron las artes, en especial las artes cortesanas y de salón: poesía, grácil cerámica, arquitectura de fincas de recreo y de jardines, artes agradables para conquistadores que se están refinando. Por el contrario, la pintura y la escultura decaen.

Los poetas cincelaron temas de biombos o de vasos de

porcelana que se consideran como pequeñas obras maestras.

La cerámica, arte principal, alcanza su apogeo en la época de Kang Hi. Las tierras son cuidadosamente amasadas, los objetos torneados con el mayor cuidado, las formas son elegantes, el pulido muy acabado, el esmalte puro, límpido, lustrado, los colores son fuertes. El color de los vasos sin decoración pintada suele ser de piel de melocotón, rojo de hierro, sangre de buey, rojo coral, violeta berenjena, negro brillante, azul, verde, amarillo. En cambio, en los vasos con decoración pintada ésta suele ser azul sobre fondo blanco o, con mayor frecuencia, los colores citados sobre fondo verde traslúcido. Durante el reinado de Yong Cheng, el fondo verde es sustituido por un rosa luminoso, con decoración en carmín, blanco, crema, amarillo limón, azul escarchado, amarillo mostaza, amarillo azufre, rojo coral, una gama de matices suaves y de delicadas exquisitas armonías. Las escenas de la decoración suelen proceder de las poesías de los antiguos maestros: medallones, arabescos, bambúes, peonías, pequeñas nubes, mariposas, pájaros, bellas damas y mandarines. Luego, Kien Long añadió la decoración llamada «de las mil flores». Estos vasos, con paisajes vaporosos, de tonos ligeros y diáfanos, con personajes esbeltos y frágiles, recuerdan el arte de Watteau: se trata del «Luis XV chino». Pero, después de 1750, la hechura es menos cuidadosa, empieza la decadencia, que se acelerará en el siglo XIX: la demanda europea es muy fuerte y la fabricación forzosamente ha de ser más rápida.

Los tres emperadores restauraron en Pekín la «Ciudad roja prohibida», residencia imperial, incendiada cuando cayeron los Ming, en 1644. En las afueras, al noroeste de Pekín, encargaron a los jesuitas la construcción de un Versalles chino, el Palacio de verano, delicioso conjunto de casas de placer y de jardines, en los que se unen el arte europeo y el arte chino. Aparentemente el espíritu es muy distinto del que reina en Versalles, puesto que se imitan el desorden y la libertad de la naturaleza; pero, con un gusto seguro, los jesuitas han sabido elegir en la naturaleza las más «bellas» irregularidades, es decir, aquellas que se hallaban en sutil armonía con la lógica de la mente humana; han creado escenarios, combinando, a costa de sabios cálculos, los objetos más agradables. Es un triunfo de la razón.

Pero, en resumen, en el siglo XVIII, ha pasado ya la época del gran arte chino. Sólo quedan las artes decorativas. Quizá sean la derrota, la conquista, la intrusión de un nuevo espíritu, pese a los grandes esfuerzos de los manchúes para convertirse en chinos, los responsables de ello.

Los emperadores manchúes del siglo XVIII continuaron una política china que databa de antiguo: dominar el Asia Central. China está rodeada de estepas y de desiertos, más bien vías de acceso a China que obstáculos, pobladas por nómadas siempre dispuestos a saquear al menor atisbo de debilidad. Por ellas pasaban las rutas terrestres que conducían al Asia Menor y al Occidente, siempre surcadas, a pesar del desarrollo de la ruta marítima, por caravanas cargadas de mercancías de poco peso, pero de gran valor. Ruta de Moscú a Pekín, pasando por el lago Baikal y Urga; o por el río Irtish y el lago Zaisán, entre los montes Altai y Tarbagatai; «ruta del norte de los montes Celestes» (Tian Chan), entre los montes Tarbagatai y los Ala-Tau, a través de la región de Zungaria y el lago Balkash, hacia Astrakán, en Rusia, la mejor, la más ancha, a una altura de 400 metros, con un doble paso por el valle del Ili, entre Ala-Tau y Tian-Chan, pero amenazada por tribus entregadas al pillaje; «ruta del sur de los montes Celestes», la más concurrida, pasando por el Turquestán oriental, Kachgar, los oasis del Turquestán occidental, Jokán, Bukhara y de allí, ya sea Kiva y Astrakán, ya sea, mucho más a menudo, Meshed, Persia y el Mediterráneo. La prudencia y el afán de comerciar les obligaban a los emperadores a dominar esa vasta extensión.

Y lo consiguieron. Estas comarcas, camino de un progresivo desecamiento, estaban poco pobladas. Las

Mapa VII. — La expansión de China en Asia Central

1. Límite aproximado de las zonas de influencia rusa y china;
2. Límite aproximado de la zona de influencia eleuta; 3. Límite
aproximado de la China estricta; 4. Conquistas chinas de 1717;
5. Conquistas chinas de 1734-40; 6. Conquistas chinas de 1755.

tribus nómadas estaban divididas entre ellas y no podían
contar con el apoyo de los sedentarios que ocupaban los
oasis situados en forma de rosario al pie de las montañas.
En China, los nómadas no pudieron beneficiarse de
guerras civiles, que eran para ellos un medio de triunfar
como auxiliares de determinado partido. Finalmente, los

emperadores manchúes disponían de una artillería moderna, cuyas piezas habían sido especialmente fundidas para ellos por los jesuitas.

Los rusos, instalados en Siberia, que acechaban hacia el sur las rutas comerciales y los accesos a los mares cálidos, habrían podido ser sus competidores. Los rusos reconocían cada día los inconvenientes que presentaba el puerto de Okotsk de difícil acceso, bloqueado por los hielos durante varios meses del año, y enlazado con Yakutsk por un camino terrestre largo y rara vez practicable. Necesitaban la ruta del Amur. Pero, en el siglo XVIII, sus fuerzas están ocupadas en Occidente. En el centro de Asia sólo disponen de pequeños grupos de colonos y de débiles efectivos militares. Incluso durante el reinado de Pedro el Grande no desplegaron grandes esfuerzos con las armas, y en cuanto a sus relaciones con los chinos, se contentaron con mejorarlas mediante un elevado número de embajadas. A principios del siglo XVIII, las relaciones entre las dos potencias estaban reguladas por el tratado de Nertchinsk (1689). Los chinos conservaban toda la cuenca del Amur e impedían a los rusos el acceso de Manchuria, largo corredor formado por llanuras, abierto desde el Amur hasta el norte de China. A cambio de esto, los rusos poseían libertad de comerciar en China, y caravanas de mercaderes rusos llegaban a Pekín. En 1729, en virtud del tratado de Kiakhta, los rusos obtuvieron, junto con algunas mejoras fronterizas, el permiso de edificar una iglesia ortodoxa en Pekín, donde residía una pequeña colonia rusa. Pero el tráfico de las caravanas estaba reglamentado: debía efectuarse en la frontera de Mongolia, en Kiakhta y en Maimatchín. La competencia arruinó la caravana de Pekín, que el gobierno ruso acabó por no enviar. Los chinos tenían aseguradas sus fronteras septentrionales.

Al oeste del Amur, un telón de pastores separaba a rusos y chinos. Desde el río Chilka al Yenisei, los cazadores Urgangkhai pagaban tributo de cebellinas a la vez a Rusia y a China. Desde su gloriosa derrota del lago Zaisán, en 1720, los rusos habían renunciado a los pasos de Zungaria y de Kachgaria; su último fuerte sobre el Irtish era Ustkamenogorsk. Desde el exterminio de la expedición que había salido de Astrakán para ocupar Kiva, en 1717, los rusos, en su camino hacia el Turquestán occidental, no pasaban más allá de la orilla norte del Balkach y casi ni siquiera de la región del Volga. Se limitaban a facilitar el tráfico de las caravanas reduciendo la tasa de transacción al 5 por 100, y mediante calculadas exenciones a las caravanas enviadas directamente por los principales jefes de tribu. Por consiguiente, de parte rusa los chinos no tropezaron con ninguna dificultad.

A principios del siglo XVIII, Kang Hi ya había dado firmeza y seguridad a las fronteras occidentales. Los mogoles habían sido vencidos en 1697. Los del este, o kalkhas, se habían reconocido vasallos del gran kan manchú, al fin y al cabo un tártaro como lo eran ellos. En el teocrático Tibet, Kang Hi había logrado en 1713 que fuera reconocido un Dalai Lama que le era adicto.

Mas toda esa obra seguía siendo precaria y los pasos del Asia central todavía escapaban de manos chinas. Desde los montes Saiansk hasta los Kuen-Lun, los mogoles occidentales, o eleutas, habían formado un imperio que dominaba las rutas de las caravanas. Dueños del comercio del Asia central, no habían renunciado al Tibet, a la Mongolia oriental, y quizá incluso soñaban con arrebatarles China a sus primos, los manchúes.

A lo largo del siglo atacaron a menudo. Cada una de sus ofensivas dio lugar a una reacción china. En cada ocasión fueron perdiendo terreno, hasta que su mismo imperio quedó destruido. En efecto, no lograron obtener el apoyo de los rusos. Contra ellos, los chinos utilizaron contingentes de caballeros kalkhas, y, en algunos momentos, de eleutas disidentes, tan rápidos, tan sobrios y tan sufridos como los mismos agresores. Utilizaron el eterno método de que se valen los sedentarios contra los nómadas: crearon ciudades fortificadas en los principales lugares de paso, en las que se instalaron colonias militares de chinos; los soldados cultivaban reducidas extensiones

de terreno fáciles de defender; de este modo, disponían
de víveres y de forraje en abundancia, lo cual les permitía
hacer operaciones prolongadas; saquearon los escasos
recursos naturales diseminados de los eleutas. A éstos
muy pronto les empezaban a faltar víveres, forraje, por
consiguiente, caballos y camellos de remonta, y se veían
obligados a firmar la paz. Cuando volvían a empuñar las
armas, las cadenas de puestos avanzados les impedían
reconquistar el terreno perdido.

En 1717, un ataque del jefe eleuta Kabnán, al que al
principio le sonrió el éxito en el Tibet e incluso amenazó
hasta el Yun-Nan y el Seutchuen, le proporcionó a Kang
Hi la ocasión de expulsar a los eleutas del Turquestán
occidental y de asegurar a China el dominio de las
principales rutas hacia occidente: se instalaron colonias
militares junto a los pasos del Tian-Chan, en Barkul,
Khami, Turfán, Urumtchí; y quedó restablecida la
influencia china en el Tibet.

Una serie de algaras eleutas, multiplicadas después
de 1731, le brindaron a Yong Cheng la oportunidad de
rechazarlos al norte del Altai, para asegurarles a los
chinos las puertas de Zungaria. En 1734, los chinos se
hallan en Uliasutai, en Kobdo, y junto al Irtish. En 1740
Kien Long les impuso a los eleutas la obligación de no
pasar al sur del Altai.

Muy pronto, empezaron a convertirse en vasallos.
Luchas sucesorias entre soberanos obligaron a muchos
señores eleutas del partido vencido a refugiarse, junto con
sus vasallos y sus clientes, en China y a ofrecer fidelidad a
Kieng Long a cambio de tierras de pasto y de su
protección. La ocasión fue aprovechada. Una columna
china, reforzada por contingentes eleutas, conquistó la
comarca al norte del Altai. La unidad eleuta quedaba
rota: los eleutas fueron divididos en cuatro tribus, al
mando de distintos Kanes, nombrados por un residente
chino. Éste se instaló más al sur, en Kulcha, junto al río
Ili, en posición céntrica para vigilar todos los pasos
(1755).

Y la destrucción de los eleutas no tardó mucho en

ocurrir. Uno de los jefes que habían vuelto a imponer los chinos, un príncipe de sangre real, Amursana, desengañado, arrastró a los nómadas que aún eran independientes a guerrear contra los chinos. Llamado a Pekín para dar cuenta de su conducta, huyó hacia el Irtish, reunió a 4.000 secuaces, y derrotó a los 500 hombres del residente: fue la señal de una sublevación general contra los chinos. Pero los eleutas fueron aplastados junto al Emil, en 1757, y diezmados. Amursana y 20.000 familias se refugiaron en territorio ruso; las restantes fueron deportadas a las fronteras del Kan Su. El antiguo territorio eleuta quedó anexionado al imperio; la frontera china se adelantó hasta el Balkach; dos gobernadores chinos fueron instalados en Kobdo y en Kulcha; el país fue repoblado con kazakos, cultivadores musulmanes de Kachgaria, con colonos militares manchúes, y luego, en 1771, con turgutes. El Turquestán oriental pasó a ser una provincia china, la «Nueva marca», Sin-Kiang.

Con la destrucción del imperio eleuta culminó el prestigio del emperador Kien Long en el centro de Asia. Los nómadas del Turquestán occidental, los kirguises de la Gran Horda (1758), de la Pequeña Horda (1762), los kanes de Bukhara, Kokán, Tashkent y Andichán, prestaron homenaje al emperador, cuya autoridad se extendía hasta el Caspio. Su reputación era tan grande que los mogoles turgut abandonaron a su soberano ruso para ponerse a sus órdenes. Cien mil familias, instaladas en la orilla derecha del Volga, cuyo kan era nombrado por el zar, al que rendía homenaje, les proporcionaban a los rusos auxiliares muy valientes para sus guerras. Amenazadas por el avance de los puestos fronterizos y de los colonos, humilladas por el tono insultante de los rusos, la mayoría de ellas, concretamente 70.000 familias, huyeron hacia el este, y tras dejar el camino sembrado de cadáveres, lograron llegar al Ili y pidieron hospitalidad (1771). El emperador les remitió víveres y vestidos, los estableció en los lugares de pasto eleutas y concedió a los jefes títulos nobiliarios chinos. Un nuevo pueblo tributario había acudido, voluntariamente, a colocarse bajo las leyes del imperio y a asegurar la defensa de la frontera imperial.

Al suroeste y al sur, la frontera china quedó sólidamente garantizada. Los gurkas, montañeses indios de Nepal, tentados por las riquezas de los monasterios del Tibet, atravesaron el Himalaya en 1771. Un ejército chino les derrotó en varias ocasiones, llegó junto a los muros de Jatmandú, la capital, y les obligó a reconocer la soberanía de China (1792). Por el lado de Birmania, los chinos ocuparon el paso principal en 1765. Su marcha sobre la capital birmana, realizada en 1767, fue un fracaso. Pero, en 1790, el rey de Birmania se declaró vasallo de Kien Long. Los annamitas, sin combatir, se hicieron vasallos y tributarios de los chinos.

La influencia del emperador chino estaba acrecentada por su papel de protector del budismo, religión dominante desde la Gran Muralla hasta el Caspio. En el Tibet, los emperadores lograron proteger el poder teocrático del Dalai Lama contra los avances de los señores laicos, contra las revueltas de los nacionalistas tibetanos, contra la codicia de sus vecinos, al mismo tiempo que aseguraban influencia en la elección del Dalai Lama y en su política.

En 1720, el hecho de reconquistar el Tibet a los eleutas, le había permitido a Kang Hi convertirlo en protectorado chino: dos altos comisarios imperiales, instalados con una guarnición en Lasa, «aconsejaban» al Dalai Lama.

Hacia mediados del siglo, como quiera que el primer ministro tibetano conspiró para expulsar a los chinos, los comisarios imperiales mandaron ejecutarle. Los habitantes de Lasa se sublevaron y degollaron a todos los chinos (1750). Un ejército chino reconquistó la ciudad en 1751. Se reforzó el protectorado: los dos comisarios chinos debían controlar todos los actos del Dalai Lama. Pero, además, vigilaban la elección de dicho personaje, tenían voz preponderante en el cónclave, y el candidato elegido debía poseer un diploma de investidura firmado por el emperador y librado por el Tribunal de los Ritos de Pekín. La sumisión del Dalai Lama al emperador ponía a disposición de éste los poderosos recursos del clero budista, y los honores que Kien Long prodigó al Lama acabaron por lograr que las poblaciones budistas del centro de Asia se agruparan alrededor de la dinastía manchú.

De este modo, a fines del siglo XVIII, la autoridad del emperador se extendía a toda el Asia Central, y en todas direcciones llegaba hasta el límite de los dominios rusos e ingleses. Poseía, además, todas las rutas comerciales terrestres. La dinastía manchú había realizado el sueño nacional chino.

En resumidas cuentas, las relaciones de China con los europeos por occidente, por el continente, fueron muy poca cosa. Mucho más numerosas fueron, y con consecuencias más importantes, por el este, por mar, y, desde luego, todas ellas pacíficas, comerciales y religiosas. Y sin embargo, China era el objetivo de los europeos en Asia. Los emperadores manchúes, a los que las maravillas realizadas en su país por los jesuitas les habían revelado el poder de las ciencias y de las técnicas, siempre experimentaron serios temores de que se realizara un intento de conquista, un desembarco, que, al cogerles por la espalda, les habría apartado de sus empresas del Asia Central y, quizá, habrían dado al traste con su poder. Sus inquietudes aumentaron cuando de la India les llegaron noticias de las fabulosas victorias de Bussy y de Clive. El miedo ante una invasión desempeñó un importante papel en la creciente desconfianza que los emperadores sintieron hacia los misioneros cristianos, hacia esos europeos que obtenían de los chinos convertidos todo lo que deseaban. Pero por el hecho de hallarse China tan lejos, los europeos necesitaban previamente establecer escalas y alhóndigas en las rutas marítimas que a aquel país conducían. Las operaciones en la India tuvieron al principio ese cariz. Los europeos se veían comprometidos y dispersados en una multitud de empresas, en las que rivalizaban. Además, estaban en oposición, entre ellos y con los indígenas, en todos los puntos del mundo. Por todo eso, las potencias europeas estaban demasiado ocupadas para pensar seriamente en atacar a un imperio unido, en plena expansión, al que las relaciones de los jesuitas habían revestido de prestigio. Se presentaron como solicitantes. Los emperadores manchúes siguieron teniendo libertad para actuar en el centro de Asia, y para entreabrir las costas de China tan sólo en la medida en que lo consideraran útil.

El comercio chino ejercía gran atracción sobre los europeos. El país, rico y poblado, ofrecía una buena clientela y sus productos, seda, lacas, porcelanas, té, estaban de moda en Europa y constituían un valioso flete de regreso; el numerario permitía hacer especulaciones provechosas, puesto que la plata y el oro estaban en China en la proporción de uno a diez, mientras que en Europa era de uno a quince. Los ingleses, los holandeses y los franceses llegaban cargados de monedas de plata que por lo general habían adquirido de contrabando en la América española; las cambiaban en China por monedas de oro, y luego, al regresar a Europa, cambiaban ese oro por mercancías (o por monedas de plata), obteniendo un buen beneficio.

Pero eran muy escasos los puertos chinos en los que los europeos tenían derecho a residir, y a los comerciantes europeos les estaba prohibido salir de ellos para penetrar en el interior del país. Como se les consideraba peligrosos, estaban como sitiados en esos puertos, sometidos a vigilancia. Los portugueses poseían la concesión de Macao, que habían convertido en puerto internacional, y constantemente, aunque sin éxito, pretendían obligar a todos los buques europeos a hacer escala en él. Los españoles disponían de concesiones en algunos puertos del Fukien, Amoy, Fu-cheu, y por poco tiempo ocuparon Formosa, que los chinos reconquistaron en 1742. Los ingleses solicitaron en vano poder establecerse en Amoy o en Ning-Po.

El gobierno chino creyó que le resultaba más ventajoso concentrar en la mayor medida posible todo el comercio extranjero en Cantón. De 1702 a 1720, Kang Hi concedió el monopolio de las relaciones con los comerciantes extranjeros a un mercader chino de Cantón. Pero como esto no bastaba, en 1720, Kang Hi creó el *hong* o corporación de mercaderes chinos privilegiados, los mercaderes hanistas, una decena, presididos por el jefe de las Aduanas marítimas. En 1771, Kien Long disolvió el *hong,* pero los mercaderes que lo integraban continuaron individualmente sus empresas y conservaron el monopolio. El sistema era muy ventajoso para el emperador. Aumentaba sus ingresos: para ser mercader hanista era preciso pagar una elevada cantidad, y los barcos extranjeros debían satisfacer un derecho imperial proporcional al tonelaje. Gracias a él obtenía créditos: los mercaderes hanistas, a quienes el emperador les obligaba a suscribir empréstitos forzosos, obligaban a su vez a los extranjeros a hacer grandes préstamos. Además, facilitaba la vigilancia de los extranjeros agrupados en Cantón, ciudad en la que cada nación tenía una «lonja», factoría alquilada por los hanistas. A cambio de todo esto, los hanistas, favorecidos con el monopolio, establecían los precios a su antojo, con lo cual regulaban la entrada de los productos extranjeros en China, la competencia extranjera, y obtenían colosales beneficios.

Los rusos no eran admitidos en Cantón, pero sí se veían en ella austriacos, daneses, suecos, españoles, aunque el mayor comercio era el realizado por los ingleses, los holandeses y los franceses. El 29 de septiembre de 1765, en un momento de decadencia del comercio francés, fondeaban en Cantón 34 buques: 21 ingleses, 4 holandeses, 4 franceses, 3 suecos y 2 daneses. A partir de 1784, apareció un nuevo competidor muy peligroso: los Estados Unidos. Aquel mismo año, el *Empress of China,* de Filadelfia, fue el primer barco americano que hizo el viaje a Cantón; produjo un 25 por 100 de beneficios. En 1786, se instaló en Cantón un cónsul americano. Los americanos poseían el monopolio de la importación de pieles en el sur de China. En 1790, entraron en Cantón 40 barcos procedentes de Nueva York, Boston y Filadelfia.

Casi solos, los sacerdotes católicos pudieron penetrar

en China, y, en el siglo XVIII acaba una grande y bella aventura: la Iglesia, que en el siglo anterior había podido confiar en la conversión de China, vio cómo se esfumaba su sueño. Con él desaparecieron las posibilidades de una europeización de los chinos.

En 1715, la organización cristiana en China comprendía, primeramente, obispos portugueses en Pekín, Nankín y Macao, que dependían del arzobispado portugués de Goa. Portugal había obtenido del papa un derecho de patronato en China. Tenía el privilegio de transmitir los decretos de Roma destinados al Extremo Oriente. Por ello, los prelados portugueses eran de hecho los representantes del jefe de la Iglesia así como los superiores de todos los eclesiásticos. Portugal sólo quería admitir en China religiosos portugueses o bien sacerdotes que se habían sometido a la autoridad portuguesa.

Pero los misioneros sólo debían reconocer la autoridad del Soberano Pontífice, ejercida por medio de la Sagrada Congregación de Propaganda, representada por vicarios apostólicos provistos de poderes episcopales. Los misioneros más numerosos eran los jesuitas, que tenían dos misiones en Pekín: la llamada misión portuguesa y la misión francesa enviada por Luis XIV y mantenida con subsidios franceses; pero, además, había jesuitas en muchas provincias del imperio. A continuación venían los dominicos y los franciscanos españoles, cuya base estaba en Filipinas, numerosos en varias provincias del imperio, especialmente en Fu-kien. Los misioneros de la Sociedad de las Misiones Extranjeras de París y de la Sociedad de los Sacerdotes de la Misión o lazaristas, contaban con menos efectivos. Entre todos estos misioneros habían logrado convertir a 300.000 chinos, incluyendo a cierto número de altos funcionarios, incluso algunos pertenecientes al séquito del emperador. Habían formado cristiandades indígenas con sacerdotes chinos. Estos resultados, escasos en comparación con la masa de la población china, eran gigantescos sobre todo si se tiene en cuenta el reducido número de misioneros y las enormes dificultades de la empresa. A pesar de obstáculos crecientes, era lícito concebir muchas esperanzas.

La tolerancia de la religión cristiana la habían obtenido del emperador los jesuitas, y, merced a la influencia de que gozaban en la corte, los misioneros podían proseguir en las provincias la obra de evangelización. Gracias a la ciencia europea, se habían hecho indispensables como matemáticos, astrónomos (eran miembros de la Oficina imperial de Astronomía), cartógrafos, mecánicos, ingenieros, arquitectos, médicos, pintores; también se les apreciaba como intérpretes y diplomáticos. Se habían impuesto a causa de su valor como filósofos y letrados, y habían conseguido que esos mandarines que sólo respetaban el saber, les escucharan. Mediante sus conversaciones, mediante la donación de mapas, de relojes, de instrumentos matemáticos, de libros científicos, tenían amigos por doquier. Halagaban la curiosidad de los emperadores. A Kang Hi le gustaba solazarse conversando con ellos, y de este modo había adquirido rudimentos de las ciencias occidentales y cierto conocimiento de las costumbres sociales y políticas de Occidente. La influencia de los jesuitas decreció bajo Yong Cheng y Kien Long, a causa de Querella de los Ritos y de las conquistas de la India. Sin embargo, se les siguió apreciando como técnicos. Kien Long adoraba las máquinas. El hermano Tibault le fabricó en 1754 un león automático, que el padre Sigismond superó con un hombre dotado de un movimiento de relojería. En 1752, y para celebrar el sexagésimo aniversario de la emperatriz, los jesuitas fabricaron una estatua animada que hacía una reverencia, mientras que otras estatuas tocaban címbalos y un pato daba la hora golpeando con el pico sobre el borde de un cuenco. Ciencias y técnicas europeas abrían paso a la religión.

Los jesuitas habían logrado que la religión cristiana fuera aceptable y que el practicarla fuera posible, mediante una interpretación propia de las creencias chinas y mediante los llamados «ritos chinos». Los chinos creían en la inmortalidad del alma de los antepasados, a los que daban culto, que consistía en comidas fúnebres y oraciones. Gracias a él, las almas vivían felices y colmaban a sus descendientes de beneficios; sin él, eran desgraciadas y se vengaban lanzando sobre su progenie males sin cuento. Además, los cultos veneraban el alma de Confucio. Los chinos también adoraban las fuerzas de la naturaleza, que para ellos eran espíritus muy poderosos; pero el culto de esas fuerzas les incumbía a los magistrados de las provincias: el particular sólo podía actuar sobre ellas mediante magia. Finalmente, existía un Dios supremo, el cielo (Tien) o Soberano señor (Chang-Ti); pero el culto de ese Dios le estaba reservado al emperador, jefe de la religión, quien de este modo atraía sobre todo el imperio los beneficios que le otorgaba el Altísimo.

Para convertir a los chinos, no era conveniente obligarlos a cambios demasiado bruscos de sus costumbres, ni que la conversión le impidiera al converso vivir en un medio pagano. Era el mismo problema que en la India. Ahora bien, los jesuitas consideraron que Tien o Chang-Ti era el Dios personal de los cristianos.

A decir verdad, los textos chinos son confusos: tanto hablan de Tien como de un Dios personal, omnisciente, todopoderoso, remunerador y vengador, como permiten creer en un Dios que se confunde con la materia universal. Pero esta vaguedad les posibilita a los jesuitas hacer una identificación que aportaba definitivamente la precisión necesaria. Por ello, se valían de esos vocablos para designar a Dios Padre y a Jesucristo. En cuanto al culto a los antepasados, probablemente era el punto esencial. El recién convertido no podía dejar de participar en él, bajo pena de ser excluido de la comunidad china, de la sociedad, de incurrir en el rigor de las leyes. Los jesuitas habían condenado ese culto en sí mismo; pero opinaban que el converso podía participar en él con tal de que lo considerara como un simple acto de respeto hacia sus antepasados, y de que colocara bajo sus vestidos o sobre la mesa un crucifijo o una imagen, a la cual ofrecería mentalmente los actos de adoración. Desde el año 1700, en virtud de una declaración de Kang Hi, se creían autorizados a considerar el culto como una simple ceremonia civil, que los conversos podían realizar con la conciencia tranquila.

Estas interpretaciones y estos procedimientos eran duramente atacados por todos los demás sacerdotes, a la cabeza de los cuales se hallaban los dominicos y los franciscanos. Indudablemente, entre los misioneros existían rivalidades de orden y rivalidades de nación; pero los motivos eran, ante todo, religiosos. Para los adversarios de los jesuitas, Tien era una sustancia universal e infinita que se confundía con la materia. Por consiguiente, los chinos eran panteístas, ateos, llegaban a decir los dominicos. Llamar a Dios con el nombre de Tien o Chang-Ti equivalía a blasfemar, a inducir a los chinos a un error fatal. En cuanto a los ritos, constituían una adoración de las almas de los antepasados, es decir, una idolatría, horrenda para el cristiano. El permiso que los jesuitas concedían a sus conversos podía inducir a los demás chinos a creer que esta adoración era autorizada por la religión cristiana y podía comprometer la salvación de las almas. Era preciso señalar esas diferencias, resignarse a ellas, abandonar los medios demasiado humanos, decir la verdad con toda su dureza, y confiar tan sólo en la oración, la plegaria, el fervor, la caridad, la gracia divina y Jesús crucificado, para conquistar China.

Después de un cuidadoso examen del asunto, el papa concedió la razón a los adversarios de los jesuitas. En 1715, por la constitución *Ex illa die*, quedó prohibido aplicar los nombres Tien y Chang-Ti a Dios, equívoco de los sacrificios a Confucio y a los antepasados. Las ceremonias que sin asomo de duda eran civiles, seguían permitidas. Esto significaba, qué duda cabe, la ruina de las misiones. Siguiendo las advertencias de los jesuitas, el papa envió al legado Mezzabarba (1720-1721) para obtener de Kang Hi permiso para que los chinos convertidos pudieran observar la constitución pontificia. Kang Hi, cansado ya de unas discusiones que duraban desde hacía tiempo, se negó rotundamente: habría corrido el peligro de asistir a una sublevación general. Repitió, al igual que había hecho en 1700, que no existía ninguna diferencia entre la idea que los chinos y los cristianos tenían de Dios, y que los ritos sólo eran ceremonias conmemorativas. Pero, aunque Kang Hi pensaba de este modo, no ocurría lo mismo con la mayoría de los chinos, y el emperador no podía ejercer presión sobre sus opiniones. Mezzabarba partió después de haber concedido ocho «Permisos», que anulaban prácticamente la *Ex illa die*. El papa no le aprobó. En 1742, la bula *Ex quo singulari* de Benedicto XIV condenó los «Permisos» y confirmó por completo la *Ex illa die*.

Kang Hi no persiguió a los cristianos. Pero Yong Cheng despreciaba a quienes despreciaban el culto a los antepasados, a los propagadores de las doctrinas que, como la Trinidad, parecen contrarias a la razón. Los altos funcionarios se dieron muy pronto cuenta de que el emperador ya no protegía a los cristianos. En 1723, el virrey de Fu-kien, Mon-An-Pao, condenó el cristianismo y ordenó que todos los misioneros de su provincia se retiraran a Macao. La persecución estalló, y se extendió a otras provincias. Las iglesias fueron destruidas o confiscadas y luego transformadas en hospitales, en graneros y en escuelas; los sacerdotes eran insultados en plena calle; los conversos, encarcelados y torturados. La oficina de ritos condenó el cristianismo en todo el imperio y Yong Cheng ratificó la condenación en 1724: todos los misioneros debían ser enviados a Cantón, de donde regresarían a Europa; sólo quedaba autorizada, en Pekín, la presencia de 20 jesuitas como técnicos europeos, y aun a ésos Yong Cheng pensó en expulsarlos en 1733. Kien Long no fue hostil al cristianismo; pero temía los sentimientos del pueblo y la agresión extranjera. En 1771, condenó de nuevo el cristianismo, no por falso o por malo, sino como contrario a las leyes del imperio.

Los misioneros volvieron en secreto, vestidos de chinos, guiados por conversos que arriesgaban sus vidas; a las veces fueron detenidos, encarcelados, atados de tal manera que no pudieran ni permanecer en pie ni sentarse, estrangulados en la cárcel, decapitados. Se les acusó de relaciones inmorales con las vírgenes cristianas, de la muerte de niños, de fabricar filtros afrodisíacos con la sustancia de dichos niños. Los conversos fueron apaleados, azotados, encadenados, torturados, vendidos como esclavos. Algunos apostataron; otros se portaron como santos.

Pero la condenación de los jesuitas por los gobiernos a partir de 1758 y la supresión general de la orden (1773), asestaron el último golpe a las misiones. En 1784, los lazaristas ocuparon oficialmente en Pekín el lugar de los jesuitas. Sólo quedaron unos pocos miembros de la orden, que, uno tras otro, murieron allí. En 1789, de los 300.000 cristianos sólo quedaban en China 187.000, mantenidos en la fe por los sacerdotes indígenas y por algunos misioneros perseguidos. Las cristiandades sólo pueden subsistir, pero no extenderse.

Muchas personas se han preguntado si los papas no hubieran obrado mejor autorizando los «ritos chinos», si poco a poco la interpretación jesuita del Dios supremo y del culto a los antepasados no habría acabado por prevalecer en la mente de los chinos, si toda China y todo el centro de Asia no habrían acabado por convertirse al cristianismo. Pero no debe olvidarse que también era muy grande el peligro de que poco a poco los cristianos chinos hubieran convertido el Dios cristiano en un dios panteísta y hubieran adorado el alma de los antepasados, y así, ver cómo el cristianismo se fundía y perdía en las prácticas y en el pensamiento chinos. Aunque comprendamos el desesperado intento de los jesuitas, soldados lanzados a la vanguardia en un terreno peligroso y que llevaban su esfuerzo hasta el extremo límite de lo posible, a pesar de ello sigue siendo evidente que Tien no era el Dios de la Biblia y que el culto a los antepasados no dejaba de ser una idolatría.

Mas lo cierto es que el fracaso de los misioneros significó al mismo tiempo el fracaso de la europeización. China estaba congelada por unas prácticas y una mentalidad milenarias, por la adoración de los antepasados, por el respeto exclusivo hacia el pasado y por los ritos de su religión. Bajo pena de incurrir en las mayores desgracias, los menores gestos, las menores palabras de los ritos, debían ser observados con una rigurosa exactitud y los ritos abarcaban la vida entera. No podía hacerse ninguna cosa nueva sin violar los ritos, sin obrar contra la sabiduría de los antepasados. Por eso, no era posible hacer ningún progreso. Suprimir en China los ritos o cambiarles el significado, habría equivalido a permitir todos los demás cambios, la evolución. Con sus ritos, China estaba condenada a estancarse. En conjunto, seguía al mismo nivel de civilización que el imperio romano. Esto no era incompatible con una moral muy elevada y con admirables virtudes; pero sí lo era con un gran poder sobre la naturaleza. El abismo que separaba a China de Europa, a Occidente y Oriente, no cesaba de aumentar.

En efecto, los chinos muy poca cosa han obtenido del contacto con los europeos en el siglo XVIII. Los jesuitas les aportaron resultados que los emperadores supieron apreciar; pero sus súbditos no aprendieron a manejarlos, y, con mucho mayor motivo, no penetraron en el secreto de los mismos. Hallándose sólo a dos pasos de los jesuitas, que utilizaban el telescopio, la trigonometría, las hipótesis de Copérnico y de Newton, los astrónomos chinos siguieron valiéndose del gnomon y de la teoría del cielo sólido. Por mucho que los pintores jesuitas respetaran la perspectiva y las sombras, los pintores chinos continuaron desconociendo la primera y no cesaron de representar sus figuras con luz por los dos lados. Los artesanos chinos imitaron la porcelana europea, copiaron las piezas de Saint-Cloud, la loza de Luis XIV, reprodujeron temas o cuadros europeos, pero todo eso sólo para satisfacer los encargos de Occidente. Únicamente se dieron verdaderos progresos en matemáticas, porque un sabio chino creyó reconocer en el álgebra el renacimiento y el desarrollo de un antiguo procedimiento chino. En resumen: China fue totalmente impenetrable al espíritu europeo.

En cambio, los europeos se dejaron entusiasmar por todo lo chino. Los misioneros, y en especial los jesuitas, acabaron de formar, mediante sus escritos, la sinofilia. Los jesuitas dieron una visión panorámica de la civilización china en las *Cartas edificantes y curiosas escritas desde las misiones extranjeras*, durante todo el siglo. La *Descripción de China* del padre Du Halde, que incluía el primer mapa general de China (1735), pronto traducida al inglés y al alemán, inspiró mucho a los «filósofos». Hacia fines del siglo, las *Memorias acerca de los chinos, por los misioneros de Pekín*, magnífico trabajo de erudición, constituyeron una mina de informaciones. Montesquieu discutió ampliamente de China en el *Espíritu de las leyes;* Voltaire sacó a menudo a escena a sabios chinos, por ejemplo en el *Diccionario filosófico*, y escribió el *Huérfano de China*, una tragedia que obtuvo un éxito clamoroso. Diderot redactó un artículo titulado «Filosofía de los chinos» para la *Enciclopedia.* Juan Jacobo Rousseau acudió a ellos para dar con el principal argumento de su Primer Discurso.

Pero los filósofos se valieron de China más para reforzar lo que ya pensaban que para comprenderla realmente. En China encontraron argumentos para su deísmo, religión natural y universal, que no tiene en cuenta la naturaleza exacta ni los atributos de Dios, y niega la Providencia; para su «despotismo ilustrado» pues creyeron hallarse ante un país gobernado absolutamente por un emperador filósofo y por sabios. Los fisiócratas creyeron hallar en China la confirmación de sus teorías, un imperio agrícola según sus puntos de vista, gobernado de conformidad con las leyes naturales. La perfección que todos le atribuyeron a China ejerció muchísima influencia en el éxito del cosmopolitismo.

En especial, merced a los regalos que los jesuitas hacían a individuos situados, y gracias también a la invasión de objetos traídos a Europa por los comerciantes, surgió un verdadero frenesí por el arte chino. Esta afición reforzó el gusto del siglo por el rococó. La porcelana china era coleccionada por los príncipes de sangre real, el pintor Coypel y Jullienne, el protector de Watteau. Los europeos encargaron a China porcelanas. Madame de

Pompadour recibió de la región de Kiang-Si una vajilla completa con sus armas. Algunas personas piadosas mandaban reproducir en ellas imágenes de San Ignacio, de San Francisco Javier, representaciones del bautismo de Cristo, de la Crucifixión, de la Resurrección. Otras, en cambio, preferían que los chinos les reprodujeran cuadros conocidos, como, por ejemplo, las obras amables de Fragonard. Y viceversa, Delft, en Holanda, y Chantilly, en Francia, imitaban la porcelana de China.

Los pintores sacaron de esa porcelana y de los grabados de la obra *Estado actual de China* del padre Bouvet (1697), numerosos temas decorativos, *chinoiseries* y *singeries*. Así decoró Watteau el gabinete del rey del castillo de La Muette. Huet decoró carrozas, sillas de mano, salones, comedores, el gabinete del hotel de Rohan (1745-1750). El mismo origen tienen las *singeries* del castillo de Chantilly. Boucher y Nattier tratan temas chinos, de alta fantasía.

Los tejidos reproducen modelos chinos. La moda de los satenes adamascados empieza en 1732. El nankín, una tela de algodón amarillo, y el pekín, un tejido de seda, están en boga. En 1760 Oberkampf imprime en Jouy su primera pieza de tela estampada con un tema de fantasía chinesca.

Los muebles son tratados con barniz de China, como el escritorio de Luis XV, sobre el cual Luis XVI escribió su testamento mientras estaba preso en el Temple. Los cuchillos se fabrican «a la china», adornando los mangos con mascarones chinos.

Los ingleses son los primeros en imitar los jardines chinos en Kew. El jardín chino da origen al jardín romántico. Las pagodas chinas aparecen en Kew, en Chanteloup. Todos los parques pertenecientes a un gran señor o a un financiero tienen su «pabellón chino»: en Bagatelle para el conde de Artois; en Chantilly, en Saint-James (en el camino de Boulogne a Neuilly), en Aranjuez, en Sans-Souci, etc.

Después de 1760, la nueva moda por lo antiguo, el éxito de las teorías de Rousseau, completamente opuestas a la fuerte organización social de China en la que el individuo no cuenta para nada, fueron causas de que poco a poco disminuyera la influencia china, que, a decir verdad, nunca había sido muy profunda.

A fines del siglo XVIII China y Europa seguían siendo muy extrañas una para la otra. También en este caso, el sueño de una hermandad universal se iba esfumando. Pero China, desarmada por la ausencia de técnicas europeas, sólo debía su independencia y sus éxitos a las divisiones que reinaban entre los europeos y a la dispersión de sus esfuerzos. Cuando Kien-Long deja el poder, en 1796, a un sucesor debilitado por su afición al harén, el porvenir se le presenta muy negro al imperio chino.

Japón

El archipiélago del Japón seguía viviendo en un aislamiento casi total. Por temor a una agresión europea facilitada por los misioneros, el cristianismo estaba proscrito desde el año 1616. Desde 1637, a ningún súbdito japonés se le dejaba salir de su patria; cualquier intento de salida era castigado con la muerte; la construcción de buques de más de 25 toneladas estaba prohibida.

De los europeos, sólo los holandeses tenían el derecho, y aun esto al precio de mil vejaciones, de llevar mercancías europeas a su factoría del islote de Deshima, en la bahía de Nagasaki. Algunos juncos chinos importaban de China objetos de lujo. Japón estaba cerrado.

Este cerramiento tranquilizaba a los mayordomos del palacio Tokugaua acerca de la posibilidad de que los grandes feudales vencidos pudieran hallar apoyo en el extranjero. El emperador o mikado vivía como un rey holgazán en Kioto. Los mayordomos del palacio Tokugaua o Chogún vivían, rodeados de una brillante corte, en Yedo (Tokio), gobernaban en nombre del mikado y tenían en sus manos el poder real. Poseían el mayor número de vasallos: daimios o barones, samurais o caballeros. Ciento cincuenta familias Fudai, privilegiados, asumían hereditariamente los cargos públicos, como recompensa por la ayuda que habían prestado sus antecesores a los Tokugaua, a los que servían fielmente. Los Tokugaua también podían contar con la fidelidad de 5.000 caballeros mesnaderos y de 15.000 guerreros. Quedaban excluidos del gobierno los daimios de las familias Tozama, las que habían combatido contra los Tokugaua. Pero aun éstas gozaban de autonomía en sus feudos; el chógun no intervenía directamente, a menos de que se perturbara el orden. Algunas de esas familias: las Chimadzu, Data, Maeda, poseían inmensos territorios, así como numerosos daimios y samurais, y constituían verdaderas potencias.

Daimios y samurais formaban una casta militar. La mayoría de sus miembros no tenían ninguna ocupación, pero el chógun les prohibía desplegar cualquier actividad que no fuera o las armas o el estudio. Les mantenía una clase campesina, mísera, que entregaba a la nobleza elevados cánones en arroz, y se quedaba con lo imprescindible para vivir. En las ciudades, las agrupaciones de artesanos y de mercaderes (chonins) proporcionaban a la córte y a los territorios rurales los objetos fabricados.

El sistema se iba descomponiendo, a causa precisamente del aislamiento en que se hallaba el Japón. Con la paz, la población se había multiplicado: en 1726 ascendía a unos 28 o 30 millones de habitantes; pero ya no habría de aumentar más hasta 1850. En efecto, se había alcanzado ya el límite de las subsistencias. Japón es muy montañoso; sólo la séptima parte del suelo puede ser cultivada por los japoneses que, al igual que los chinos, casi no sabían cultivar más que las llanuras. La población tendía siempre, a causa del elevado número de nacimientos, a ser superior a la cantidad disponible de alimentos. Una sequía, el exceso de lluvias, significaban hambre. Entre 1702 y 1791 eso ocurrió doce veces, y esas carestías se veían incrementadas por las aduanas interiores que impedían llevar arroz de los distritos menos perjudicados, y luego iban seguidas por epidemias, sublevaciones, éxodos de campesinos y de samurais arruinados hacia las ciudades. Para remediar la situación habría sido preciso comprar arroz en el extranjero, a cambio de productos elaborados. Pero la legislación no permitía hacerlo.

Una segunda causa la constituían las maquinaciones de los chonins, que eran los intermediarios obligados entre los daimios y los mercaderes holandeses de Deshima, así como entre los campesinos y los artesanos. Fijaban los precios a su antojo, compraban barato, vendían caro, arruinaban a unos y a otros. Poco a poco iban formando una nueva clase de burgueses capitalistas, que adquirían tierras nobles y títulos de samurái. El único remedio contra sus especulaciones habría sido otorgar la libertad de importación, la competencia de los mercaderes extranjeros.

Los campesinos, abrumados con el peso de los impuestos, el alza de los productos fabricados, y la disminución del precio del arroz que vendían, huían a la ciudad, donde acababan miserablemente en criados o en vagabundos. Comarcas enteras, abandonadas, ya no podían pagar el impuesto. Los campesinos que quedaban, incapaces de criar a sus hijos, practicaban el infanticidio y el aborto, a pesar de los edictos. Para conseguir mano de obra, que se iba haciendo rara, compraban niños ya mayores, robados en las grandes ciudades por mercaderes especialistas en dicha operación.

Los daimios que acudían a la corte o que poseían feudos demasiado pequeños para vivir con una economía cerrada, pronto estaban endeudados a los chonins. Y los que persistían, lo lograban instalando en sus posesiones industrias textiles y reduciendo la cantidad de arroz asignada a sus samurais. Mas algunos, arruinados, se veían obligados a vender sus feudos a los chonins.

Muchos samurais caían en la indigencia, y dejaban por completo de preocuparse por la dignidad del nombre que llevaban y por la pureza de la raza a que pertenecían. Reducían su familia mediante el infanticidio; dispensaban del servicio a sus vasallos hereditarios a cambio de dinero contante: adoptaban hijos de burgueses ricos, a quienes cedían sus nombres y privilegios, a cambio de elevadas cantidades. Abandonaban a su señor, huían a la ciudad, se convertían en ronins o samurais fugitivos, algunos se hacían chonins, aunque la mayoría se convertían en aventureros, autores dramáticos, cancionistas, rufianes, bandidos.

Las clases se iban confundiendo de un modo inextricable. En esta sociedad, en la que tan incierto se presentaba el futuro, todos se esfuerzan en gozar. Los especuladores enriquecidos y los fugitivos perdidos entre la muchedumbre, con prisa por aprovecharse, unos de una repentina fortuna, otros de una ganga, de un momento feliz entre dos crisis, son los que aseguran el éxito a las cortesanas en los barrios reservados de las grandes ciudades, como el Yoshiwara. Las cortesanas han llegado a ser una institución pública. El arte es un fiel reflejo de los gustos de este mundo equívoco. El Nô, drama lírico, que sugiere discretamente, que siempre teme insistir, decae, al mismo tiempo que triunfa el drama popular o choruri, violento, declamatorio, sensual. La estampa, el gran arte japonés, reproduce hasta la saciedad las escenas de la vida de las cortesanas, su lujo chillón, sus actitudes afectadas, que sugieren falso candor, pero ocultan un erotismo contenido. Harunobu (1718-1770), que inventa la impresión policroma completa, y Utamaro (1753-1806), sólo han pintado cortesanas; Tsyonobu (1711-1785), Kiyomitsu (1735-1785), Kiyoluro (1738-1765), Koriusai, Kiyonoga (1742-1815), con quienes la estampa llega al apogeo, representan principalmente cortesanas. El arte difunde el gusto por los placeres que agitan violentamente los nervios, contribuye al relajamiento de las costumbres, a la agravación de los males de la sociedad.

Los chogúns Ienobu (1709-1713), Yochimune (1716-1745), Yechigé (1745-1760), Ieharu (1760-1786), Jenari, demuestran ser impotentes. Se preocupan de los síntomas, no de las causas del mal. Tratan de reforzar la influencia del confucionismo, tan favorable a las buenas costumbres, a la disciplina y al orden establecido. Eligen sus consejeros entre los filósofos confucianos: Harai Hakuseki (1656-1726), Muro Kyuso (1658-1734), Matsudaira Sadanobu (a partir de 1786). Éstos provocan edictos laudables: contra el apetito de dinero y el relajamiento de los samurais (1710), contra los campesinos fugitivos que deben regresar a sus tierras (1712), prohibición a los colonos de abandonar sus campos (caso muy frecuente), fijación del número de días en que los campesinos pueden comer arroz, prohibición de gastos, orden a las mujeres de peinarse por sí mismas, creación de premios para la castidad, para la piedad, anulación periódica de las deudas de los samurais. Mas todo esto no produce ningún efecto. La situación empeora de día en día. A continuación de sequías e inundaciones, entre 1783 y 1788, el hambre es perpetua. Los gatos, las ratas, son caza de alto valor. Los japoneses se comen los muertos, matan a los moribundos, y ponen su carne en salazón para conservarla más tiempo. Las autoridades ni siquiera castigan a los ladrones y a los incendiarios.

Daimios, samurais, hijos de chonins cultos, observan todo esto con dolor. Por otra parte, estaban atemorizados ante el poder de los europeos. Los holandeses importaban relojes, telescopios, linternas mágicas, botellas de Leyden, termómetros, barómetros. Muro Kyuso había permitido importar libros extranjeros, excepto aquellos que guardaban relación con el cristianismo. Un confuciano oficial, Aoki Bunzo, compiló, en 1745, para el gobierno, un diccionario holandés-japonés. Particulares curiosos, Riotaku y Sugita, aprenden el holandés, se hacen en 1771 con un volumen de anatomía con láminas, se convencen mediante disecciones de que son los europeos quienes tienen razón y no los chinos, y, en 1774, publican la traducción del tratado. Más tarde, Sugita introdujo el sistema botánico de Linneo. Hasta su muerte, acaecida en 1781, Riotaku trata de informarse acerca de la situación de Europa. Hiroga Gennai (1732-1779) realiza estudios de botánica médica y construye aparatos eléctricos. La geografía y la historia de Europa son objeto de un apasionado interés. Todos están convencidos de que Japón no podría resistir un ataque europeo. Sehei Hayashi denuncia la proximidad y los avances rusos como el peligro nacional para el Japón. Los jóvenes se agrupan en torno a estos individuos, se alarman, quisieran que el país importara la ciencia, la administración y la política occidentales. El régimen Tokugaua está desacreditado.

La duda lanzada contra la validez del gobierno de los chogúns y del confucionismo oficial, impulsa a algunos filósofos a estudiar los antiguos anales japoneses. Así vuelven a darse buena cuenta del alcance de esta afirmación: el emperador es hijo del Sol, dios supremo. Declaran que el chogún es tan sólo un delegado del soberano, que la fidelidad al soberano es superior a la que se debe a un señor feudal. Al mismo tiempo, los japoneses hallaban una fuerza nueva en las doctrinas del viejo filósofo chino Wang-Yang-Ming (O-Yomei). Éste, confuciano disidente, aconseja cultivar el yo mediante un examen de las realidades interiores y rechaza la autoridad de la palabra escrita. Contribuye a librar a los japoneses del yugo de la tradición Tokugaua. Muchos de los reformadores del siglo XIX fueron discípulos suyos.

Contra los Tokugaua, a favor del Mikado, los descontentos se dirigen cada vez más a algunos grandes daimios Tozama, a la Satsuma, Mori, Tosa, Hizen. Apartados, lejos de la corte, estos individuos han ahorrado, han desarrollado sus feudos, los han organizado formando unos pequeños Estados económicamente independientes; han creado una industria para ellos y para sus campesinos, han impulsado el desarrollo del comercio, han protegido a sus hombres contra los chonins, han conservado las antiguas virtudes feudales, la fidelidad, la disciplina, la frugalidad, y pueden contar con sus vasallos. Jefes acostumbrados a mandar, expertos administradores, esperan la llegada del momento oportuno.

A fines del siglo XVIII, el gran movimiento que había de culminar en la Revolución de 1868 y la renovación del Japón, ha comenzado ya.

CAPÍTULO IV

ÁFRICA

África vivía aparte. En el norte, desde el Mar Rojo hasta el Atlántico, una serie de sociedades musulmanas, vasallas del imperio otomano, el cual las aislaba de Asia, rechazaban a los infieles. En el resto del continente, tanto los bajíos y las costas mal recortadas, bajas, lisas, arenosas o pantanosas, como los escarpados y difíciles acantilados, las inmensas extensiones de bosques espesos o de desiertos, en las que moraban poblaciones negras, unas atemorizadas y por consiguiente feroces, otras belicosas por naturaleza, a menudo antropófagas, y, además, la concepción comercial de las colonias, todos y cada uno de ellos eran motivos que se oponían a la penetración. En general, los europeos del siglo XVIII se alejaban muy poco de algunos puestos desparramados junto a las costas; es muy poco lo que de África nos dan a conocer. Incluso los portugueses, que durante los siglos pasados se habían aventurado en el interior, pero que habían guardado silencio acerca de sus descubrimientos para evitar la competencia, preocupados únicamente del comercio, habían acabado por dejar caer en el olvido buena parte de sus conocimientos. En los mejores mapas, el interior aparecía en blanco o bien lleno de trazados imaginarios: un río Níger salía del Tchad para confundirse con el Senegal; el Tchad era fuente de un Nilo; el Sahara estaba surcado por numerosos cursos de agua de gran caudal; en ocasiones, sencillamente, un elefante se columpiaba sobre las colinas. La mayoría de las civilizaciones desconocían la escritura o eran incapaces de historiarse a ellas mismas. Aparte de algunas noticias aportadas por las factorías europeas, los únicos documentos son los redactados por escritores de lengua árabe acerca del norte de África y de los países negros que mantenían relación con los musulmanes y con los bereberes.

En el siglo XVIII todas las civilizaciones del continente africano están en decadencia.

Egipto

El norte de África participa de la decadencia del imperio otomano. Situado en la articulación de Asia y África, zona de contacto entre el mundo oriental y el mundo mediterráneo, Egipto era considerado por Constantinopla como una simple provincia. El sultán nombraba anualmente un gobernador o bajá, el cual tenía a sus órdenes 24 prefectos o beyes, que se hacían representar a su vez por 37 lugartenientes. A las órdenes del bajá se hallaban 5 cuerpos de caballería, 3 de ellos de spahis, y dos de infantería, uno de jenízaros y otro de azabes, mandados por agaes o coroneles y sus lugartenientes o kiyas. El bajá estaba encargado de guardar el orden, administrar justicia y recaudar los impuestos: impuesto territorial, capitación pagada por los cristianos y los judíos, y aduanas. Si el impuesto en especie sobre las tierras fertilizadas por el Nilo daba buen rendimiento, también las aduanas eran fructíferas: a Suez y a Koseir llegaban muselinas e indianas de Surat y, asimismo, café de Arabia. A Siyut, junto al Nilo, llegaban procedentes de Darfur colmillos de elefante, cuernos de rinoceronte, madera de ébano, plumas de avestruz; a Alejandría, paños y quincalla de Marsella y de Livorno; a todas partes, esclavos negros del Sudán y blancos del Cáucaso. El bajá enviaba cada año a Estambul un tributo de 600.000 piastras así como contingentes de soldados.

Pero, poco a poco, la provincia había hecho vida aparte y una especie de descomposición feudal había dado al traste con el poder del sultán. Los beyes compraban esclavos blancos, que luego convertían en caballeros, los mamelucos, enlazados por una fidelidad y una abnegación recíprocas, de carácter filial. Se había adoptado la costumbre de que al presentarse una vacante, el bey más poderoso hiciera nombrar bey a un mameluco de su casa. Todos nombraban cachefes a sus mamelucos, a los que emancipaban. El mameluco convertido en bey se apresu-

442

raba a comprar esclavos en Georgia o en Circasia para convertirlos, a su vez, en mamelucos, entre los cuales más tarde elegía cachefes y beyes. Así, un rebaño de esclavos tenía la exclusiva de los puestos más conspicuos de la administración.

Las tropas habían acabado por elegir ellas mismas sus agaes o kiyas por un período de un año. Al acabar el mandato, estos agaes y kiyas pasaban a formar parte de un directorio de antiguos agaes y kiyas, que se encargaban de la administración del cuerpo, y del reclutamiento de nuevos soldados.

De este modo, todos esos guerreros se habían hecho independientes de los bajás, obedecían únicamente a sus jefes, explotaban a los campesinos o fellahes y a los mercaderes. El bajá les concedía o bien les vendía aldeas en usufructo. Algunos beyes llegaban a poseer hasta 200, hasta 400 de dichas aldeas. En cada una de ellas, un dominio señorial era cultivado mediante servidumbres personales de los fellahes; en el resto de las tierras, recaudaban impuestos valiéndose de coptos o fellahes cristianos que se transmitían de unos a otros los secretos de la agrimensura y de la contabilidad. Se quedaban con una parte y el resto lo remitían al pachá. Tenían derecho de legar sus aldeas por testamento. Como un ejército acampado en el país, lo explotaban; mas estos sucesores de los nómadas conquistadores, lo protegían ahora contra los ataques de los nómadas de la época, los beduinos.

Beyes, agaes y kiyas se disputaban el poder mediante intrigas, batallas, el puñal y el veneno. Muchas veces un tirano sanguinario lograba que todos le obedecieran. El más notable de ellos es 'Alī Bey (1775-1782), un precursor de Muhammad 'Alī, quien comprendió el poderío de los europeos, trató de reclutar artilleros en Francia, de conquistar el Sudán egipcio, Hedjaz y Siria, y quiso convertir a Egipto en un país independiente: a partir de 1768 ya no admitió más bajás, dejó de remitir el tributo a Constantinopla, mandó grabar su nombre en las monedas, y, después de haberse mostrado odioso por sus engaños y crueldades contra sus rivales, murió siendo añorado por los fellahes, pues había asegurado, mediante la espada, a sangre y fuego, el orden y la justicia. Pero la mayor parte del siglo el país estuvo sumido en una anarquía creciente, a pesar de un vano intento de los turcos para establecer la autoridad del sultán (1787-1789).

Los europeos del país se reducían a unos cuantos representantes de casas comerciales. La mayoría de ellos eran franceses, unos treinta, autorizados por la Cámara de Comercio de Marsella, organizados como si formaran una nación con asambleas regulares bajo la presencia del cónsul. El cónsul, funcionario nombrado por el rey, estaba asistido por un intérprete o trujamán, formado en la Escuela de Lenguas Orientales, creada en 1721, en el colegio Luis el Grande de París. Algunos, como Le Grand, el maestro de Silvestre de Sacy, como Cardonne y Digeon, fueron buenos orientalistas que enriquecieron con numerosos manuscritos turcos y árabes la biblioteca del rey. Los franceses habían conseguido que los derechos de aduana sobre sus productos fueran reducidos del 20 al 3 por 100, y sus paños, de alta calidad, eliminaron los paños ingleses. En 1752 moría el último mercader inglés y quedaba suprimido el consulado inglés.

Pero los europeos sólo eran tolerados. Debían bajar de sus monturas cuando se cruzaban con un bey o un agá, no podían evitar los insultos, los bastonazos y las extorsiones o *afrentas*.

La creación del Imperio de las Indias dio importancia a la ruta de Suez, más corta que la del cabo de Buena Esperanza. Pero el Mar Rojo, que baña las costas de La Meca y de Medina, era un mar prohibido a los infieles. El debilitamiento del Imperio turco hizo posible entablar conversaciones directas con el dueño temporal de Egipto. En 1775, Warren Hastings obtuvo permiso para que los barcos ingleses pudieran tocar en Suez. En 1786, volvió a instalarse en El Cairo un cónsul inglés. Oficiales, funcionarios, mercaderes ingleses de la India pasaban cada vez en mayor número por Suez, el desierto, Alejandría, el Mediterráneo, y a la inversa. La misma posibilidad les era concedida a los franceses en 1785.

Este país, tan rico, de comercio muy provechoso, intermediario entre dos mundos, sumido en la anarquía y dependiente de un débil sultán, despertaba tentaciones. En 1768 Choiseul consideraba que la conquista de Egipto podría ser una compensación por la pérdida del Canadá y de la India. En 1784, en Chanteloup, exponía sus puntos de vista ante Talleyrand, futuro ministro de Asuntos Exteriores del Directorio. La ocupación le fue propuesta en varias ocasiones a Vergennes. Catalina II nombró un cónsul en Alejandría con la misión de incitar a los beyes y a los agaes a hacerse independientes del sultán y a ponerse bajo su protección. Muy pronto, Egipto habría de desempeñar un importante papel en la cuestión de Oriente.

Túnez

Cuanto más se avanzaba hacia el oeste, más débil era la dependencia de Turquía. En Túnez, se estableció una dinastía: en 1710 los agás proclamaban bey a Husayn, que fue sucedido en el cargo por sus descendientes. Una lucha sucesoria les brindó a los argelinos las posibilidades de apoderarse de Túnez y de imponer un tributo al bey (1756); pero, en 1790, el bey ya había roto los lazos de vasallaje. Los beyes se enriquecieron mediante el monopolio del comercio. Sus relaciones con los europeos, venecianos, españoles, franceses, se vieron muchas veces turbadas por sus pretensiones y por la actividad de los corsarios, sobre los cuales carecían de autoridad (intervención de las escuadras francesas en La Goleta, 1784-1785). Los franceses obtuvieron de ʿAlī Bey (1759-1782) el monopolio de la pesca de coral, una factoría en Bizerta, y más tarde cuatro factorías en los alrededores del cabo Bon. Durante el reinado de su sucesor, Hamunda Bey (1782-1814), el comercio francés sobrepaso al de todas las demás naciones.

Argelia

Argelia estaba bajo el dominio de un dey, elegido por los oficiales de los jenízaros. De los 30 deyes que gobernaron de 1671 a 1818, catorce fueron impuestos tras una sublevación, después de asesinar al predecesor. La industria de Argelia consistía en el corso contra los barcos mercantes y contra los cristianos de las costas. Pero, a lo largo del siglo, los adelantos de las marinas europeas, de los cruceros, comprometieron el corso. El dey pactó con los Estados europeos, que se comprometieron a pagar un tributo anual para quedar libres de los ataques de los corsarios; éstos abandonaron una ocupación que ya no proporcionaba beneficios. La flota disminuyó de 24 buques en el año 1724 a 10 en 1788. Al mismo tiempo, a consecuencia de sequías y de epidemias de peste, los cultivos peligraban, y decrecía el comercio de importación, en el que la Compañía francesa de África, en La Callo, en Bona y en Collo, desempeñaban un importante papel.

Pero el dey sólo se preocupó de explotar al país aún más. Administraba las provincias por mediación de beyes turcos, que nombraba a cambio de dinero, y que le entregaban los impuestos cada tres años. Cada provincia estaba dividida en cantones administrados por civiles turcos nombrados por el bey. Los caídes daban órdenes a los jefes de tribus o jeques, que, a su vez, mandaban en los poblados o aduares. Las tribus conservaban sus costumbres, los beyes sólo les exigían el pago del impuesto. Las tribus majzén, que disfrutaban de inmunidad fiscal, los recaudaban en las tribus rayas. Pero la autoridad del dey sólo era efectiva en una sexta parte de Argelia. Las repúblicas de Kabilia, las tribus nómadas de las mesetas y del sur, los principados guerreros, como Tugurt, o religiosos, como Ayn Mahdí, sólo le reconocían al rey una autoridad vaga y estaban constantemente en rebelión.

España, que había perdido Orán y Mers el-Kebir en 1708, las recuperó en 1732; pero los españoles no consiguieron establecer una base sólida y siempre dependían de la metrópoli en cuestión de abastecimiento. En 1790 un terremoto destruyó Orán. En 1791 los españoles cedieron el lugar al dey.

El jerife marroquí era, de hecho, completamente independiente del sultán. A principios del siglo XVIII, Mawlāy Isma'īl (1672-1727), un «león poderoso con temperamento de fuego», gobernaba un inmenso imperio, establecido a caballo sobre Marruecos y el Sudán.

El Sudán le proporcionaba la parte esencial de su fuerza: un ejército negro de 150.000 hombres, adicto por completo. Los soldados se casaban con negras; de los hijos nacidos de esas uniones, los varones se convertían primero en auxiliares y luego en soldados, mientras que las jóvenes expertas en las artes del hogar, pasaban a ser esposas de los anteriores. En los puntos estratégicos se alzaban casbas, con dos murallas y, dentro, almacenes, mezquitas, y una guarnición. Desde Mequinez, Mawlāy Isma'īl lograba que todo Marruecos le obedeciera, mediante el terror, las devastaciones y las ejecuciones en masa. Sólo les dejó a los ingleses, Tánger; a los portugueses, Mazagán; a los españoles, Ceuta y Melilla.

Príncipe prudente, moderó el ardor de los voluntarios de la fe, cuerpo de filibusteros del litoral, que luchaban contra los cristianos. Impidió las piraterías de los corsarios de Salé y de Tetuán. El comercio prosperó y Mawlāy Isma'īl se enriqueció mediante un arancel de aduana del 10 por 100 sobre las entradas y las salidas. Salé, Tetuán, Safi, Agadir eran los grandes puertos del comercio, cuyo centro lo constituía Fez. Los portugueses iban a Cádiz a buscar cochinilla y bermellón de los españoles; los paños y las conchas de Guinea, utilizados como moneda, eran traídos por los ingleses; las telas, especias, armas y municiones las aportaban los holandeses; el alumbre y el azufre venían de Italia; la seda, el algodón, el mercurio y el opio de Levante. Todas esas cosas las llevaban a la costa, donde los moros y los judíos las recogían e iban a cambiarlas a los árabes y a los sudaneses a cambio de oro en polvo, de añil, plumas de avestruz, marfil del Sudán y dátiles de los oasis. En este comercio, el primer lugar lo ocupaban los ingleses.

Después de la muerte de Mawlāy Ismaʻīl, de 1727 a 1757, sus hijos, nacidos de diversas mujeres, lucharon entre sí. Los negros del ejército se portaron como pretorianos, hicieron y deshicieron los jerifes. Las tribus aprovecharon la ocasión para rebelarse. Los marroquíes se desentendieron del Sudán, que se sumió en la anarquía.

Mawlāy Muhammad (1757-1790) restableció el orden en Marruecos, pero renunció al Sudán. Obligó a los portugueses a evacuar Mazagán en 1769, pero fracasó contra Melilla. Después de haber concedido a Dinamarca el monopolio del comercio con Safi y Agadir (1751), ultimó con Francia un tratado comercial, en virtud del cual Francia se convertía en la nación más favorecida. Se estableció un cónsul francés en Rabat, numerosos franceses acudieron a la corte. El jerife fundó Mogador, que convirtió en el gran mercado de Marruecos y monopolizó el comercio con el sur. Marruecos volvió a hallar la prosperidad, sin proseguir sus intentos de formar un imperio africano y sin dejar de ser un Estado medieval.

África negra

Toda el África negra, gran depósito de esclavos, está en decadencia a causa de la trata de negros. Al norte y al este, los traficantes musulmanes acuden para buscar grandes cantidades de esclavos para Marrakesh, Trípoli, los reinos musulmanes de Somalia, el sultanato de Zanzíbar, de donde más tarde saldrán en dirección a las haciendas, a los ejércitos y a los harenes del norte de África y de Asia Menor. Al oeste, los europeos traficaban especialmente en la costa, desde Mauritania al Congo, a lo largo de tres mil quinientos kilómetros. Éste era el principal negocio de las factorías francesas de San Luis, Podor, Gorea, del río Casamanza y de Albreda, que se proveían sobre todo en el Senegal; de los puestos ingleses de Gambia, Sierra Leona y Costa de Oro, de donde procedían los negros más apreciados, fuertes y sumisos; de la isla española de Fernando Poo; de las factorías danesas y holandesas del golfo de Benin, que proporcionaban productos de mediana calidad pero baratos;

finalmente, de las numerosas factorías portuguesas de San Pablo de Loanda, San Felipe de Benguela y, en la costa oriental, Lorenzo-Marquez, Sofala, Quilimane y Mozambique.

Dos eran los métodos utilizados: la columna expedicionaria y el tráfico. La primera era usada sobre todo por los comerciantes árabes de Zanzíbar que, con la ayuda de pequeños ejércitos armados de fusiles, rodeaban los poblados, destrozaban todo lo que resistía o que molestaba, y se llevaban largas filas de esclavos, muchos de los cuales morían por el camino. La zozobra era terrible hasta los Grandes Lagos, las campiñas estaban devastadas, los negros embrutecidos por la miseria y el terror, las sociedades negras se iban descomponiendo. Los pombeiros, o mestizos portugueses, crueles y corrompidos, obraron a menudo según el sistema de los traficantes árabes. El segundo procedimiento, el más utilizado por los europeos, aunque también lo seguían los árabes, consistía en comprar a los jefes indígenas. Era, pues, un trueque, que exigía de uno a seis meses de interminables negociaciones. Más de 100.000 cautivos salían cada año.

Los efectos de la trata se sentían hasta muy lejos, hasta el interior de África. Muchos jefes iniciaron guerras con el único fin de obtener esclavos. Los árabes y los europeos incitaban a los reyes, los lanzaban unos contra otros, ya que así los vencidos llegaban a la costa formando larguísimos rosarios de esclavos. La guerra era perpetua. La esclavitud constituía una selección a la inversa. Los mercaderes de esclavos se llevaban lejos del África negra a los adolescentes vigorosos para las plantaciones, a las negras de formas generosas para la reproducción, a los niños hermosos para convertirlos en criados. África perdía sus mejores habitantes. Los que quedaban, por vivir en un mundo en el que reinaba la ley del más fuerte, y en el que el mañana podía significar el campo o el rebaño diezmado, la casa incendiada, el éxodo o la muerte, adoptaron generalmente estas costumbres perezosas de imprevisión, de resignado abandono, de glotonería en los buenos momentos, que tanto les chocaron a los europeos del siglo XIX y que facilitaron la conquista.

Al sur, la compañía holandesa sólo concedía atención a El Cabo por tratarse de la principal escala en la ruta de las Indias. Pero algunos campesinos holandeses, reforzados por franceses hugonotes, habían prosperado en las estepas. Su número ascendía a más de 20.000. Los que moraban en las proximidades de la costa vivían una vida confortable a la europea. La vida de esos adelantados de la cultura era patriarcal. Fervientes calvinistas, lectores asiduos de la Biblia, creían a ojos cerrados en la superioridad de la raza blanca, en la legitimidad de la esclavitud reconocida por el Antiguo Testamento, y en el don que Dios les había hecho de la tierra africana con la misión de exterminar a los negros paganos, al igual que habían hecho los israelitas con sus enemigos idólatras. Poseían 25.000 esclavos. Rechazaban a tiros a los bosquimanos y a los hotentotes hacia el extremo límite de la tierras habitables, en el confín del Kalahari. Empezaban ya la lucha, enérgicos y tenaces, contra las grandes confederaciones guerreras de pastores: zulúes, matabelos, cafres y bajutos. La primera colonia de población europea resultaba ser una destructora del indígena.

En las posesiones portuguesas, los jesuitas habían intentado convertir a los negros y protegerlos. Incluso habían llegado a fundar plantaciones prósperas, y habían creado para los negros unas formas de religión ingenua, adaptada a mentes infantiles. Pero, en 1758, fueron expulsados de todos los territorios del rey de Portugal, y los negros, convertidos desde hacía muy poco, volvieron a sus supersticiones y a sus magos.

Los árabes habían llevado al mundo de las estepas y de las sabanas del sur del Sahara y de Libia, al Sudán, el islamismo, el vestido árabe, al menos para los jefes, la arquitectura musulmana para las mezquitas y las casbas, la organización social y política islámica. Las ciudades y algunas tribus importantes, en especial de pastores, estaban islamizadas; en cambio, los campesinos negros seguían siendo animistas, paganos. El efecto de la conversión consistió en apresurar el reconocimiento de un jefe común, la sumisión a una ley común, la reunión de tribus para formar Estados, Sultanatos y Emiratos, de forma medieval. La moralidad y la energía aumentaron. Mas, por otra parte, los conversos a menudo se vieron empujados a la guerra santa, la más terrible y despiadada de todas; y el harén, la poligamia, que da derecho al trono a numerosos hijos que sólo son hermanos a medias, fueron causas de la decadencia de muchas dinastías así como de numerosas guerras civiles. En resumen, cabe dudar de que la islamización haya mejorado realmente la suerte de los negros. Pero prosigue en el siglo XVIII. Los tuculers islamizados someten a los peulhs animistas, y les contagian sus instituciones: consejo de ancianos, jefe elegido por dos años, que es a la vez sumo sacerdote, jefe militar y juez supremo. En 1720, los peulhs formaron un reino teocrático en Futa-Djalon, y otro en 1770 en Futa-Toro. Pastores rudos, inclinados a la severidad de las costumbres, se convirtieron en musulmanes fanáticos, terribles en el combate, y persistieron en medio de la descomposición del Sudán.

Éste experimentaba el contragolpe de los acontecimientos de Marruecos. En la gran curva del Níger, el imperio Songai era, a principios del siglo XVIII, un protectorado marroquí. Un rey, elegido entre los descendientes de la familia real, residía siempre en Tombuctú. Junto a éste, un bajá marroquí, nombrado por el sultán, estaba al frente de la administración civil. El caíd de Tombuctú ostentaba el mando supremo de las tropas. A la cabeza de las guarniciones marroquíes de Bamba, Gao, Diené, Tinderina y Kulami, figuraban caídes. El reino estaba dividido en cuatro virreinatos, subdivididos a su vez en gobernaciones. El bajá elegía los virreyes y los gobernadores entre la aristocracia negra. Príncipes vasallos, como los de los tuareg, de los fulbé, de los chuliminden, y bereberes procedentes del sur de Marruecos, recibían del bajá la investidura, y servían como mercenarios en los límites del reino. La civilización era próspera, las ciudades eran grandes y estaban bien pobladas, los oficios eran activos, y el comercio de objetos preciosos, realizado mediante caravanas y ferias, era opulento; la agricultura se aprovechaba de los pozos y de las acequias. Las ciudades constituían centros intelectuales musulmanes en los que se formaban generaciones de profesores y de sabios, letrados, jurisconsultos, teólogos, médicos.

Después de la muerte de Mawlãy Ismaʿïl (1727), durante los desórdenes de Marruecos, los soldados marroquíes del Sudán se hallaron de repente independientes y dueños del país. Ellos y sus descendientes formaron una casta militar, voraz y sanguinaria. Sus caídes se organizaron en principados, en algunas ocasiones se pusieron de acuerdo para nombrar los bajás, aunque a menudo luchaban unos contra otros. Los tuareg y los chuliminden, liberados por el retroceso de Marruecos, se aprovecharon de la situación para multiplicar sus algaras en el norte, mientras que en el sur, los emires y los reyes paganos de los claros del bosque hacían lo mismo. A fines del siglo, los tuareg y los chuliminden ocuparon Tombuctú, destruyeron Bamba y Gao, arruinaron y despoblaron la región de la curva del Níger. Durante esas guerras, la población fue aniquilada, las cosechas saqueadas, los pozos cegados; las épocas de carestía volvieron a ser frecuentes; los caminos quedaron desiertos, el comercio y la artesanía se hundieron, el nivel intelectual bajó en las ciudades decaídas.

Al oeste, el Senegal fue devastado por los mauritanos. En el este, en el Bornú islamizado, los reyes se convirtieron en reyes holgazanes y sólo con dificultad pudieron resistir las incursiones de los tuareg y las guerras contra los reinos paganos del sur. Bornú quedó despoblado; Baguirmi, Uadai, Darfur, islamizadas, más alejadas de las grandes tribus saqueadoras, pasaron por largos momentos de prosperidad durante los cuales las carreteras y las acequias fueron arregladas, al tiempo que florecieron las artes ornamentales, la literatura y la teología musulmanas. Pero revueltas, asesinatos, luchas dinásticas, llenaron el siglo de períodos en los que se suceden, monótonamente, la ferocidad y las destrucciones.

Algunos emigrantes árabes, detenidos al este por los montañeses cristianos de Abisinia, que sin embargo estaban muy divididos entre sí, se infiltraron en los pastos del Uadai, se mestizaron y formaron la raza vasalla de los chuas, pastores al principio, pero que luego, después de epizootias que diezmaron los rebaños y de guerras que les obligaron a agruparse para defenderse, se convirtieron en agricultores sedentarios.

Al sur de la curva del Níger, los mosis, más alejados de los árabes y de los bereberes, que seguían siendo paganos, lograron mantenerse en dos reinos fuertes, alrededor de Uagadugu.

En la selva intrincada, los negros, agricultores sedentarios, seguían fieles al animismo. En estas comarcas, en las que los ríos, los estuarios, los pantanos, los bosques sobre todo, se oponen a las comunicaciones, subsistía un enjambre de tribus, cada una de las cuales tenía su idioma y sus costumbres propias. Pero bastaba un vasto claro de sabana, originado por una disminución local de las lluvias, para que se formara un reino negro, agrupado en torno a un soberano absoluto, rey y sumo sacerdote, con tendencia a pasar del animismo al politeísmo, reino que trataba de extenderse y de formar un imperio. El imperio mandingo se desmenuza en el siglo XVIII en principados; pero se forma el de Dahomey a expensas del reino de Árdres, que a lo largo del siglo restablece la unidad del país. Los belicosos achantis no cesan de extenderse por el este y por el oeste. Benin, aunque ya ha pasado su apogeo, conserva una civilización original, y sigue produciendo bronces y marfiles, menos bellos que antes, pero aún de gran valor.

Al final del siglo aparecen dos indicios de un cambio en la actitud de los europeos. De 1769 a 1773, el escocés James Bruce logró, a costa de terribles peligros, explorar Abisinia, el Nilo Azul y Nubia. En 1788 publicó la relación de su viaje, que causó gran impresión en Inglaterra. El mismo año, se creó la Asociación africana de Londres con el fin de realizar exploraciones metódicas. Por otra parte, algunos esclavos negros que habían huido de América, al hallarse en Inglaterra en número elevado y libres, ya que las leyes no reconocían la esclavitud, los metodistas y los cuáqueros, con Wilberforce al frente, lograron que fueran devueltos a sus países de origen. Freetown, en Sierra Leona, fue fundada en 1785, como lugar de asilo para ellos y para todos los esclavos fugitivos de África. Los antiguos esclavos vivieron allí en medio de desórdenes y de violencias. De este modo surgía un amplio movimiento de viajes y de misiones, que iba a descubrir las riquezas de África, a llamar la atención de los hombres de negocios y de los gobiernos, y que iba a ser una de las causas del reparto de África entre los europeos en el siglo XIX.

NOTA A ESTA EDICIÓN

La primera edición de El siglo XVIII, *publicada en la colección Historia General de las Civilizaciones en esta misma Editorial, consta de un solo volumen de 630 páginas. Debido al formato menor que presentan los libros de la colección Destinolibro, hemos optado por presentar esta obra en dos volúmenes en una racional distribución, que corresponderán a los números 114 y 115; en este último se adjuntan, además, la bibliografía general y el índice de nombres correspondiente a ambos.*

Ediciones Destino

ÍNDICE DE FIGURAS

ÍNDICE DE FIGURAS

ÍNDICE DE MATERIAS

La electricidad atmosférica y el pararrayos. — Electricidad orgánica y pila eléctrica. — Naturaleza de la electricidad.

LIBRO II

LA REVOLUCIÓN TÉCNICA

tales. — La abundancia de metales preciosos. — El papel
moneda. — Los billetes de Banco. — Letra de cambio. —
Préstamos, rentas, acciones, obligaciones. — La Bolsa. —
El papel moneda en Holanda. — En Inglaterra. — En
Francia. — Otros países. — La revolución industrial en
Inglaterra. — La industria artesana. — La concentración
comercial. División del trabajo y fabricación en serie. —
Las fábricas. — Las máquinas: causas de su invención. —
Los inventores. — El éxito de los inventos. — El encade-
namiento de los inventos textiles. — Metalurgia. — La
máquina de vapor. — La ayuda mutua de las industrias. —
Las concentraciones industriales. — La mejora de la cali-
dad y el aumento de la cantidad. — Los grandes esfuerzos. — La lucha de clases. — Supervivencia de la artesanía. — La agricultura industrial. — En el continente. —
En Francia. — Otros países. — El pararrayos. — El automóvil y el ferrocarril. — El teléfono. — El telégrafo. —
La navegación aérea. — Europa y el mundo.

LIBRO III

LA IMPOSIBLE NACIÓN EUROPEA

Francia. — Los salones. — La hospitalidad francesa. — La emigración francesa. — El espíritu feudal. — El cosmopolitismo. — El despotismo ilustrado.

Libro IV

ASIA, ÁFRICA, OCEANÍA